校园维权一本通

解答家长、学生、教师、教育投资者各类法律难题

宋刚◎主编

知识产权出版社
全国百佳图书出版单位

图书在版编目（CIP）数据

校园维权一本通：解答家长、学生、教师、教育投资者各类法律难题／宋刚主编.
—北京：知识产权出版社，2019.9

ISBN 978-7-5130-6018-9

Ⅰ.①校… Ⅱ.①宋… Ⅲ.①教育法—案例—中国—教材 Ⅳ.①D922.165

中国版本图书馆 CIP 数据核字（2019）第 000674 号

责任编辑：雷春丽　　　　　　　责任出版：潘凤越

封面设计：伊　宁　　　　　　　责任印制：刘译文

校园维权一本通
——解答家长、学生、教师、教育投资者各类法律难题
宋　刚　主编

出版发行：**知识产权出版社**有限责任公司	网　　址：http：//www.ipph.cn
社　　址：北京市海淀区气象路 50 号院	邮　　编：100081
责编电话：010-82000860 转 8004	责编邮箱：leichunli@cnipr.com
发行电话：010-82000860 转 8101/8102	发行传真：010-82000893/82005070/82000270
印　　刷：北京嘉恒彩色印刷有限责任公司	经　　销：各大网上书店、新华书店及相关专业书店
开　　本：880mm×1230mm　1/32	印　　张：16.625
版　　次：2019 年 9 月第 1 版	印　　次：2019 年 9 月第 1 次印刷
字　　数：330 千字	定　　价：68.00 元

ISBN 978-7-5130-6018-9

《校园维权一本通》
编委会

主　　编：宋　刚（北京师范大学法学院教授、博士研究生导师）

副　主　编：高　牟（江苏海洋大学讲师、北京师范大学博士研究生）

　　　　　　李　程（中国政法大学《行政法学研究》编辑、日本早稻田大学法学博士）

其他参编人员：郭　杰（北京师范大学法学院硕士研究生）

　　　　　　　王盛丽（北京师范大学法学院硕士研究生）

　　　　　　　耿绍杰（北京师范大学法学院硕士研究生）

目 录 CONTENTS

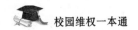

第一章

教育机构侵权纠纷

按照侵权纠纷发生的原因，本章将教育机构侵权纠纷分为物件侵权，体罚与变相体罚，体育、实验、劳动等活动，他人误伤、外出活动、自身原因以及学校其他失职行为等引发的纠纷。在物件引发的侵权纠纷中，学校的教学、生活设施设备因不符合安全标准或者管理、维护不力而造成学生伤害的案例比较常见。比如，学校的玻璃坠落砸伤学生、教学设备无人看管或维护引发倒塌、学生宿舍的床铺不符合安全标准。教育机构对学生负有教育、管理和保护的职责，为学生提供安全、健康的学习、生活环境是我们对学校最基本的要求。这就要求学校在进行物品采购时，要选择正规的厂商，核实其是否具备生产资质，挑选符合国家安全标准的教学、生活设施设备。与此同时，学校要定期对这些设施设备进行维护，发现问题，立即处理，消除隐患。

在体罚与变相体罚引发的侵权纠纷中，教师经常采取行为暴力、语言刺激等方式体罚、变相体罚学生。教师对学生负有教育职责，这就要求教师应采取合理的方式教育、开导学生，循循善诱、谆谆教导，体罚与变相体罚不仅不会达到教育的目的，而且会激化矛盾，诱发学生逆反心理，更重要的是，可能会造成学生人身伤害的严重后果。

在体育、实验、劳动等活动引发的侵权纠纷中，教师通常没有注意到学生的不同体质和身体状况，在安排体育、实验、劳动等活动中没有根据学生的年龄、智力水平、身体条件等因素安排适合的活动。比如，肥胖的学生不太适合参加跳高比赛，初中生不太适合跨栏训练。这就要求教师在开展体育、实验、劳动等教学、竞赛活动的时候，课前要制订科学的活动方案；在活动开始的时候，要询问学生的身体状况并进行充分的热身活动，一旦发现学生的身体状况不适合继续参加活动或者部分学生无法驾驭活动项目的时候，应果断停止相关活动。

在他人误伤引发的侵权纠纷中，围观的学生通常被打闹、嬉戏的同学所误伤。在这类侵权纠纷中，打闹、嬉戏的学生一般应承担主要责任。对于校方而言，其应否承担侵权责任主要取决于校方是否履行了管理职责。换言之，校方是否在第一时间制止了学生的嬉戏、打闹行为以及事件发生后，校方是否及时将受伤的学生送至医院治疗。当然，如果打闹、嬉戏行为发生在课间，应根据当时的具体情形，综合判断校方是否应承担侵权责任；如果以上行为发生在课堂上，校方一般要承担侵权责任。

在外出活动引发的侵权纠纷中，校方通常与旅行社、拓展中心等机构签订服务合同，由以上机构为学生提供春游、军训等服务，校方则派出教师带队，承担一定的管理职责。尽管以上活动发生在校外且校方与有关机构签订了服务合同，但是，校方对于学生的教育、管理职责并不因为活动地点的变化而转移。具体而言，校外活动也是教育活动，它是校内活动的延伸，校方仍应对春游、军训、实习等学生承担法定的教育、管理职责。若学生在以上活动中受伤，校方应根据其在学生受伤事件中的过错程度，承担相应的责任。

在自身原因引发的侵权纠纷中，学生自身的身体素质、行为方式等是侵权纠纷发生的主要原因。如学生自身疾病（监护人通常未事先告知学校）引起伤亡结果，学生违反法律规定或校纪校规实施违规行为，学生的行为具有危险性且不听学校劝阻、拒不改正的，等等。在以上侵权纠纷中，学校应履行以下义务：对学生的违规行为进行教育、劝阻；将有关情况告知其监护人；事故发生后及时履行通知、协助和救助义务，否则应就扩大的损害承担侵权责任。

在学校失职引起的其他侵权纠纷中，学校通常因为失职而导致学生伤害的结果。比如，学校未遵守规定的作息时间，提前放学又未事先通知监护人，致使学生脱离了学校的管理和监护人的保护；或者学校虽然按照规定的作息时间放学，但因家长未及时接送，便将学生直接送出校外，从而导致学生失踪的结果。以上事件警示校方一定要依法、全面地履行教育、管理职责。

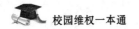

第一节　物件引发的侵权纠纷

1. 玻璃无故坠落，砸伤路过学生，学校应承担责任

▎案情简介

　　彭某某系河南省三门峡市第一小学学生。2014 年 11 月 4 日下午，彭某某去学校垃圾场倾倒垃圾的途中，被教学楼上坠落的玻璃砸伤。彭某某随即被送往三门峡市医院救治，被诊断为右颞部头皮血肿、面部耳郭多处裂伤。彭某某住院 15 天，花费住院费 3933.80 元、门诊检查费 1466 元、后续检查费 2381 元，医嘱载明需陪护 1 人，出院医嘱载明需继续理疗治疗。经河南崤山律师事务所委托，三门峡崤山法医临床司法鉴定所鉴定于 2015 年 4 月 17 日出具三崤山司鉴所〔2015〕临鉴字第 32、33 号鉴定：根据《中华人民共和国国家标准劳动能力鉴定职工工伤与职业病致残等级（GB/T 16180 – 2014）》，彭某某的伤残程度为九级，后期面部瘢痕整形费用约 3 万元，彭某某支付鉴定费 1400 元。此外，2014 年 8 月 31 日，市一小在中国人民财产保险股份有限公司三门峡市分公司投保了地方性校（园）方责任保险，保险期间自 2014 年 9 月 1 日 0 时起至 2015 年 8 月 31 日 24 时止，每人责任限额为300 000 元，校（园）方责任险投保花名册中包含彭某某。中国人民财产保险股份有限公司三门峡市分公司提供的河南省分公司校园（方）责任保险条款显示，保险人不负责赔偿被保险人的间接损

失、精神损害赔偿。而后，彭某某将第一小学、中国人民财产保险股份有限公司三门峡市分公司起诉至三门峡市湖滨区人民法院，请求法院依法判令两被告支付医疗费、残疾赔偿金等各项损失151 683.61元，并承担本案诉讼费用。

▌ 裁判结果

2015年12月14日，三门峡市湖滨区人民法院判定被告中国人民财产保险股份有限公司三门峡市分公司赔偿原告彭某某医疗费、护理费、营养费、交通费、住院伙食补助费、残疾赔偿金等各项损失合计107 488.98元；市一小应承担精神损害抚慰金、鉴定费合计11 400元，扣除已经赔付的6386元，剩余5014元应承担赔偿责任。

▌ 案件评析

公民的生命、健康权受法律保护。根据《中华人民共和国侵权责任法》（以下简称《侵权责任法》）第38条的规定，"无民事行为能力人在幼儿园、学校或者其他教育机构学习、生活期间受到人身损害的，幼儿园、学校或者其他教育机构应当承担责任，但能够证明尽到教育、管理职责的，不承担责任"。因此，无民事行为能力人在教育机构受伤的，适用过错推定的原则，即原则上推定教育机构在无民事行为能力人的受伤过程中享有过错。此外，根据《侵权责任法》第85条的规定，"建筑物、构筑物或者其他设施及其搁置物、悬挂物发生脱落、坠落造成他人损害，所有人、管理人或者使用人不能证明自己没有过错的，应当承担侵权责任。所有人、管理人或者使用人赔偿后，有其他责任人的，有权向其他责任人追偿"。因此，建筑物、构筑物或者其他设施发生脱落、坠落致人损害的，所有人、管理人或者使用人也适用过错推定原则。在司法实践诸如此类的案件中，学校要想证明自己没有过错，通常从以下两个方面入手：一是存在其他侵权人，比如，学生故意或过失打破教室玻璃，致使玻璃坠落砸伤彭某某；二是受害者打碎玻璃，砸伤自己。在本案中，彭某某并没有主动去触碰玻璃，也不存在其他侵权人，因此，法院在事实认定的时候倾向于市一小忽视对于教室玻璃的管理与维护，从而造成彭某某的受伤，学校应承担全部赔偿责任。鉴于市一小已购买校园（方）责任险，彭某某的受伤在保险期间内且未超过赔偿限额，因此，应由中国人民财产保险股份有限公司三门峡市分公司赔偿彭某某医疗费、护理费、营养费、交通费、住院伙食补助费、残疾赔偿金等直接损失；至于精神损害赔偿、鉴定费等间接损失，根据双方保险合同的约定，应由市一小予以赔偿。

在学校办学过程中，建筑物、构筑物或者其他设施及其搁置物、悬挂物发生脱落、坠落造成他人损害的案件十分普遍。如在襄阳市襄州区人民法院〔2014〕鄂襄州民一初字第00547号案件中，襄阳市襄州区第四中学旗杆顶部的旗管脱落，砸到在旗杆底下玩耍的王某某的头部，造成王某某受伤。因此，学校不仅要关注教学工作，更要重视管理工作，应及时排查、消除校园隐患，防患于未然，否则，一旦疏忽，可能造成重大人员伤亡。

相关法条

1. 《中华人民共和国侵权责任法》第6、16、22、38条

2.《中华人民共和国保险法》第 14、17 条

3.《中华人民共和国义务教育法》第 24 条

4.《中华人民共和国未成年人保护法》第 22 条

2. 学生倚靠校门相互推搡，挤开校门落入校外水沟，学校、学生的法定代理人各自承担责任

▌案情简介

李某某和綦某某为重庆市綦江区桥河小学四年级 1 班学生。2014 年 1 月 7 日上午第二节课下课后，李某某在去学校厕所的路上与綦某某发生口角，李某某便推了綦某某，綦某某反过来也推了李某某。此时，綦某某正背对着学校厕所通道一旁的铁门，因该铁门未上锁，李某某和綦某某便从铁门处一起跌了下去，綦某某滚在了铁门外的梯步上，李某某则摔在了梯步旁的沟里。李某某因摔伤严重，当日便被送至綦江区人民医院住院治疗，诊断为外伤性脾破裂、失血性休克、全腹膜炎。李某某此次住院共产生住院医药费 10 050.22 元，事后双方父母、学校就赔偿事宜多次进行协商，但未能达成一致意见。为此，李某某将綦某某、桥河小学起诉至重庆市綦江区人民法院，要求判令被告赔偿原告医疗费、护理费、住院伙食补助费、营养费、交通费、精神损害抚慰金、残疾赔偿金、鉴定费等费用。

▌裁判结果

2014 年 9 月 2 日，重庆市綦江区人民法院判定李某某的损失共计 172 591.97 元。其中，桥河小学承担 70% 的责任即 120 814.38 元，綦某某的法定代理人承担 15% 的责任即 25 888.8 元，其余 15% 的损

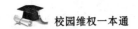

失由李某某自行负担。

▌案件评析

根据《侵权责任法》第38条的规定，"无民事行为能力人在幼儿园、学校或者其他教育机构学习、生活期间受到人身损害的，幼儿园、学校或者其他教育机构应当承担责任，但能够证明尽到教育、管理职责的，不承担责任"。学校对学生负有教育、管理和保护的义务，学校要为学生提供符合标准的教学场所和设施设备，及时消除安全隐患，防止伤害事故的发生。本案中，事发地的铁门作为学校与外界隔离的一部分，铁门之外的台阶和河沟本身带有一定的危险性，铁门不上锁可能带来重大安全隐患，但学校没有采取有效措施彻底消除隐患，存在过错，应承担主要责任。李某某和綦某某在铁门附近相互推搡极易造成损害，即便铁门上锁，也可能造成磕碰等伤害。李某某和綦某某作为四年级学生，具备一定的判断能力，双方主观上存在过错，从而造成李某某损害结果的发生，理应承担次要责任。因此，本案损害事实的发生既是学校设施本身存在安全隐患所致，又与李某某和綦某某自身安全意识不强有关。重庆市綦江区人民法院判定桥河小学承担70%的责任、原告李某某与被告綦某某各承担15%的责任合法合理。因被告綦某某为限制民事行为能力人，其负担的赔偿责任应由其监护人承担。

相关法条

1. 《中华人民共和国侵权责任法》第6、16、22、26、32、38条

2. 《中华人民共和国义务教育法》第24条

3. 《中华人民共和国未成年人保护法》第22条

3. 校园大型玩具无人看管，学生放学后跌落受伤，学校应承担责任

▌案情简介

杜某某（7 周岁）系重庆市巴南区鱼洞第二小学一年级 5 班学生。2014 年 3 月 19 日下午 16 时许，杜某某放学后在校园里等待鱼洞第二小学组织的美术兴趣班上课。在等待期间，杜某某在该校操场大型玩具处玩耍时不慎从大型玩具的第二层楼梯上跌下，造成面部两眉间受伤，随即被送往重庆市巴南区人民医院治疗。经诊断为颌面部挫裂伤，共花去医疗费 2824.46 元。杜某某的监护人与鱼洞第二小学就赔偿事宜协商未果，杜某某遂起诉至重庆市巴南区人民法院要求鱼洞第二小学赔偿医药费、护理费、后续医疗费、精神损害抚慰金、鉴定费等损失，共计 15 674.46 元。

▌裁判结果

2014 年 11 月 25 日，重庆市巴南区人民法院作出判决，杜某某的各项损失共计 12 474.46 元，由鱼洞第二小学予以赔偿。

▌案件评析

学校对于学生有教育、管理和保护的义务。根据《侵权责任法》第 38 条之规定，"无民事行为能力人在幼儿园、学校或者其他教育机构学习生活期间受到人身损害的，幼儿园、学校或者其他教育机构应当承担责任，但能够证明尽到教育、管理职责的，不承担责任"。在该案中，鱼洞第二小学组织的美术兴趣班安排在下午放学后上课，学校未对因等待上兴趣班而滞留的学生进行看护，加之对学校操场上的大型玩具缺乏管理，在安全管理上存在

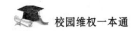

重大疏忽。杜某某为无民事行为能力人，《侵权责任法》第38条对教育机构采取过错推定原则，鱼洞第二小学不能证明其已尽到了教育、管理职责，理应承担赔偿责任。

相关法条

1. 《中华人民共和国侵权责任法》第6、16、22、38条
2. 《中华人民共和国义务教育法》第24条
3. 《中华人民共和国未成年人保护法》第22条

4. 宿舍上下铺无脚踏板，小学生下床磕坏牙齿，学校应承担责任

案情简介

李某某系唐河县上屯镇中心小学六年级学生，为该校寄宿生。2012年9月5日晚，李某某在上铺就寝时欲下床喝水，因该床无脚踏板，原告欲踩着下铺床头横杆下床，因其个子较小，无法踩到下铺床头横杆而跌落，致其六颗牙齿松动，其中三颗门牙冠部缺损。事发后，李某某被老师带至医院治疗。此外，上屯镇中心小学向中国人民财产保险股份有限公司唐河支公司投保了校方责任险，每人责任保险限额300 000元，该事故发生在保险期间内。三方当事人对赔偿金额协商未果，李某某起诉至唐河县人民法院，要求两被告赔偿医疗费、交通费、后续治疗费、精神抚慰金、鉴定费等共计19 816.21元。

裁判结果

唐河县人民法院确认李某某的各项损失共计13 326.2元。其

中，上屯镇中心小学承担80%的赔偿责任即10 660.96元，由中国人民财产保险股份有限公司唐河支公司承担；李某某承担20%的损失，由其监护人承担。

▌案件评析

　　限制民事行为能力人在学校或者其他教育机构学习、生活期间受到人身损害，学校或者其他教育机构未尽到教育、管理职责的，应当承担责任。李某某发生事故时年仅12岁，为限制行为能力人。上屯镇中心小学学生宿舍双铺床系成人双铺床，上下铺之间无脚踏板，该设施存在安全隐患且上屯镇中心小学未采取合理措施防控风险，从而在一定程度上造成李某某的摔伤，应承担主要责任。李某某在下床时，未按照学校规定的示范动作，采取了较为危险的面朝外下床的方式，自身也存在一定的责任。唐河县人民法院酌定上屯镇中心小学承担80%的赔偿责任、李某某承担20%的损失的做法，合法合理。上屯镇中心小学在中国人民财产保险股份有限公司唐河支公司投保了校方责任险且未超过保险限额，应由该保险公司代为赔偿。

⚖ 相关法条 ------------------------------►

　　1.《中华人民共和国侵权责任法》第6、16、26、32、39条

　　2.《中华人民共和国义务教育法》第24条

　　3.《中华人民共和国未成年人保护法》第22条

　　4.《中华人民共和国保险法》第65条

第二节 体罚与变相体罚引发的侵权纠纷

1. 学生交头接耳、扰乱课堂秩序，教师拉扯学生耳朵致其受伤，学校承担赔偿责任

▌案情简介

沈某系赵村中学七年级 1 班学生，刘某系赵村中学老师。2011 年 11 月 30 日 15 时许，刘某在上语文课的过程中，沈某与其他同学说笑，扰乱课堂秩序，刘某言语制止，沈某未听从，刘某便要求沈某站到教室外面去，沈某不从，刘某于是便拽着沈某的耳朵让其出去，沈某撞到起身给其让路的同学沈某的头上，两位同学同时倒在地上，造成沈某右眼受伤。同年 12 月 1 日，沈某前往黄骅市人民医院住院治疗，后转至沧州市人民医院、天津市眼科医院等医院治疗。2014 年 12 月 15 日，经法大法庭科学技术鉴定研究所鉴定：沈某的伤残等级为十级，伤残赔偿指数为 10%。而后，沈某将赵村中学、刘某起诉至河北省黄骅市人民法院，请求法院依法判令两被告赔偿其各项损失共计73 152元。

▌裁判结果

2015 年 4 月 28 日，河北省黄骅市人民法院判决赵村中学赔偿原告沈某各项损失共计51 912.63元。

▌案件评析

教师对学生有教育、管理的职责。本案中，沈某不遵守课堂

纪律、扰乱正常的教学秩序，任课老师刘某理应对其进行批评、教育。但是，刘某违反工作要求，工作方法不当，采取拽拉沈某的耳朵并试图将其拖出教室的方式进行所谓的"教育"，该行为超出了教育、管理行为的界限，属于体罚行为，最后导致沈某与其他同学相撞而受伤，其对于沈某的受伤存在过错，给沈某造成的损害理应予以赔偿。由于刘某的行为系履行教学过程中发生的，为职务行为，根据《侵权责任法》第39条的规定，"限制民事行为能力人在学校或者其他教育机构学习、生活期间受到人身损害，学校或者其他教育机构未尽到教育、管理职责的，应当承担责任"，因此，刘某的赔偿责任由赵村中学承担。本案诉讼过程中，法院结合沈某治疗的实际情况，认定沈某及监护人的损失为医疗费12 019.22元、护理费800元、住院伙食补助费1000元、营养费1200元、误工费3200元、残疾赔偿金18 204元、交通费4000元、住宿费1120元、鉴定费5000元、精神抚慰金6000元等，以上损失合计52 543.22元，扣除刘某为沈某交纳的住院押金后，赵村中学应赔偿沈某51 912.63元。

⚖ 相关法条

1. 《中华人民共和国侵权责任法》第6、16、22、39条

2. 《学生伤害事故处理办法》第9条

3. 《中华人民共和国义务教育法》第29条

4. 《中华人民共和国未成年人保护法》第21条

2. "人要脸树要皮"引发学生跳楼，变相体罚超出教育、管理界限，学生、学校各自承担责任

▌案情简介

原告晏某系被告昆明市东川区第二中学初二年级学生，年满13周岁，王某系第二中学英语教师。2014年11月27日上午第一节英语课上，晏某未完成家庭作业，王某便让晏某站起来并对其进行了批评教育，在批评教育中使用了"作为一个小姑娘要点脸，人要脸树要皮"等言词，并要求晏某一个星期内把家长叫来谈谈，不然就别交作业。晏某在第二节课上课期间对她的同学说她不能被请家长，不然会被她母亲打的。做完课间操后，晏某和几个同学回到教室，坐在靠窗的凳子上休息。其间，晏某突然站上窗台并从教室窗户跳了下去。第二中学在得知晏某跳楼后当即将其送至东川区人民医院救治并支付门诊治疗费800元，并于当日将其转院至成都军区昆明总医院住院治疗，经诊断为右股骨上段粉碎性骨折、骨盆多发骨折、右跟骨粉碎性骨折、右足多发跗骨骨折、失血性休克、全身多处软组织挫伤、肺挫裂伤、创伤性湿肺、肺部感染、右胫骨近端骨折等。晏某住院治疗22天期间，其支付了陪护费480元，第二中学支付住院医疗费114 906.13元。2014年12月20日，第二中学将晏某从成都军区昆明总医院接至东川区第二人民医院继续住院治疗。晏某在东川区第二人民医院住院治疗117天，第二中学支付住院治疗费14 291.58元。2015年8月11日，晏某支付成都军区昆明总医院门诊治疗费230.06元。2015年8月12日，晏某委托曲靖珠源司法鉴定中心对伤残等级和后期治疗费进行鉴定，晏某为此支付鉴定费

1300 元，鉴定结果为：晏某损伤属九级伤残，需后期手术及治疗费 24 600 元。而后，晏某以王某不尊重其人格，对其变相体罚为由，起诉至昆明市东川区人民法院，要求王某和第二中学赔偿残疾赔偿金、医药费、食宿费、护理费、误工费、交通费、住院伙食补助费、营养费、精神抚慰金、后期治疗费、鉴定费等共计204 564.64 元。诉讼中，第二中学提出反诉，要求晏某返还第二中学垫付的各项费用138 529.81元。

▌裁判结果

2015 年 11 月 26 日，昆明市东川区人民法院判定晏某承担 80% 的民事责任，第二中学承担 20% 的民事责任，第二中学于判决生效后十日内赔偿晏某各项损失共计30 768.61元。反诉被告晏某于判决生效后十日内返还反诉原告第二中学垫付的各项费用110 823.85元。

▌案件评析

该案争议的焦点在于王某的行为是履行教育、管理职责的行为还是体罚、变相体罚的行为。《中华人民共和国未成年人保护法》（以下简称《未成年人保护法》）第21 条规定："学校、幼儿园、托儿所的教职员工应当尊重未成年人的人格尊严，不得对未成年人实施体罚、变相体罚或者其他侮辱人格尊严的行为。"因此，界定教师的行为是否为体罚或变相体罚行为的依据在于该行为是否侮辱了学生的人格尊严。在教育实践中，教师经常对学生采取殴打学生、罚打扫清洁、罚跑步、罚留校、罚站、罚款、赶出教室等行为进行所谓的"教育"，以上行为实质为体罚行为；

而变相体罚则体现为采取言语或其他手段对学生的人格、名誉进行辱骂、嘲弄、讽刺，使学生感到受侮辱、受伤害。无论是体罚行为还是变相体罚行为，均侵害了学生的人格尊严。本案中，王某作为一名教师，在晏某屡次不交作业的时候，应该查明其不交作业的原因并进行相应的辅导，也可以进行适当的批评、教育，但是其使用了"作为一个小姑娘要点脸，人要脸树要皮"等言词进行刺激，侵害了晏某的人格尊严，不利于晏某的健康成长。因此，王某的言语刺激是诱发晏某作出过激行为的诱因之一。此外，我们从晏某自伤前与同学的对话中可以得知：促使晏某作出自伤行为的主要因素是其畏惧老师要求其家长到校谈话以及该行为可能招致母亲打骂的后果。因此，晏某的母亲作为监护人，在晏某成长过程中采取了不恰当的教育方式，其对于晏某的自伤行为也应承担责任。另外，晏某作为限制行为能力人，其年龄、智力状况也应当能够预见到该行为可能带来的严重后果。综上，法院判定原告应对自伤行为造成的损害后果承担主要民事责任，王某承担次要民事责任的认定是合理的。值得注意的是，王某作为第二中学教师，依职权履行教学职务，该行为造成他人损害的，应由第二中学承担。

⚖ 相关法条 ►------------------------------------►

1. 《中华人民共和国侵权责任法》第 6、16、22、39 条

2. 《学生伤害事故处理办法》第 9 条

3. 《中华人民共和国义务教育法》第 29 条

4. 《中华人民共和国未成年人保护法》第 21 条

3. 罚站15分钟就晕倒，学生受伤谁来赔

▌案情简介

　　张某原系北京市前进中学某班级学生。2014 年 10 月 23 日，在上午第三节体育课时，该班学生因上课铃响后没有及时站好队，体育教师邢某要求全体学生呈站立状态。持续站立 15 分钟左右，张某晕倒受伤。随后，张某所在班级的班主任、校医将其送至北京某医院进行治疗，当天治疗费用由班主任垫付，后张某的父亲将费用返还给班主任。北京某医院出具的诊断证明书载明："晕厥原因待查，低血糖。"张某的伤情为："颏部软组织挫裂伤、劈裂牙。"后张某到北京另一医院进行后续治疗，诊断为"6＋5 冠根折、4＋冠折"，后续治疗需成年后才能进行。而后，双方因赔偿事宜协商未果，张某起诉至北京市房山区人民法院，要求邢某和前进中学赔偿医疗费、交通费、护理费、误工费、打字复印费等，合计 1530 元。

▌裁判结果

　　2016 年 12 月 28 日，北京市房山区人民法院酌定前进中学对张某的受伤承担 20% 的赔偿责任，前进中学于判决生效后十日内赔偿原告张某各项经济损失 300 元。

▌案件评析

　　限制民事行为能力人在学校或者其他教育机构学习、生活期间受到人身损害，学校或者其他教育机构未尽到教育、管理职责的，应当承担责任。本案中，根据诊断书表明，张某存在低血糖等问题，

因此，其自身身体素质对于晕厥的后果具有一定的影响。此外，在上课期间，学生没有及时站好队伍，邢某对全体学生进行罚站的行为属于体罚行为，亦有不当之处，理应承担相应的责任。邢某系前进中学教师，事故发生在履行职务期间，属于职务行为，应由前进中学承担赔偿责任。法院根据各原因力在张某受伤过程中的作用大小，酌定前进中学承担 20% 的赔偿责任，合情合理。

在体育教学中，经常发生学生受伤的事故。学校对于受伤学生应否承担责任的依据在于其是否尽到教育、管理职责。笔者认为，根据体育教学的特点，体育老师应做到以下几点：一是根据教学大纲安排符合学生身心特点的体育教学活动；二是采用符合国家标准的运动器材并对学生进行必要的防护；三是正式开展教学活动前，应询问学生有无伤病、过往病史等身体情况，合理地安排教学活动；四是组织学生进行必要的准备活动，维持课堂秩序；五是若学生受伤，应及时通知家长并履行救助义务。

相关法条

1. 《中华人民共和国侵权责任法》第 6、16、39 条

2. 《学生伤害事故处理办法》第 9 条

3. 《中华人民共和国义务教育法》第 29 条

4. 《中华人民共和国未成年人保护法》第 21 条

4. 学生插话惹师怒，暴力拉扯担全责

▍案情简介

原告陈某系被告岳阳县二中 1403 班学生，2016 年 6 月 16 日

上午第一节课时，班主任周某开班会时，原告插言提问，周某认为可以会后再问，但原告执意要当场提问，双方由此发生争执。周某要求陈某离开教室，原告拒绝，周某便走下讲台欲将陈某拖出教室，拉扯过程中致陈某左上肢受伤。陈某受伤后，周某即将陈某送至医院治疗。2017年1月13日，经双方选定，岳阳市维正司法鉴定所对陈某的伤情进行了鉴定，鉴定意见为外伤致左肱骨中下段粉碎性骨折，左肘关节功能丧失值为30%，其伤残程度评定为十级伤残，建议自受伤之日起全休120天，住院期间需陪护1人；择期取除内固定，预计医药费用6000元，30天需陪护1人。另查明，2015年10月26日，岳阳县二中向平安财险湖南分公司投保了平安校方责任保险，保险期间自2015年9月1日至2016年8月31日，每名学生赔偿限额500 000元。双方签订的《平安校方责任保险条款》第4条规定："在保险期间内，在被保险人的在校活动中或由被保险人统一组织或安排的活动过程中，被保险人未尽到教育、管理职责，包括但不限于下列情况之一，导致其注册学员中限制民事行为能力人和完全民事行为能力人遭受人身损害，依照中华人民共和国法律（不包括港澳台地区法律）应由被保险人承担的经济赔偿责任，保险人按照本保险合同约定负责赔偿：（一）……（八）教职员工殴打、体罚学生的……"此后，陈某与岳阳县二中、平安财险湖南分公司未能就赔偿问题达成协议，遂向法院提起诉讼。

▎裁判结果

2017年8月3日，岳阳县人民法院判定岳阳县二中未尽到教育、管理职责，应对陈某的医疗费、残疾赔偿金、护理费等损失

（共计104 980.7元）承担全部责任，该赔偿责任由平安财险湖南分公司予以赔偿。

▍案件评析

　　该案争议的焦点在于岳阳县二中教师周某的行为属于教育、管理行为还是体罚、变相体罚行为。笔者认为，两者的界限在于教师的教育、管理行为是否超过必要的限度。教师周某在陈某不遵守课堂纪律时，放弃采取说服教育的方式，转而采取粗暴拉扯方式欲将陈某赶出教室，造成陈某受伤，该行为已经超过教育、管理行为的界限，应对陈某的损失承担赔偿责任。岳阳县二中向平安财险湖南分公司投保了平安校方责任保险，该事故发生在保险期内且符合《平安校方责任保险条款》第4条规定的情形，故原告陈某的损失应由被告平安财险湖南分公司在保险赔偿限额内予以赔偿。笔者呼吁广大教师在行使教育、管理职责时一定要注意方式方法，这样既能合理地规避风险，又有利于学生健康成长。与此同时，未成年人的教育问题不是校方的单方职责，还需要家长和全社会的共同努力。

⚖ 相关法条

1. 《中华人民共和国侵权责任法》第6、16、22、39条

2. 《中华人民共和国义务教育法》第29条

3. 《中华人民共和国未成年人保护法》第21条

4. 《中华人民共和国保险法》第65条

5. 《学生伤害事故处理办法》第9条

第三节 体育、实验、劳动等活动引发的侵权纠纷

1. 肥胖学生不宜参加跳高比赛，学校未经报名审查应担责

▌案情简介

束某系合肥市南岗中学在校学生。2015 年 10 月 8 日，合肥市南岗中学举行了第四届田径运动会。10 月 9 日上午，束某参加了跳高比赛，其在起跳时不慎摔倒受伤，当值裁判老师立即上前询问情况并安排两位同学搀扶束某送至校医务室。医务室老师给予束某喷涂云南白药气雾剂处理。当发现束某的疼痛还在加剧时，班主任通知束某家长，束某后被其父母送往安徽省儿童医院、复旦大学附属华山医院北院住院治疗。而后束某起诉至合肥市蜀山区人民法院，请求判令南岗中学赔偿医疗费、伙食补助费、交通费、残疾赔偿金、护理费、营养费、精神损害抚慰金、后续治疗费、补课费、鉴定费等，共计145 348.5元。

▌裁判结果

合肥市蜀山区人民法院认定束某的损失合计131 348.5元，酌定南岗中学承担 40% 的赔偿责任，即52 539.4元；束某自己承担 60% 的损失。

▌案件评析

束某作为合肥市南岗中学在校学生，其在校期间的人身安全应该得到保护，南岗中学应负有对未成年学生教育、管理和保护

的义务。南岗中学在举办运动会期间虽然成立了领导组，制定了预案，提供了相应的保护措施，但并不能因此就推断出学校尽到了全部的保护义务，学校的保护义务应当体现在对保护措施的细化、落实和执行上。在该案中，束某作为体重偏胖的学生，本不适合参加跳高比赛，学校在组织报名时疏于把关，没有尽到严格审核的义务；学校对束某受伤后的处置措施也存在不当之处，束某在疼痛加重的情况下，学校没有及时将其送往医院治疗，而是通知、等待家长将其送往医院，在一定程度上造成治疗的延误。因此，南岗中学在履行保护义务过程中存在过错，应当承担一定的责任。此外，束某作为限制行为能力人，对于自己的身体状况、行为方式及后果具有一定的认知和预见能力，其对于自身所受伤害亦应承担相应的责任。

⚖ 相关法条 ────────────────────────▶

1. 《中华人民共和国侵权责任法》第 6、16、22、26、39 条

2. 《中华人民共和国义务教育法》第 24 条

3. 《中华人民共和国未成年人保护法》第 22 条

4. 《学校卫生工作条例》第 10 条

2. 学生跑操因秩序混乱而受伤，学校理应承担赔偿责任

▌案情简介

张某某系鹤壁市实验学校七年级学生。2013 年 3 月 6 日，张某某跑早操时，由于跑操秩序混乱，张某某摔倒受伤。同日，张某某入住鹤壁市人民医院治疗，经诊断为左尺、桡骨骨折。张某某受伤后，其父亲向鹤壁市实验学校借款 17 000 元用于治疗其伤

情。据悉，鹤壁市实验学校在中国人民财产保险股份有限公司鹤壁市分公司投有校方责任险，每人责任限额为300 000元；双方特别约定每次事故免赔额以每次事故赔偿金额的5%或200元计，以高者为准。各方对赔偿事宜协商未果，张某某将鹤壁市实验学校、中国人民财产保险股份有限公司鹤壁市分公司起诉至鹤壁市淇滨区人民法院，要求两被告赔偿其医疗费、鉴定费、后续治疗费、住院伙食补助费、营养费、护理费、残疾赔偿金、精神抚慰金、交通费、复印费等共计135 077元。

▌裁判结果

2013年12月6日，鹤壁市淇滨区人民法院判决被告中国人民财产保险股份有限公司鹤壁市分公司赔偿张某某的各项损失共计80 167.53元；中国人民财产保险股份有限公司鹤壁市分公司支付鹤壁市实验学校12 141.62元。

▌案件评析

鹤壁市实验学校对学生负有教育、管理、保护义务。张某某在带队跑早操期间，由于跑操秩序混乱，导致其摔倒受伤，鹤壁市实验学校对其组织的活动，未尽到相应的管理职责，应承担与其过错相适应的赔偿责任。张某某作为限制民事行为能力人，对跑操过程中可能发生的危险应具有相应的认知能力，张某某对其受伤也应承担相应的责任。结合该案具体情况，法院酌定鹤壁市实验学校对张某某承担80%的赔偿责任。法院经过核实、审查后，认定张某某的各项费用共计121 459.41元，鹤壁市实验学校承担80%的责任即97 167.53元。

该案的难点在于赔偿数额的计算和分配。鹤壁市实验学校在中国人民财产保险股份有限公司鹤壁市分公司投有校方责任险，故鹤壁市实验学校对张某某承担的赔偿责任97 167.53元应由中国人民财产保险股份有限公司鹤壁市分公司在保险限额内进行赔付。张某某父亲为治疗张某某的伤情从鹤壁市实验学校借款17 000元，所以中国人民财产保险股份有限公司鹤壁市分公司扣除17 000元后，应赔偿张某某80 167.53元。因鹤壁市实验学校与中国人民财产保险股份有限公司鹤壁市分公司约定：每次事故免赔额以每次事故赔偿金额的5%或200元计，两者以高者为准，故中国人民财产保险股份有限公司鹤壁市分公司在该案件中的免赔额为4858.38元（97 167.53×5%），该免赔额由鹤壁市实验学校承担。张某某父亲为治疗张某某的伤情从鹤壁市实验学校借款17 000元，扣除鹤壁市实验学校应承担的4858.38元，中国人民财产保险股份有限公司鹤壁市分公司应向鹤壁市实验学校支付12 141.62元。

相关法条

1.《中华人民共和国侵权责任法》第6、16、22、26、39条

2.《中华人民共和国义务教育法》第24条

3.《中华人民共和国未成年人保护法》第22条

4.《中华人民共和国保险法》第65条

3. 校内垃圾池爆炸致学生受伤，学校未尽到管理职责应赔偿

案情简介

杨某某系信阳市羊山新区二十里河春蕾小学学生。2013年9

月 17 日上午，杨某某和其他同学在春蕾小学老师的安排下打扫卫生，杨某某将垃圾倒入垃圾池的过程中，垃圾池中碳酸饮料瓶受热膨胀发生爆炸，导致杨某某脸部受伤，后被诊断为面部和双上肢火焰烧伤、迁延性支气管肺炎、吸入性肺炎。2013 年 10 月 3 日，春蕾小学向杨某某出具承诺书，承诺学校就此事承担赔偿责任，但双方就赔偿数额协商无果。杨某某将春蕾小学、中国人民财产保险股份有限公司信阳市分公司起诉至信阳市平桥区人民法院，请求法院判令二被告赔偿原告各项损失共计**79 588.32元**。

▌裁判结果

2014 年 7 月 18 日，信阳市平桥区人民法院判决信阳市羊山新区春蕾小学赔偿杨某某医疗费、营养费、护理费、住院伙食补助费、残疾赔偿金、住宿费、交通费、精神抚慰金等共计**66 872元**；因春蕾小学在中国人民财产保险股份有限公司信阳市分公司投保校方责任险且未超过赔偿上限，以上赔偿由保险公司承担。

▌案件评析

公民依法享有健康权。根据《侵权责任法》第 39 条的规定，"限制民事行为能力人在学校学习、生活期间受到人身损害，学校未尽到教育、管理职责的，应当承担责任"。在该案中，一方面，春蕾小学未对垃圾场的围墙进行加高，也未对焚烧的垃圾进行分类管理；另一方面，学校在组织学生打扫卫生、焚烧垃圾时，忽视了可能存在的危险，使得学生暴露在火灾、爆炸等危险中，且未采取有效措施防止损害结果的发生，从而造成杨某某被炸伤的后果，理应承担全部赔偿责任；同时，春蕾小学在中国人民财产

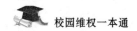

保险股份有限公司信阳市分公司投有校方责任险，在春蕾小学承担赔偿责任的前提下，该保险公司应在承保范围内对杨某某承担替代赔偿责任。

相关法条

1. 《中华人民共和国侵权责任法》第6、16、22、39条

2. 《中华人民共和国义务教育法》第24条

3. 《中华人民共和国未成年人保护法》第22条

4. 《中华人民共和国保险法》第65条

4. 体育课上学生跨栏练习受伤，法院判定学校承担赔偿责任

案情简介

邵某某系北京市三里屯一中学生，事发时不满16周岁。2012年6月8日上午11点左右，邵某某在体育课上进行跨栏测试。跨栏过程中，邵某某左脚受伤，三里屯一中因未找到校医，后通知邵某某母亲李某某带邵某某去医院就医。李某某将邵某某送到北京积水潭医院治疗，经诊断为："1. lisfranc损伤（左）；2. 足舟骨骨折（左）。"2012年6月13日，邵某某出院，共住院5天。后邵某某将三里屯一中诉至北京市朝阳区人民法院，要求三里屯一中赔偿邵某某个人负担的医药费、护理费、交通费、住院伙食补助费、营养费、残疾赔偿金、轮椅费、精神抚慰金等损失。

裁判结果

2014年4月18日，北京市朝阳区人民法院判决三里屯一中对

邵某某的损失承担全部赔偿责任。

▎案件评析

限制民事行为能力人在学校或者其他教育机构学习、生活期间，受到人身伤害，学校或者其他教育机构未尽到教育、管理职责的，应当承担责任。邵某某事发时不满 16 周岁，为限制民事行为能力人，在三里屯一中学习、生活期间，学校对其负有教育、管理和保护的职责。体育老师虽然带领学生进行了跨栏准备练习，提醒学生注意安全并降低了跨栏高度，但从包括邵某某在内的三名学生受伤的情况来看，体育老师并未根据该项运动的危险程度采取充分的防护措施，对邵某某的受伤存在一定过错。而且，邵某某受伤后，校医不见踪影，三里屯一中并未根据实际情况及时采取相应措施对邵某某进行救治而等待其母亲到校将邵某某送去医治，故三里屯一中对邵某某的受伤未尽到教育、管理、保护职责，应承担全部赔偿责任。

⚖ 相关法条 ┅┅┅┅┅┅┅┅┅┅┅┅┅┅┅┅┅┅┅┅┅┅┅➤

1. 《中华人民共和国侵权责任法》第 6、16、22、39 条

2. 《中华人民共和国未成年人保护法》第 22 条

3. 《学校卫生工作条例》第 10 条

5. 学生跑步途中突然倒地死亡，
学校因未配置医务室而担责

▎案情简介

刘某某原系成都市新都区大丰中学初三学生。2015 年 3 月 23

日上午 11 时 35 分许，刘某某在该校上体育课，在体育老师的安排下进行 800 米计时测试，刘某某跑完全程后突然倒地，因学校没有专业的医务室、医务人员和相应的预防设施，在事故发生时没能及时有效地进行救治，后刘某某经医院抢救无效于当日死亡。之后，因刘某某的死亡赔偿问题，双方协商未果，刘某某的父母于 2015 年 5 月 6 日向成都市新都区人民法院提起诉讼，要求大丰中学赔偿原告各项损失合计709 429元。

▌ 裁判结果

成都市新都区人民法院认定原告的死亡赔偿金、丧葬费、误工费、食宿费、交通费、精神抚慰金等损失合计502 662.10元。其中，酌定大丰中学承担 60% 损失，刘某某自身承担 40% 损失。

▌ 案件评析

教育机构对未成年人依法负有教育、管理、保护义务，应根据不同的教育对象、不同的教学活动采取不同程度的安保措施。在体育课上，学校的体育场地和器材应当符合卫生和安全要求；运动项目和运动强度应当适应学生的生理承受能力和体质状况；体育老师应当注意女生的生理特点，给予必要的照顾；学校应当配备可以处理一般伤病事故的医疗用品和医疗人员。在该案中，大丰中学老师在上体育课时未按要求注意女学生的生理特点，未充分地了解学生的健康状态能否参加强度较高的体育运动；大丰中学未按规定在学校配备卫生室、医疗用品以及医疗人员，致使刘某某摔倒后不能及时被救治，最后经抢救无效死亡。因此，大丰中学存在过错，应当承担相应的赔偿责任。刘某某在事故发生时系初三学生，对自身的身体状况应当有相应的判断能力，在参加相对剧烈的体育运动时未向老师说明自身的身体状况，亦存在一定的过错，应当适当减轻学校的赔偿责任。

相关法条 ••••••••••••••••••••••••••••••••••➤

1. 《中华人民共和国侵权责任法》第6、16、22、26、39 条
2. 《中华人民共和国义务教育法》第24 条
3. 《中华人民共和国未成年人保护法》第22 条
4. 《学校卫生工作条例》第10、12、15、20 条

6. 体育课上学生跳高受伤，精神损害赔偿如何计算

▌案情简介

代某系孟州市会昌中心学校初三年级 4 班学生。2015 年 4 月 11 日，在大课间期间老师组织学生进行体育训练，学生将板凳摆成一排练习跳高，代某摔伤。当天，代某到孟州市中医院住院治疗，被诊断为右肱骨髁上粉碎性骨折和神经损伤。随后，代某将孟州市会昌中心学校起诉至孟州市人民法院，要求学校赔偿医疗费、护理费、住院伙食补助费、营养费、伤残赔偿金、精神损害抚慰金、鉴定费等损失。

▌裁判结果

2016 年 12 月 28 日，孟州市人民法院认定代某的医疗费、护理费、住院伙食补助费、营养费、伤残赔偿金等合计35 028.68 元。其中，孟州市会昌中心学校承担60% 的责任，即35 028.68 × 60% =21 017.2元。此外，代某的精神损害抚慰金酌定为3000 元。综上，孟州市会昌中心学校应赔偿代某的各项损失合计24 017.2元。

▌案件评析

根据《侵权责任法》第 39 条的规定，"限制民事行为能力人在学校或者其他教育机构学习、生活期间受到人身损害，学校或者其他教育机构未尽到教育、管理职责的，应当承担责任"。因此，学校应否对学生的伤亡承担赔偿责任取决于学校是否尽到教育、管理职责。《学校卫生工作条例》第 10 条规定："学校体育场地和器材应当符合卫生和安全要求。运动项目和运动强度应当适合学生的生理承受能力和体质健康状况，防止发生伤害事故。"该案中，学校在组织学生进行跳高训练的时候，并未使用标准的跳高器材，也未对学生进行必要的防护，其主观上存在过错，从而造成代某摔伤的结果，应当承担赔偿责任。代某为限制行为能力人，对体育活动的风险有一定的认知和自我预防意识，也应存在一定的过错。综上所述，法院根据学校和代某在代某受伤过程中的作用力大小，酌定学校对于代某的摔伤承担 60% 的责任的做法，符合客观事实。

相关法条

1. 《中华人民共和国侵权责任法》第 6、16、22、26、39 条

2. 《中华人民共和国义务教育法》第 24 条

3. 《中华人民共和国未成年人保护法》第 22 条

4. 《学校卫生工作条例》第 10 条

7. 大学生横穿羽毛球场被误伤，
因其自身过错而负主要责任

▎案情简介

周某系中国民航大学理学院学生会体育部干事，何某为中国民航大学机场学院学生。2014 年 3 月 24 日，中国民航大学理学院学生会在校羽毛球馆内 2、4 号场地举行羽毛球比赛，周某担任其中一场地主裁判。何某与他人在 3 号场地打羽毛球。周某在比赛前途径 3 号场地的发球底线之间时被正在打球的何某的球拍击碎眼镜，镜片扎入周某左眼。事发后，学生会同学与学院辅导员取得联系，一同与何某将周某送至天津市眼科医院诊治，周某被诊断为左眼眼球穿通伤、左眼角膜穿通伤、左眼内容物脱出、左眼虹膜根部离断、左眼外伤性白内障。周某起诉至天津市东丽区人民法院，要求何某和中国民航大学连带赔偿其各项损失，共计 107 974.81 元。

▎裁判结果

2015 年 6 月 16 日，天津市东丽区人民法院认定周某的损失为 81 101.04 元。其中，周某承担 70% 的赔偿责任，何某承担 10% 的赔偿责任，中国民航大学承担 20% 的赔偿责任。

▎案件评析

周某与何某均为成年人，具有完全民事行为能力，应当对自己的行为负责。周某穿越正在打球的何某所在的羽毛球场地，未注意安全，应承担主要责任。何某在打球时未注意周围环境，存在过错，也应承担一定的责任。中国民航大学组织比赛考虑欠周，在场地的安排上不合理，未对比赛的场地作统一规划，亦应承担一定的责任。因中国民航大学和何某没有意思联络，不构成共同侵权，应各自承担相应的责任。天津市东丽区人民法院对于三方责任的比例划分符合事故发生的客观情况，各当事人应按照相应的比例承担责任。

⚖ 相关法条 ▶ ·······················▶

1. 《中华人民共和国侵权责任法》第 6、12、16、22、26 条
2. 《学校卫生工作条例》第 10 条

第四节　他人误伤引发的侵权纠纷

1. 小学生课间在学校走廊休息，被同学横冲直撞滑倒在积水里，学生的法定代理人、学校各自承担责任

▌案情简介

王某甲、黄某某、王某乙系苏州市吴江区盛泽小学学生。2013 年 1 月 23 日下午上课前，王某甲在学校走廊里休息，被从教室里突然冲出来的黄某某碰撞失去重心，踩在王某乙之前倒水形成的积水里，从而滑倒在地。盛泽小学迅速与王某甲的家长取得联系，王某甲家长将其送往医院就诊。王某甲经诊断为右肱骨髁上粉碎性骨折。王某甲于 2013 年 6 月 26 日向苏州市吴江区人民

法院起诉，要求黄某某、王某乙以及盛泽小学连带赔偿其损失，共计96 101.04元。

▍裁判结果

2013 年 12 月 25 日，苏州市吴江区人民法院认定王某甲的各项损失，共计82 231.04元。其中，盛泽小学承担40% 的赔偿责任，即32 892.42元；王某乙承担15% 的赔偿责任，即12 334.65元；黄某某承担45% 的赔偿责任，即37 003.97元。因王某乙和黄某某为限制民事行为能力人，由各自的监护人承担赔偿责任。

▍案件评析

学校对学生负有教育、管理、保护的职责。在该案中，盛泽小学未对留校学生进行全方位管理，且未对学校地面随时可能存在的诸如积水、路障等安全隐患进行排除，存在一定的过错。黄某某的冲撞行为直接作用于王某甲，导致了王某甲失去平衡，从而造成王某甲摔伤的损害结果，是事故发生的主要原因。王某乙在教室外留下积水且未及时清理也存在一定的过错。被告究竟承担按份责任还是连带责任，这取决于被告的行为是否构成共同侵权或者虽未构成共同侵权，但每个人的侵权行为是否都足以造成全部损害。在该案中，黄某某、王某乙以及盛泽小学没有意思联络，在主观上没有共同的故意或过失，所以不构成共同侵权；黄某某、王某乙以及盛泽小学的侵权行为属于间接结合，各方的侵权行为均不足以造成王某甲的全部损害。因此，在该案中，黄某某、王某乙以及盛泽小学应承担按份责任。苏州市吴江区人民法院根据黄某某、王某乙以及盛泽小学在王某甲摔伤这一损害结果发生过程中的原因力的大小，酌定盛泽小学承担 40% 的赔偿责任、王某乙承担 15% 的赔偿责任、黄某某承担 45% 的赔偿责任的做法，符合该事件的客观情况。因王某乙和黄某某为限制民事行为能力人，其致他人损害的，由监护人承担赔偿责任。

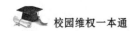 相关法条 ᐅᐅᐅᐅᐅᐅᐅᐅᐅᐅᐅᐅᐅᐅᐅᐅᐅ

1. 《中华人民共和国侵权责任法》第 6、16、22、32、39 条

2. 《中华人民共和国义务教育法》第 24 条

3. 《中华人民共和国未成年人保护法》第 22 条

4. 《最高人民法院关于审理人身损害赔偿案件适用法律若干问题的解释》第 7 条

2. 学校施工后未清理石块，学生相互投掷击中他人，学生的法定代理人、学校各自承担责任

▌ 案情简介

肖某、林某、段某系成都市新都区军屯小学六年级学生。2012 年 4 月 28 日上午第一节课课间，林某、段某互相扔石头玩耍。林某捡起军屯小学施工后遗留在校内的一块砖头欲扔向段某，不慎失手打中旁边的肖某。肖某头部受伤，先后在军屯卫生院、成都医学院第一附属医院、成都军区总医院检查治疗。因各方就赔偿数额未达成一致意见，肖某遂起诉至成都市新都区人民法院，请求林某、段某以及军屯小学连带赔偿其损失，共计 54 117.70 元。

▌ 裁判结果

2012 年 11 月 21 日，成都市新都区人民法院认定肖某各项损

失共计83 133.17元。其中，军屯小学承担70%的赔偿责任，段某承担5%的赔偿责任，林某承担25%的赔偿责任。因段某和林某为限制民事行为能力人，赔偿责任依法应由其监护人承担。

▋ 案件评析

公民的健康权受法律保护。军屯小学对在校学生负有教育、管理、保护义务。在该案中，军屯小学显然没有尽到相应职责：一是军屯小学未对建筑垃圾进行及时清除，散落在地上的砖头存在重大安全隐患；二是军屯小学未对林某和段某互扔砖头这一危险行为进行阻止和干预。因此，军屯小学未尽到法定义务，应承担与其过错相适应的赔偿责任。林某、段某系限制民事行为能力人，两人互扔砖头的行为与肖某所遭受的损害之间存在因果关系，也应承担赔偿责任。段某参与扔砖头的行为是导致肖某受伤的次要原因，林某作为直接投掷人是导致肖某受伤的重要原因，军屯小学未履行法定义务是导致肖某受伤的主要原因。因此，成都市新都区人民法院酌定段某承担5%的赔偿责任，林某承担25%的赔偿责任，军屯小学承担70%的赔偿责任的做法合法合理。因段某和林某为限制民事行为能力人，他们的赔偿责任依法应由其监护人承担。

在诉讼中，原告认为林某、段某以及军屯小学应承担连带赔偿责任。被告究竟承担按份责任还是连带责任，这取决于被告的行为是否构成共同侵权或者虽未构成共同侵权，但每个人的侵权行为是否都足以造成全部损害。在该案中，林某、段某以及军屯小学没有意思联络，在主观上没有共同的故意或过失，所以不构成共同侵权；林某、段某以及军屯小学的侵权行为属于间接结合，

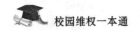

各方的侵权行为均不足以造成肖某的全部损害。因此，在该案中，林某、段某以及军屯小学应承担按份责任。

相关法条

1. 《中华人民共和国侵权责任法》第 6、16、22、32、39 条

2. 《中华人民共和国义务教育法》第 24 条

3. 《中华人民共和国未成年人保护法》第 22 条

4. 《最高人民法院关于审理人身损害赔偿案件适用法律若干问题的解释》第 7 条

3. 学生因未完成家庭作业而拒交，与同学争夺过程中扎伤他人，肇事者的法定代理人、学校各自承担责任

案情简介

王某甲与赵某某、王某乙系河南省柘城县张桥乡老王集小学三年级同班学生。2012 年 12 月 25 日下午上课预备铃响后，该班班长在收作业时，王某乙因没有完成作业与班长发生争执。此时，坐在王某乙前排的赵某某与王某乙争夺王某乙手中的铅笔，在争夺过程中，王某乙和赵某某将坐在王某乙左边的王某甲的右眼扎伤，造成王某甲右眼角膜穿孔，右眼外伤性白内障致右眼视力下降致 0.8 的严重后果，被鉴定为 7 级伤残。涉事四方因赔偿事宜协商未果，王某乙将其他三方起诉至柘城县人民法院，要求赵某某等人赔偿医疗费、误工费、护理费、住院伙食补助费、营养费、鉴定费、后期治疗费、伤残赔偿金、被抚养人生活费、精神抚慰金等共计 11 万元。

▎裁判结果

柽城县人民法院认定原告王某甲因三被告侵权行为遭受的损失合计共计83 974.86元。其中,被告赵某某、王某乙各承担原告30%的赔偿责任,因赵某某、王某乙为限制行为能力人,由其监护人承担;老王集小学承担原告40%的赔偿责任。

▎案件评析

《侵权责任法》第12条规定:"二人以上分别实施侵权行为造成同一损害,能够确定责任大小的,各自承担相应的责任;难以确定责任大小的,平均承担赔偿责任。"在该案中,王某乙和赵某某没有共同侵权的意思联络且一方的侵权行为也不足以造成王某甲眼睛受伤的后果,因此不属于共同侵权,按照各自的过错程度和原因力大小承担相应的侵权责任。因王某乙、赵某某主观过错相当,宜平均承担赔偿责任。学校对学生有教育、管理和保护的义务。《侵权责任法》第39条规定:"限制民事行为能力人在学校或者其他教育机构学习、生活期间受到人身损害,学校或者其他教育机构未尽到教育、管理职责的,应当承担责任。"在该案中,老王集小学应照顾和保护在校学生的身体健康,预备铃响后,无老师进班维持秩序,进行上课前的准备,从而造成王某乙、赵某某因争夺铅笔造成王某甲眼睛受伤的后果,老王集小学应承担赔偿责任。

因此,柽城县人民法院判决赵某某、王某乙各承担王某甲30%的赔偿责任,老王集小学承担王某甲40%的赔偿责任合法合理。鉴于涉事被告赵某某、王某乙为限制行为能力人,根据《侵权责任法》第 32 条的规定，应由其监护人承担民事责任。

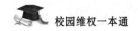 相关法条 •┄┄┄┄┄┄┄┄┄┄┄┄┄┄┄┄┄┄┄►

　　1.《中华人民共和国侵权责任法》第 6、12、16、22、32、39 条

　　2.《中华人民共和国义务教育法》第 24 条

　　3.《中华人民共和国未成年人保护法》第 22 条

4. 两孩童课间追逐打闹，观战同学被撞掉门牙，肇事者的法定代理人、学校各自承担责任

▌ 案情简介

　　胡某某和代某某系商丘市民主路第二小学学生。2012 年 11 月 1 日，代某某与同学课间追逐打闹时撞上站在教室门口的胡某某，致使胡某某的上门牙和下门牙各被撞掉一颗。为此，胡某某支出医疗费、交通费、住宿费等各项花费 8479.5 元。经鉴定，胡某某 18 岁后还需安装牙间隙保持器，需费用 12 000 元，支出鉴定费 1300 元。商丘市民主路第二小学在永安财产保险股份有限公司商丘中心支公司为学生投保校园责任险，保险金额为 30 万元。胡某某将代某某和永安财产保险股份有限公司商丘中心支公司起诉至商丘市睢阳区人民法院，要求代某某、商丘市民主路第二小学和永安财产保险股份有限公司商丘中心支公司赔偿胡某某医疗费等各项损失 50 000 元。

▌ 裁判结果

　　商丘市睢阳区人民法院认定胡某某的医疗费、交通费、后续

治疗费等损失共计20 479.5元，由永安财产保险股份有限公司商丘中心支公司赔偿。

▌案件评析

公民的合法权益受法律保护。该案中，胡某某被代某某撞伤，代某某应当承担赔偿责任，但由于代某某系未成年人，其赔偿责任应由其监护人承担。商丘市民主路第二小学未对学生在教室内外嬉戏打闹进行制止，未履行对学生的教育、管理和保护义务，从而造成胡某某受伤的损害后果，也应承担赔偿责任。

商丘市睢阳区人民法院判处永安财产保险股份有限公司商丘中心支公司赔偿胡某某全部损失的做法值得商榷。校方（园）责任险为责任保险的一种，其保险标的应为校方对学生依法应承担的赔偿责任，校方依法应承担的赔偿责任的范围取决于学校在学生受伤事件中的过错大小。因此，在本案中，法院应首先查明代某某和商丘市民主路第二小学在胡某某受伤事件中的过错程度，明确他们各自承担的责任范围，再由永安财产保险股份有限公司商丘中心支公司在校方应该承担的责任范围内进行赔偿。

⚖ 相关法条 ◦◦◦◦◦◦◦◦◦◦◦◦◦◦◦◦◦◦◦◦◦◦◦◦◦◦◦◦◦◦►

1.《中华人民共和国侵权责任法》第6、16、22、32、38、39条

2.《中华人民共和国义务教育法》第24条

3.《中华人民共和国未成年人保护法》第22条

4.《中华人民共和国保险法》第65条

5. 推搡同学，撞倒他人，肇事者的法定代理人、学校各自承担责任

▌案情简介

王某、刘某、闫某系吕梁市离石区城内小学三年级 7 班学生。2013 年 9 月 11 日中午放学后，同学们陆续从教室走了出来。王某在前，闫某随后，走至楼梯口墙柱时，刘某从后跑上来推了闫某一把，闫某身体失去平衡撞到王某身上，王某猝不及防，面部碰到墙柱上，一颗上门牙碰掉一半，另一颗上门牙摇摇欲坠。经离石区春珍牙科诊断为："近中切角折裂，未露骨髓，近中邻面折裂，冷热叩，松动，X 片显示根尖孔未形成。"后经太原市中心医院诊断为："冠切角折，近中邻面缺损，松动。"同时，该医院出具"成人后种植牙修复及现阶段修复费用 1.5 万元"的诊断建议。事发后，涉事主体就赔偿事宜几经协商未果，王某将其他当事人起诉至离石区人民法院，要求赔偿其相关损失。

▌裁判结果

吕梁市离石区人民法院认定王某的医疗费、牙齿修复费、精神损失费等共计 16 035 元，由刘某监护人承担 70% 责任，即赔偿11 224.5 元，城内小学承担 30% 责任，即赔偿 4810.5 元。

▌案件评析

公民的生命健康权受法律保护。刘某无故推搡闫某，致闫某因惯性碰撞王某，刘某系王某受伤的主要原因，应承担主要的赔偿责任，因其为无民事行为能力人，由其监护人代其承担赔偿责任；闫某被撞后身体失去平衡从而撞倒王某，其本身并无过错，

对王某受伤不承担赔偿责任；城内小学在放学时并未安排教职工进行离校疏导，对王某受伤具有一定的过错，应承担次要的赔偿责任。

学生尤其是小学生在放学的时候易发生拥挤、踩踏等事故。笔者认为，一方面，学校应加强安全教育，告诫学生有序离校、不得推搡；另一方面，学校可以班级为单位，组织学生有秩序地依次离校，避免学生在放学的时候争先恐后、一拥而上，人为地制造拥挤。

⚖ **相关法条** ----------------------------------➤

1. 《中华人民共和国侵权责任法》第 6、16、22、32、38 条

2. 《中华人民共和国义务教育法》第 24 条

3. 《中华人民共和国未成年人保护法》第 22 条

第五节　外出活动引发的侵权纠纷

1. 小学生在学校春游活动中受伤，学校、学生各因自身过错而担责

▌**案情简介**

雷某，10 周岁，为佛山市顺德区勒流新龙学校（以下简称新龙学校）在校学生。2013 年 3 月 6 日，新龙学校向全校学生发放了《关于组织学生春游的通知》，雷某收到该通知后将其交给父

母，雷某的母亲牟某在回执中签名同意雷某参加学校组织的春游活动。2013 年 3 月 12 日，新龙学校召开全体师生会议，会议内容为春游的注意事项。2013 年 3 月 14 日，新龙学校组织师生外出春游。在玩滑梯的过程中，雷某滑到滑梯底部时用手扶地面，导致其手部受伤。雷某受伤后，新龙学校随行教师和景区工作人员将雷某送往番禺南沙第一人民医院救治并通知雷某家长，经初步诊断后将雷某送往顺德区第一人民医院治疗。经诊断，雷某的伤情为右尺桡骨中下段骨折，花费医疗费 4231 元，该医疗费已通过旅游意外伤害医疗保险支付。出院后，雷某需遵医嘱休息一个月、继续石膏外固定、门诊定期复查。2013 年 10 月 28 日，广东通济司法鉴定中心对雷某的伤情进行鉴定，鉴定结论为：雷某右上肢活动功能部分障碍评定为十级伤残，后续治疗费建议以 7500 元为宜。雷某为此支付鉴定费 2500 元。雷某认为，其在学校组织的春游活动中受伤，新龙学校应承担全部赔偿责任。新龙学校认为此次事故是由于雷某的个人行为所致，学校在春游前以及春游过程中已经对学生和家长进行了安全教育培训。此外，新龙学校在第一时间将雷某送往医院救治并通知家长，因此，学校认为其履行了通知和救助义务，不存在过错。

▌裁判结果

2014 年 4 月 14 日，广东省佛山市顺德区人民法院认定雷某的自身行为是导致事故的发生的主要原因，酌定其自行承担 90% 的损害责任，新龙学校未能尽到安全管理职责，应当承担 10% 的赔偿责任，共计 7435.3 元。

▌案件评析

笔者认为，该案处理的重点在于新龙学校、雷某、景区对于雷某受伤这一损害后果分别起到多大的作用。就景区而言，我们主要考察滑梯是否符合国家安全标准，景区的工作人员是否尽到管理职责。就新龙学校而言，我们主要考察学校是否履行教育、管理职责；就雷某而言，我们应考察其自身是否尽到必要的注意义务。案发时雷某已年满十周岁，一般而言，十周岁年龄的人应该对于玩滑梯的行为具有足够的认知和支配能力，自身应尽到防范风险的注意义务，因此，雷某对事故的发生负有较大的责任。新龙学校作为春游活动的组织者，在春游活动前通过广播、班会等多种方式向学生宣传注意事项，已经较好地履行了安全教育的职责。在原告受伤后，新龙学校立即将原告送至医院救治，并及时通知了雷某的法定代理人，应急措施处理得当。但是，雷某所在的班级约35个学生参加春游，仅有2名老师跟队春游，人手明显不足。此外，跟队老师也存在一定的管理疏忽，具有一定过错，新龙学校对事故的发生负次要责任。本案中，现有案情并没有显示景区的滑梯存在安全隐患或者不符合国家安全标准，也没有显示景区存在管理漏洞，因此，景区不承担赔偿责任。

在春季，学校尤其是小学一般会组织春游活动。不过，近年来，有关春游的话题持续发酵。赞成者认为学校组织学生参加春游等户外活动有利于培养学生的团队意识，拓宽学生视野，促进学生身心健康。反对者认为在春游活动中经常发生学生伤亡事件，无论学校是否尽到教育管理职责，社会舆论偏向于学校承担全部赔偿责任，学校为避免纠纷逐渐转向不组织春游的立场。笔者认为，法院在处理学生春游过程中的伤亡事件时，应合理界定、划分学生、家长、学校以及景点等责任，做到公平公正。这样，教育机构才不会因噎废食，取消春游等各种校外活动。就学校而言，在组织春游等校外活动时，应注意以下几个方面：一是提前告知学生家长并取得同意，不得强制学生参加春游；二是在外出前召开安全培训讲座；三是购买旅游意外伤害险、校（园）方责任险等，将各种保险无缝对接，覆盖校内、校外活动等全过程；四是在外出活动中，老师应维持秩序，避免拥挤、踩踏等；五是学校组织的外出活动应与学生的年龄、智力等因素相匹配，不得组织超出学生实际情况的活动；六是在发生伤亡事件后，学校要及时履行通知、救治等义务，防止损害后果不当扩大。

相关法条

1. 《中华人民共和国侵权责任法》第 6、16、39 条
2. 《中华人民共和国义务教育法》第 24 条
3. 《中华人民共和国未成年人保护法》第 22 条
4. 《学生伤害事故处理办法》第 9 条

2. 学校与旅行社签订旅游合同，
春游期间学生受伤谁应担责

案情简介

2006 年 4 月 3 日，京溪小学与三茂旅行社签订《广东省国内旅行组团合同》，约定京溪小学 1890 人（学生）参加三茂旅行社组团的"宝桑园春季桑果节一天游"，费用为 55 元/人，由三茂旅

行社派人上门收取费用,三茂旅行社派出导游16人(景点内每班1人)等内容。黄某某是京溪小学的学生。2006年4月4日,京溪小学向全校学生家长发出通知,学校拟于同年4月11日组织全校学生到花都区宝桑园进行春游活动。同年4月10日上午,京溪小学通过校内广播对该次春游活动进行安全教育,各班主任也根据各班实际情况向学生强调安全注意事项。2006年4月11日,京溪小学34个班约1800多人到花都区宝桑园参加春游活动。三茂旅行社共派出16名导游,负责该次春游活动的导游和管理工作,京溪小学派出100名老师带队。学生进入景区后,由景区导游负责提供服务,三茂旅行社则另外安排京溪小学的老师自由活动,除个别老师外,京溪小学大多数老师因参加三茂旅行社安排的自由活动而没有全程跟班陪同、管理学生。春游活动期间,宝桑园景区向京溪小学每个班发放了8到10个风筝,很多学生在园内的山坡上放风筝。当日13时55分,黄某某按照老师的要求在山坡下排队回校,突然,一个飞来的不明风筝支架插入黄某某左眼,致使原告左眼受伤。黄某某受伤后,京溪小学立即将其送往南方医院住院治疗,后诊断为左眼角膜穿通伤。住院期间,原告接受了左眼角膜清创缝合术。2006年4月28日,原告出院。同年5月23日,原告前往中山大学附属眼科医院住院治疗,该院诊断结论为:眼球穿通伤,角膜穿通伤,外伤性白内障。经司法鉴定,黄某某的伤情构成八级伤残。黄某某在上述治疗期间共花去医疗费26 594.31元,租床费170元,另支付法医鉴定费645元。而后,黄某某起诉至广州市白云区人民法院,要求京溪小学、三茂旅行社、广东宝桑园健康食品研究发展中心连带赔偿相关损失。

▌裁判结果

2007 年 5 月 21 日，广州市白云区人民法院判定京溪小学赔偿原告黄某某医疗费（含陪护人员租床费）、护理费、住院伙食补助费、营养费、交通费、法医鉴定费、残疾赔偿金、精神抚慰金等共计130 810.41元。

▌案件评析

本案的焦点在于涉案春游活动是京溪小学组织的校外活动，还是三茂旅行社组织的旅游活动。笔者认为，涉案春游活动为京溪小学组织的校外活动，理由如下：（1）涉案《广东省国内旅行组团合同》的双方当事人是京溪小学和三茂旅行社；（2）春游活动发生于 2006 年 4 月 11 日，该日既不是法定的休息日，也不是节假日，如果京溪小学与该次活动无关，则所有学生都应当在该校进行相应的课程；（3）尽管三茂旅行社上门负责收费，但是，学生是基于学校的要求将费用交给三茂旅行社。因此，本次活动是京溪小学组织的校外活动。根据《学生伤害处理办法》第 9 条的规定，无论是校内活动还是学校组织的校外活动，学校对学生都负有教育、管理以及保护的义务。尽管京溪小学与三茂旅行社约定，三茂旅行社应在春游期间对学生进行管理、保护，但通过合同设定三茂旅行社的义务，并不意味着免除或减轻京溪小学依法应承担的法定义务。根据案件事实，京溪小学的 100 余名老师将 1000 多名学生交给 16 名导游后，就离开学生自行参加三茂旅行社组织的活动，没有在春游活动中全程陪伴、保护学生，存在重大过错，京溪小学应承担赔偿责任。此外，经营者在合理限度范围内对接受其服务的公众负有安全保障义务。如果经营者不尽安全保障义务造成他人人身损害，应当承担相应的赔偿责任。经营者是否尽到合理限度的安全保障义务应根据一般常识来确定。本案中，黄某某的眼睛系不明飞落的风筝所致，黄某某并未证明该从天而降的风筝与宝桑园有关，也未证明宝桑园存在管理上的过错。另外，宝桑园在涉案事故发生的区域设置了警示牌，进行了合理的提示，应认为其已履行了告知义务和安全保障义务。

⚖ 相关法条 ··▶

1. 《中华人民共和国侵权责任法》第6、16、22、38条

2. 《中华人民共和国义务教育法》第24条

3. 《中华人民共和国未成年人保护法》第22条

4. 《学生伤害事故处理办法》第9条

3. 学生校外实习被截断手指，实习单位和就读学校担全责

▌案情简介

李某某系上海工商信息学校2011级模具专业学生。2013年7月8日，李某某与工商学校、上海通用富士冷机有限公司三方签订《学生实习协议书》一份，主要内容为：经李某某与通用富士公司双向选择，李某某自愿到通用富士公司实习，期限自2013年7月8日起至2014年6月25日止；实习期间，通用富士公司支付李某某的实习津贴按国家规定的每周不超过40小时计每月人民币1800元至2000元，超过规定时间的加班及因工作需要安排的中班、夜班和特殊岗位的与通用富士公司职工同等待遇；通用富士

公司在安排实习生上岗前应先对实习生进行企业文化、岗位要求、专业技能、操作规范、安全生产、劳动纪律等方面的培训教育，安排到相应的部门和岗位从事与国家劳动保护法规相符合的对人身无危害、对青少年身心健康无影响的工作，并指派带教师傅对实习进行指导评价；对易发生意外工伤的实习岗位，通用富士公司在实习生上岗前除了加强安全生产教育外，还应提供应有的劳动保护措施，学校为实习生购买"学生实习责任保险"。

2013年11月2日上午11时许，李某某在通用富士公司处加班操作数控折边机，在更换模具时不慎踩到开关，致使机器截断其右手第2—5指，李某某随即被送至上海市第六人民医院和上海市松江区九亭医院治疗。截至2014年3月5日，李某某共花费医疗费88 001.76元（含伙食费855元，其中少儿学生医疗保障支付16 283.25元）。2014年10月9日，经法院委托，司法鉴定科学技术研究所司法鉴定中心对李某某伤势出具鉴定意见书：李某某右手部等处因故受伤，后遗右手功能障碍等，相当于道路交通事故九级伤残，伤后休息150—180日、护理90日、营养60日。为此，李某某花费鉴定费1800元，李某某另花费律师费5000元。事发后，通用富士公司为李某某垫付医疗费71 718.51元、护理费2040元、日用品费180元、李某某家属住宿费800元，另向李某某家属支付现金4000元，上述费用合计78 738.51元。一审法院上海市青浦区人民法院酌定通用富士公司对李某某受伤造成的损失承担80%的责任，李某某自负20%的责任。李某某不服一审判决，向上海市第二中级人民法院提出上诉，认为其作为实习生，受到工商学校和通用富士公司的双重管理，通用富士公司在李某某前一天上晚班的情况下，安排李某某于事发当日继续加班且没有带教老师陪同，工商学校与通用富士公司对其受伤均应负有责任。

▌裁判结果

2015 年 9 月 7 日，上海市第二中级人民法院撤销上海市青浦人民法院〔2015〕青民一（民）初字第 101 号民事判决，判定通用富士公司对李某某的损害后果承担 80% 的赔偿责任，剩余 20% 的赔偿责任应由工商学校承担。

▌案件评析

在学生实习实践中，学校、学生和实习单位通常会签订三方协议，规范实习期间各方的权利和义务。需要明确的是，在实习期间，实习单位需为实习学生提供安全、健康的工作环境；学生在实习单位实习期间，学校仍承担教育、保护、管理的职责，并非过渡至实习单位承担。

就通用富士公司而言，其应对实习生李某某的工作过程实施监督和管理。李某某虽为实习生，但其所从事的劳动客观上为通用富士公司创造经济利益，李某某仍然享有劳动保护的权利。作为实习生，李某某在前一天夜班的情况下，通用富士公司仍安排其第二天加班，且加班期间没有师傅进行现场监督、指导，从而导致李某某操作失误、造成伤残结果的发生，通用富士公司应当对李某某所受之损害承担主要赔偿责任。

就工商学校而言，工商学校作为李某某实习期间的间接管理人，其依法承担的教育、保护、管理的职责并不因为实习的进行而转移。工商学校虽无法直接支配李某某的工作，但其作为职业教育机构应当清楚学生参与实习工作的危险性，应通过对学生的安全教育以及与企业的沟通协商，控制和防范风险。根据教育部、财政部发布的《中等职业学校学生实习管理办法》及《教育部办公厅关于应对企业技工荒进一步做好中等职业学校学生实习工作的通知》的规定，学校及相关企业不得安排学生每天顶岗实习超过 8 小时，也不得安排学生加班。部门规章虽然不能作为法院裁判的直接法律依据，但可以作为法院评判学校是否有过错的依据。工商学校在清楚实习单位不得安排实习生加班的情况下，未与企业进行磋商，却放任实习生加班情形的存在，因此，工商学校应当对李某某所受损害承担次要责任。

就李某某而言，李某某作为实习生，劳动技能尚处于初始阶段，实习报酬也区别于通用富士公司普通员工。因此，李某某在劳动过程中所应尽到的注意义务不能以通用富士公司正常员工为标准。李某某事发当日在没有带教老师陪同加班的情况下所出现的操作不当尚不足以构成主观故意。根据《工伤保险条例》第 16 条的规定，建立劳动关系的员工只有存在下列情形之一的，才不得认定为工伤或者视同工伤：（1）故意犯罪的；（2）醉酒或者吸毒的；（3）自残或者自杀的。因此，建立劳动关系的员工即便因自身过失发生类似本案的工伤事故，员工能够获得的工伤赔偿也不因其自身过错而减少，则对于实习学生李某某而言，更不能因其自身一般性过错而减轻相关侵权方应承担的赔偿责任。所以，李某某主观上并无故意，不能减轻工商学校、通用富士公司的赔偿责任。

⚖ 相关法条 ┄┄┄┄┄┄┄┄┄┄┄┄┄┄┄┄┄┄┄┄┄┄┄┄┄┄┄┄➤

1. 《中华人民共和国侵权责任法》第 6、12、16、22 条

2. 《学生伤害事故处理办法》第 9 条

4. 学生在拓展中心军训受伤，
学校、拓展中心、学生三方分责

▌案情简介

　　彭某某系襄阳市三十五中初一新生。2013 年，市三十五中与湖北省国防教育拓展中心（民办非学历教育机构）签订了《军训协议书》，双方约定市三十五中安排初一新生到湖北省国防教育拓展中心参加军训，湖北省国防教育拓展中心按每人 330 元向市三十五中收取军训费用。在训练期间，市三十五中配备带班老师检查学生训练并协助管理学生。2013 年 9 月 7 日晚，因房间有蚊子，彭某某在拍打蚊子时不慎从床上铺掉到地上。同学们发现后，将彭某某扶到床上，见彭某某伤势不算严重，没有告诉老师。次日，彭某某疼痛难忍，老师、教官将其送到湖北省国防教育拓展中心医务室检查并通知家长。彭某某后被家人送到襄阳市第一人民医院治疗，经诊断为脾破裂、急性弥漫性腹膜炎。各方对赔偿事宜协商未果，彭某某遂将市三十五中与湖北省国防教育拓展中心起诉至襄阳市樊城区人民法院，请求两被告赔偿各项损失，共计274 900元。

▌裁判结果

　　2014 年 11 月 7 日，襄阳市樊城区人民法院认定彭某某各项损

失共计161 272.30元。其中，市三十五中承担30%赔偿责任，湖北省国防教育拓展中心承担50%赔偿责任，彭某某自己承担20%赔偿责任。此外，市三十五中赔偿彭某某精神损害抚慰金3000元，湖北省国防教育拓展中心赔偿彭某某精神损害抚慰金5000元。

▌案件评析

根据《学生伤害事故处理办法》第9条第4项的规定，学校组织学生参加教育教学活动或者校外活动，应当对学生进行相应的安全教育，并在可预见的范围内采取必要的安全措施防范安全事故的发生，否则承担相应的责任。在该案中，尽管市三十五中与湖北省国防教育拓展中心签订军训协议书，但该协议并不能免除市三十五中教育、管理、保护学生的法定义务。市三十五中组织低年龄段的学生到校外参加军训值得讨论，且事发当晚未及时将彭某某送至医院治疗，在一定程度上延误了治疗；湖北省国防教育拓展中心对于避免受训学生受伤的预防措施准备不足且也未在第一时间将彭某某送至医院治疗，延误治疗时机。因此，市三十五中和湖北省国防教育拓展中心均存在过错，应承担相应的民事责任。彭某某作为限制民事行为能力人，对于在高空拍蚊子可能存在的危险有一定的预见和认知能力，其也有一定的过错，可以适当减轻市三十五中和湖北省国防教育拓展中心的赔偿责任。

⚖ 相关法条 ----------------------------▶

1. 《中华人民共和国侵权责任法》第6、16、22、26、39条

2. 《中华人民共和国义务教育法》第24条

3. 《中华人民共和国未成年人保护法》第22条

4.《学生伤害事故处理办法》第 9 条

5. 学生在训练过程中走失，武术学校承担相应责任

▌**案情简介**

原告李某某之子李某（13 周岁）生前为肖某开办的神州少林天龙武术学校在校学生。2009 年 9 月 30 日上午，李某随其他同学一起在学校教练黄某的带领下到校外汉江堤上跑步训练，在训练过程中，李某向教练黄某请假离队去堤边上厕所，后李某一直未归。被告肖某得知后，发动学校师生四处寻找未果，并于次日向天门市公安局彭市派出所报警，该所以李某被拐卖立案。2015 年 1 月 22 日，湖北省汉川市人民法院依原告李某某的申请，判决宣告李某死亡。原告李某某主张神州少林天龙武术学校已停办，被告肖某作为开办人，应承担赔偿责任。另查明，神州少林天龙武术学校于 1993 年 9 月经相关主管部门批准设立，法定代表人为被告肖某，该校已于 2010 年 9 月核准注销。

▌**裁判结果**

2017 年 6 月 21 日，天门市人民法院酌定被告肖某承担 30% 的赔偿责任，计 75 094 元；原告李某某自行承担 70% 的民事责任。

▌**案件评析**

该案争议的焦点在于神州少林天龙武术学校法定代表人肖某对于李某的死亡应承担多大范围的赔偿责任。根据《学生伤害事故处理办法》第 9 条第 4 项的规定，学校组织学生参加教育教学活动或者校外活动的，应对学生进行相应的安全教育，并在可预

见的范围内采取必要的安全措施。该案中，案件事实部分未证明神州少林天龙武术学校教练带学生外出训练之前，已对学生进行过相应的安全教育。李某请假离队后，教练应当预见到作为限制民事行为能力人的李某独自离队可能会发生意外事故，理应履行跟踪管理、督促归队的义务，因其未履行相关义务，致使李某在外出训练期间走失，并被法院宣告死亡，神州少林天龙武术学校存在重大过错，依法应承担主要责任。李某失踪时系限制民事行为能力人，原告李某某作为监护人，疏于对李某的监护职责，致使李某在训练时失踪，进而被宣告死亡，其在主观上也存在过错，依法应承担次要责任。根据《民办教育促进法》第58条的规定，"民办学校终止时，应当依法进行财务清算"。该案中，神州少林天龙武术学校未依法清算即将学校予以注销，属于违法行为。《最高人民法院关于适用〈中华人民共和国民事诉讼法〉的解释》第64条规定："企业法人解散的，依法清算并注销前，以该企业法人为当事人；未依法清算即被注销的，以该企业法人的股东、发起人或者出资人为当事人。"参照该条规定，被告肖某作为神州少林天龙武术学校的法定代表人和举办人，未依法清算即将学校予以注销，依法应对学校正常经营期间的债务承担赔偿责任。

⚖ 相关法条

1. 《中华人民共和国侵权责任法》第6、16、22、26、39条

2. 《中华人民共和国义务教育法》第24条

3. 《中华人民共和国未成年人保护法》第22条

4. 《学生伤害事故处理办法》第9条

第六节 自身原因引发的侵权纠纷

1. 新转入的小学生在学校受伤，
保险公司只对保险对象担责

▌案情简介

张某系镇平县安子营镇栗园小学一年级学生。栗园小学因新建校舍，其与栗园村委会相邻的院墙被拆除。2016 年 3 月 1 日下午，栗园小学一年级数学教师批改完张某的作业之后，张某在上课期间私自到学校后院的栗园村委会玩耍，在玩滑梯时摔伤左胳膊，后经镇平县中医院诊断为左肱骨髁上骨折。张某原系镇平县安子营镇邱庄小学一年级学生，一年级下学期转学至镇平县安子营镇栗园小学。2015 年 9 月 1 日，镇平县安子营镇邱庄小学为包括张某在内的 329 人在中国平安财产保险股份有限公司南阳中心支公司投保校方责任险，保险期间为 2015 年 9 月 1 日上午 0 时起至 2016 年 8 月 31 日下午 24 时止。而张某转学至栗园小学时，栗园小学已经完成了投保工作，其向中国平安财产保险股份有限公司南阳中心支公司投保时的在册学生为 195 人，并不包括原告张某。因赔偿事宜协商未果，张某将镇平县安子营镇栗园小学和中国平安财产保险股份有限公司南阳中心支公司起诉至镇平县人民法院，要求两被告赔偿医疗费、护理费、住院伙食补助费、营养费、交通费、精神损害抚慰金、残疾赔偿金等共计60 591元。

▌裁判结果

2016 年 8 月 24 日，镇平县人民法院判决镇平县安子营镇栗园小学赔偿原告张某医疗费、住院伙食补助费、营养费、护理费、残疾赔偿金、精神慰抚金、交通费等共计58 520.7元。

▌案件评析

本案争议的焦点在于：（1）栗园小学是否尽到教育和管理的职责；（2）中国平安财产保险股份有限公司南阳中心支公司是否应当承担赔偿责任。

无民事行为能力人在幼儿园、学校或者其他教育机构学习、生活期间受到人身损害的，幼儿园、学校或者其他教育机构应当承担责任，但能够证明尽到教育、管理职责的，不承担责任。此归责原则为过错推定原则，即无民事行为能力人在教育机构受到人身损害的，推定教育机构有过错，除非教育机构证明其没有过错。学校校舍的拆除、新建最好安排在学生假期期间进行，若必须在学生上学期间进行的，学校必须做好安全保障措施。在该案中，栗园小学存在过错：一是栗园小学在学生上学期间进行校舍改造，将学校与外界之间的围墙拆除且未采取措施进行必要的遮挡，使得学生暴露在来自校外的、随时可能发生的危险中；二是在上课期间，数学老师在批改学生作业时，未对学生进行管理，致使张某偷偷地溜到学校外，从而造成受伤的结果。因此，栗园小学理应承担赔偿责任。

校方责任保险是指在学校实施的教育教学活动或学校组织的校外活动中，因学校过错导致在校学生人身伤害事故依法由学校承担的经济赔偿责任，转由投保的保险公司在赔偿限额内负责赔偿的保险。在校方购买校方责任险的情况下，学校应该向学生承担的赔偿责任实际上是由保险公司依约替代学校承担责任。本案中，虽然栗园小学应该向张某承担赔偿责任，但是该小学并未向保险公司购买对于该学生的校方责任保险，因此无法得到保险公司的替代赔偿，只能由其自行承担。虽然邱庄小学所购的责任保险名册中包含了张某，但是张某的受伤与邱庄小学无关，因而邱庄小学不对张某承担赔偿责任，保险公司自然无责。因此，张某在栗园小学受到的人身伤害，即使学校有过错，中国平安财产保险股份有限公司南阳中心支公司也不承担赔偿责任。

该案例实际上给学校一个重大警示：关注学生转学所带来的学校法律风险，特别是转入的学生有可能错过转入学校校方责任险的缴纳时间，其并未纳入责任保险的理赔对象范围，因此，各校应重视对于校方责任险的动态管理。

⚖ 相关法条 ●┈┈┈┈┈┈┈┈┈┈┈┈┈┈┈┈┈┈┈┈➤

1. 《中华人民共和国侵权责任法》第 6、16、22、38 条

2. 《中华人民共和国义务教育法》第 24 条

3. 《中华人民共和国未成年人保护法》第 22 条

2. 小学生私自玩单杠受伤，
学校存在管理漏洞而承担相应责任

▎案情简介

黄某某和余某系重庆市巴南区鱼洞第二小学学生。2013 年 3

月 19 日上午，在体育课上，黄某某与余某偷偷离开体育课活动场地到单杠处去玩耍。黄某某在拉单杠时，让余某从后面推他，余某因用力过大致使黄某某从单杠上摔下，造成右手腕受伤。体育老师随即将黄某某送往重庆市巴南区第七人民医院，经诊断为右尺、桡骨骨折，右腕软组织挫伤。各方对赔偿事宜协商未果，黄某某遂将余某和重庆市巴南区鱼洞第二小学起诉至重庆市巴南区人民法院，要求两被告赔偿医药费、护理费、住院伙食补助费、营养费、交通费、精神损害抚慰金等，共计32 965.34元。

▎裁判结果

2014 年 11 月 28 日，重庆市巴南区人民法院认定黄某某各项损失共计29 428.84元。其中，重庆市巴南区鱼洞第二小学承担20% 赔偿责任，即 5885.77 元；余某承担 30% 赔偿责任，即8828.65 元，因余某为限制行为能力人，其赔偿责任由其监护人承担。

▎案件评析

公民的身体健康权受法律保护。学校对未成年人依法负有教育、管理、保护义务。在该案中，体育老师未注意到黄某某和余某离开活动范围去单杠处玩耍，在管理上存在疏忽，有一定的过错。黄某某擅自离开体育老师指定的活动区域去单杠处玩耍，也有一定过错。黄某某的受伤因余某用力过猛所致，亦应承担与其过错相适应的赔偿责任。因此，重庆市巴南区人民法院酌定重庆市巴南区鱼洞第二小学和余某各承担20%、30% 的赔偿责任，黄某某自行承担50% 的赔偿责任合法合理。因余某为限制民事行为人，其造成黄某某损害的，应由其监护人承担侵权责任。

在体育教学实践中，很多老师让学生自由活动，这其实存在一定的风险：一是学生容易脱离老师的管理、保护范围，陷入险境；二是学生可能不规范地使用体育器材，造成受伤；三是学生易追逐、打闹，引发伤亡。

⚖ 相关法条 ┄┄┄┄┄┄┄┄┄┄┄┄┄┄┄┄┄┄┄┄➤

1. 《中华人民共和国侵权责任法》第6、16、26、32、39条
2. 《中华人民共和国义务教育法》第24条
3. 《中华人民共和国未成年人保护法》第22条

3. 学生在校内互殴，教师未能有效制止而担责

▌案情简介

李某、母某系塔沟武术学校学生。2015年10月5日晚上，李某与母某因琐事发生口角，继而引发双方互殴。其间，塔沟武术学校一文化课老师发现后，口头告诫双方散开。文化课老师离开后，李某和母某又撕扯在一起，后两人摔倒在地，李某右胫骨骨折。当事人就赔偿事宜协商未果，李某向登封市人民法院提起诉讼，要求母某和塔沟武术学校赔偿其损失100 000元。

▌裁判结果

2016年11月11日，登封市人民法院认定原告李某的损失为117 813.3元，其中塔沟武术学校承担40%赔偿责任，李某和母某各承担30%的赔偿责任。

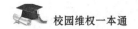

▌案件评析

公民的健康权受法律保护。侵害他人，造成人身损害的应当承担赔偿责任。李某与母某因琐事引发互殴，双方对于李某受伤的结果均存在过错。母某为限制民事行为能力人，依法应由其监护人承担侵权赔偿责任。李某对损害的发生亦存在过错，可减轻母某的赔偿责任。该案虽然发生在课后，但发生的场所却是在校内。在该场所内，学校对学生负有教育、管理、保护的义务。塔沟武术学校的老师发现学生在校内打架后，仅口头警告散开，并未进一步询问双方争执的原因、有效地化解双方的矛盾，从而造成李某右胫骨骨折的结果；此外，塔沟武术学校于事发后第二天才将李某送至医疗机构诊治，在一定程度上延误了治疗。因此，塔沟武术学校在管理上存在疏漏，未尽到教育、管理、保护的职责，依法应承担相应的赔偿责任。登封市人民法院酌定李某和母某各承担30%的责任、塔沟武术学校承担40%的赔偿责任合法合理。

需要补充的是，李某诉讼请求的金额为100 000元，但是在庭审中，法院查明原告李某的实际损失为117 813.3元，基于民事诉讼处分主义原则，法院只能在原告李某诉讼请求范围内判决塔沟武术学校赔偿李某40 000元（100 000×40%），母某赔偿李某30 000元（100 000×30%），因母某为限制民事行为能力人，依法应由其监护人承担侵权赔偿责任。

◢◣ 相关法条 ------------------------------▶

1.《中华人民共和国侵权责任法》第6、16、22、26、32、39条

2.《中华人民共和国未成年人保护法》第 22 条

4. 学生上课时互殴，教师未制止而担责

▍案情简介

王某某和张某某系商丘市第五中学学生。2013 年 5 月 22 日，王某某与张某某在上课时发生争执，王某某首先用拳头将张某某打倒，张某某起身后用拳头还击，后两人扭打在一起，造成王某某右手受伤，经诊断为右第四掌骨骨折，经商丘市某司法鉴定所鉴定为九级伤残。王某某与张某某、商丘市第五中学对赔偿事宜协商未果，王某某遂将张某某、商丘市第五中学起诉至商丘市睢阳区人民法院，要求张某某和商丘市第五中学赔偿医疗费、护理费、住院伙食补助费、营养费、交通费、鉴定费、伤残赔偿金、精神抚慰金等共计117 716.55元。

▍裁判结果

商丘市睢阳区人民法院认定王某某的各项损失合计104 664.83元。其中，王某某自身承担上述损失的 50%，张某某的法定代理人负担上述损失的 15%，商丘市第五中学负担上述损失的 35%。

▍案件评析

本案中，王某某和张某某属限制民事行为能力人，具有一定的智力水平和认知能力，对事物有一定的识别和判断能力，可以进行与其年龄、智力相适应的民事活动。王某某与同学发生争执时首先动手打人，在该事情发生起因上王某某具有过错，对自己

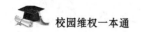

的损害结果应承担主要责任。张某某与王某某扭打过程中造成王某某右手骨折，也应承担民事责任，由于张某某属限制民事行为能力人，应由其监护人承担民事责任。

该事件发生在课堂上，无论从时间还是场所看，学校都应该对学生负有教育、管理的义务。从受害学生而言，学校未能履行适当的安全保障义务；从加害学生角度而言，学校也未能予以有效管教和制止，导致其对他人造成损害。如果任课老师处理得当，可能避免王某某和张某某之间矛盾的升级，王某某也不至于受伤。因此，商丘市第五中学在该损害结果的发生上存在过错，理应承担相应的民事责任。根据各方对损害结果发生的过错程度和各原因力在损害结果发生中的作用，我们认为王某某自身应承担主要责任，张某某和商丘市第五中学承担次要责任。

相关法条

1.《中华人民共和国侵权责任法》第6、16、26、32、39条

2.《中华人民共和国义务教育法》第24条

3.《中华人民共和国未成年人保护法》第22条

5. 幼儿园手足口病预防到位，学生生病自行承担责任

▎案情简介

时某某系襄阳市樊城区机关幼儿园学生。2014年12月26日，樊城区机关幼儿园召开预防手足口病家长会。从2015年3月开始，为预防手足口病，樊城区机关幼儿园召开保育员会议，每周进行卫生检查，并且对晨检及全日观察疾病情况进行记录，拟定

消毒程序及防控方案，向学生家长发放预防手足口病宣传单。
2015 年 3 月 30 日，樊城区机关幼儿园得知该园有幼儿疑似感染手足口病（28 日、29 日幼儿园放假，该幼儿没有上学）。当日下午，樊城区机关幼儿园告知时某某所在班级的家长，班里有学生得了手足口病，已经向区、市卫生局汇报，卫生局指示对全班幼儿实行隔离，全班放假，并要求家长每天用短信的方式告知孩子身体情况。2015 年 4 月 5 日（放假期间），时某某身体出现异常，被送至襄阳市传染病医院，经诊断为手足口病。时某某两次住院共支付医疗费21 624.87元，其中，居民医保报销11 830.57元，儿童保险报销4211.42 元，自费 5582.88 元。时某某家人多次到幼儿园协商未果，诉至樊城区人民法院法院，请求判令樊城区机关幼儿园赔偿手足口病治疗费 5582.88 元，退回时某某患病期间的学费。

▎裁判结果

2016 年 7 月 7 日，樊城区人民法院法院驳回时某某要求樊城区机关幼儿园承担赔偿责任的诉讼请求。

▎案件评析

公民的合法权益受法律保护。无民事行为能力人在幼儿园、学校学习、生活期间受到人身损害的，幼儿园、学校应当承担责任，但能够证明尽到教育、管理职责的，不承担责任。该案中，樊城区机关幼儿园已尽到教育、管理和保护义务：（1）2014 年 12 月 26 日，樊城区机关幼儿园召开了预防手足口病家长会；（2）2015 年 3 月 30 日，樊城区机关幼儿园得知该园有幼儿疑似感染手足口病后，第一时间请示相关领导并宣布放假，同时要求学生家长在放假期间与老师保持联系，了解学生的健康状况。此外，幼儿园 2015 年 3 月 30 日放假在前，时某某 2015 年 4 月 5 日（放假期间）患病在后，时某某一方未举证证明其在幼儿园患病，因此，时某某生病与幼儿园不存在必然的因果关系。综上所述，樊城区机关幼儿园不应承担赔偿责任。

实践中，小孩在上学期间染上流行性疾病（如流感）并不罕见，那么学校是否对此承担赔偿责任？笔者认为，关键看学校是否尽到了必要的管理和保护义务。如本案中，该校采取了一系列的管理、保护措施：学校将学生疑似感染手足口病的信息及时告知了家长，提醒家长们注意小孩的身体状况；采取了必要的隔离、消毒等卫生措施；上报主管部门，经请示相关领导后，果断地宣布放假，防止学生之间的交叉感染。

⚖ 相关法条 ┄┄┄┄┄┄┄┄┄┄┄┄┄┄┄┄┄┄┄➤

1. 《中华人民共和国侵权责任法》第 6、38 条
2. 《中华人民共和国义务教育法》第 24 条
3. 《中华人民共和国未成年人保护法》第 22 条

6. 小学生私自外出游泳，教师因制止不力而担责

▍案情简介

黄某某生前就读于东兰县武篆镇中心小学，系该校六 1 班住校生。2015 年 7 月 2 日下午放学后，黄某某与其他同学攀爬篆镇中心小学校内公共厕所旁围墙，外出到拉坝河游泳。武篆镇中心

小学得知有学生攀爬围墙外出游泳后，即派陈老师到拉坝河边制止学生游泳，并督促学生返回学校，但学生并未回校。在陈老师离开河边后，黄某某又再次下水游泳，因其不习水性而不幸溺水。黄某某父母将武篆镇中心小学起诉至东兰县人民法院，要求学校赔偿死亡赔偿金151 300元、丧葬费23 424元以及精神损害赔偿金50 000元。

▌裁判结果

2015 年 11 月 30 日，东兰县人民法院认定黄某某父母的损失为死亡赔偿金151 300元、丧葬费23 424元，共计174 724元。对于原告的经济损失，武篆镇中心小学承担其中 30% 的民事赔偿责任，计52 417.2元。因黄某某死亡，其父母遭受较大打击，参考当地平均生活水平及黄某某的过错程度等因素，精神损害赔偿金酌情为 1 万元。以上各项损失合计62 417.2元，扣除武篆镇中心小学已付的 1 万元，还应赔偿黄某某父母52 417.2元。

▌案件评析

限制民事行为能力人在学校或者其他教育机构学习、生活期间受到人身损害，学校或者其他教育机构未尽到教育、管理职责的，应当承担责任。笔者认为，原判法院在责任划分和损失计算上都值得商榷。学校对于学生有教育、管理和保护的义务，在该案中，学校显然没有很好地履行法定义务：（1）学校对于学生容易攀爬的围墙疏于管理且未能及时消除该隐患，极易造成学生攀爬围墙、脱离学校管理的风险；（2）黄某某为住校生，学校对于住校生放学后的活动缺乏管理；（3）当学校老师发现黄某某攀爬围墙外出游泳后，虽然到河边制止，但未能督促学生回校，也没有通知学生家长，致使学生在河边一直处于危险当中。因此，学校对于黄某某的死亡存在重大过错，应承担主要责任。黄某某在事故发生时为六年级学生，属于限制民事行为能力人，已经具备一定的认知水平和防范意识，违反学校纪律擅自外出游泳，对自身溺水死亡的结果亦存在过错，但应该承担次要责任。

相关法条

1. 《中华人民共和国侵权责任法》第 6、16、22、26、32、39 条

2. 《中华人民共和国义务教育法》第 24 条

3. 《中华人民共和国未成年人保护法》第 22 条

7. 学生课间打架受伤，各自承担相应责任

▍案情简介

赵某某、吴某某系昆明市徐霞客中心学校六年级 2 班学生。2014 年 6 月 11 日上午下课期间，吴某某将赵某某的书碰落到地上，双方随即发生口角，继而扭打在一起，吴某某捡起教室里的簸箕摔打赵某某的手臂，致其受伤。班主任刘某接到学生报告后，立即赶到教室了解情况，并电话通知了双方家长，赵某某随后被送至医院救治。另查明，徐霞客中心学校建立了相应的安全管理制度，对在校学生和家长进行了安全教育。赵某某因与吴某某、徐霞客中心学校因赔偿事宜协商未果，遂将他们起诉至昆明市西山区人民法院，请求两被告连带赔偿原告各项经济损失48 369.4

元，并承担本案诉讼费。

▌ 裁判结果

2014 年 12 月 5 日，昆明市西山区人民法院判决被告吴某某的监护人赔偿原告赵某某各项经济损失 6913.52 元的 70% 的侵权责任，赵某某自行承担 30% 的赔偿责任，驳回原告赵某某对被告昆明市西山区碧鸡徐霞客中心学校的全部诉讼请求。

▌ 案件评析

该案争议的焦点在于：如何界定赵某某、吴某某以及徐霞客中心学校在赵某某受伤事故中的责任分担。就徐霞客中心学校而言，判断其是否承担侵权责任的前提在于该校是否尽到教育、管理职责。首先，徐霞客中心学校建立了相应的安全管理制度，并对在校学生和家长进行了安全教育，从主观上尽到了教育、管理职责；其次，该事故系原告赵某某与被告吴某某在课间斗殴所致，原告赵某某与被告吴某某虽系限制民事行为能力人，但应对自己的行为有一定的辨认和控制能力，不能苛责学校在任何时间对学生进行监管；最后，撮箕是学校进行自我管理的常用工具，对于六年级的学生而言，一般不存在安全隐患，且事发后班主任第一时间到达现场进行相关处理，履行通知、救助等义务，符合事故应急处理程序。综上，徐霞客中心学校切实履行了教育、管理职责，不应承担侵权责任。

赵某某、吴某某因琐事发生口角，继而引发双方打斗，赵某某的受伤因吴某某而起，吴某某应当承担主要责任，赵某某与吴某某发生口角，致使矛盾升级，应承担次要责任。吴某某为限制

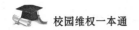
行为能力人，其侵权责任依法由其监护人承担。

相关法条

1. 《中华人民共和国侵权责任法》第 6、16、22、26、32、39 条

2. 《最高人民法院关于审理人身损害赔偿案件适用法律若干问题的解释》第 19、21、22 条

第七节　学校其他失职行为引发的侵权纠纷

1. 学生实习期间殴打他人，学校和肇事者各自担责

案情简介

薛某某、王某某和马某某系洛阳职业技术学院汽修班在校学生。2013 年 10 月 9 日上午课间休息时，在洛阳职业技术学院实习车间内，因误会薛某某对其指指点点，王某某从实习车间随手拿了一把铁锉刀殴打薛某某，其间马某某也踢了薛某某背部，致使薛某某受伤。薛某某被医生诊断为右侧额部膜下积液、左手拇指掌骨头撕脱骨折，多处软组织损伤。经洛阳市南昌路派出所多次调解，各方未达成和解协议。薛某某遂将王某某和洛阳职业技术学院起诉至洛阳高新技术产业开发区人民法院，要求两被告连带赔偿其各项损失共计75 636.1元。

▌裁判结果

2014 年 12 月 16 日，洛阳高新技术产业开发区人民法院认定薛某某的各项损失共计73 740.76元。其中，王某某承担 80% 的赔偿责任，即58 992.61元；洛阳职业技术学院承担 15% 的赔偿责任，即11 061.11元。

▌案件评析

马某某和王某某无故殴打薛某某，导致薛某某受伤，构成共同侵权，应对薛某某的损害承担连带赔偿责任。该案事发时间为课间，事发地点为洛阳职业技术学院实习车间，洛阳职业技术学院未妥善保管具有危险性的教学用具，使得王某某轻易获取侵权工具，从而造成薛某某受伤的损害结果。因此，洛阳职业技术学院对薛某某的受伤存在一定的过错，应承担相应的赔偿责任。洛阳高新技术产业开发区人民法院根据案件客观情况，酌定马某某承担 5% 的赔偿责任，王某某承担 80% 的赔偿责任，洛阳职业技术学院承担 15% 的赔偿责任，合法合理。其中，马某某和王某某构成共同侵权，应对 85% 的赔偿责任承担连带赔偿责任。因薛某某在该案中放弃追究马某某的民事责任，遵循民事诉讼处分主义原则，王某某对马某某应承担的 5% 的赔偿份额不承担连带责任，只需承担 80% 的赔偿责任即可。又因王某某为限制民事行为能力人，依法应由其监护人予以赔偿。

◆◆ 相关法条 •••••••••••••••••••••••••••••••••••••••➤

1.《中华人民共和国侵权责任法》第 6、16、22、32、39 条

2.《中华人民共和国未成年人保护法》第 22 条

2. 学校提前放学未通知家长，导致学生溺亡，学校担全责

▌案情简介

欧某某生前系茶陵县高陇镇中心小学二年级学生。2015 年 7 月 2 日，高陇地区降雨 133.8 毫升，高陇镇中心小学举行 2015 年第一学期期末考试，考试完后，学校未像平时一样到下午 4 时 30 分放学，而是在中午 12 时放学。欧某某父亲通过其他家长得知学校放假后，于 12 时许赶到学校准备接女儿回家。不料，未见到女儿，遂与亲朋好友、老师寻找未果，后欧某某被发现溺水身亡。2015 年 3 月 10 日，高陇镇中心小学为所有在校学生在中国人民财产保险股份有限公司茶陵支公司投保了校方责任险，该事故发生在保险期内。随后，欧某某的父母将高陇镇中心小学和中国人民财产保险股份有限公司茶陵支公司起诉至茶陵县人民法院，要求两被告赔偿各项损失共计 280 864 元。

▌裁判结果

2015 年 9 月 24 日，茶陵县人民法院认定原告的死亡赔偿金、丧葬费、交通费、误工费、精神抚慰金等损失共计 278 864 元，该损失由中国人民财产保险股份有限公司茶陵支公司赔偿。

▌案件评析

公民的生命权受法律保护。教育机构对无民事行为能力的学生依法承担较高标准的管理和保护义务。学校在日常教学、管理活动中，应当遵守学校规章制度。其中，按照规定的时间上下课

是学校最基本的、最低限度的义务，这衔接了学校教育、管理、保护学生的义务和家长的监护责任。在该案中，高陇镇中心小学在未通知学生家长的情况下提早放学，致使欧某某因脱离学校监管、父母监护而溺水身亡，应承担赔偿责任。高陇镇中心小学在中国人民财产保险股份有限公司茶陵支公司处投保了校方责任险，该案发生在承保期内且未超过赔偿限额，因此，中国人民财产保险股份有限公司茶陵支公司应当直接向原告赔偿相关损失。

相关法条

1. 《中华人民共和国侵权责任法》第 6、16、22、38 条
2. 《中华人民共和国义务教育法》第 24 条
3. 《中华人民共和国未成年人保护法》第 22 条
4. 《中华人民共和国保险法》第 65 条

3. 教师擅自将幼童送出校门，导致其失踪，校方理应承担主要责任

▎案情简介

蒋某某生前系安岳县驯龙镇小学幼儿园小班学生。驯龙镇小学是非寄宿制学校，学校规定学生家长每天上午 11 时 30 分和下午 4 时 30 分到学校门口接学生放学。1992 年 12 月 8 日中午放学时，蒋某某家人未能按时到校接蒋某某回家，驯龙镇小学老师将蒋某某送出校门后就返回学校打扫卫生。蒋某某父亲 11 时 40 分左右到校后，未发现蒋某某。当日下午，蒋某某父亲向驯龙镇中心小学报告并向安岳县公安局驯龙派出所报案，至此没有蒋某某

的任何线索。其间，蒋某某家人未放弃努力寻找蒋某某。2015 年 2 月 2 日，蒋某某父母向安岳县人民法院申请宣告蒋某某死亡。2016 年 4 月 25 日，安岳县人民法院判决宣告蒋某某死亡。而后，蒋某某父母将驯龙镇中心小学起诉至安岳县人民法院，要求被告赔偿死亡赔偿金、精神抚慰金、误工费、住宿费、交通费等损失共计559 100元。

▌裁判结果

2016 年 11 月 2 日，安岳县人民法院认定死亡赔偿金为524 100元，其中，驯龙镇中心小学承担 30% 的赔偿责任，即157 230元；此外，驯龙镇中心小学向原告赔偿20 000元精神损害抚慰金。

▌案件评析

笔者认为，该案争议的焦点在于：（1）原告的诉讼请求是否超过了诉讼时效；（2）原被告对于蒋某某的死亡是否应当承担责任以及承担责任的大小。

根据《最高人民法院关于贯彻执行〈中华人民共和国民法通则〉若干问题的意见》第36 条的规定："被宣告死亡的人，判决宣告之日为其死亡的日期……"因此，在宣告死亡的场合，我国法律将宣告死亡判决宣告之日拟制为被宣告死亡人的死亡日期。所以，在该案中，蒋某某的死亡日期拟制发生在 2016 年 4 月 25 日，蒋某某的父母于 2016 年 7 月 4 日提起诉讼，显然没有超过诉讼时效。

笔者认为，原判法院在责任划分和损失计算上都值得商榷。

学校对于学生有教育、管理和保护的义务，在该案中，学校显然没有很好地履行法定义务：（1）驯龙镇小学管理混乱，未对学生可能出现的突发情况制定、执行预案；（2）蒋某某为幼儿园小班学生，为无民事行为能力人，学校应承担高标准的管理和保护义务，纵使蒋某某的家人未按时到校接蒋某某回家，幼儿园老师不应当将蒋某某一个人送至校门外，使其脱离学校监管、家人监护，使得蒋某某随时可能暴露在车祸、走失、被拐卖等危险之中。因此，学校对于蒋某某的死亡存在重大过错，应承担主要责任。蒋某某的监护人未按照学校规定按时接送蒋某某回家，对蒋某某的死亡亦存在过错，可以减轻驯龙镇中心小学的责任。综上，笔者认为，驯龙镇中心小学对于蒋某某的死亡应承担主要责任，蒋某某的监护人承担次要责任。

⚖ 相关法条

1. 《最高人民法院关于贯彻执行〈中华人民共和国民法通则〉若干问题的意见》第 36 条

2. 《中华人民共和国侵权责任法》第 6、16、22、26、38 条

3. 《中华人民共和国未成年人保护法》第 22 条

4. 冒名顶替他人上学，侵犯姓名权和受教育权

▌案情简介

齐某某和陈某某均是滕州市第八中学（以下简称滕州八中）的 90 届应届初中毕业生，同在滕州八中驻地滕州市鲍沟镇圈里村居住，两人相貌有明显差异。齐某某在 90 届统一招生考试（以下

简称统考）中取得成绩 441 分，虽未达到当年统考的录取分数线，但超过了委培生（由特定单位委托学校培训的学生）的录取分数线。当年录取工作结束后，山东省济宁商业学校（以下简称济宁商校）发出了录取齐某某为该校 90 级财会专业委培生的通知书，该通知书由滕州八中转交。陈某某在 1990 年中专预选考试中，因成绩不合格，失去了继续参加统考的资格。为能继续升学，陈某某从滕州八中将齐某某的录取通知书领走。陈某某之父陈某父为此联系了滕州市鲍沟镇政府作为陈某某的委培单位。陈某某持齐某某的录取通知书到济宁商校报到时，未携带准考证。报到后，陈某某以齐某某的名义在济宁商校就读。陈某某在济宁商校就读期间的学生档案，仍然是齐某某初中阶段及中考期间形成的考生资料，其中包括贴有齐某某照片的体格检查表、学期评语表以及齐某某参加统考的试卷等相关材料。陈某某读书期间，陈某父将原为陈某某的委培单位变更为中国银行滕州支行。1993 年，陈某某从济宁商校毕业，自带档案到委培单位中国银行滕州支行参加工作。陈某某为使冒名读书一事不被识破，曾于 1991 年中专招生考试体检时，办理了贴有陈某某照片并盖有"山东省滕州市教育委员会"（以下简称滕州教委）钢印的体格检查表，还填制了贴有陈某某照片并加盖"滕州市第八中学"印章的学期评语表。1993 年，陈某某利用自带档案的机会，将原齐某某档案中的材料抽出，换上自己办理的上述两表。经鉴定，陈某某办理的体格检查表上加盖的"山东省滕州市招生委员会"钢印，确属被告滕州教委的印章；学期评语表上加盖的"滕州市第八中学"印章，是由滕州八中的"滕州市第八中学财务专章"变造而成。陈某某对何人为其加盖上述两枚印章，拒不陈述。

原告齐某某认为，由于各被告陈某某、陈某父、济宁商校、滕州八中、滕州市教委共同弄虚作假，促成被告陈某某冒用原告的姓名进入济宁商校学习，致使原告的姓名权、受教育权以及其他相关权益被侵犯，故请求枣庄市中级人民法院判令各被告停止侵害、赔礼道歉，并给原告赔偿经济损失160 000元，赔偿精神损失400 000元。

枣庄市中级人民法院判定各被告侵犯了齐某某的姓名权，但齐某某主张侵犯受教育权的证据不足，不能成立；原告齐某某主张的精神损害赔偿亦过高，不予全部采纳。

一审宣判后，齐某某不服一审判决，向山东省高级人民法院提起上诉。其上诉理由主要是：（1）陈某某实施的侵犯姓名权行为给本人造成的精神损害是严重的，其精神损害赔偿请求应得到支持；（2）根据当年国家和山东省对招生工作的规定，报考委培不需要什么介绍信，也不需要和学校签订委培合同，其本人在参加统考前填报的志愿中，已经根据枣庄市商业局在滕州市招收委培学生的计划填报了委培志愿，并表示对委培学校服从分配，正是由于滕州八中不向本人通知统考成绩，而且将录取通知书交给陈某某，才使得本人无法知悉真相，原审判决否认其受教育权被侵犯，是错误的，遂请求二审法院支持原诉求。

▌裁判结果

山东省高级人民法院经审理认为，原审判决认定被上诉人陈某某等侵权了上诉人齐某某的姓名权，判决其承担相应的民事责任，是正确的；但原审判决认定齐某某放弃接受委培教育，缺乏事实根据；齐某某要求各被上诉人承担侵犯其受教育权的责任，理由正当，应当支持，将原审判决精神损害赔偿从35 000元增加到50 000元。

▌ 案件评析

该案中，根据《中华人民共和国民法通则》（以下简称《民法通则》）第99条的规定，各被上诉人显然侵犯了原告齐某某的姓名权，各被上诉人应按照《民法通则》第120条的规定承担责任，这是毫无争议的。该案的主要焦点在于各被上诉人陈某某、陈某某、济宁商校、滕州八中、滕州教委是否侵犯了上诉人的受教育权？

山东省高级人民法院认为该案存在适用法律方面的疑难问题，因此，依照《中华人民共和国人民法院组织法》第33条的规定，报请最高人民法院进行解释。最高人民法院对该案研究后认为，当事人齐某某主张的受教育权来源于我国《宪法》第46条第1款的规定。根据本案事实，陈某某等以侵犯姓名权的手段，侵犯了齐某某依据《宪法》规定所享有的受教育的基本权利。

山东省高级人民法院认为被上诉人滕州八中未将统考成绩及委培分数线通知齐某某本人，且又将录取通知书交给前来冒领的被上诉人陈某某，才使得陈某某能够在陈某父的策划下有了冒名上学的条件；又由于济宁商校对报到新生审查不严，在既无准考证又无有效证明的情况下接收陈某某，才让陈某某冒名上学成为事实，从而使齐某某失去了接受委培教育的机会；陈某某冒名上学后，被上诉人滕州教委帮助陈某某伪造体格检查表；滕州八中帮助陈某某伪造学期评语表；济宁商校违反档案管理办法让陈某某自带档案，为陈某某提供了撤换档案材料的机会，致使陈某某不仅冒名上学，而且冒名参加工作，使侵权行为得到延续。该侵权是由陈某某、陈某父、滕州八中、滕州教委的故意和济宁商校的过失造成的。这种行为从形式上表现为侵犯齐某某的姓名权，其实质是侵犯齐某某依照《宪法》所享有的公民受教育的基本权利，各被上诉人对该侵权行为所造成的后果，应当承担连带赔偿责任。

⚖ 相关法条 --➤

1.《中华人民共和国民法通则》第 99、120 条

2.《中华人民共和国宪法》第 46 条

第二章

教育合同纠纷

本章主要涵盖民办学校出资人的权益、合作办学协议的效力、教育培训合同的履行等教育合同相关内容。

就民办学校出资人的权益而言，我国《民办教育促进法》按照分类管理的思路，将民办学校分为营利性民办学校和非营利性民办学校。营利性民办学校的举办者可以取得办学收益，学校的办学结余依照公司法等有关法律、行政法规的规定处理。非营利性民办学校的举办者不得取得办学收益，学校的办学结余全部用于办学。由于营利性民办学校的举办者可以取得办学收益，因而举办者的出资份额的确认就成为办学收益分配的前提和基础。在司法实践中，法院可以通过民事诉讼确认举办者的出资份额，但是，民办学校举办者的登记、变更等问题需要由审批机关依据《民办教育促进法》的相关规定进行审查后，作出是否同意的决定。以上审批行为属于行政许可的内容，不能通过民事诉讼程序予以变更。此外，无论是营利性民办学校还是非营利性民办学校，民办学校享有法人财产权，举办者不得在民办学校办学期间侵占、抽逃出资。因此，民办学校举办者死亡的，就营利性民办学校而言，举办者的继承人可以继承举办者因出资而享有的财产性权益；就非营利性民办学校而言，举办者不能取得办学收益，其继承人也就无法继承所谓的投资回报权。

就合作办学协议而言，国家鼓励多种形式的合作办学，在司法实践中，公立学校、私立学校以及相互之间开展形式多样的合作办学也比较常见。在合作办学中，中外合作办学机构、项目一般需要经过主管部门的批准，非经审批，合作办学协议无效。国内合作办学协议，只要不违反法律法规的效力性强制性规定，即便超越经营范围的，一般也认定为有效。合作办学协议各方应按照协议的内容全面地履行合同债务，否则承担违约责任，合作办学协议的解除和终止也依合同约定和法律规定进行。需要指出的是，我国《民办教育促进法》禁止出让、租借办学资质，因此，"名为合作办学、实为租赁合同"的合作办学协议无效。

就教育培训合同而言，司法实践中，主要的争议集中在以下两个方面：办学资质对于教育培训合同效力的影响以及教育培训合同履行瑕疵的判断与救济。就前者而言，一部分司法判决认为培训机构的办学资质对于教育培训合同的效力不产生影响，也有司法判决以《民办教育促进法》第 12 条为依据，认为未经教育行政部门审批的培训机构，其签订的教育培训合同无效，以上两种大相径庭的做法的实质在于如何理解《民办教育促进法》第 12 条的性质，即其为管理性强制性规范还是效力性强制性规范？教育培训合同为服务合同的一种类型，服务合同具有无形性、识别性差和继续性等特征，因此，对于教育培训服务瑕疵的判断是十分棘手的问题。笔者认为，教育培训合同的当事人是否履行了合同债务，宜遵循以下步骤，分阶段进行。一是遵守合同约定。教育培训合同包括手段之债型教育培训合同和结果之债型教育培训合同。在结果之债型教育培训合同纠纷中，合同是否得以履行往往先考察是否达成约定目标。若没有达成约定目标，且受教育者尽到必要的协作义务，通常认为该履行有瑕疵。若合同没有对培训成果进行约定，则属于手段之债型教育培训合同。在手段之债型教育培训合同中，合同是否得以履行往往先考察是否按照约定的设施、设备、师资、课程设置、课程时长等进行授课，若与约定相违背，则认定违约。二是若合同没有对以上内容进行约定，可通过服务水准、服务报酬的数额、受教育者的努力程度、受教育者的信赖和期待等因素予以综合判断。

第一节　投资办学纠纷

1. 民办学校出资人死亡，出资份额能否继承惹争议

▌案情简介

1988 年 6 月，被继承人刘父用与妻子杨某某共有的家庭财产 5000 元，在吉林省通化市创办吉林省中医药专科学校（后更名为吉林省中医药培训学院、博泰学院），该校挂靠在农工民主党吉林省委员会（以下简称吉林农工党）名下，性质为民办自考，法定

代表人为刘父。1993年1月5日,吉林农工党与吉林省中医药培训学院签订合同书,约定"学院在农工民主党吉林省委的领导下,实行院长负责制;农工民主党吉林省委对学院负有领导责任,有权检查指导学院的工作;办学经费由学院自筹,院长个人投入归个人所有,学院积累形成的财产归学院所有,学院实行独立核算,自负盈亏,亏损不补贴,盈利不上缴;学院每年向农工民主党吉林省委交3000元管理费"。2002年1月,刘父去世,吉林农工党决定任命刘某甲为学院院长、学院法人代表。刘父共计有第一顺序继承人四人,分别为妻子杨某某,女儿刘某乙、刘某丙,儿子刘某甲。2006年4月21日,吉林省教育厅作出吉教规划字〔2006〕34号"关于同意吉林省博泰专修学院举办者的批复",主要内容为"自批复之日起吉林省博泰专修学院的举办者由农工民主党吉林省委员会变更为刘某甲;吉林省博泰专修学院举办者变更后,学校的名称、性质、类别、办学层次均不改变"。而后杨某某母女起诉至长春市中级人民法院,请求法院判令:(1)杨某某母女对刘父生前投资博泰学院形成的财产权益享有继承权,杨某某继承5/8的份额,刘某乙继承1/8的份额,刘某丙继承1/8的份额;(2)判决杨某某母女对博泰学院自2006年起收取长春工大人文信息学院的租金享有收益权,杨某某享有5/8的份额,刘某乙享有1/8的份额,刘某丙享有1/8的份额;(3)判令博泰学院协助杨某某母女办理博泰学院举办者变更登记手续。

▌裁判结果

2013年2月6日,长春市中级人民法院作出判决:(1)原告杨某某享有被继承人刘父生前投资博泰学院所形成的财产权益的

5/8 的份额；原告刘某乙继承被继承人刘父生前投资博泰学院所形成的财产权益的 1/8 的份额；原告刘某丙继承被继承人刘父生前投资博泰学院所形成的财产权益的 1/8 的份额；被告刘某甲继承被继承人刘父生前投资博泰学院所形成的财产权益的1/8的份额；（2）驳回原告杨某某、刘某乙、刘某丙其他诉讼请求。

▌ 案件评析

该案的焦点在于：一是民办学校出资人的继承人的继承标的是什么；二是民办学校举办者的变更登记是否属于民事诉讼的受案范围。

焦点一：民办学校出资人的继承人的继承标的是什么？

根据《民办教育促进法实施条例》第 44 条的规定，"出资人根据民办学校章程的规定要求取得合理回报的，可以在每个会计年度结束时，从民办学校的办学结余中按一定比例取得回报"，因此，民办学校出资人取得合理回报的前提是学校章程规定出资人可以取得合理回报，且该章程经主管部门审批备案。但该条例于 2004 年起施行，而博泰学院创办于 1988 年 6 月，此前调整民办教育的行政法规为 1997 年 10 月 1 日施行的《社会力量办学条例》，该条例未对获取合理回报的要求作出规定。另根据吉林农工党与吉林省中医药培训学院于 1993 年 1 月 5 日签订的合同书中"院长个人投入归个人所有"的约定，本案中刘父作为博泰学院的出资人可以从办学结余中取得合理回报。尽管具备法人资格的民办学校对学校的资产享有法人财产权，而该案中杨某某、刘某乙、刘某丙三人诉求继承的并不是分割学校的实物，只是请求继承被继承人刘父生前投资博泰学院所形成的财产权益，因此不属于对学校资产的侵占、挪用或转让。根据《最高人民法院关于贯彻执行发〈中华人民共和国继承法〉若干问题的意见》第 3 条的规定，"公民可继承的其他合法财产包括有价证券和履行标的为财物的债权等"。因此，刘父的继承人当然可以继承其出资所形成的财产权益。

焦点二：民办学校举办者的变更登记是否属于民事诉讼的受案范围？

对于杨某某母女请求判令博泰学院协助办理举办者变更登记的诉讼请求，变更民办学校举办者的身份需要由审批机关依据《民办教育促进法》的相关规定进行审查后，作出是否同意的决定。该审批行为属于行政许可的内容，不能通过民事诉讼程序予以变更。

此外，民办学校存续期间，所有资产由民办学校依法管理和使用。民办学校举办者的出资回报应遵循法定程序，杨某某母女要求对博泰学院自 2006 年起收取长春工大人文信息学院的租金进行分割的诉请，于法无据。

⚖ 相关法条 ┈┈┈┈┈┈┈┈┈┈┈┈┈┈┈┈┈┈┈┈┈┈➤

1. 《中华人民共和国婚姻法》第 17 条

2. 《中华人民共和国继承法》第 3、10、13、26 条

3. 《最高人民法院关于贯彻执行〈中华人民共和国继承法〉若干问题的意见》第 3 条

4. 《中华人民共和国民办教育促进法》第 36、54、55 条

2. 民办学校同公办学校一样，不能成为保证人

▌案情简介

2012 年 11 月 14 日至 2013 年 11 月 13 日，谢某向傅某共借款 170 万元，文达电子公司与文达学院作为保证人为上述借款提供连带责任保证，并在合同落款处盖章确认，借条载明："今借到傅某人民币壹佰柒拾万元整(1 700 000 元)，借款日期为 2013 年 11 月 13 日至 2014 年 11 月 12 日，共计 12 个月，到期将如数归还，款项出借后，谢某按照月利率 2.1% 的标准每月向傅某支付借款利息"，文达电子公司和文达学院在该借条"此笔借款担保单位"处加盖印章，保证期间为主债务履行期限届满之日 2 年，保证范围为借款本金、利息、违约金及傅某实现债权的费用及因此造成的其他经济损失。此外，文达学院系全日制民办普通本科高校，谢某系该校理事长；2012 年 7 月 6 日，中国人民银行公布的金融机构六个月内（含六个月）人民币贷款基准利率为年利率 5.60%，六个月至一年（含一年）人民币贷款基准利率为年利率 6.00%。此后，谢某以借款本金 1 700 000 元为基数，按照月利率 2.1% 的标准按月向傅某支付利息至 2014 年 8 月 13 日，此后，谢某未再按月付息，借款期限届满后，亦未及时偿还借款本金，傅某催款未果后，遂诉至合肥市庐阳区人民法院，请求判令：（1）谢某偿还借款本金 1 700 000 元及利息 126 933 元（按同期银行贷款利率年 5.6% 的 4 倍自 2014 年 8 月 13 日计算至 2014 年 12 月 12 日，以后顺延至款清时止），共计 1 826 933 元；（2）文达电子公司、文达学院对上述借款本金、利息承担连带保证责任。

▌裁判结果

2015 年 8 月 19 日，合肥市庐阳区人民法院作出判决：（1）被告谢某偿还原告傅某借款本金 1 616 720.32 元及利息 119 061.49 元；（2）被告安徽文达电子有限公司对第 1 项确定的被告谢某的债务承担连带责任；（3）被告安徽文达学院对第 1 项确定的被告谢某的债务中不能清偿的部分承担 1/2 的赔偿责任；（4）驳回原告傅某的其他诉讼请求。

▌案件评析

合同当事人应按照合同约定，积极履行合同义务，谢某在借款期限届满后未能按照合同约定及时偿本付息，已经构成违约。根据《最高人民法院关于人民法院审理借贷案件的若干意见》第 6 条的规定，"民间借贷的利率可以适当高于银行的利率，各地人民法院可根据本地区的实际情况具体掌握，但最高不得超过银行同类贷款利率的四倍（包含利率本数）。超出此限度的，超出部分的利息不予保护"。该案中，谢某在借款后按照月利率 2.1% 的标准向傅某支付利息至 2014 年 8 月 13 日，对超出中国人民银行同期同类贷款基准利率 4 倍标准的部分，应当冲抵借款本金。根据借款合同的约定，文达电子公司为谢某的借款本金、利息等提供连带责任保证，傅某要求该公司承担连带保证责任，应予以支持。

该案争议的焦点在于文达学院应承担何种责任？根据《民办教育促进法》第 3 条和第 5 条的规定，"民办教育事业属于公益性事业""民办学校与公办学校具有同等的法律地位"。《中华人民共和国担保法》（以下简称《担保法》）第9条规定："学校、幼儿园、医院等以公益为目的的事业单位、社会团体不得为保证人。"该条并没有区分学校的性质是公办还是民办，因此，文达学院不得成为保证人，傅某与文达学院之间的担保合同无效。《最高人民法院关于适用〈中华人民共和国担保法〉若干问题的解释》第7条规定："主合同有效而担保合同无效，债权人无过错的，担保人与债务人对主合同债权人的经济损失，承担连带赔偿责任；债权人、担保人有过错的，担保人承担民事责任的部分，不应超过债务人不能清偿部分的二分之一。"该案中，傅某、文达学院违反了《担保法》第9条的规定，均存在过错，因此，文达学院对谢某不能清偿的债务应承担不超过1/2的赔偿责任。

此外，谢某作为文达学院的理事长，若谢某未征得文达学院理事会的同意，擅自以文达学院的名义为个人债务提供保证的，文达学院可以依法追究其无权代理的责任。另外，《最高人民法院关于人民法院审理借贷案件的若干意见》已失效，根据2015年9月1日施行的《最高人民法院关于审理民间借贷案件适用法律若干问题的规定》第26条的规定："借贷双方约定的利率未超过年利率24%，出借人请求借款人按照约定的利率支付利息的，人民法院应予支持。借贷双方约定的利率超过年利率36%，超过部分的利息约定无效。借款人请求出借人返还已支付的超过年利率36%部分的利息的，人民法院应予支持。"因此，新法对于民间借贷的年利率划分了三个区域：无效区（＞36%）、司法保护区（≤24%）、自然债务区（24%—36%）。

◢◣ **相关法条** ┈┈┈┈┈┈┈┈┈┈┈┈┈┈┈┈┈┈┈┈┈┈┈┈┈▶

1.《中华人民共和国合同法》第 107、207、211 条

2.《中华人民共和国担保法》第 9、18 条

3.《中华人民共和国民办教育促进法》第 3、5 条

4.《最高人民法院关于审理民间借贷案件适用法律若干问题的规定》第 26 条

5.《最高人民法院关于适用〈中华人民共和国担保法〉若干问题的解释》第 7 条

3. 民办学校开办资金不断调整，
举办人请求法院确认出资比例

▎**案情简介**

温州新星学校成立于 1995 年 12 月，案外人吴某曾于 1995 年 12 月 28 日出资 30 万元，于 2006 年 6 月 2 日退回出资 30 万元，后由原告周某于 2008 年 2 月 1 日出资 30 万元予以补足。同日，新星学校向周某出具了收费专用票据和出资证明书，该证明书载明：周某出资金额 30 万元整，占学校总股份 20 股中的 1 股，第三人郑某亦签字确认。新星学校的股金账本中亦载明吴某的出资转周某名下。新星学校于 2000 年 4 月 1 日向苍南县民政局提交备案，经核准的章程未载明该校的出资情况，但苍南县民政局于 2000 年 11 月 13 日颁发的民办非企业单位登记证书上记载新星学校的开办资金为 1200 万元。2008 年 3 月 20 日，新星学校通过新章程，载明该单位举办者为郑某、李某、叶某，开办资金为 1200

万元。2008 年 6 月 6 日，苍南县民政局核准了该章程。2012 年 12 月 5 日，新星学校再次通过新章程，载明该单位举办者为润丰公司、郑某、李某、叶某，开办资金为 1200 万。2012 年 12 月 6 日，苍南县民政局核准了该章程。2015 年 1 月 16 日，温州鑫荣会计师事务所根据苍南县人民法院的委托对新星学校的财务报表进行审计，并作出温鑫荣会专审〔2015〕第 2 号审计报告，载明该校实收资本 208.5 万元，累计结余 4472.289841 万元。而后，周某在查询新星学校新章程后发现该章程没有体现其作为出资人身份的信息，故起诉至苍南县人民法院请求：（1）确认其系新星学校出资人身份；（2）确认其持有新星学校股份为 14.388%。

▌裁判结果

2015 年 9 月 19 日，苍南县人民法院确认周某为新星学校出资人，享有出资份额 5%；驳回周某的其他诉讼请求。

▌案件评析

民事诉讼包括给付之诉、确认之诉和形成之诉。其中，确认之诉是指原告请求人民法院确认其与被告间存在或不存在某种民事法律关系的诉。在民办学校办学过程中，出资人可能就是否出资、出资份额等问题发生争议，这直接影响到决策权的分配以及出资回报的获得，因此，确认出资人的身份和份额属于人民法院民事案件的受理范围。该案中，根据原告周某提供的出资证明书和新星学校的股金账本，可以证明周某出资 30 万元的事实，原告周某要求确认其系被告新星学校出资人身份的诉讼请求应予支持。原告周某主张以学校的实收资本 208.5 万为总股本计算其股份比例，第三人郑某、李某、叶某主张以 600 万元作为总额计算原告的出资比例，第三人润丰公司认为学校登记的总出资为 1200 万。根据新星学校出具给周某的出资证明书载明，该学校的总股本为 600 万元，周某出资证明书上载明的持股比例 1/20 也是以 600 万元为总额计算。第三人郑某、李某、叶某亦承认在学校筹备时与原告周某等人约定按总股本 600 万元计算各自的出资比例，虽然学校登记的开办资金及章程记载的出资为 1200 万元，但郑某、李某、叶某均表示将 600 万登记成 1200 万时并没有另行增资，只是为了贷款方便。即使出资有发生变化，新星学校与各出资人之间并未根据出资变化情况对原告等人的出资份额进行调整，新星学校出具给原告周某的出资证明书已明确载明原告的出资份额为 1/20（即 5%），应依法予以确认。周某主张新星学校实收资本只有 208.5 万，第三人润丰公司认为登记的总出资为 1200 万元，并不影响上述认定。此外，若出资人未按照约定或法律规定出资的，应由相关主管部门责令其补足并追究其法律责任。

⚖ 相关法条 ▸

1. 《中华人民共和国民办教育促进法》第 13、15 条
2. 《中华人民共和国民办教育促进法实施条例》第 5、8 条

4. 办学出资"罗生门"，确权判决平争议

▌案情简介

1998 年 3 月 25 日和 1999 年 1 月 20 日，江苏省民革、扬州市民革两次向江苏省教委申请，拟在扬州市筹建民办江海学院。

1999 年 5 月 28 日，江苏省人民政府作出苏政复〔1999〕53 号《关于同意筹建民办江海学院的批复》，同意在扬州市筹建民办江海学院（后改名为江海职业技术学院）。江海学院使用的土地为教育用地，使用权类型为划拨。2001 年 6 月 22 日，夏某与江海学院（筹）签订了《投资合作兴办江海学院协议书》，夏某分年配合建校进度投入建设资金并约定江海学院由投资者主办，实行董事会领导下的院长负责制。2003 年 5 月 4 日，扬州市民革（甲方）和夏某（乙方）签订《合同书》，该合同书明确夏某已于2001 年 1 月 10 日和 2002 年 1 月 29 日分两次向江海学院投入办学资金计人民币 8 609 467.83 元和人民币 17 450 000 元，合计人民币26 059 467.83 元。2009 年 7 月 13 日，江海学院董事会以 6 票赞成、1 票反对通过了江苏富华会计师事务所有限公司作出的苏富会专〔2009〕7 号审计报告，据此报告，夏某向江海学院的实际投资额为人民币 2572.61 万元。2009 年 7 月 18 日，夏某（甲方）与培中公司（乙方）签订《出资（股权）转让协议》，该协议载明："甲方将对江海职业技术学院的出资及相关权益转让给乙方，乙方同意受让。"2007 年 6 月至 2012 年 1 月，夏某及培中公司以"预借投资回报"的名义共收到江海学院人民币 1630 万元借款。夏某为培中公司法定代表人，公司类型为有限责任公司，2011 年2 月 25 日，培中公司因未按规定办理 2009 年度检验，被扬州工商行政管理局维扬分局吊营业执照，但未办理清算及注销手续。2012 年 6 月 25 日，夏某（原告）、培中公司（第三人）以江海学院（被告）未将其出资人身份以及开办资金金额如实登记，导致其经济损失为由向江苏省高级人民法院起诉，主张确认其出资额为人民币 2572.61 万元，为江海学院主要举办者；确认江海学院的总出资额为人民币 2815.61 万元；判令江海学院履行将其登记为举办者的义务；要求江海学院赔偿其经济损失人民币 1 亿元。

▌裁判结果

2016 年 8 月 3 日，江苏省高级人民法院驳回夏某、培中公司要求确认其为江海职业技术学院主要举办者并将其登记为举办者的诉讼请求；确认江海职业技术学院的总出资额为人民币 2816.71 万元，其中培中公司的出资额为人民币 2572.61 万元；驳回夏某、扬州培中教育投资有限公司的其他诉讼请求。

▌案件评析

夏某与培中公司签订了《出资（股权）转让协议》，将其对江海学院的出资全部转让给培中公司，夏某的相关出资及权益均由培中公司承继，夏某对江海学院不再享有相关权益，故其要求确认其出资额等相关诉讼请求，不能成立。虽然培中公司已于2011 年 2 月 25 日被吊销营业执照，但该公司尚未清算并办理注销登记，其有权独立参加诉讼并享有对江海学院的权利义务。江海学院出资人的投资收益应根据法律、学校章程以及董事会决议获得，培中公司认为江海学院截至 2014 年 2 月底的净收益为人民币115 213 846.75 元，并据此主张人民币 1 亿元的损失无事实和法律依据。换言之，学校的收益并非投资人的损失。尽管民事诉讼可以对出资人的权益进行确认，但变更民办学校举办者的登记属于教育行政部门的权限范围，不属于民事诉讼的受理范围，因此法院对于原告请求变更学院举办者的诉讼请求予以驳回。

1. 《中华人民共和国民办教育促进法》第 19、36、54 条
2. 《中华人民共和国民办教育促进法实施条例》第 44 条

5. 未经清算程序，不影响学校转让协议的效力

▎案情简介

　　泗洪县天一中学系一所民办学校，创办于 2001 年 9 月，出资人为鲍某、周某等 15 人，鲍某为天一中学法定代表人。2010 年 4 月 9 日，天一中学（甲方）与洪翔中学（乙方）签订《学校转让协议书》，双方约定：天一中学，注册资本 400 万元（无形资产占 43 万元），评估价值 2457 万元，甲方将天一中学以 1115 万元转让给乙方，甲方保证所转让的天一中学没有设置任何抵押、质押或担保等，并免遭任何第三人的追索，否则，由此引起的全部责任由甲方承担。此外，该协议还包括转让学校的基本情况、转让价款及支付方式、债权和债务处理、师生安置、费用和税费等内容。2010 年 5 月 21 日，宿迁市教育局作出《关于同意泗洪县天一中学终止办学的批复》，同意天一中学终止办学，并责令泗洪县教育局根据民办学校终止办学的相关规定，妥善安置在校学生，指导、监督该校依法做好财务清算和清偿工作，并及时收回办学许可证和印章。2010 年 7 月 27 日，宿迁市民政局向宿迁市教育局发出《关于同意泗洪天一中学注销登记的函》（宿民函〔2010〕4 号），作为登记管理机关依法注销泗洪天一中学。2010 年 11 月 19 日，天一中学债权人以天一中学停止办学后，在自行清算过程中，因

原清算组与股东之间产生矛盾导致清算工作无法继续开展，从而损害了债权人的利益为由，向泗洪县人民法院申请对天一中学进行强制清算。2010 年 12 月 19 日，泗洪县人民法院在审查及征求天一中学主管单位泗洪县教育局意见后，依法裁定受理对天一中学强制清算申请。天一中学清算组核查编制债权确认表，制作清算分配方案，经天一中学债权人会议通过并于 2011 年 12 月 19 日经泗洪县人民法院裁定予以认可。该分配方案明确：扣除优先支付的清算费用后可供分配的财产为 5 020 601.5 元，第一顺序债权金额 55 823 元为职工工资及押金，清偿比例为 100%；第二顺序债权金额 6 636 219.66 元为普通债权，清偿率为 74.8133%，清偿金额为 4 964 778.5 元；股东股权分配比率为 0。鲍某拖欠该校 1 201 368.11 元，其他单位和个人拖欠该校 588 881.40 元，学校若收回以上欠款，将作为可供分配财产进行再次分配。而后，出资人鲍某等人认为上述《学校转让协议书》应属无效，起诉至宿迁市中级人民法院。

▌裁判结果

2015 年 4 月 28 日，宿迁市中级人民法院认定鲍某等人主张《学校转让协议书》无效的理由不能成立，判决驳回原告鲍某等人的诉讼请求。

▌案件评析

该案争议的焦点在于：双方签订的《学校转让协议书》是否存在合同无效的情形，具体而言，是否违反法律、行政法规的强制性规定，是否存在恶意串通、损害他人利益的情形。

《民办教育促进法》第 58 条规定:"民办学校终止时,应当依法进行财务清算。民办学校自己要求终止的,由民办学校组织清算;被审批机关依法撤销的,由审批机关组织清算;因资不抵债无法继续办学而被终止的,由人民法院组织清算。"笔者认为,该条为管理性强制性规定,原因如下:一是尽管民办学校终止时需进行清算,但该条没有明确指出在未进行清算的情况下,合同双方签订的资产转让合同无效;二是《民办教育促进法》涉及民办学校的设立、学校的组织与活动、学校资产与财务管理、管理与监督等内容,主要调整主管部门与民办学校之间的管理与被管理关系,《民办教育促进法》第 58 条宜理解为管理性强制性规定;三是洪翔中学为善意第三人,为维护交易安全,要求其了解天一中学是否经过清算、清算是否合法合规也显得不切实际。因此,该规定并非《中华人民共和国合同法》(以下简称《合同法》)第 52 条第 5 项规定的效力性强制性规定,违反该规定并不必然导致合同无效。

天一中学于 2010 年 3 月 29 日召开出资人会议,决议将天一中学转让给洪翔中学,该决定系天一中学作出的决定,而非无权代理所导致的侵权。诚然天一中学评估价值 2457 万元,但 1115 万元转让价格的确定不取决于转让方天一中学的单方意思表示,而是由协议双方当事人协商一致确定。尽管清算结果表明天一中学资产转让的价格并不能偿还天一中学的所有债务并给出资人带来收益,但不能以商业决策的失误来反推合同的无效。此外,原告鲍某等人未能提供证据证明天一中学与洪翔中学存在恶意串通、损害他人利益的情形。因此,案涉《学校转让协议书》应当认定为双方当事人的真实意思表示，合法有效。

就本案而言，值得思考的是，天一中学作为一个组织，是否有权签署将自己"出售"的协议，换言之，从法律上讲，天一中学作为民事主体，不可能将其本身予以出售。能够出售的，只能是其所拥有的财产，例如办学的设施、场地等客体。学校出卖相关财产后，并不影响该校作为民事主体的独立地位，其独立地位仍然存在。只有在登记机关作出注销登记的决定后，才可能导致该学校主体资格的消亡。当然，就本案的处理而言，虽然案涉协议存在上述值得探讨的地方，但是经过教育主管部门和相关机关的决定、注销手续后，学校的主体资格消灭。同时，法院按照清算规则处理天一中学相应的财产和债务，是符合法律规定的。

⚖ 相关法条 ┈┈┈┈┈┈┈┈┈┈┈┈┈┈┈┈┈┈┈┈➤

1.《中华人民共和国合同法》第 44、52 条

2.《中华人民共和国民办教育促进法》第 58 条

6. 民办学校享有法人财产权，非营利性学校不得分配收益

▌案情简介

育才学校于 1995 年 7 月由李某某筹建，李某某投入现金 3 万元。1995 年 12 月，育才学校以筹建处名义向银行借款 160 万元。1996 年 5 月 6 日，原漯河市教委批准建立育才学校，学校性质为"民办公助"："民办"即由省金融系统投资，承担学校的征地、基建、办公、设施修缮等诸项费用；"公助"即由市财政划拨正式调入教师和分配大中专毕业生的工资，市教委存放其人事档案。

1996 年育才学校建立后，一直未健全法人治理机构。2001 年 1 月，育才学校在漯河市事业单位登记管理局按照事业单位法人进行了登记，法定代表人是李某某。2004 年 5 月 13 日，甲方育才学校法人代表李某某与乙方董某某签订《漯河育才学校合作办学双方股东协议书》，其中第 3 条约定："新的合作办学实体的资本总额由甲方所属的育才学校和乙方新注入资本组成。学校原有资本由现法人代表拥有，占资本总额的 55%，乙方新注入资本占资本总额的 45%。"2004 年 6 月 30 日，育才学校注销了事业单位登记，按照民办非企业法人单位在漯河市民政局进行了登记，法定代表人依然是李某某。2004 年 7 月 31 日，育才学校理事会通过学校章程并报备漯河市教育局和民政局报备。该章程第 9 条规定："学校的注册资金捌佰柒拾万元由举办者筹措。首期开办资金壹佰陆拾万元，为举办人李某某自筹，全部注册资金应在 3 年内到位。"第 10 条规定："学校接受的政府财政拨款，为公助性质，属财政定补，用于支付教师的部分工资。"第 38 条规定："在每个会计年度结束时，扣除办学成本所形成的年度净收益，扣除社会捐助、国家资助，按每年度净收益的 25% 的比例提取发展基金后，学校出资人可以取得合理回报。"2005 年 1 月 20 日，漯河市教育局批准育才学校以法人方式作为举办者（以现有法人总资产）与董某某联合办学。2005 年 2 月 26 日，李某某代表育才学校（甲方）与董某某（乙方）签订《联合办学协议书》。该协议第 3 条约定："1. 甲方以育才学校现有总资产为出资额，乙方以现金 800 万元出资，联合发展育才学校；2. 育才学校现有名称、性质、办学层次不变。"第 4 条第 2 项约定："双方联合办学后，不从育学校取得合理回报;不从事教育教学以外的经营活动。"2005年3月30日,李某某主持召开理事会,并修改通过了新的育才学校章程并报漯河市教育局备案。该章程第9条规定:"学校现有资产27 642 489元,其中育才学校法人总资产19 642 489元,董某某投入800万元。"第40条规定:"在每个会计年度结束时,扣除办学成本所形成的年度净收益,扣除社会捐助、国家资助,按每年度净收益的25%的比例提取发展基金后,剩余部分留在学校用于学校发展,出资人不取得合理回报。"

2013年,李某某去世,李某某长子李甲先于李某某去世,李甲之子李乙、李某某之女李丙起诉至法院,要求继承李某某对育才学校的投资回报权及出资形成的财产权益。

▌裁判结果

2015年10月19日,漯河市中级人民法院驳回原告李乙、李丙的诉讼请求。

▌案件评析

该案的争议焦点在于:李丙、李乙要求继承李某某对育才学校的投资回报权及出资形成的财产权益是否应予支持。

本案中,育才学校对学校资产享有法人财产权,出资人投资回报的取得必须依法进行。李某某代表育才学校与董某某签订的《联合办学协议书》以及育才学校理事会修改后的学校章程,均约定出资人不从育才学校取得合理回报。因此,在育才中学存续期间,出资人不得获取投资回报。此外,《民办教育促进法》对于民办学校终止后财产的处理有详细的规定:"对民办学校的财产按照下列顺序清偿：（一）应退受教育者学费、杂费和其他费用；（二）应发教职工的工资及应缴纳的社会保险费用；（三）偿还其他债务。非营利性民办学校清偿上述债务后的剩余财产继续用于其他非营利性学校办学；营利性民办学校清偿上述债务后的剩余财产，依照公司法的有关规定处理。"所以，育才学校出资人能否参与剩余财产的分配取决于学校的性质，即属于营利性民办学校还是非营利性民办学校。而出资人的继承人继承投资回报权的前提在于出资人能够取得办学收益，在本案中，《联合办学协议书》和育才学校章程排除了李某某的办学收益权，因此，李某某的继承人李乙和李丙要求继承李某某对育才学校的投资回报权的诉讼请求理应遭驳回。

相关法条

1. 《中华人民共和国民办教育促进法》第35、36、59条
2. 《中华人民共和国民办教育促进法实施条例》第8条

7. 终止办学需审批，资产转让应合法

▍案情简介

桃江县生辉中学（以下简称生辉中学）是经益阳市教育局批准开办的民办学校，原由出资人张某某开办并担任校长。2004年12月31日，张某某与苏某某签订《生辉中学整体转让协议书》，双方约定张某某将生辉中学的办学经营权、全部固定资产以8 148 998元的价格转让给苏某某。苏某某自2004年底至2005年2月1日前付给张某某100万元并接管学校，在上述100万元转让

款中，苏某某出资 50 万元，习某某出资 25 万元，案外人刘某某出资 25 万元。2005 年 9 月 6 日，案外人刘某某退出生辉中学出资，领取了 25 万元本金及利息合计 270 636 元。生辉中学章程规定学校理事会是学校决策机构，章程及理事会成员在桃江县教育局备案登记。章程规定学校在扣除办学成本，预留每年学校收益 25% 作为学校发展基金以及按国家有关规定提取其他必需费用后举办者可获得回报；学校自行解散、分立、合并或者由于其他原因需要注销须经该校理事会全体讨论通过，并报上级业务主管部门同意方可执行。2005 年 9 月 10 日，习某某退出出资 5 万元，苏某某以生辉中学董事长的名义向习某某出具的股金条载明："今收到习某某入股资金贰拾万元整（200 000 元）"。苏某某在会计记账时将习某某的股金 20 万元列入借款记账。习某某曾担任生辉中学工会主席。2009年 10 月，生辉中学因上级主管部门调整、经营不善及生源减少等原因停止办学，并决定将生辉中学范围的土地使用权及房屋转让。2010 年 5 月 18 日，生辉中学向桃江县教育局申请停止办学，并在终止办学之前已自行进行财产清算和债务清理。在清理期间，生辉中学经校理事会决定，对生辉中学的地产及地上附着物以 618.8 万元其中土地价值 445 万元价格转让给益阳市春晖房地产开发有限公司。经生辉中学清理小组清查，生辉中学共有资产总额 7 173 920 元，共有债权人 59 人，债务总额为 7 640 038.11 元。习某某与苏某某多次协商股份确认及利润分配未果，苏某某以习某某的股金为借款为由未予理会。

2010 年 3 月 5 日，习某某向桃江县人民法院起诉苏某某、生辉中学，要求法院解除习某某与苏某某的联合办学关系，确认其

25% 的股份，并确认苏某某和益阳市春晖房地产开发有限公司的转让合同因未征得其同意而无效，责令苏某某向习某某支付生辉中学资产转让款 260 万元。

裁判结果

桃江县法院确认习某某拥有生辉中学 25% 的出资份额，苏某某在生辉中学停止办学时未经习某某同意擅自处分生辉中学的全部资产，侵害了习某某作为出资人的财产权。

苏某某不服一审判决，上诉至益阳市中级人民法院并主张：（1）上诉人并未邀请习某某共同投资办学，上诉人为生辉中学的唯一投资人，原审认定习某某为生辉中学的合伙人，并占 25% 的合伙份额错误；（2）一审认定上诉人在生辉中学停止办学时未经习某某同意，擅自处分生辉中学的全部资产，侵害了习某某作为出资人财产权，无任何依据，对生辉中学资产的处置，系学校决策机构校理事会的决议，并非上诉人擅自处分，且处置生辉中学的资产是校理事会通过土地评估，调查市场行情作出的合理决议，并非恶意将生辉中学资产低价出让；（3）生辉中学属于法人机构，并非合伙企业，应当适用《民办教育促进法》的规定，原审适用《合伙企业法》系适用法律错误。

2015 年 12 月 11 日，益阳中级人民法院认定原判决事实不清、实体处理不当，遂撤销一审判决、驳回习某某的诉讼请求。

案件评析

在一审、二审程序中，双方争议的焦点为：一是苏某某、习某某与生辉中学之间关系的性质；二是对生辉中学资产的处置，苏某某是否损害了习某某的权益;三是出资人获取办学收益的程序。

焦点一:苏某某、习某某与生辉中学之间关系的性质是什么?

生辉中学属于法人,享有法人财产权,具有民事权利能力和民事行为能力,依法独立享有民事权利、承担民事义务。苏某某和习某某作为生辉中学的创始人并履行了出资义务,依法享有出资权益、承担出资义务。尽管苏某某在会计记账上将习某某出资的 20 万元列入借款记账,但这并不能否认习某某出资的性质:(1) 生辉中学出具给习某某的收据载明"习某某的股金条 20 万元";(2) 习某某担任生辉中学工会主席,实际参与了学校的管理。因此,本案中,习某某的 20 万元并不属于借贷,而属于出资。

焦点二:苏某某对生辉中学资产的处置,是否侵害习某某的权益?

生辉中学有独立的民事权利能力和民事行为能力。生辉中学在生源减少、无法继续正常办学经营情况下,由学校决策机构理事会一致决定终止办学,同时为偿还学校经营期间的对外债务,学校理事会一致同意转让学校资产,该行为合法正当,习某某提出未经过其允许而转让生辉中学资产违法,侵犯其决议权的理由不成立。从生辉中学和益阳市春晖房地产开发公司签订的转让合同的价款、履行方式等方面来看,双方并不存在恶意串通,损害第三人利益的情形,且习某某也没有提出相关证据证明合同双方存在恶意。因此,双方签订的转让合同有效,生辉中学理事会决议处分学校资产的行为不侵犯习某某的权益。

焦点三：出资人获取办学收益的程序如何？

《民办教育促进法》第 58 条规定："民办学校终止时，应当依法进行财务清算。民办学校自己要求终止的，由民办学校组织清算；被审批机关依法撤销的，由审批机关组织清算；因资不抵债无法继续办学而被终止的，由人民法院组织清算。"在该案中，经生辉中学清理小组清算，学校共有资产总额7 173 920元，而债务总额为7 640 038.11元，显然属于资不抵债，应由人民法院组织清算。

此外，《民办教育促进法》第 59 条规定："对民办学校的财产按照下列顺序清偿：（一）应退受教育者学费、杂费和其他费用；（二）应发教职工的工资及应缴纳的社会保险费用；（三）偿还其他债务。非营利性民办学校清偿上述债务后的剩余财产继续用于其他非营利性学校办学；营利性民办学校清偿上述债务后的剩余财产，依照公司法的有关规定处理。"本案中，生辉中学的资产应按以上顺序偿还债务，考虑到生辉中学资不抵债的情况，习某某要求苏某某向其支付生辉中学资产转让款 260 万元的诉讼请求不能成立。

相关法条

1.《中华人民共和国民办教育促进法》第 9、21、35、58、59 条

2.《中华人民共和国民办教育促进法实施条例》第 20、37、44 条

8. 闲置村办小学可设立抵押，不动产抵押需办理登记

▍案情简介

2008 年 8 月 8 日，原告海林市海林镇大岭村委会因修村公路向被告徐某借款 10 万元，并将已不用作教学使用的村小学抵押给徐某（未办理不动产登记），双方为此签订了借款协议。该协议主要内容为：为保证修路工程顺利进行，大岭村以大岭村小学作抵押向徐某借款壹拾万元，若 2008 年 10 月 30 日村里还不上借款，大岭村将学校交给乙方所有。2008 年 10 月 30 日至今，原告未向被告偿还借款。2008 年 11 月，被告便占用大岭村小学用于养牛，并将该小学的结构做了改变。而后，双方对大岭村小学的占有使用发生争议，大岭村委会起诉至黑龙江省海林市人民法院要求徐某恢复原状、停止侵害、排除妨害等。

▍裁判结果

2015 年 11 月 3 日，黑龙江省海林市人民法院判定双方签订的借款合同和抵押合同有效，驳回海林市海林镇大岭村委会的诉讼请求。

▍案件评析

双方签订的合同实际上由主合同借款合同和从合同抵押合同构成，双方对于主合同借款合同不存在异议，只是对从合同即抵押合同存在争议。具体而言，双方争议的焦点在于：一是双方签订的抵押合同是否有效；二是被告徐某占用大岭村小学的行为是否合法。

焦点一：抵押合同的效力如何？

该案中，对于抵押合同的效力，笔者认为有两点需要予以关注。（1）能否在大岭村小学的房屋上设置抵押权？《中华人民共和国物权法》（以下简称《物权法》）第 184 条规定："下列财产不得抵押：……（三）学校、幼儿园、医院等以公益为目的的事业单位、社会团体的教育设施、医疗卫生设施和其他社会公益设施……"根据以上规定，学校的教育设施不得设立抵押权。笔者认为，该规定的立法宗旨在于维护正常的教学秩序。在司法实践中，大量的村办小学因学校布局调整而被划入到乡镇中心小学，村办小学房屋闲置的现象普遍存在。很多地方的村委会将闲置的校园出租，在一定程度上弥补了财政经费不足的问题。因此，在村办小学闲置的房屋上设置抵押，不违背《物权法》《担保法》等立法宗旨。（2）流质条款的禁止。《物权法》第 186 条规定："抵押权人在债务履行期届满前，不得与抵押人约定债务人不履行到期债务时抵押财产归债权人所有。"流质条款立法的目的在于保护抵押合同中相对弱势的抵押人的利益。因此，海林市海林镇大岭村委会和徐某签订的抵押合同中的流质条款因违反《物权法》效力性强制性规定而无效。

焦点二：徐某占用大岭村小学的行为是否合法？

《物权法》第 15 条规定："当事人之间订立有关设立、变更、转让和消灭不动产物权的合同，除法律另有规定或者合同另有约定外，自合同成立时生效；未办理物权登记的，不影响合同效力。"而根据该法第 187 条的规定，在不动产上设立抵押的，抵押权自登记时设立。该案中，双方签订的抵押合同有效，但是因没有办理相关登记，所以抵押权并没有设立。因此，徐某仅对大岭村委会享有合同债权，而对大岭村小学的房产并不享有物权即抵押权。所以，徐某占有、使用大岭村小学的行为侵犯了大岭村委会对于大岭村小学的所有权，大岭村委会要求徐某恢复原状、停止侵害、排除妨害等行为有法律上的依据。

⚖ 相关法条 ••••••••••••••••••••••••••••••➤

1. 《中华人民共和国合同法》第 196 条
2. 《中华人民共和国物权法》第 15、184、186、187 条

9. 举办民办学校需谨慎，办学投入并非"商业投资"

▍案情简介

邰某某原系沈阳市第一中学校长，1994 年，沈阳市第一中学与沈阳矿山机器厂联合创办沈阳市第一私立高级中学。1994 年 8 月，沈阳市教育委员会作出沈教委批字〔1994〕8 号文件批复，同意设立沈阳市第一私立高级中学，性质为民办高级中学，招收应往届初中毕业生，办学经费自筹。后沈阳矿山机器厂因资金困难，无力维修校舍，无法依约提供教学场地，便退出了联合办学，与此同时，沈阳市第一中学也退出了联合办学。而后，该校由已退休的邰某某主持运作，该学校于 1996 年开始正式招生至今。学校的举办者在登记机关几经变更，学校 2009 年 4 月颁布的办学章程确定其举办者为付某某和邰某某，该章程还确定办学资金为 100 万元，学校的经费来源为举办者的持续投入、学费收入、社会捐赠等。2012 年度沈阳市教育局颁发的民办学校办学许可证显示，

该学校属于出资人不要求取得合理回报的民办学校。2014 年 3 月
12 日，郜某某因病去世，其妻黄某某要求继承郜某某在沈阳市第
一私立高级中学中的遗产，遭学校拒绝，遂起诉至沈阳市大东区
人民法院，其诉讼请求被驳回。因不服一审判决，黄某某上诉至
沈阳市中级人民法院，提出三项权益即投资的合理回报权、未来
清算后的财产收回权以及财产权益的转让权。

▌裁判结果

2016 年 5 月 25 日，沈阳市中级人民法院驳回上诉，维持
原判。

▌案件评析

2017 年 9 月 1 日施行的《民办教育促进法》贯彻分类管理的
思路，将民办学校分为营利性民办学校和非营利性民办学校。"非
营利性民办学校的举办者不得取得办学收益，学校的办学结余全
部用于办学。营利性民办学校的举办者可以取得办学收益，学校
的办学结余依照公司法等有关法律、行政法规的规定处理"。在此
之前，2003 年 9 月 1 日施行《民办教育促进法》第 51 条规定：
"民办学校在扣除办学成本、预留发展基金以及按照国家有关规定
提取其他的必需的费用后，出资人可以从办学结余中取得合理回
报。取得合理回报的具体办法由国务院规定。"因此，在 2017 年
9 月 1 日之前，民办学校的举办者能否取得合理回报取决于学校
章程和办学许可证的规定。本案中，根据 2012 年度沈阳市教育局
颁发的民办学校办学许可证，沈阳市第一私立高级中学的举办者
不能取得合理回报。因此，作为举办者的郜某某以及其继承人都

不得要求取得合理回报。《民办教育促进法》第 36 条规定："民办学校对举办者投入民办学校的资产、国有资产、受赠的财产以及办学积累，享有法人财产权。"因此，在民办学校存续期间，学校享有法人财产权，其举办者不得抽回出资，也不能分割学校财产。此外，根据《民办教育促进法》第 59 条的规定，"民办学校的财产按照下列顺序清偿：（一）应退受教育者学费、杂费和其他费用；（二）应发教职工的工资及应缴纳的社会保险费用；（三）偿还其他债务。非营利性民办学校清偿上述债务后的剩余财产继续用于其他非营利性学校办学；营利性民办学校清偿上述债务后的剩余财产，依照公司法的有关规定处理。"因此，民办学校终止时，因按照法定的程序和顺序对其财产进行处理。当民办学校的财产不足以偿还以上债务时，其举办者的办学投入也可能无法收回。因此，黄某某提出的所谓"未来清算后的财产收回权"必须在沈阳市第一私立高级中学办学终止且存在剩余财产时，才有主张的必要。转让权是财产权益的天然属性，依意思自治即可行使，且以存在财产为前提。本案中，沈阳市第一私立高级中学举办者办学投入的收回亦不确定的前提下，法院无法对财产权益的转让权进行确权。

⚖ 相关法条 ┄┄┄┄┄┄┄┄┄┄┄┄┄┄┄┄┄┄┄┄┄┄┄┄┄┄➤

1.《中华人民共和国民办教育促进法》第 19、36、59 条

第二节　合作办学纠纷

1. 签订合作办学协议需谨慎，解除合作办学协议需合法

▌案情简介

彭某系文武学校法定代表人，2008 年 4 月 23 日，仙游县私立一中（甲方）与文武学校（乙方），签订《合作办学合同书》，双方约定：甲方与乙方合作成立"仙游县私立第一中学南方校区"；办学目标为五年内将学校办成一流初级中学；乙方按现状提供原校址内全部土地及地上建筑物、附着物、教育教学设施、生活配套设施、设备等，甲方提供现有的办学手续，负责学校人事、财务和教育教学及后勤经营管理；学校实行董事会领导下的校长负责制，董事会决定学校一切重大事宜，董事会所有决议必须遵循在不损害单方利益的前提下少数服从多数，董事长签字后方可实施；合作期限 24 年，自 2008 年 9 月 1 日起至 2032 年 8 月 31 日止，提前终止或延期办学应提前一年由双方另行商定；甲方应根据合作学校的实际情况选派若干名骨干教师到合作学校支教；合作学校办学节余在保证学校正常发展的前提下，经董事会研究同意可取出部分款项按双方股份比例进行收益分配；因国家政策或不可抗力的原因造成学校无法正常开展教育、教学活动，或经双方协商一致解除合作，报审批机关核准后可予解散。同日，双方制定《仙游县私立第一中学南方校区董事会章程》，约定董事会

为学校最高决策机构，董事会例会每年召开二次；由于不可预计的原因造成学校连续亏损或甲、乙双方一致认为如终止合作符合各方最大利益时，可提前终止合作；学校提前终止合作，需召开董事全体会议作出决定，并报教育主管机关批准。2008 年 10 月 27 日，仙游县教育局批复同意恢复"文武学校"并更名为"南方中学"。2013 年 10 月 10 日，经董事会集体研究，南方中学从 2013 年至 2014 学年度经费收入中提取人民币 200 万元用于支付股东投资利息。南方中学 2008—2014 学年在校学生人数分别为 1081 人、1315 人、1625 人、1590 人、1522 人、1411 人。2014 年 1 月 20 日，南方中学法定代表人彭某向仙游县私立一中发函提出解除合同，仙游县私立一中复函不同意解除合同。2014 年 5 月 18 日，南方中学法定代表人彭某以仙游县私立一中未召集过董事会、校长任免没有报董事会考核及聘任、没有按合同约定委派骨干教师、因仙游县私立一中违约行为致使南方中学连续亏损等理由，起诉至莆田市中级人民法院，要求解除合作办学合同。

▎裁判结果

2015 年 12 月 22 日，莆田市中级人民法院认定南方中学提供的证据不足以证明其具备单方解除合同的法定情形，遂驳回南方中学的诉讼请求。

▎案件评析

该案争议的焦点为：（1）南方中学是否具备原告主体资格；（2）南方中学是否具备单方解除合同的条件。

焦点一：南方中学是否具备原告主体资格？

南方中学作为依法登记的民办非企业单位，具有法人资格，并承继了文武学校的办学资质、土地及地上建筑物、附着物、教育教学设施、生活配套设施、设备等。《合作办学合同书》及《补充协议》能否解除的处理结果，与南方中学具有直接的利害关系，因此，南方中学具备该案的原告主体资格。

焦点二：南方中学是否具备单方解除合同的条件？

合同解除包括意定解除和法定解除。南方中学主张根据《合同法》第94条第4项规定，仙游县私立一中的违约行为致其不能实现合同目的，符合合同法定解除条件。

（1）仙游县私立一中是否存在违约行为。从双方合同履行的情况来看，股东分红决议是经南方中学董事会集体研究后作出的，该决议体现了南方中学董事会在重大事务上发挥着重要的作用，董事会能够正常履行职责。南方中学法定代表人彭某等人在股东分红协议上签字，也在一定程度上体现了他们对于校长人选的认可。仙游县私立一中在合作办学之后，陆续指派部分教师至南方中学任教，由于南方中学和仙游县私立一中无法对是否属于骨干教师进行认定，故应认定仙游县私立一中依约选派师资力量到南方中学进行支教。

（2）合同目的是否不能实现。南方中学主张仙游县私立一中的违约行为导致其在五年内办成一流初级中学的目的不能实现，但对于一流初级中学的认定也缺乏标准。南方中学2008—2014学年在校生人数分别为1081人、1315人、1625人、1590人、1522人及1411人，并没有出现学生人数明显减少的波动。此外，南方中学主张仙游县私立一中的违约行为造成其连续亏损、收益分配等目的不能实现。从股东分红决议来看，南方中学在 2013—2014 年度提取人民币 200 万元用于支付股东投资利息，故原告主张连续亏损没有充足的依据。另外，双方签订的《合作办学合同书》《补充协议》及学校章程中，均未约定将连续亏损、未收益分配作为单方解除合同的条件，故南方中学主张合作办学以来连年亏损、无法实现收益分配，要求解除合同的理由不能成立。

⚖ 相关法条 ······················➤

1. 《中华人民共和国合同法》第 60、94 条
2. 《中华人民共和国民办教育促进法》第 54、55 条

2. 高校国际交流中心超越经营范围，
合作办学协议并不必然无效

▎案情简介

2015 年 6 月 30 日，一飞公司与吉大交流中心签订《俄罗斯国际班合作协议书》，约定双方合作项目为俄罗斯国际高中课程班，合作期限为 15 年，自协议签署之日至 2030 年 6 月 30 日止。甲方（吉大交流中心）的义务为委托乙方（一飞公司）同吉林省内高中合作开办俄罗斯高中班，办理外籍教师的签证等手续；乙方（一飞公司）的义务为向甲方如实汇报实际招生人数，并将与各高中达成的合作协议在签署一个月内交甲方备案。双方合理回报的约定为：每个班的招生人数不满 10 名时甲方不参与利润分配，每个班招生人数超出 10 名时，甲方从第 11 名开始收取合理回报，从第 1 名开始每名收取人民币 500 元，从第 21 名开始每名收取人

民币 1000 元。双方约定的违约责任为：任何一方不得单方解除本协议，若违约，违约方将向守约方支付违约金 50 万元，若乙方违反如实报告招生人数的义务，甲方可以单方解除合同，并有权向乙方收取违约金 50 万元。2015 年 7 月 1 日，辽源市实验高级中学与一飞公司签订《合作协议》，随后，吉大交流中心与陈某等 52 名学生分别签订《留俄国际班教学协议》。2015 年 11 月 5 日，满族高级中学与一飞公司签订《合作协议》，随后，吉大交流中心与包某等 12 名学生分别签订《留俄国际班教学协议》。2015 年 12 月 1 日，梅河口市实验高级中学与一飞公司签订《合作协议》，随后，吉大交流中心与杜某等 11 名学生分别签订《留俄国际班教学协议》。此外，吉大交流中心与 Bolotov Aleksandr 等俄罗斯籍教师签订《外籍教师雇用合同》，雇用外籍教师为俄罗斯国际班的学生进行俄语培训，一飞公司向 Bolotov Aleksandr 等外籍教师发放工资。截至 2016 年 7 月 1 日，一飞公司出具情况说明，确认已经向吉大交流中心缴纳费用 26 000 元。2016 年 7 月 21 日，吉大交流中心以一飞公司未向其如实汇报实际招生人数及办理合作协议备案等合同义务为由，向一飞公司发出《解除合同通知书》。一飞公司认为其并没有违反合同义务，遂提请长春高新技术产业开发区人民法院确认吉大交流中心作出的解除合同行为无效。

裁判结果

2017 年 5 月 5 日，长春高新技术产业开发区人民法院判定吉大国际交流服务中心单方解除合同的行为无效。

案件评析

该案双方争议的焦点在于：一是一飞公司与吉大交流中心签

订的《俄罗斯国际班合作协议书》是否有效；二是吉大交流中心单方解除合同的行为是否合法。

焦点一：一飞公司与吉大交流中心签订的《俄罗斯国际班合作协议书》是否有效？

在诉讼中，吉大交流中心以一飞公司与吉大交流中心均不具有中外合作办学主体资格、中外合作办学需经教育行政主管部门审批为由，请求法院确认双方合作办学协议无效。根据《中外合作办学条例实施办法》第 36 条的规定，"申请举办实施本科以上高等学历教育的中外合作办学项目，由拟举办项目所在地的省、自治区、直辖市人民政府教育行政部门提出意见后，报国务院教育行政部门批准；申请举办实施高等专科教育、非学历高等教育和高级中等教育、自学考试助学、文化补习、学前教育的中外合作办学项目，报拟举办项目所在地的省、自治区、直辖市人民政府教育行政部门批准，并报国务院教育行政部门备案"。但该案中，一飞公司和吉大交流中心并不属于中外合作办学，一飞公司与吉大交流中心均是中国境内的民事主体，并且从《俄罗斯国际班合作协议书》的内容看，双方主要的权利义务是：吉大交流中心授权一飞公司对外以吉林大学的名义为俄罗斯国际班宣传招生，一飞公司按照招生人数向吉大交流中心支付一定比例的费用，其内容不是成立中外合作办学机构或者举办中外合作办学项目，故无须经过相关行政部门审批。此外，尽管吉大交流中心营业执照登记的经营范围仅为餐饮、客房、会议及展览展示服务，并不包含招生及聘请教师的职能，但是根据《最高人民法院关于适用〈中华人民共和国合同法〉若干问题的解释（一）》第 10 条"当事人超越经营范围订立合同，人民法院不因此认定合同无效。但违反国家限制经营、特许经营以及法律、行政法规禁止经营规定的除外"之规定，吉大交流中心与一飞公司签订的《俄罗斯国际班合作协议书》不应认定为无效合同。

焦点二：吉大交流中心单方解除合同的行为是否合法？

合同解除包括法定解除和意定解除，就前者而言，只有合同一方存在根本违约或者合同目的不能实现的情况下，对方才能行使法定解除权。该案中，吉大交流中心单方解除合同的理由是一飞公司未如实汇报招生人数且未将其与各高中达成的合作协议在签署协议后一个月内交吉大交流中心处备案。不过，从吉大交流中心与学生签订的合同来看，吉大交流中心已经掌握实际招生人数，且未证明一飞公司存在隐瞒招生人数的事实。此外，就一飞公司与各中学签订的合作办学协议是否在一个月以内向吉大交流中心备案的问题，从吉大交流中心与学生签订的《留俄国际班教学协议》中均记载吉大交流中心与辽源市实验高级中学等学校联合开办留俄国际班字样，可以证明吉大交流中心对一飞公司与合作中学签订的合同亦是明知的，因此，吉大交流中心单方解除合同的理由不成立，其解除合同的行为无效。

相关法条

1. 《中华人民共和国合同法》第 44、60、93、94、96 条

2. 《最高人民法院关于适用〈中华人民共和国合同法〉若干问题的解释（一）》第 10 条

3. 合作办学中学生欠费、退学，管理费是否应当按约履行

▌案情简介

2008 年 10 月 28 日，厦门海洋职业技术学院（以下简称海洋学院）与福州旗舰船员管理有限公司（以下简称旗舰公司）签订《合作办学协议书》，该协议书约定：双方按照两年制航海类职业教育或航海类职业教育与成人大专（函授）学历教育相结合的模式培养高级海航员；海洋学院提供办学所需的教室、教学设备、学生宿舍及办公场所，负责对完成两年航海类职业教育的学员颁发结业证书，对完成航海类成人大专（函授）学历教育的学员颁发毕业证书；旗舰公司负责招生工作，组织实施教学工作，负责日常学生管理工作；学生的收费标准参照同类航海院校的收费标准执行，并由旗舰公司负责统一收费；对于两年职业教育的学生，旗舰公司按 3000 元/生/年的标准支付管理费给海洋学院（含教学和培训设备的使用费及维修费、学生评估训练的耗材费和教学管理过程的水电及物业管理费）；对于成人大专（函授）学历教育的管理费按 840 元/生/年由旗舰公司支付给海洋学院；住宿费按 900 元/生/年（含宿舍的维修费、水电及物业管理费）由旗舰公司代收后支付给海洋学院；教师、管理人员的工资、奖金、福利等方面的各项费用开支均由旗舰公司支付；学生因故退学，参照闽价〔2005〕435 号文件的有关规定退还相应学费，所退学费由甲、乙双方按分成比例各自承担；协议的有效期为 5 年（2008 年 10 月 28 日至 2013 年 7 月 15 日），合作期满后，双方视合作效果和市场需求决定是否续签合作协议。上述协议签订后，双方依约

开展合作办学工作。2015 年 4 月 29 日，海洋学院以"厦门海洋职业技术学院成人教育部"的名义向旗舰公司发出《缴费通知》，要求旗舰公司根据双方合作办学协议向海洋学院缴纳相关管理费，共计241 920元。2015 年 5 月 19 日，时任旗舰公司法定代表人高峰在上述《缴费通知》上签注：经确认，成教部所列的缴费通知书内容属实；现因二年制职业教育学生的退学退费尚未结算，请求贵院允许我司在与培训部结算后统一结清。

而后，双方对管理费的缴纳产生争议，2016 年 3 月 25 日，海洋学院诉至厦门市思明区人民法院，要求旗舰公司缴纳其欠款241 920元及利息。海洋学院主张的241 920元包括以下部分：（1）61 名 2011 级毕业生 2012 年度、2013 年度的管理费各51 240元（61×840），合计102 480元；（2）128 名 2012 级毕业生 2014 年度的管理费107 520元（128×840）；（3）19 名 2013 级毕业生 2014 年度、2015 年度的管理费各15 960元（19×840），合计31 920元。旗舰公司则认为已毕业的学生存在欠交学费的情况，且中途退学未毕业的学生也存在欠费、减免学费的事实，海洋学院应承担欠费、减免学费数额的一半。随即，旗舰公司展示了"成教毕业生欠费名单""关于减免二年制毕业学生欠费的报告"等证据。海洋学院则对旗舰公司提出的上述证据提出异议，认为系旗舰公司单方制作，不能证明学生欠费的事实。此外，旗舰公司还向法院提交了海洋学院《院长办公会纪要（十三）》《党委会纪要（十）》，拟证明海洋学院同意两年制海船船员培训项目中途退学学员学费退款76 440元。海洋学院对上述证据的真实性无异议，但认为该证据系旗舰公司非法获取且该文件属于内部文件，还未对外发布不能作为定案依据。

▌裁判结果

2016 年 12 月 12 日，厦门市思明区人民法院判定被告旗舰公司于判决生效之日起十日内支付原告海洋学院管理费241 920元及利息。

▌案件评析

双方在诉讼中争议的焦点在于合作办学双方如何对学生欠费、中途退学所造成的损失进行分担。笔者认为，对于该损失的分担应按照合作办学协议的内容进行判定。在该案中，双方签订的合作办学协议是真实的意思表示，且未违反法律、行政法规的强制性规定，合法有效，合作办学各方应按照合同内容履行义务。根据合作办学协议的内容，我们可知双方对中途退学学生的学费的返还和承担问题作了明确规定，但对毕业学生欠费问题并未予以约定。笔者认为，我们应将合同内容理解为无论毕业学生是否欠费，旗舰公司均应向海洋学院缴纳 840 元/生/年的管理费（成人大专函授学历教育）。理由如下：一是双方并未对毕业学生的欠费问题进行约定；二是无论毕业学生是否欠费，海洋学院已经为合作办学投入教室、教学设备、物业管理、学历授予等资源，该资源属于办学成本，应当予以支付；三是学生学费由旗舰公司单方收取，其提出的所谓学生欠费统计表等文件为其单方制作，缺乏说服力；四是旗舰公司提供的海洋学院《院长办公会纪要（十三）》《党委会纪要（十）》等文件仅能证明海洋学院对中途退学学生学费承担问题进行了讨论，并未涉及毕业学生欠费承担问题，以上文件与海洋学院的诉讼请求不具有关联性，因为海洋学院的诉讼请求仅涉及已毕业学生的管理费问题，并非主张中途退学学生的学费承担问题，旗舰公司要求海洋学院应承担中途退学学生的退费部分可另诉主张。

相关法条

1.《中华人民共和国合同法》第 44、60、107 条
2.《中华人民共和国民事诉讼法》第 64 条

4. 合作办学协议中的管理费属于办学成本还是办学收益

▌案情简介

2003 年 7 月 14 日，中南民族大学与弘博集团签订《中南民族大学武汉弘博集团有限责任公司举办中南民族大学国际工商学院协议书》。该协议书约定：双方合作举办具有独立法人资格的民大工商学院（后改制为武汉工商学院），中南民族大学负责提供无形资产（中南民族大学校名、校徽等），教学设施及其他满足办学条件所需的所有资金均由弘博集团承担；民大工商学院需每年向中南民族大学按实际在校学生人数应缴学费总额的 30%（2007年调整为 21%，2010 年调整为 16%）向中南民族大学交纳管理费；民大工商学院终止时，中南民族大学收回作为投资的无形资产，其他资产归弘博集团所有，超出资产数额的其他债务，全部由被告弘博集团承担。而后，中南民族大学诉至武汉市中级人民法院，要求武汉工商学院支付逾期支付的管理费本金及违约金。武汉市中级人民法院认为双方合作办学协议未违反法律、行政法

规的禁止性规定，系当事人真实意思表示，合法有效。武汉工商学院未依约向中南民族大学支付管理费，构成违约，应承担相应的民事责任。武汉工商学院不服一审判决，向湖北省高级人民法院提起上诉，主张：（1）中南民族大学作为出资人，只能从工商学院的办学结余中取得合理回报。一审法院未对工商学院的办学结余和中南民大的出资额进行鉴定评估的行为错误；（2）一审判决认定事实错误，管理费不是办学成本，中南民大是工商学院的投资人之一，应该从工商学院的办学结余中提取管理费。中南民大答辩称：（1）中南民大和工商学院之间的关系不是合伙投资关系而是基于合同所成立的普通的合作办学合同关系，中南民大并非工商学院的出资人；（2）管理费是办学成本，工商学院办学有无结余、是否盈利都不影响中南民大依据合同收取管理费，工商学院要求鉴定评估并从办学结余中进行收益分配是对法律的认识错误。

▌裁判结果

2015年9月3日，湖北省高级人民法院认为合作办学协议中的管理费条款属于工商学院的办学成本，遂驳回上诉，维持原判。

▌案件评析

在合作办学实践中，合作办学各方通常会签订管理费条款，由于管理费并非法律文本意义上的概念，因此合作办学各方常常对其究竟属于办学成本还是办学收益产生争议。具体而言，若将管理费定义为办学成本，那么无论是否存在办学结余，均应在学校日常运营成本中先行支付；若将管理费定义为办学收益，那么应在存在办学结余的前提下进行收益分配。本案中，中南民族大学负责提供无形资产（中南民族大学校名、校徽等），教学设施及其他满足办学条件所需的所有资金均由弘博集团承担，合作办学所产生的债务也由弘博集团承担，办学终止时亦不进行资产分配，根据以上信息，我们可以认为中南民大和弘博集团之间的关系并不是合伙投资关系，而是合作办学合同关系，双方签订的管理费条款宜认定为办学成本。不过，需要指出的是，中南民大作为公办院校，在参与合作办学时，应对其无形资产进行评估，以确定该无形资产的使用费（虽然名义上通常称为"管理费"，但本质上是工商学院因使用该无形资产而支付的使用费，属于其办学成本），理由如下：根据评估价值确定管理费的金额，这样才能保证国有资产的增值、保值，防止无形资产被免费使用而导致国有资产流失；当然，若中南民大收取的管理费明显高于其投入资源的对价，就有"以成本之名行收益分配之实"的嫌疑。

⚖ 相关法条 ┄┄┄┄┄┄┄┄┄┄┄┄┄┄┄┄┄┄┄┄┄┄┄┄┄┄►

1. 《中华人民共和国合同法》第 44、60、107 条
2. 《中华人民共和国民办教育促进法》第 19、38 条

5. 名为合作办学、实为租赁合同，
民办学校租借办学资质被判无效

▌案情简介

2007 年 3 月 28 日，胡某、王某、李某签订《合伙办学协议》，该协议主要内容为：三人自愿合伙租赁民办学校鄂州市体育

艺术职业高级中学（以下简称鄂州职高）进行合作办学；胡某负责人事、财务、招生计划、学生实习、颁发毕业文凭和就业安置等工作；王某负责招生和后勤管理工作；李某负责教学、教务和日常行政管理工作；租赁资金和办学盈亏按胡某51%、王某30%、李某19%的比例分配；同时该协议还就他人入伙、协议终止等事项进行了约定。同日，胡某与鄂州职高签订了《合作办学协议》，其中约定：鄂州职高将其现有的教育资质、教育场地、教育设备设施及生活设施提供给胡某使用；胡某担任鄂州职高校长，在合作期间享有办学自主权，自主经营、自负盈亏，享有人事任用、任免、独立核算等权利，承担一切办学责任；胡某聘用教职员工、任免中层干部、工作计划、对外经营活动需报鄂州职高备案；胡某每年向鄂州职高按每学生每学年500元标准上交教育资质、资源、场地费等，但每年不得少于20万元，不足20万元按20万元上交，超出的按实际人数上交；胡某在协议期内不得用鄂州职高资产、资质对外进行抵押，不得转让办学资格；胡某在办学过程中如与任何第三方发生矛盾或债权债务纠纷，均由胡某解决，鄂州职高概不负责；本协议有效期为3年，自2007年4月1日起至2010年6月30日止；若单方面违约，守约方有权终止《合作办学协议》，违约方向守约方赔偿损失10万元以上。同年7月6日，鄂州职高与胡某在校产交接清单上签字确认。在胡某经营管理学校期间，学校的人事任免、财务管理等权利均由其享有，学校的资金收入亦由其支配。胡某办学过程中，鄂州职高就胡某长期不在学校、擅改校名、殴打教师、乱收费用、拖欠克扣工资、招生混乱、教学无规、管理无序等问题致函胡某，要求整改并全面履行《合作办学协议》。随后，胡某认为鄂州职高侵犯了其办学自主权，遂提起诉讼，要求确认双方签订的《合作办学协议》无效，返还其租金 20 万元，并赔偿损失 14 万元。鄂州职高委托鄂州市物价局价格认证中心对胡某在 2007 年 7 月 1 日至 2008 年 6 月 30 日租赁的鄂州职高资产进行租赁价格鉴定。该中心于 2009 年 3 月 18 日出具了鄂州价认鉴〔2009〕040 号《关于学校出租租赁价格的认证结论书》，认定价格鉴定标的在租赁期间总价值为 337 772 元。鄂州职高遂提出反诉，要求驳回胡某的诉讼请求，并由胡某赔偿其损失 337 772 元，支付违约金 10 万元。

▌裁判结果

2014 年 6 月 19 日，再审法院湖北省高级人民法院维持二审法院作出的《合作办学协议》无效、驳回胡某要求返还 20 万元租金的诉讼请求的民事判决；维持二审法院作出的驳回鄂州职高的反诉请求。

▌案件评析

笔者认为，双方争议的焦点在于：一是双方签订的《合作办学协议》是否有效；二是若《合作办学协议》无效，如何解决双方责任承担问题。

焦点一：双方签订的《合作办学协议》是否有效？

尽管双方签订的合同名为"合作办学协议"，但无论从合同内容还是从实际履行情况看，双方签订的所谓"合作办学协议"其实符合租赁合同的特征，是一份"以合作之名、行租赁之实"的合同，胡某实际上是租赁鄂州职高的办学资质、教学设施等资源自主办学，而非双方进行合作办学。根据《民办教育促进法》第 62 条的规定，该法严禁民办学校伪造、变造、买卖、出租、出借办学许可证的行为。该案中，鄂州职高提供教育资质给胡某办学，这种行为实质上是出租办学许可证的违法行为。因此，胡某与鄂州职高签订的"合作办学协议"违反法律强制性规定，属无效合同。

焦点二：《合作办学协议》无效后，如何解决双方责任承担问题？

《合同法》第 58 条规定："合同无效或者被撤销后，因该合同取得的财产，应当予以返还；不能返还或者没有必要返还的，应当折价补偿。有过错的一方应当赔偿对方因此所受到的损失，双方都有过错的，应当各自承担相应的责任。"因此，胡某应向鄂州职高返还租赁物，鄂州职高向胡某返还租金，双方的损失各自承担。不过，值得注意的是，虽然本案中鄂州职高办学资质的租赁行为是无效的，但是不可否认的是，鄂州职高的办学设施，例如校舍、食堂、教学设备作为"物"是可以进行租赁的。且胡某实际上的确也使用了鄂州职高的上述办学资源，因此对于办学设施的"租赁"行为应该予以认可。参照《最高人民法院关于审理城镇房屋租赁合同纠纷案件具体应用法律若干问题的解释》第 5 条"房屋租赁合同无效，当事人请求参照合同约定的租金标准支付房屋占有使用费的，人民法院一般应予支持"之规定，胡某主张鄂州职高应向其返还 20 万元的主张，没有法律依据。

相关法条 --►

1.《中华人民共和国民办教育促进法》第 62 条

2.《中华人民共和国合同法》第 58 条

3.《最高人民法院关于审理城镇房屋租赁合同纠纷案件具体应用法律若干问题的解释》第 5 条

6. 实习学生下班期间被撞伤，学校、企业、司机谁担责

▎案情简介

2008 年 3 月 6 日，江苏省海安双楼中等专业学校（以下简称海安学校，甲方）与石泉县职教中心（以下简称职教中心，乙方）签订了合作办学协议书，协议约定"联办专业班学生录取，由甲乙双方同时向当地教育主管部门申报学籍。教学管理执行海安学校制定的教学计划，学生开学两周前，海安学校向乙方提供完整的教学大纲和教学计划，乙方学校承担学生在乙方教学时段的全部工作，海安学校承担学生在海安学校教学时段的教学和实习指导全部工作"。柯某于 2011 年 3 月进入职教中心汽车运用与维修专业学习。2012 年 6 月 25 日，职教中心与柯某及其监护人签订暑期学生实习协议书，约定同年 9 月将柯某送往海安学校学习。2012 年 12 月 27 日，海安学校与柯某及其监护人签订了《学生实习就业协议书》及《学生顶岗实习安全责任书》，安排柯某到江苏省海安县亚太轻合金（南通）科技有限公司（以下简称亚太公司）实习。2013 年 1 月 4 日，柯某与亚太公司订立了期限为 2013年 1 月 4 日至 2016 年 1 月 3 日的《劳动合同书》，在此期间，柯

某从事普工岗位工作，月薪 1100 元。2013 年 3 月 10 日 20 时 15 分左右，柯某在下班途中与陶某驾驶的小型轿车发生碰撞受伤。2013 年 4 月 11 日，海安县公安局交通巡逻警察大队作出道路交通事故认定书，认定陶某负本起交通事故的全部责任。2013 年 8 月 13 日，海安县人力资源和社会保障局认定柯某为工伤。2013 年 12 月 5 日，南通市劳动能力鉴定委员会认定柯某为六级伤残。之后，柯某就道路交通事故损害赔偿向海安县人民法院起诉。2014 年 6 月 12 日，海安县人民法院作出民事判决书，认定柯某因此起交通事故产生的损失为 488 370.05 元，扣减陶某先行赔偿的医疗费以及保险公司的理赔款等后，判令陶某赔偿原告柯某医疗费、误工费等各项损失合计 172 551.1 元。随后，柯某向海安县劳动人事仲裁委员会提出申请，请求裁决：（1）解除柯某与亚太公司之间的劳动合同；（2）亚太公司支付柯某各项工伤保险待遇合计 223 101.16 元；（3）亚太公司支付柯某一次性工伤补助金 366 395.4 元。2015 年 2 月 25 日，海安县劳动人事仲裁委员会作出仲裁裁决书，裁决：（1）柯某与亚太公司的劳动合同于 2014 年 9 月 5 日解除；（2）亚太公司支付柯某一次性伤残补助金 30 144 元；（3）亚太公司支付柯某 2014 年 1 月至 8 月的伤残津贴 10 699.2 元；（4）亚太公司支付柯某一次性伤残就业补助金 143 865 元。亚太公司不服该裁决遂向海安县人民法院起诉，经该院调解，双方达成了调解协议：（1）亚太公司与柯某的劳动合同于 2014 年 9 月 5 日解除；（2）亚太公司于 2015 年 5 月 10 日前给付柯某 187 000 元；（3）双方的工伤保险待遇纠纷一次性处理完毕。此后，柯某因受伤多次要求职教中心赔偿无果，遂于 2016 年

1 月 13 日诉至石泉县人民法院，要求职教中心赔偿各项损失 488 370.08 元。而后，柯某不服一审判决，向陕西省安康市中级人民法院提出上诉。另查明，2012 年 9 月 1 日，职教中心在保险公司投保办理了校（园）方责任保险，该保险的免责条款包含以下规定，"……学生在实习单位实习期间遭受人身伤害导致的任何损失、费用和责任，保险人不负责赔偿……"

裁判结果

2016 年 7 月 29 日，安康市中级人民法院认为一审法院认定事实清楚，适用法律正确，遂驳回柯某要求职教中心赔偿相关损失的请求。

案件评析

在"产学研"办学实践中，在实习期间，学生伤亡事件已屡见不鲜。该类事件发生后，如何划分学校、企业、学生的责任承担成为此类案件处理的重中之重。本案的主要争议焦点有以下两点：一是海安学校和职教中心应否承担赔偿责任；二是柯某能否享受工伤保险待遇。

职教中心（乙方）与海安学校（甲方）签订《江苏省海安双楼中等专业学校陕西省石泉县职业教育中心校对口支援合作办学协议书》，协议有效期为 2011 年 3 月 25 日至 2014 年 3 月 25 日，该协议约定，"乙方学校承担学生在乙方教学时段的全部工作，甲方学校承担学生在甲方教学时段的教学和实习指导全部工作"。柯某在海安学校教学、实习期间发生交通事故，按照双方合作协议，职教中心主观上并无过错，不承担赔偿责任。保险公司承担的责任保险，是以被保险人即职教中心承担责任为前提，若职教中心无责，则保险公司不承担责任。就海安学校而言，职教中心和海安学校属于合作办学，由海安学校安排包括柯某在内的职教中心的学生去亚太公司参加实习，这属于正常的教学活动。柯某在实习过程中受伤，海安学校应否承担责任取决于其是否履行了教育、管理职责。本案中，柯某是在下班途中被肇事司机陶某所撞伤，海安县公安局交通巡逻警察大队作出的道路交通事故认定书也显示陶某对事故负全部责任，因此，海安学校对柯某的受伤不负赔偿责任。《工伤保险条例》第14条第6项规定："职工有下列情形之一的，应当认定为工伤：……（六）在上下班途中，受到非本人主要责任的交通事故或者城市轨道交通、客运轮渡、火车事故伤害的……"本案中，柯某在下班途中受伤且肇事司机陶某承担事故的全部责任，所以，柯某的受伤应认定为工伤，其享受伤残补助金、伤残就业补助金等工伤保险待遇。

相关法条

1.《工伤保险条例》第14、36条
2.《中华人民共和国侵权责任法》第39条

7. 合作办学协商终止，各方资产需恢复原状

▌案情简介

2011年8月30日，扬州太平洋重工技工学校（以下简称重工学校）、春和集团和扬州技师学院（以下简称技师学院）签订合作办学协议，约定保留重工学校的名称，由技师学院管理重工学

校，并和技师学院实行统一招生、统一教学管理、统一财务管理等一体化合作办学模式；调整重工学校董事会，三方派员参加，改组后的重工学校由技师学院委派校长；合作办学期间，重工学校原有设备、土地、房产等资产的所有权属及处置权不变，技师学院仅享有使用权；技师学院对重工学校的管理和经营实行自负盈亏，有权无偿使用重工学校的设备、土地、房产等固定资产。合作办学期间，重工学校发生的新债务由技师学院承担，盈利归技师学院所有。双方统一招生前后的学生，实行老生老办法、新生新办法，老生注册的学籍不变（仍为重工学校学籍）；合作期限暂定6—8年，从2011年9月1日起算；任何一方如有违约，守约方有权解除合作办学协议，同时违约方承担由此造成的全部损失；合作期满，需经三方共同商议的会计师事务所对重工学校的资产及负债进行审计。如重工学校选择收回管理权和资产使用权，独立办学的，技师学院应当无条件返还重工学校原有的全部土地、房产和相关资产，如合作办学期间重工学校有负债的，由技师学院承担。

2011年8月30日，重工学校与技师学院办理财务交接，重工学校移交给技师学院现金、存折、银行存款计5 775 585.13元。2012年9月13日，技师学院作出第73期院办会议纪要，要求将技师学院西校区学生在2013年2月搬迁至重工学校。合作办学期间，双方就重工学校校务管理、招生目标无法实现的责任、技师学院西校区搬迁等问题产生分歧和矛盾。2012年12月20日，重工学校与春和集团联合向技师学院发函，决定提前终止合作办学协议，恢复重工学校独立自主办学。技师学院接函后，双方于

2013 年 1 月 18 日办理了终止合作后的财务交接，技师学院向重工学校移交现金、存折、银行存款、教职工个人借款合计1 811 332.19元。2014 年，重工学校要求技师学院归还会计账本未果。同年 12 月 3 日，重工学校向技师学院发函，要求技师学院在 7 日内返还减少的资金及财务资料。而后，重工学校诉至扬州市广陵区人民法院，要求技师学院归还资金3 964 252.94元及逾期还款的银行利息108 108 元（自 2014 年 12 月 10 日起，按日万分之2.1 暂算至 2015 年 4 月 25 日）。

裁判结果

2015 年 8 月 6 日，扬州市广陵区人民法院判决技师学院返还重工学校3 964 252.94元，并承担相应利息（自 2014 年 12 月 10日起至实际给付之日止，按日万分之 2.1 计算）。

案件评析

在合作办学实践中，合作办学因办学理念、人事安排、招生管理等原因而被迫终止的，已司空见惯，本案即是典型。在诉讼中，诉讼当事人争议的焦点可归纳为如下两点：一是合作办学协议是单方法定解除还是多方协商解除；二是终止合作办学后，重工学校的资金差额由谁承担。本案中，因办学思路不同、办学效果不佳，重工学校与春和集团由联合技师学院发函，决定提前终止合作办学协议，技师学院接函后，三方于 2013 年 1 月 18 日办理了终止合作后的财务交接，根据以上事实可以认定，三方协商解除了合作办学协议。

不过，双方协商解除合同的函件并没有对资产的分割以及债务的承担进行约定。根据当事人签订的合作办学协议，"重工学校原有设备、土地、房产等资产的所有权属及处置权不变，技师学院仅享有使用权""技师学院对重工学校的管理和经营实行自负盈亏"，因此，当事人停止合作办学后，技师学院应向重工学校返还接收的财物，并承担合作办学期间的亏损。在合作办学之初，重工学校移交给技师学院现金、存折、银行存款等共计5 775 585.13元；在合作办学结束之后，技师学院向重工学校移交现金、存折、银行存款、教职工个人借款等合计1 811 332.19元，合作办学前后重工学校的资金差额为3 964 252.94元。根据三方关于合作办学期间由技师学院承担重工学校经营亏损的约定，重工学校要求技师学院返还其在合作办学期间的亏损并承担相应利息损失的诉求，符合合作办学协议的约定，于法有据。

相关法条

1.《中华人民共和国合同法》第93、97条

第三节　教育培训纠纷

1. 无证职业技能培训惹争议，技能培训协议被判无效

案情简介

2015年11月至2016年7月，被告深圳市佳创开发有限公司（原深圳市深软智能设备有限公司）作为甲方，与作为乙方的原

告李某等人签署《实训就业协议》，约定由甲方根据实训安排为乙方进行系统化的 PHP 开发及网络运营技术知识和技能的实训。实训合格标准为完成全部实训内容后通过考核，并获得《PHP 开发及网络运营工程师》技术证书；遵守《实训手册》制度要求，缺课不能超过总学时的 10%；乙方按甲方要求完成实训合格后，甲方负责对乙方进行就业指导并 100% 保证推荐就业，就业不局限于甲方为乙方推荐就业而促成乙方成功就业，也包括乙方自主成功就业，或自主创业。各案原告通过"百度有钱花"等软件贷款向被告支付了培训费用人民币 15 800 元，被告确认收到了各案原告支付的学费。此后，被告组织各案原告参加了培训课程，但均未完成培训课程。被告同时向各案原告支付了补贴，并向各案原告支付了部分贷款利息。2016 年 8 月 4 日，深圳市佳创开发有限公司停止办学，其称于 2016 年 9 月对未完成课程的学员进行复课，但各案原告均表示未收到复课通知。2016 年 8 月 4 日，深圳市龙华新区劳动监察大队在被告办学地点张贴《通告》：深圳市深软智能设备有限公司、深圳市海纳科技有限公司、深软网云科技有限公司、深圳市深软产学研有限公司均未取得办学许可证，龙华新区劳动监察大队已开具《劳动监察督促整改通知书》，要求该机构停止培训业务并退还培训费；请各位学员不要再来此上课，对涉嫌诈骗问题，各位学员可去大浪派出所登记。而后，各案原告起诉至深圳市宝安区人民法院，请求判令：（1）被告向原告支付贷款培训费用人民币 15 800 元及利息；（2）被告向原告支付两个月误工费、精神损失费等费用。

▌裁判结果

2017 年 3 月 17 日，深圳市宝安区人民法院判决被告深圳市佳创开发有限公司向原告李某等人返还培训费，李某等人向被告深圳市佳创开发有限公司返还已领取的补贴及被告代为支付的贷款利息；驳回原告李某等人的其他诉讼请求。

▌案件评析

教育培训依其内容可分为文化教育培训和职业教育培训，民办教育机构需向法定的机关报备审批并申请办学许可证。根据《民办教育促进法》第 12 条的规定，"举办实施学历教育、学前教育、自学考试助学及其他文化教育的民办学校，由县级以上人民政府教育行政部门按照国家规定的权限审批；举办实施以职业技能为主的职业资格培训、职业技能培训的民办学校，由县级以上人民政府劳动和社会保障行政部门按照国家规定的权限审批，并抄送同级教育行政部门备案"。该案中，被告在未取得办学许可证的情况下，就与各案原告签署《实训就业协议》并开展职业技能培训，该协议因违反《民办教育促进法》第 12 条的强制性规定，应认定为无效。合同无效后，因该合同取得的财产，应当予以返还，被告应将其收取的培训费用人民币15 800元返还各案原告；各原告亦应向被告返还已领取的补贴及被告支付的贷款利息。《合同法》第 58 条规定："合同无效或者被撤销后，因该合同取得的财产，应当予以返还；不能返还或者没有必要返还的，应当折价补偿。有过错的一方应当赔偿对方因此所受到的损失，双方都有过错的，应当各自承担相应的责任。"因各案原告未对该教育机构的资质进行相应的审查，其主观上存在一定的过错，应承担支付学费所造成的相应的损失。各案原告同时诉请被告赔偿误工费及精神损失费，于法无据，不予支持。此外，对于深圳市佳创开发有限公司无证办学的行为，人力资源社会保障行政部门可以依法进行相关行政处罚。

⚖ **相关法条** ●━━━━━━━━━━━━━━━━━━━━━━━━━━━▶

1. 《中华人民共和国教育法》第 28 条

2. 《中华人民共和国民办教育促进法》第 12 条

3. 《中华人民共和国合同法》第 52、56、58 条

2. 未经审批的培训机构，私自转让无效

▌案情简介

2014 年 7 月，被告陈某在未经教育部门审批许可的情况下，即开办了名为"尚璟公学—明星英语"的民办培训机构，并进行招生、收费、教学等经营活动。2015 年 4 月 28 日，原告张某与被告陈某签订了《转让协议》，约定：甲方（被告）同意将位于金华市北苑社区活动中心的一、二层教育机构（尚璟公学—明星英语）所有权、经营权转让给乙方（原告），转让后，乙方可沿用原品牌经营，现有的装修、装饰、硬件、生源归乙方所有；转让前，甲方承诺对机构拥有独立合法的所有权，所有经营债务由甲方承担；转让费用共计人民币 30 万元，等等。2015 年 5 月 4 日，原告支付被告转让款人民币 20 万元后，双方办理了该教育机构的交接，原告也进行了经营与管理。5 月 18 日，原告与"合肥易道

教育文化有限公司"签订了《易道手脑速算项目代理协议》1份，后原告依约向该公司支付了代理合作费15 800元。在办理转让手续后，原告发现"尚璟公学—明星英语"未经教育行政部门审批，也未办理相关收费许可等行政审批，被告挂在墙面上的民办学校办学许可证系其伪造，属非法设立。张某遂起诉至金华市婺城区人民法院主张：（1）依法确认原告、被告于2015年4月28日签订的《转让协议》无效；（2）由被告返还原告转让费人民币20万元，并支付赔偿金人民币1756.67元，合计201 756.67元；（3）被告赔偿原告支付的加盟费用15 800元。

▌裁判结果

2015年8月10日，金华市婺城区人民法院作出判决：确认原告张某与被告陈某于2015年4月28日签订的《转让协议》无效；被告陈某于判决生效后10日内返还原告张某转让费人民币20万元；驳回原告张某的其他诉讼请求。

▌案件评析

转让协议通常包括转让主体、转让标的、转让程序等。转让协议的生效取决于主体适法、标的适法、程序适法、形式适法等。《教育法》第28条规定："学校及其他教育机构的设立、变更、终止，应当按照国家有关规定办理审核、批准、注册或者备案手续。"《民办教育促进法》第12条规定："举办实施学历教育、学前教育、自学考试助学及其他文化教育的民办学校，由县级以上人民政府教育行政部门按照国家规定的权限审批……"因此，设立民办学校应当依法经教育部门审批许可，并取得办学许可证。

　　该案中，被告陈某开办的"尚璟公学—明星英语"教育机构并未依法经教育部门审批许可并取得办学许可证。因此，原被告双方签订的《转让协议》中的转让标的违反了法律的强制性规定，依法应认定为无效合同。根据《合同法》第56条、第58条的规定，"无效的合同或者被撤销的合同自始没有法律约束力""合同无效或者被撤销后，因该合同取得的财产，应当予以返还；不能返还或者没有必要返还的，应当折价补偿。有过错的一方应当赔偿对方因此所受到的损失，双方都有过错的，应当各自承担相应的责任。"因此，对原告要求确认《转让协议》无效的诉请及要求被告返还转让费20万元的诉请，应予以支持。因原告在签订《转让协议》时，未对该教育机构的资质进行相应的审查，其主观上存在一定的过错，应承担支付转让费所造成的相应的损失。至于原告要求被告赔偿原告所支付的加盟费15 800元的诉请，由于该加盟费并非由原告向被告支付，且与《转让协议》无关。因此，该损失并非必然发生的损失，也非被告在签订《转让协议》时所能预见的损失，应由原告自行承担。此外，对于陈某伪造民办学校办学许可证的行为，教育行政部门可以依法进行相关行政处罚。

⚖ 相关法条

1. 《中华人民共和国教育法》第28条

2. 《中华人民共和国民办教育促进法》第12条

3. 《中华人民共和国合同法》第52、56、58条

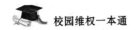

3. 未持有教师资格证是否影响教育培训合同的履行

▍案情简介

2014年6月，柳某与陕西杨舟文化传播有限公司所属的"杨舟教育学校"签订教育培训合同，由"杨舟教育学校"对柳某进行中考备考培训。柳某诉称其通过宣传单了解到"杨舟教育学校"，"杨舟教育学校"向柳某承诺授课的老师全部来自名校的优秀师资，只要选择"杨舟教育学校"，一定顺利考上高新一中。2014年7月至2014年9月，柳某共计支付培训费15 900元。2014年10月初，"杨舟教育学校"告知柳某其目前要想提高成绩很难，时间也比较紧张，如果想让成绩迅速提高，建议选择"杨舟教育学校"的"封闭班"。基于对"杨舟教育学校"的信任，柳某选择了"封闭班"课程，共支付116 800元。柳某中考成绩出来后，未考上高新一中。柳某认为"杨舟教育学校"没有教育培训资质，且进行欺诈宣传，遂将"杨舟教育学校"起诉至西安市雁塔区人民法院，请求撤销合同，返还培训费132 700元。

"杨舟教育学校"则辩称其与柳某之间的教育培训服务关系合法有效，且已按照约定如实履行了课程辅导工作。在向柳某提供教育培训服务的过程中没有欺诈行为，也没有向柳某作出"一定能上高新一中"的承诺。因此，柳某不具有撤销权，其诉请没有法律依据。

▍裁判结果

2017年4月10日，西安市雁塔区人民法院认为"杨舟教育学校"提供教育培训的老师未取得教师资格证书，故履行合同存在瑕疵，酌情确定"杨舟教育学校"承担柳某已交费用35%的责任，退还柳某46 445元。

▌案件评析

教育培训合同为服务合同的一种类型，与买卖合同等实物交易不同，具有无形性和继续性。无形性体现在合同债务的内容和识别上，继续性体现在合同债务履行的时间上。买卖合同涉及的产品通常有国家标准和行业标准，而教育培训在目前缺乏这样的标准，容易产生纠纷。笔者认为，合同当事人是否履行了合同债务，宜遵循以下步骤，分阶段进行。

一是遵守合同约定。（1）教育培训合同包括手段之债型教育培训合同和结果之债型教育培训合同。结果之债型教育培训合同与承揽合同类似，均以完成特定的工作成果为必要，在教育培训合同中体现为"包考上××重点高中""包通过英语四级考试"等承诺。因此，在结果之债型教育培训合同纠纷中，合同是否得以履行往往先考察是否达成约定目标：若没有达成约定目标，且受教育者尽到必要的协作义务，通常认为该履行有瑕疵。（2）若合同没有对培训成果进行约定，则属于手段之债型教育培训合同。与委托合同相类似，尽管通常不要求达成某种工作成果，但要求教育服务者尽到善管义务、通知义务等，并朝着最优的教育培训成果和受教育者期待的目标迈进。因此，在手段之债型教育培训合同中，合同是否得以履行往往先考察是否按照约定的设施、设备、师资、课程设置、课程时长等进行授课，若与约定相违背，则认定违约。

二是若合同没有对以上内容进行约定，可通过服务水准、服务报酬的数额、受教育者的努力程度、受教育者的信赖和期待等因素予以综合判断。比如，若培训机构经过行业协会认证并取得会员资格，那么，该培训机构的培训水平应达到行业协会规定的标准和要求。再如，若受教育者缴纳高额培训费，理应要求培训机构有相对良好的教学设施、设备等，且高于同地区同类培训机构的平均水平。又如，若教育服务者按时按标准授课的，但受教育者无故缺席，因而未达到受教育者期待效果的，可以认定为该培训合同已经履行完毕。

本案中，柳某宣称"杨舟教育学校"承诺其考入高新一中，但"杨舟教育学校"则予以否认，现有的资料不能判定双方是否进行了相关约定，应由原告柳某承担举证不能的后果。西安市雁塔区人民法院认为"杨舟教育学校"提供教育培训的老师未取得教师资格证书，故履行合同存在瑕疵。笔者不同意以上观点，现有的证据并没有表明双方对"杨舟教育学校"老师的资质进行约定，也没有证据显示"杨舟教育学校"在招生宣传中承诺其教师均取得教师资格证。因此，"杨舟教育学校"的老师是否取得教师资格证书，并不是合同履行是否存在瑕疵的依据，除非双方在合同中约定授课教师应取得教师资格证。原告柳某应重点举证"杨舟教育学校"的老师是否按照约定的课程设置、课程时长、授课方式等履行合同，并尽到善管义务，以证明"杨舟教育学校"的教育培训服务是否存在瑕疵。

相关法条

1. 《中华人民共和国合同法》第44、54条

2.《最高人民法院关于适用〈中华人民共和国合同法〉若干问题的解释（一）》第 10 条

3.《最高人民法院关于适用〈中华人民共和国合同法〉若干问题的解释（二)》第 14 条

4.《中华人民共和国民办教育促进法》第 29 条

4. 未取得社会助学机构资格，不影响教育培训合同的效力

▎案情简介

2014 年 6 月 4 日，学铭教育公司作为甲方与乙方张某签订《自考助学服务合作协议书》，该协议书约定："甲方为帮助乙方（学员）顺利通过高等教育自学考试，取得相关证书。本机构开设大学自学考试培训辅导班，为学员提供自学考试课程辅导……一、甲方的权利和义务：1. 甲方有权根据科学合理的自学考试复习方案安排教学计划；2. 甲方对乙方的个人信息负有保密义务；3. 甲方招收的乙方学员，学历层次应符合国家相关规定及报考要求；4. 甲方有义务为乙方提供准确的考试复习资料；5. 甲方有义务保证乙方学员通过所有衔接考试科目（校考科目），统考科目保证一定的通过率，在 1—2 年内取得重庆工商大学专科层次酒店管理专业毕业证书，并保证证书真实有效，在中国高等教育学生信息网上永久查询。在规定的时间内如因甲方原因造成乙方拿不到毕业证书，甲方根据实际情况全额退款。如因乙方不配合甲方安排的复习计划和方案，缺考、考试作弊，因国家政策及不可抗拒等原因未拿到毕业证书的，甲方概不负责。二、乙方的权利和义务：1. 乙方须向甲方提供身份证及最高学历，二寸蓝底数码彩

照（扫描件）等报名资料，并保证资料真实有效；2. 乙方有权了解教育部门安排的考试计划和甲方安排的考试复习方案，并取得相关指导资料；3. 乙方有义务对甲方的教学计划、内部资料、各类试题、考试信息等负有保密义务；4. 乙方有义务配合甲方出示相关资料、经提示后履行报考流程、本人到现场考试等事宜。三、收费标准及缴费方式：1. 甲方所收取的下列费用为全部助学咨询服务费及学校学籍注册，助学管理费8000元；2. 乙方报考后，甲方不得以其他任何理由向乙方收取其他费用。如因乙方原因不按协议约定按时缴费，拖欠学费自愿放弃就读等，甲方有权终止此协议，甲方概不负责，乙方应承担相应损失……"而后，张某向学铭教育公司支付了6000元。

2015年8月26日，重庆市高等教育自学考试委员会办公室出具证明，载明："根据《高等教育自学考试暂行条例》（1988年3月3日国务院发布）第六章第二十九条的规定，'各种形式的社会助学活动，应当接受高等教育自学考试机构的指导和教育行政部门的管理'。重庆学铭教育信息咨询有限公司未在我办登记备案，不是高等教育助学考试社会助学机构。"2015年9月3日，重庆工商大学出具情况说明，载明："……2012年至今，学校自考办未与重庆学铭教育信息咨询有限公司签订任何高等教育自学考试合作办学协议，也未委托该单位和个人招收高等教育自学考试学生。除我校公告的自考助学点外，任何单位和个人以我校名义或以与我校合作办学名义招收的学生，均与我校无关……"

2015年9月10日，重庆市江北公证处出具〔2015〕渝江证字第9211号公证书，显示学铭教育公司官方网站主页上有"独家一级代理"标志,标志右方列有"重庆工商大学"等主考院校,主页下端载明的 QQ 号码16××02的昵称为学铭教育。

之后,张某发现学铭教育公司并非重庆工商大学独家代理也非高等教育助学考试社会助学机构,学铭教育公司虚构事实的行为属于欺诈行为。张某因受欺诈在违背自己真实意思的情况下,遂请求法院撤销双方于2014年6月4日签订的《自考助学服务合作协议书》,并要求学铭教育公司书面赔礼道歉并退还学费6000元。

▌裁判结果

一审法院认为,学铭教育公司虚构其系重庆工商大学独家一级代理,张某因受学铭教育公司虚假宣传误导而签订合同,构成欺诈,因此,张某提出的撤销双方签订的《自考助学服务合作协议书》的诉讼请求,予以支持。合同被撤销后,因该合同取得的财产,应当予以返还;不能返还或者没有必要返还的,应当折价补偿。从《自考助学服务合作协议书》关于权利义务的约定来看,该协议书属服务合同,协议书虽应依法撤销,但学铭教育公司已提供了一定服务,故张某应予以折价补偿。法院认为学铭教育公司在服务过程中为张某提供教材、完成新生注册、提供培训和咨询服务属实,综合考虑合同履行状况,由学铭教育公司退还张某4000元。此外,案件系合同纠纷,张某请求判令学铭教育公司向其书面赔礼道歉无法律依据,不予支持。

一审宣判后,学铭教育公司不服判决,向重庆市第一中级人民法院提起上诉,请求撤销一审判决,改判驳回张某的诉讼请求。2016年7月5日,重庆市第一中级人民法院驳回上诉,维持原判。

┃ 案件评析

该案争议的焦点在于：一是社会助学机构的资质是否影响《自考助学服务合作协议书》的效力；二是学铭教育公司的行为是否构成欺诈。

焦点一：学铭教育公司即便未取得社会助学机构的资质，并不影响《自考助学服务合作协议书》的效力。

《合同法》第 52 条规定："有下列情形之一的，合同无效：（一）一方以欺诈、胁迫的手段订立合同，损害国家利益；（二）恶意串通，损害国家、集体或者第三人利益；（三）以合法形式掩盖非法目的；（四）损害社会公共利益；（五）违反法律、行政法规的强制性规定。"

《最高人民法院关于适用〈中华人民共和国合同法〉若干问题的解释（二）》第 14 条规定："合同法第五十二条第（五）项规定的'强制性规定'，是指效力性强制性规定。"因此，违反法律、行政法规的强制性规定并不必然引起合同的无效，只有违反效力性强制性规定的合同才无效。《高等教育自学考试暂行条例》为国务院于 1988 年 3 月 3 日发布，该条例第 29 条规定："各种形式的社会助学活动，应当接受高等教育自学考试机构的指导和教育行政部门的管理。"因此，社会助学机构应当经过高等教育自学考试机构和教育行政部门的批准、备案。但是，《高等教育自学考试暂行条例》并没有对未经批准而设立的社会助学机构签订的合同的效力进行规定，明确其为无效。此外，社会助学机构开展的培训面向少数群体，其主要的功能在于进行备考辅导，培训效果的优劣还取决于考生自身的努力，并不涉及国家利益和社会利益。

所以，笔者认为，《高等教育自学考试暂行条例》第29条的规定为管理性强制性规定，而非效力性强制规范，对其的违反并不导致合同的无效。学铭教育公司即便未获得社会助学资格，其与张某签订的《自考助学服务合作协议书》依然有效。不过，需要指出的是，尽管《自考助学服务合作协议书》有效，但学铭教育公司的主管部门仍然可以依照《高等教育自学考试暂行条例》的相关规定，进行行政处罚。

焦点二：学铭教育公司的行为构成欺诈。

《民法总则》第148条规定："一方以欺诈手段，使对方在违背真实意思的情况下实施的民事法律行为，受欺诈方有权请求人民法院或者仲裁机构予以撤销。"据此，构成民法上的欺诈，应当符合以下要件：一是有欺诈的故意；二是有欺诈的行为，通过虚构事实或隐瞒真相的方式实施欺诈；三是对方因欺诈陷入错误判断，即欺诈的行为与错误判断之间存有因果关系；四是受欺诈方基于错误判断作出了意思表示，如购买了相关商品、服务等。本案中，重庆工商大学未与学铭教育公司签订任何高等教育自学考试合作办学协议，也未委托该单位和个人招收高等教育自学考试学生，学铭教育公司却在官网上印有"独家一级代理"和"重庆工商大学"标志，使得张某在受骗的情况下与其签订《自考助学服务合作协议书》，张某有权请求法院撤销该合同。合同被撤销后，因该合同取得的财产，应当予以返还；不能返还或者没有必要返还的，应当折价补偿。本案中，《自考助学服务合作协议书》为服务合同，无法恢复原状，故张某应予以折价补偿。

⚖ **相关法条** •••••••••••••••••••••••••••••••••➤

1.《高等教育自学考试暂行条例》第 29 条

2.《中华人民共和国合同法》第 52、54 条

3.《最高人民法院关于适用〈中华人民共和国合同法〉若干问题的解释（二）》第 14 条

5. 培训机构承诺的"面试机会"不等于"最终录取"

▌**案情简介**

彭某某、张某某系上海××有限公司股东。上海××有限公司开设四、五年级学生的全科班培训教程，并在招生简章中载明：语数外均由知名中小学优秀教师联合执教，并为学生提供浦东、浦西知名优秀中学面试机会等。林某为其孩子林某某报名参加全科班，并支付了全科班费用 29 110 元。之后，林某某完成全部培训课程。因案外人举报，2016 年 8 月 10 日，上海市浦东新区市场监督管理局经现场检查，上海××有限公司的宣传材料涉嫌虚假宣传且该企业无资质从事教育培训业务，对此根据相关规定抄告浦东新区教育局。2016 年 7 月 20 日，彭某某、张某某通过股东会决议，决定解散上海××有限公司。2016 年 10 月 17 日，上海××有限公司向工商行政管理部门申请办理工商注销登记并提交了注销清算报告等材料。彭某某、张某某作为股东在注销清算报告上签名承诺，公司债务已清偿完毕，若有未了事宜，股东愿意承担责任。2016 年 10 月 24 日，上海市浦东新区市场监督管理局核准上海××有限公司注销登记。

而后，林某认为上海××有限公司所提供的培训服务无法达到教育培训的目的，林某某并未被浦东、浦西知名优秀中学录取，合同目的未实现，要求上海××有限公司应予以退还教育培训费并赔偿损失。彭某某、张某某则认为上海××有限公司所有的课程都已上完，履行了合同约定的义务。

▎裁判结果

一审法院认为上海××有限公司收取林某培训费系其享有的涉案教育培训合同权利，对林某认为上海××有限公司应予退还教育培训费并赔偿损失的诉讼主张不予支持。林某不服一审判决，上诉至上海市第一中级人民法院，请求撤销原判并依法改判。

2018年1月4日，上海市第一中级人民法院认为涉案教育培训合同并没有明确约定学生经培训一定被知名学校录取，遂驳回上诉，维持原判。

▎案件评析

该案教育培训合同是双方真实意思表示，不存在合同效力的瑕疵，该合同合法有效，双方当事人都应当依据合同约定，履行各自的义务。上海××有限公司虽未取得教育培训许可，但就目前而言，我国对民办教育培训并无强制性许可规定，上海××有限公司虽未取得教育培训许可，但林某数次付费，其孩子也接受了上海××有限公司相关的教育培训，故该案教育培训合同实际已经履行完毕，林某以授课老师没有教育资质为由、要求退款的主张，缺乏事实依据和法律依据。

林某认为林某某并未被浦东、浦西知名优秀中学录取，合同目的未实现。根据林某提供的收据以及上海××有限公司发放的招生简章、暑秋寒春招生简章等资料显示，上海××有限公司承诺的是提供浦东、浦西知名优秀中学的面试机会，而不是被以上中学录取，最终录取结果需要受教育者自身的努力以及学校的认可。此外，双方签订的教育培训合同也没有明确约定学生经培训一定被推优或被知名学校录取，因此，林某的这一上诉理由不能成立。

随着人民群众对优质教育、素质教育的需求越来越强烈，教育培训产业进入快速发展的阶段。笔者建议，我们在签订教育培训合同的时候，需要注意以下几点。

一是区分招生广告和教育培训合同。很多教育培训机构为了吸引生源，往往进行夸大、虚假宣传，而到了签约阶段则推出该机构的格式合同，格式合同经常与招生简章、广告等不相符。很多家长往往听信招生简章、广告，而对正式合同的内容关注不够，招生简章、广告的内容并不必然成为合同的一部分。在发生纠纷时，法院多以合同文本为判决依据。尽管夸大、虚假宣传可能涉及行政责任，由工商行政部门等进行行政处罚，但是，行政责任上的欺诈与民法上的欺诈在构成要件上并不一致，民法上的欺诈必须是相对人因被欺诈而陷入错误认识从而作出错误的意思表示，行政责任上的欺诈只需经营者实施欺诈行为即可。所以，民事责任上的欺诈较行政责任上的欺诈而言，证明难度更大。

二是注意教育培训合同的用词用句。本案中，上海××有限公司承诺的是"提供浦东、浦西知名优秀中学的面试机会"，而不是被以上中学录取。面试机会和最终录取这两者之间存在较大差异，家长们应注意辨别。

三是保存证据。家长们在决定给孩子报名参加培训时，应尽量签订书面合同，明确合同内容，与此同时，也应保存培训机构的招生简章、广告。若双方没有签订书面合同，招生简章将成为法院判决的重要依据。此外，在必要时，家长们可通过录音等手段固定、保存培训机构的承诺，作为合同是否履行的判断基准。

⚖ 相关法条 ┈┈┈┈┈┈┈┈┈┈┈┈┈┈┈┈┈┈┈┈┈┈┈┈┈▶

1. 《中华人民共和国合同法》第 44、60 条
2. 《营利性民办学校监督管理实施细则》第 49 条

6. 教育培训合同的解释应符合民众期待

▍案情简介

刘某就读于首都师范大学大兴附属中学高三某理科班；2012年 7 月 14 日，龙凤海天公司（甲方）提供格式合同与刘某（乙方）订立了《2012 年北京龙凤海天教育高考培训委托协议书》（以下简称《协议书》），约定甲方负责乙方 2012 年度高考数学、物理、化学、生物、英语、语文的培训，实行一对一个性化辅导，具体课程内容由甲方负责安排并把关教师质量，甲方确保乙方进入国家正规院校，根据个人实际，应达到本科录取分数线以上，乙方必须按照甲方的教学计划按时学习，按时完成甲方教师分配的任务；在合同订立过程中，双方在协议书空白处另行约定非格式条款，即"注：达不到二本以上录取分数线退 50% 费用"，并在上述非格式条款处加盖龙凤海天公司公章；2012 年 7 月 21 日，

刘某向龙凤海天公司一次性交纳高考辅导签约费 3 万元。2012 年 7 月至 2013 年 5 月，龙凤海天公司为刘某提供一对一课外辅导；2013 年 6 月，刘某参加普通高等学校招生理科类考试，其分数为 492 分。2013 年 6 月 23 日，北京市招生考试委员会确定北京市 2013 年普通高等学校招生各批次录取控制分数线，其中理科类本科二批录取控制分数线为 505 分；同年 7 月 19 日本科二批招生计划未完成的学校面向本科二批线上未被录取考生征集志愿；同年 7 月 21 日在上述志愿征集工作结束后仍未完成招生计划的本科二批录取院校进行了第二次志愿征集工作，即面向本科二批录取控制分数线下 20 分以上未被录取的考生即理工类 485 分以上未录取考生征集志愿填报，参加此次志愿征集工作的学校共计 112 所，理工类招生计划 447 人。同年 7 月 26 日，刘某被本科三批院校河北医科大学临床学院录取。

诉讼过程中，刘某认为《协议书》中的"二本以上录取分数线"为 505 分，而非 485 分。龙凤海天公司则认为，录取控制分数线不是录取分数线，录取分数线是各本科院校录取的最低分数线，原被告双方签订合同的目的是刘某能上本科二批院校，刘某高考分数为 492 分，本科二批录取院校第二次志愿征集工作划定理科类 485 分以上的考生均可填报征集志愿，据此，龙凤海天公司认为理科类的本科二批录取分数线最终确定为 485 分，刘某可以被本科二批学校录取，但因为其填报志愿等个人原因没被录取。

▎裁判结果

2013 年 11 月 4 日，北京市大兴区人民法院判决北京龙凤海天教育咨询有限公司于判决生效后十日内退还原告刘某培训费

15 000元。

▌ 案件评析

刘某与龙凤海天公司签订的《高考培训委托协议书》系双方的真实意思表示，且不违反法律、行政法规的强制性规定，应属有效，当事人应当按照合同约定全面履行自己的义务。在合同订立过程中，刘某与龙凤海天公司约定如刘某达不到二本以上录取分数线就退还50%的费用。刘某与龙凤海天公司就刘某是否达到二本录取分数线存在争议，这涉及合同解释的问题。《合同法》第125条规定："当事人对合同条款的理解有争议的，应当按照合同所使用的词句、合同的有关条款、合同的目的、交易习惯以及诚实信用原则，确定该条款的真实意思……"合同条款的解释首先应该按照字面意思进行文义解释，其次再根据双方订立合同的目的进行目的解释，最后再遵循交易习惯、诚实信用原则进行解释。本案中，按照通常理解，二本录取分数线即北京市公布的理科本科二批录取控制分数线505分，虽然未完成招生计划的部分院校可以通过降分等方式补录招生，但是，二本录取控制分数线并不因为部分学校的降分招录而有所改变。以上理解符合大众对录取分数线的通常理解及双方合同订立时的目的，亦符合合同履行的确定性，因为各二本院校最终的录取分数存在差异，但是，北京市公布的理科本科二批录取控制分数线是确定的。

◆◆ 相关法条 ------------------------------------▶

1.《中华人民共和国合同法》第44、60、125条

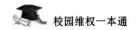

7. 选择青少年行为矫正机构需谨慎

▌案情简介

2015 年 3 月 29 日，原告李某某作为甲方与被告阳虎学校（阳虎公司）作为乙方（法定代表人载明王某甲）签订了教育培训服务合同，合同约定乙方协助甲方子女进行行为矫正和学习习惯的养成，促成受益人回归家庭、适应社会，形成健康的心理人格，养成良好的行为习惯，提升自信心，迅速提高学习成绩。该合同还约定了行为目标、学习目标、对待父母的态度、对网络的认识等教育目标，且乙方有责任使甲方子女必须达到以上教育目标。甲方向乙方支付培训费用总计 45 000 元，自合同签订后 1 日内付清。因甲方原因导致教育中止的，乙方不退还任何服务费用。若达不到目标，退还甲方所交培训费的一半。2015 年 4 月 1 日，原告向王某甲个人账户转账 45 000 元。合同签订后，双方在履行合同过程中产生了争议。

李某某主张阳虎学校承诺原告的小孩能很快提高高考成绩，60 天内保证孩子考到二本，还能给孩子养成刻苦钻研的好习惯。但是，高考成绩出来后，李某某的小孩只考上了三本，且阳虎学校根本不上课，就让孩子自己看书。因此，原告李某某请求撤销原被告于 2015 年 3 月 29 日签订的教育培训服务合同；被告返还原告付给被告的"学费"45 000 元并赔偿原告损失 135 000 元（45 000×3）。阳虎学校经法院传唤，未到庭应诉。

▌裁判结果

2018 年 1 月 15 日，西安市雁塔区人民法院判决被告西安阳虎

心理咨询有限公司（阳虎学校）向原告李某某退还服务费
45 000元。

▌ 案件评析

合同当事人应依约履行生效的合同。合同签订后，原告李某某已依合同向被告阳虎学校支付了服务费45 000元，但被告阳虎学校未能提供证据证明其已按合同约定协助原告对其小孩进行行为矫正和学习习惯的养成，最终也没有实现迅速提高学习成绩、考上二本的承诺。因阳虎学校未到庭应诉，无法证明其是否按约履行了合同，应承担不利后果，故阳虎学校应向原告李某某退还服务费45 000元。至于原告李某某主张阳虎学校构成欺诈，从而撤销合同并要求三倍赔偿的诉讼请求，因原告李某某未能提供充分的证据证明被告阳虎学校有欺诈行为，故该项诉讼请求很难得到法院支持。

在教育培训中，学习效果其实很难得到证明，因此，笔者建议家长们对一些可以直接判断的指标进行约定。例如，本案中，双方所约定的考上二本学校的培训目标即为明确的、可判断的约定。原告最终仅考上三本学校，显然没有达到约定的"二本"标准，因此被告应承担违约责任。

当前，各类青少年行为矫正培训机构层出不穷，这类机构多以帮助学生戒除网瘾、培养学生学习习惯、促使学生回归正常生活等作为招生噱头，实施全封闭"教学"。这类"培训机构"常以电击、罚站、殴打、恐吓等暴力手段实施所谓的"教育"，轻则造成学生眼神呆滞、反应迟钝，重则造成学生人身伤亡。由于此类"培训机构"多实行全封闭"教学"，因此，家长无法及时掌握孩子的学习态度、学习效果、身心状况等。笔者建议各位家长最好将孩子送入正规的学校，进行系统的学习，这样既能增长知识、培养团队意识和合作精神，也能够及时跟踪孩子的身心状态。如确需将孩子送至校外培训机构参加教育培训时，家长们不妨先了解该培训机构的教学方式、资金状况、诚信状况等情况，选择教学理念先进、教学条件完备、资金和诚信状况优良的培训机构，并与孩子保持联系，第一时间掌握孩子的学习状态和身心状态。

⚖ **相关法条** ┈┈┈┈┈┈┈┈┈┈┈┈┈┈┈┈┈┈┈┈▶

1. 《中华人民共和国合同法》第44、60条

8. 教育培训开课之前，消费者有权解除合同

▌**案情简介**

2016年7月2日，朱某及其母亲高某与沃格教育培训中心签订《沃格国际少儿英语课程注册表》一份，双方约定：朱某向沃格教育培训中心购买Pre-Level英语课程，课程学习时间从2016年9月开始，课程周期为48周144课时，共计96小时，上课时间每周日下午14：30—16：00；课程费用8980元，课程总费用8980元；付款方式信用卡；本课程注册表自朱某签字并缴纳确定的学费金额后生效；朱某对学习课程不满意，有权按照以下条件终止学习：（1）开课两周内，朱某可以提出退费申请，沃格教育培训中心同意朱某退学，但沃格教育培训中心需从朱某缴纳的学费中扣除所上过的课程费用以及1000元的管理费用以支付教材、教学软件开

户费以及教务管理，余额将退还朱某；（2）朱某在以上情况下提出退学，应由其监护人递交书面申请，说明原因。申请书可以传真或邮件方式递交，申请提交日以中心经理确认为准，沃格教育培训中心将自中心经理确认的申请提交日起45个工作日内退还朱某剩余费用；（3）自开班日起两周后即视为认可沃格教育培训中心之教学方式、教学质量和对相关服务表示满意，沃格教育培训中心将不受理任何退费手续。

2016年7月2日，朱某母亲高某签署了《北银消费金融有限公司轻松付个人消费贷款申请书》一份，内容为：贷款金额8980元，贷款期限12个月，还款方式等额本息；指定放款账户名为上海松江区沃格教育培训中心，指定放款账号×××××××××××××0536；本合约书一旦签署即为不可撤销，借款人不得以任何理由取消本贷款。自2016年7月4日起每月4日为还款日，每期归还748.33元，目前仍在正常还款。2016年7月2日，沃格教育培训中心出具收据一份，载明沃格教育培训中心收到朱某支付学费8980元。2016年8月26日，朱某母亲高某向沃格教育培训中心送达了退费申请，要求退还朱某于2016年7月2日支付的学费8980元。

沃格教育培训中心认为朱某因个人原因提出对学习课程不满意，属于恶意违约，应赔偿其经营成本的损失，扣除管理费1000元和税收1900元。此外，沃格教育培训中心还认为协议第3条明确约定："自开班日起两周后即视为认可沃格教育培训中心之教学方式、教学质量和对相关服务表示满意，沃格教育培训中心将不受理任何退费手续。"以上条款中所称"开班日"是指约定班级上课时间，而开课时间是指学员上课的准确时间，两者是有区别的。具体到本案，"开班日"是指沃格教育培训中心与朱某签订注册表的时间，即 2016 年 7 月 2 日。现朱某在即将开课前提出解约，已超过"自开班日起两周"的时间，故朱某不能再要求退费。

裁判结果

一审法院判决解除朱某与上海松江区沃格教育培训中心于 2016 年 7 月 2 日签订的《沃格国际少儿英语课程注册表》，上海松江区沃格教育培训中心返还朱某学费 8261.60 元。2017 年 6 月 29 日，上海市第一中级人民法院驳回上海松江区沃格教育培训中心的上诉，维持原判。

案件评析

教育培训合同属于服务合同，具有较强的人身属性，不宜强制履行，朱某可以解除合同。但上诉人和被上诉人对于合同解除后的法律后果存在争议，争议的焦点有以下两个方面。

一是沃格教育培训中心退还朱某的学费中是否应扣除管理费和税收？

《沃格国际少儿英语课程注册表》在"乙方的权利及义务"中约定，朱某对学习效果不满意，有权按照以下条件终止学习："（1）开课两周内，朱某可以提出退费申请，沃格教育培训中心同意朱某退学，但沃格教育培训中心需从朱某缴纳的学费中扣除所上过的课程费用以及 1000 元的管理费用以支付教材、教学软件开户费以及教务管理，余额将退还朱某；……（3）自开班日起两周后即视为认可沃格教育培训中心之教学方式、教学质量和对相关服务表示满意，沃格教育培训中心将不受理任何退费手续。"现朱某在购买沃格教育培训中心的英语课程后单方解除合同,理应承担沃格教育培训中心为履行合同而实际支出的合理费用。但根据合同约定,"管理费"主要用以支付教材、教学软件开户费以及教务管理,因朱某在开课前即申请退费,尚未领取过课程教材或进行过软件开户,并未实际接受沃格教育培训中心提供的教学服务,且沃格教育培训中心又无充分证据证实因朱某退课导致其他实际损失,故沃格教育培训中心认为退还的学费中应扣除 1000 元管理费的主张难以成立。此外,沃格教育培训中心认为因朱某退课给其造成了经营成本的损失,笔者认为,《沃格国际少儿英语课程注册表》已对管理费的具体内容予以明确规定,故沃格教育培训中心所提应扣除经营成本的主张不予采纳。另外,沃格教育培训中心本应依法缴纳国家规定的相关税收,与朱某是否退费并无关联。

二是沃格教育培训中心以开班时间不同于开课时间为由主张朱某无权申请退费是否合理?

沃格教育培训中心认为开课时间不同于开班时间,上述注册表条款中所称"开课两周内"是指上课的准确时间;而"开班日"是指约定的班级上课时间,即沃格教育培训中心与朱某签订课程注册表的时间,具体是 2016 年 7 月 2 日,故朱某于 2016 年 8 月 26 日提出退费申请,已超过开班两周时间,不能再申请退费。笔者认为,如果将开班时间认定为合同签订时间,则朱某在尚未上课的前提下就已视为对沃格教育培训中心之教学方法、教学质量和相关服务表示满意,并被剥夺申请退费的权利,明显对其不公,如此解释合同条款不合文义,亦有违常理。

相关法条

1. 《中华人民共和国合同法》第 44、60、97、125 条

9. 篮球场地积水湿滑，学生提前到场滑伤

案情简介

杨某在成都市成华青少年体育俱乐部处参加篮球培训。2013年 5 月 26 日上午，杨杰在成都蜀兴职中（成华青少年体育俱乐部租用的场地）操场打篮球，在追捡篮球过程中不慎摔倒受伤。杨某某受伤后，被其就读学校即华建中学的体育老师闫某某送至成都骨科医院，经诊断为左尺桡骨骨折。而后，杨某将成华青少年体育俱乐部起诉至成都市成华区人民法院，要求成华青少年体育俱乐部赔偿其损失，合计 95874 元。成华青少年体育俱乐部认为，杨某因没有按时缴纳培训费，所以杨某不是成华青少年体育俱乐部的培训学员；杨某摔伤的地方塑胶跑道并未腐烂，系自行在上课前摔伤，摔伤时又不在成华青少年体育俱乐部上课期间，据此请求法院驳回杨某的诉讼请求。

裁判结果

2014 年 3 月 19 日，成都市成华区人民法院判决成华青少年体育俱乐部赔偿杨某 30% 的损失，共计 27 301.8 元。

案件评析

笔者认为，该案争议的焦点在于：一是双方是否存在培训关系；二是双方的责任承担。

对于双方是否存在培训关系的问题，在一般情况下，若学生没有按时缴纳培训费，培训机构通常允许学生先参加培训、后补交费用，培训机构如果没有明确表示拒绝甚至还允许学生参加培训的，就形成了事实上的培训关系。在该案中，成华青少年体育俱乐部在杨某欠费的情况下仍允许杨某上课，双方已形成事实上的培训关系。

对于双方责任分担的问题，我们需要关注的焦点在于成华青少年体育俱乐部对于杨某在课前的受伤是否应承担责任。按照常理，学生和老师通常不会在规定的上课时间之后才到达上课地点，一般都会提前到达。在该案中，杨某受伤的时间距离规定的上课时间仅差8分钟，应当属于提前到校的合理期间且该地点也属于成华青少年体育俱乐部指定的培训地点，其应当对合理期间提前到达指定培训地点的参训学生负教育、管理、保护责任，而当时并没有培训老师对参训学生进行课前管理。体育活动具有一定的危险性，教育机构组织学生进行体育活动时，应当保证场地的安全，注意天气变化对场地的影响。在该案中，事发前夜，当地下雨，场地较为湿滑，老师应提前到达培训地点对学生履行告知、保护和管理的义务并采取措施避免湿滑的场地对学生造成损害。因此，成华青少年体育俱乐部应当承担相应的赔偿责任。杨某作为限制民事行为能力人，对于雨后打篮球的危险性应有一定的认知和判断能力，其也应当负担相应责任。因此，成都市成华区人民法院酌定成华青少年体育俱乐部赔偿杨某30%损失、杨某自己承担70%损失的做法合法合理。

相关法条

1.《中华人民共和国侵权责任法》第 6、16、22、26、39 条

2.《中华人民共和国未成年人保护法》第 22 条

3.《最高人民法院关于审理人身损害赔偿案件适用法律若干问题的解释》第 7 条

第三章

学位授予、违规办学、
义务教育权益等纠纷

　　授予学位是教育机构对学生进行学术水平评定的主要方式。对于学生而言，学位既是个人专业能力的象征，也是将来得以就业、立身的重要凭据，其作用对个人发展而言可谓至关重要。围绕学位授予与撤销产生的纠纷，自然就成为教育权益纠纷中难以缺席的一环。

　　学位授予与撤销纠纷主要有两类，一是学校拒绝授予学位所引发的纠纷；二是学校在授予学位后又因法定事由而撤销所引发的纠纷。其中，教育机构拒绝授予学位所引发的纠纷是主要部分，不仅数量上占据绝对优势，纠纷产生的原因也多种多样。细分起来，主要有以下几个：其一，学术不端行为导致学位申请资格被学校学位评审委员会取消。例如，有些学生涉嫌论文造假、有些学生在学校组织的相关考试中有作弊行为。其二，因学业成绩未达到授予学位标准而无法获得相关学位。例如，有学生未能通过国家英语四级考试或学校组织的英语能力考试而无法获得学位，有些学生在校学习期间"挂科"太多，达不到学校规定学业成绩而无法获得学位。其三，因学生违反校规校纪被给予一定处罚而无法获得学位。有些学生因为在校学习期间打架斗殴而被学校给予记过处分，因而未能获得相关学位。其四，因其他原因而无法获得学历学位。例如，有些硕士或博士毕业生，因其在入学考试时谎称符合研究生报考资格或故意隐瞒不符合报考资格的条件而导致在完成学业后无法获得学位。

因撤销学位而引发的纠纷，近年来时有发生。目前来看，学校在授予学位之后再行撤销的原因主要有以下两点。一是学术不端行为，例如，在硕士、博士研究生在校学习期间，个别人的毕业论文或重要学术成果存在抄袭、剽窃行为，但在学位授予之后才得以发现的，学校学位评审委员会依据相关规定而予以撤销；还有一些学生在获得学位后被发现在校期间曾经存在其他不应授予学位的学术不端行为（考试作弊等）而被撤销学位。二是相关资格造假而被撤销学位，例如，一些博士研究生在获得博士学位后被发现在入学考试时所提供的硕士学位造假，因此而被撤销博士学位。

学位授予与撤销纠纷案件的争议焦点因具体情况而有所区别，但归纳起来主要有以下几点。（1）学校是否有权自行设定学位授予标准，换言之就是学校自行制定的学位授予细则是否具有法律效力。在一些案件中，学校依据其自行制定的《学位授予细则》作出拒绝授予学位决定，而学校是否有权制定该细则往往成为涉事双方争议的焦点。（2）教育机构作出的处罚决定是否应当遵循正当程序原则，保障当事人的程序权利。在一些案件中，高校未经学位评审委员会评议而径直作出拒绝授予学位的决定或虽然经过评审委员会评议但在作出处罚决定后没有充分保障相对人的知情权、申诉权等。（3）教育机构所作的拒绝授予学位之决定是否于法有据。在一些案例中，高校将学生的道德水平列为学位授予的禁止性条件，将受过学校一定校规处罚的学生列入不授予学位名单，由此产生了将道德水平作为学位授予条件是否于法有据的争议。我国《学位条例》《学位条例暂行实施办法》等均规定经国务院授权的高校有权在法律规定范围内自行制定本校的学位授予实施细则。也即，只要不超出法律规定的范围，高校自行制定的相关规定具有法律效力。此外，上述法律规范也将学生道德品行、学术不端行为等列为学位授予的重要考量指标。学生取得相关学位，不仅要在学业成绩上达到相关要求，还应当严谨治学，检点私德，在德、智、体方面全面发展。

近年来，随着教育需求和供给的多样化，民办教育机构方兴未艾，但随之而来的侵权纠纷也日渐增多。民办高校侵害他人受教育权的，应当承担相关责任。民办学校的设立、运行、终止等事项需经主管部门的批准并接受其监督。就设立而言，设立人需要向教育行政部门或者人力资源社会保障行政部门提出申请，经审批后，获得办学许可证，营利性民办学校还需向工商行政管理部门进行登记；就运行而言，民办学校管理混乱，教学质量低下，造成恶劣影响的，由主管部门限期整顿，情节严重或经整顿后仍达不到要求的，主管部门责令停止招生、吊销办学许可证；就终止而言，民办学校经审批机关批准终止的，应当妥善安置在校学生，并依法进行财务清算，终止的民办学校由审批机关收回办学许可证和销毁印章，并注销登记。

根据我国《未成年人保护法》《义务教育法》等法律法规，适龄儿童接受义务教育，既是儿童的权利，也是监护人的义务；既是监护人的责任，也是政府的责任。各级政府应重视对于适龄儿童接受义务教育情况的督导和检查，加大对于家庭经济困难、残疾等弱势儿童救助的力度，依法保障其接受义务教育的权益。

第一节　学位授予与撤销纠纷

1. 北京大学撤销博士学位未遵循正当程序，法院判决撤销北京大学《撤销决定》

▎案情简介

于某茹于 2008 年考入北京大学历史学系学习，系该院博士研究生，并于 2013 年 7 月 5 日毕业，取得历史学博士学位。2015 年 1 月 9 日，北京大学学位评定委员会召开第 118 次会议，全票通过决定撤销于某茹博士学位，理由是于某如博士学位论文严重抄袭。

经查实，2013 年 1 月，于某茹将其撰写的论文《1775 年法国大众新闻业的"投石党运动"》（以下简称《运动》）向《国际新闻界》杂志社投稿。同年 5 月 31 日，于某茹将该论文作为科研成果列入博士学位论文答辩申请书向北京大学提交并注明"《国际新闻界》，2013 年待发"。同年 7 月 23 日，《国际新闻界》（2013 年第 7 期）刊登《运动》一文。2014 年 8 月 17 日，《国际新闻界》发布《关于于某茹论文抄袭的公告》，认为于某茹在《运动》一文中大段翻译原作者的论文，直接采用原作者引用的文献作为注释，其行为已构成严重抄袭。

随后，北京大学相关专家组成调查小组对于某茹涉嫌抄袭一事进行调查。调查小组先后于同年 9 月 1 日和 9 月 9 日召开两次会议，对于某茹在校期间发表的学术论文进行调查，并邀请于某如参加了专家调查小组第二次会议，听取于某茹就涉案论文是否存在抄袭情况的陈述。同年 10 月 8 日，专家调查小组作出调查报告，认为《运动》一文"基本翻译外国学者的作品，因而可以视为严重抄袭，应给予严肃处理"。

在获知博士学位被撤销后，于某茹于 2015 年 7 月 17 日向北京市海淀区人民法院提起行政诉讼，一审原告于某茹认为，北京大学作出的《撤销决定》超越职权、违反法定程序，同时认定事实不清、证据不足、适用法律错误，其判决结果应予以撤销，于是诉请法院撤销北京大学作出的《撤销决定》，并判令恢复于某茹博士学位证书的法律效力。一审被告北京大学认为，原告学术论文严重抄袭、性质严重、影响恶劣，既违背基本学术道德，也违反相关法律法规，撤销原告博士学位，于法有据、程序合法。

2017 年 1 月 17 日，北京市海淀区人民法院判决撤销北京大学作出的《撤销决定》。北京大学不服一审判决，上诉至北京市第一中级人民法院。

裁判结果

北京市第一中级人民法院依照《中华人民共和国行政诉讼法》第 89 条第 1 款第（1）项之规定，驳回上诉，维持一审判决。

案件评析

在二审程序中，二审法院认为该案的争议焦点如下。

一是北京大学作出《撤销决定》时是否应当适用正当程序原则？

依据我国《学位条例》第 8 条规定，硕士学位、博士学位由国务院授权的高等学校和科研机构授予。北京大学作为国务院授权机构，有权依法决定本校学生学位的授予和撤销。该授权源于行政法规授予，所以北京大学在行使该授权时属于实施行政行为。依据我国《行政处罚法》第 3 条规定，没有法定依据或不遵守法定程序的，行政处罚无效。因此，北京大学作出的撤销学位行为，应当适用正当程序原则。

二是北京大学作出《撤销决定》的程序是否符合正当程序原则？

依据《行政处罚法》第 6 条规定，公民、法人或者其他组织对行政机关所给予的行政处罚，享有陈述权、申辩权；对行政处罚不服的，有权依法申请行政复议或者提起行政诉讼。本案中，北京大学在作出《撤销决定》前，仅由调查小组约谈过于某茹一次，约谈的内容也仅涉及《运动》一文是否抄袭的相关陈述。涉及学校可能给与的处罚，北京大学并没有进行相应的提示，于某茹在未被告知可能面临的处罚的情况下，自然不可能充分行使其程序权利进行陈述与申辩。因此，北京大学在作出《撤销决定》前由调查小组进行的约谈，不足以认定其已经履行正当程序。

⚖ 相关法条 ·······································➤

1.《中华人民共和国行政诉处罚法》第3、6条
2.《中华人民共和国学位条例》第8条

2. 高校对学生作出纪律处分时应履行正当程序

▌案情简介

原告徐某达系被告华中农业大学动物医学专业2011级学生。2013年1月7日，监考人员发现原告徐某达在"动物组织胚胎学A"课程考试中夹带与考试内容有关的文字材料，遂在徐某的答题纸上注明"考试夹带"。同日，原告徐某达向被告华中农业大学提交《检讨书》，写明原告承认考试作弊，同时认识到考试作弊可能遭受的学校处罚及其严重后果。2013年1月16日，被告华中农业大学作出《关于对徐某达同学考试作弊的处分决定》：（1）决定给予徐某达同学"警告"处分；（2）如对处分决定有异议，在接到本决定书之日起5个工作日内，可依据《华中农业大学学生申诉处理办法（试行)》规定向学校学生申诉处理委员会提出申诉。

据《华中农业大学学位授予工作实施细则》第24条第1款第3项的规定，因作弊受到警告处分后，只有达到规定条件才可以考虑授予学士学位。其中，规定条件为"必修课平均成绩在80分以上（含80分），或被评为三好学生或应届参加硕士研究生入学

考试并被录取"。原告徐某达在受到警告处分后，必修课平均成绩为 77.3 分，也未获得被告华中农业大学授予的"三好学生"荣誉称号，也未被录取为研究生。2016 年 6 月 17 日，被告华中农业大学教务处向校学位委员会提交《关于 2016 届普通本科毕业生学士学位授予情况的报告》，将原告徐某达列入 2016 届不符合学士学位授予条件学生名单，理由为原告在第二学年因考试作弊受警告处分，未达到学位授予条件。同日，被告华中农业大学召开第十二届学位评定委员会第三次全体会议，经投票表决决定不授予原告徐某达学士学位。徐某达不服，诉至湖北省武汉市洪山区人民法院，要求被告华中农业大学依法履行向其授予学士学位的义务。

▎裁判结果

2016 年 11 月 4 日，湖北省武汉市洪山区人民法院作出判决：撤销被告华中农业大学决定不授予原告徐某达学士学位的行为；被告华中农业大学于判决生效之日起 90 日内依法作出是否向原告徐某达授予学士学位的决定。

▎案件评析

该案争议的焦点在于：一是华中农业大学对徐某达作出的警告处分决定是否属于人民法院的审查范围；二是华中农业大学不授予徐某达学士学位的决定是否合法。

焦点一：华中农业大学对徐某达作出的警告处分决定是否属于人民法院的审查范围？

根据《教育法》第 5 条、《高等教育法》第 4 条、《学位条例》第 2 条、《学位条例暂行实施办法》第 25 条的规定，华中农业大学作为法律、法规、规章授权的组织，有权制定本单位授予学位的工作细则，其将学生的道德品行纳入本校授予学士学位的评定标准并不违反上位法的规定。根据《教育法》《高等教育法》《普通高等学校学生管理规定》等法律法规的规定，高校享有办学自主权，高校对于学生负有管理、教育等职责。因此，高校对于违纪的学生进行纪律处分属于内部管理行为，不属于行政诉讼的受案范围。

但若对学生的纪律处分直接影响到是否授予学位，由学位授予问题而引发争议时，该纪律处分则成为高校是否授予学位的前提条件，此时对于该纪律处分的合法性审查便属于人民法院的审查对象，而人民法院审查的标准为实体审查和程序审查。

焦点二：华中农业大学不授予徐某达学士学位的决定是否合法？

此焦点包括两个方面：（1）华中农业大学作出的决定是否于法有据；（2）华中农业大学作出的决定是否遵守法定程序。就前者而言，根据《学位条例》《学位条例暂行实施办法》等法规、规章的授权，华中农业大学具有审查、授予本校学士学位的职权。就后者而言，依据《行政处罚法》第3条规定，行政主体作出行政行为必须实体合法并履行正当程序。根据《普通高等学校学生管理规定》第53条、第55条的规定，学校对学生作出处分，应当遵循以下程序：告知学生欲作出决定的事实、理由及依据→告知学生享有陈述和申辩的权利→听取学生的陈述和申辩→出具处分决定书→送达。但华中农业大学提供的证据仅能证明徐某达已知晓因作弊受到警告处分，并不能证明其已向徐某达送达了该处分决定并告知了徐某达享有申诉权，因此，华中农业大学该处分决定违反法定程序，其据此作出不授予徐某达学士学位的决定亦失去基础。根据《行政诉讼法》第 70 条的规定，行政行为若违反法定程序的，人民法院判决撤销或者部分撤销，并可以判决被告重新作出行政行为。

相关法条

1.《中华人民共和国教育法》第 5 条

2.《中华人民共和国高等教育法》第 4 条

3.《中华人民共和国学位条例》第 2 条

4.《中华人民共和国学位条例暂行实施办法》第 25 条

5.《普通高等学校学生管理规定》第 53、55 条

6.《中华人民共和国行政诉讼法》第 70 条

3. 学位授予细则一字之差，竟能影响大学生拿学位

案情简介

原告汪某系被告巢湖学院 2010 级学生，于 2014 年 7 月毕业，但学校仅颁发毕业证书，未授予学位证，理由是汪某在校期间学习成绩达不到学校规定的授予学位的标准。在校期间，原告共有五门课程考试不及格经补考后才及格，分别为：专业必修课中的电动力学、热学、数学物理方法，专业限选课中的模拟电子技术，学科基础课中的教育学。被告巢湖学院于 2009 年 10 月制定了《巢湖学院学年学分制学士学位授予工作实施细则》，其中第 1 条第 2 项第（6）目规定：虽获准毕业，但在校学习期间累计有五门

或五门以上课程（含专业必修课、公共必修课、专业限选课）经过补考才及格者，不授予学士学位。

2014 年 6 月，汪某所在系以汪某在校学习期间有五门课程不及格为由，将其列入不授予学士学位名单。2014 年 6 月 15 日至 7 月 9 日，被告巢湖学院两次组织召开学院学位评定委员会会议，对包括汪某在内的 299 名不符合条件的学生不授予学士学位。

汪某认为其不及格科目中，仅有四门属于该校学位授予工作实施细则中所列"不授予学位"科目，遂向巢湖市人民法院提起诉讼，要求撤销被告巢湖学院作出的对其不授予学士学位决定，并重新作出具体行政行为。在庭审过程中，巢湖学院辩称，该院 2010 级整个专业教学计划的课程设置，由必修课和选修课两大类组成。其中必修课包括公共必修课、学科基础课、专业必修课等；选修课包括专业限选课、专业任选课和公共选修课等，汪某其必修的"教育学"属于学科基础课，与公共必修课、专业必修课是并列关系，汪某共计有五门课不及格，不应授予学位。

▌裁判结果

2015 年 1 月 6 日，巢湖市人民法院认定原告汪某仅有四门课程考试不及格经补考才及格在被告巢湖学院制定的《巢湖学院学年学分制学士学位授予工作实施细则》第 1 条第 2 项第（6）目规定的课程范围内，不属于不授予学士学位规定的情形，判决撤销巢湖学院不授予汪某学士学位决定，并于判决生效后 60 日内重新作出是否授予汪某学士学位决定。

▌案件评析

该案争议的焦点在于：对巢湖学院所制定的《学位授予工作

实施细则》第 1 条第 2 项所规定之"含专业必修课、公共必修课、专业限选课"作何理解？

原告汪某认为"含专业必修课、公共必修课、专业限选课"中的"含"字就是限定课程范围，并且注明含专业必修课、公共必修课、专业限选课，就是严格限定这三种类型的课程，属于完全列举，其挂科的电动力学、热学和数学物理方法属于专业必修课，模拟电子技术属于专业限选课，而教育学属于学科基础课，不属于"专业必修课、公共必修课、专业限选课"范围之内。因此，其仅有四门课程考试不及格经补考才及格，而非"但在校学习期间累计有五门或五门以上课程（含专业必修课、公共必修课、专业限选课）经过补考才及格者，不授予学士学位"。

被告巢湖学院认为《巢湖学院学年学分制学士学位授予工作实施细则》规定只要五门课不及格，均不授予学位。条文中注明含公共必修课、专业必修课、专业限选课，是不完全列举，并非只有这三门课程考试不及格才计入累计的五门课当中；括号里的内容有强调之意，突出公共必修课、专业必修课、专业限选课的重要性，而教育学的重要性更在这三门课之上；巢湖学院作为制定者，对该文件享有解释权。

依据《最高人民法院关于审理行政案件适用法律规范问题的座谈会纪要》规定，"法律规范在列举其适用的典型事项后，又以'等''其他'等词语进行表述的，属于不完全列举的例示性规定"。在该案中，巢湖学院在括号中列举其适用的典型科目类别后，未以"等""其他"等词语进行表述。因此，该规定应当属于完全列举，该条仅适用于专业必修课、公共必修课、专业限选课这三项类别，根据依法行政的原则，该条不能适用包括学科基础课在内的其他类别。

‖ 相关法条 ┄┄┄┄┄┄┄┄┄┄┄┄┄┄┄┄┄┄┄┄┄┄┄►

1. 《中华人民共和国学位条例》第4条

2. 《中华人民共和国学位条例暂行实施办法》第3条

3. 《中华人民共和国行政诉讼法》第70、101条

4. 普通话没达标未拿到学位证，学生将母校告上法庭

▎案情简介

蒋某某就读于湘南学院计算机科学与技术（师范类）09级计师二班，学制4年。2013年6月，蒋某某毕业时，被告湖南学院未授予其学士学位，理由是蒋某某普通话水平未达到规定标准。

经查实，蒋某某毕业时的普通话成绩为三级甲等。2005年8月30日，湘南学院实施《湘南学院关于授予学士学位的暂行规定（试行）》，该规定第5条规定，"通过学院学位评定委员会资格审查，确认具有下列条件的应届普通全日制本科毕业生，方可授予学士学位：……在校期间普通话水平测试达到学院规定要求（师范类、医学类达到二乙，非师范类达到三甲）"；该规定第6条规定，"有下列情况之一者，不得授予学士学位：……在校期间普通话水平测试未达到学院规定要求者"；第11条表明该规定适应于该院2003级以后（含2003级）的本科毕业生。蒋某某是该校2009级学生，适用该规定。

2013年6月17日，湘南学院召开了学位评定委员会会议，讨

论决定了《2013 届全日制本科毕业生取得毕业证书及授予学士学位的具体条件》及学位授予中的具体事宜。上述会议决定蒋某某因普通话水平未达到二级乙等，湘南学院不能授予其学士学位。

蒋某某不服，起诉至湖南省郴州市苏仙区人民法院，要求法院判令被告授予其学位证书。

▍裁判结果

2014 年 5 月 13 日，湖南省郴州市苏仙区人民法院驳回原告蒋某某的诉讼请求。

▍案件评析

依据《学位条例》第 8 条的规定，"学士学位，由国务院授权的高等学校授予；硕士学位、博士学位，由国务院授权的高等学校和科学研究机构授予"。因此，湘南学院属于依授权具有学位授予权的单位。《教育法》第 23 条第 2 款规定："学位授予单位依法对达到一定学术水平或者专业技术水平的人员授予相应的学位，颁发学位证书。"《学位条例暂行实施办法》第 3 条第 2 款规定："高等学校本科学生完成教学计划的各项要求，经审核准予毕业，其课程学习和毕业论文（毕业设计或其他毕业实践环节）的成绩，表明确已较好地掌握本门学科的基础理论、专门知识和基本技能，并且有从事科学研究工作或担负专门技术工作的初步能力的，授予学士学位。"《学位条例暂行实施办法》第 25 条规定："学位授予单位可根据本暂行实施办法，制定本单位授予学位的工作细则。"《国家通用语言文字法》第 19 条第 2 款规定："以普通话作为工作语言的播音员、节目主持人和影视话剧演员、教师、国家机关工作人员的普通话水平，应当分别达到国家规定的等级标准；对尚未达到国家规定的普通话等级标准的，分别情况进行培训。"《湖南省实施〈中华人民共和国国家通用语言文字法〉办法》第18条第1款第5项规定，"大中专学生毕业时的普通话应当达到三级甲等以上水平，其中师范类专业学生毕业时的普通话应当达到二级乙等以上水平"。《湘南学院关于授予学士学位的暂行规定（试行）》亦要求师范类专业学生毕业时的普通话水平应当达到二级乙等以上水平，未达到不授予学士学位。原告蒋某某因普通话水平未达到二级乙等的等级，湘南学院未授予其学士学位的行为，符合法律规定；原告蒋某某要求被告湘南学院授予其学士学位的主张，于法无据。

⚖ 相关法条

1. 《中华人民共和国行政诉讼法》第12条
2. 《中华人民共和国教育法》第23条
3. 《中华人民共和国学位条例》第2、8条
4. 《中华人民共和国学位条例暂行实施办法》第3、25条
5. 《中华人民共和国国家通用语言文字法》第19条

5. 延期毕业成绩仍不达标，学校拒绝授予学位证

▌案情简介

郝某，2010年9月考入西北工业大学学习。2014年7月毕业时，郝某选择延期毕业。2015年5月，郝某申请再次延期毕业，由于已经延期毕业过一次，学院不同意再次延期，原告也选择了结业。同年，学校发给其结业证书，理由是郝某在延期毕业期间并未通过相应考试。郝某称由于其受到向学院党委副书记提交的

退学申请书（复印两份）的影响，思想一直无法转移到学习上，担心其和辅导员将所写材料上报至学校，这些都严重影响了其学习。后来，由于同学交往中存在矛盾，郝某在学习上压力更大，无法正常学习。2014年5月，原告在该毕业的时候没有毕业，选择延长学制。同年6月，郝某从学院党委副书记和辅导员手中拿回了之前所写的退学申请书复印件，而没有找到退学申请书原件，由辅导员给了郝某一个证明其申请书作废的证明。郝某称仍纠结于此事，导致其无法专心学习。2015年5月，学院在开学生会时学院党委副书记跟郝某的辅导员说郝某毕业延期延长过一次，意思是不愿意郝某再延长学制，郝某后来也就选择了结业。结业之后虽然还有考试的机会，但郝某家人为了帮助其顺利毕业，采取了诸多突破底线的做法，这些办法也没起到作用。此后，郝某找学校询问过几次，学校不予处理。郝某不服，故诉至法院，要求：（1）请求被告西北工业大学履行法定职责，由被告发放给原告本科毕业证书和学位证书；（2）请求由被告承担本次诉讼费用。

▌裁判结果

陕西省西安市铁路运输法院驳回原告郝某的诉讼请求。

▌案件评析

依据《学位条例》第8条的规定，学士学位由国家授权的高等学校授予；硕士学位、博士学位，由国务院授权的高等学校和科学研究机构授予。该法第17条规定："学位授予单位对于已经授予的学位，如发现有舞弊作伪等严重违反本条例规定的情况，经学位评定委员会复议，可以撤销。"可见，依照国务院授权，在符合法定前提的情况下，学校有权授予和撤销学生的相关学位。

依据《学位条例暂行实施办法》第 25 条的规定，"学位授予单位根据实际情况制定学位授予工作实施细则，对学士学位的授予条件进行细化"。由此可知，西北工业大学属于国家授权的，有权力授予和撤销学位的高等教育机构。因此，学校依据授权制定的《西北工业大学学士学位授予工作细则》属于法律规定的范围，依据该细则作出的决定合法有效。《西北工业大学本科生学籍管理规定》第 41 条规定："在规定学制时间内，修完培养方案规定的课程，但个别课程不合格，可以申请延长学习时间或按结业处理。结业生发给结业证书，并可在结业起一年内返校补考不合格课程，成绩合格者，可换发毕业证书。超过一年时间，学校不再给予补考机会。"《西北工业大学学士学位授予工作细则》第 6 条第（2）项规定："符合下列条件之一者，经校学位评定委员会批准，可授予学士学位：……（2）获得结业证书的学生，结业后一年内回校参加结业考试，合格后换发毕业证书者，本人申请可以补授学士学位……"本案中，原告郝某申请了延期毕业，但是在延期毕业一年之内的补考中并没有通过考试。而根据学校规定，在延期毕业一年内不过未通过的课程，学校不再给予补考机会。故此，郝某未具备获得学士学位的资格。因此，学校作出不授予其学士学位的决定，合法有效，应当予以支持。

⚖ 相关法条 --►

1. 《中华人民共和国学位条例》第 8、17 条

2.《中华人民共和国学位条例暂行实施办法》第 25 条

6. 错过诉讼时效，诉请授予硕士学位被驳回

▌案情简介

林某 1997 年 9 月进入原苏州医学院硕士学位班参加全脱产全日制学习，学科专业为医学细胞生物学。2001 年 10 月 3 日，林某向苏州大学（据查实，原苏州医学院已于 2000 年 3 月并入苏州大学）申请硕士学位，并于同年 10 月 25 日通过苏州大学组织的论文答辩。但苏州大学并未向林某授予硕士学位证书。苏州大学给出的理由是林某未能提供学士学位证书或大专学历人员申请硕士学位所需的相关证明文件，不符合国家规定的授予硕士学位的条件。

经查实，林某学历实为大专，在当初入学填报的登记表中把学历填写为"本科"。苏州大学当时也未要求其出示相关学历证明。2010 年，林某曾向江苏省教育厅提出申诉，反映苏州大学未向其颁发学位证书的问题，未能得到如愿解决。林某遂于 2014 年 3 月向一审法院提起行政诉讼。

一审法院认为，林某无正当理由超过法定期限提起行政诉讼，依法裁定，驳回起诉。林某不服，提起上诉称其提起诉讼主要是请求被上诉人将迟迟未能颁发的硕士学位证书发还上诉人，本意并不是提起行政诉讼，故而不适用行政诉讼时效限制。被上诉人苏州大学辩称上诉人提起本案诉讼时已经超过诉讼时效，应予以驳回。

▌裁判结果

江苏省苏州市中级人民法院于 2014 年 11 月 24 日作出二审判决，驳回上诉，维持原裁定。

▌案件评析

本案中双方争议的焦点是：（1）上诉人提起的诉讼是否为行政诉讼；（2）上诉人的起诉是否已超过法定期限。

针对焦点一，上诉人（原审原告）林某称其所提起之诉讼并非旨在提起行政诉讼，而是请苏州大学发放由于其自身原因"迟迟"未予发放的硕士学位证书。如果学校暂扣学位证书，学生起诉"讨要"，本质上属于民事法律关系，即要求被告返还本属于原告的物体（证书），根据物权法的规则，返还原物是不罹于诉讼时效的，物的所有权人理论上任何时候都有权要求返还属于其物。实际上，本案原告是在偷换概念，将"是否应该对其颁发学位证"偷换为"归还其学位证"。殊不知，后者应该以前者为前提，只有符合学位授予条件并获得学位证书了，才有可能要求"返还学位证"。林某所提起的诉讼的本意指请求苏州大学行使相关行政权力，履行授予其硕士学位的责任，应当属于提起行政诉讼。

针对焦点二，依据《行政诉讼法》第 39 条的规定，"公民、法人或者其他组织直接向人民法院提起诉讼的，应当在知道作出具体行政行为之日起三个月内提出。法律另有规定的除外"。据《最高人民法院关于执行〈中华人民共和国行政诉讼法〉若干问题的解释》第 41 条第 1 款的规定，"行政机关作出具体行政行为时，未告知公民、法人或者其他组织诉权或者起诉期限的，起诉期限从公民、法人或者其他组织知道或者应当知道诉权或者起诉期限之日起计算，但从知道或者应当知道具体行政行为内容之日起最长不得超过 2 年"。根据以上法律规定可知，公民提起行政诉讼的法定时限分两种情况：（1）自知道具体行政行为之日起 3 个月内提出；（2）自应当知道具体行政行为内容之日起，最长不超过 2 年。也就是说，在林某明知苏州大学未授予其硕士学位的情况下，最长 2 年内提起行政诉讼。而在 2010 年，林某就应当知道苏州大学决定以"申请学位的相关学历条件瑕疵"为由不予颁发硕士学位一事，其后的 2 年内应当为其提起行政诉讼的法定期限。但是，林某在 2014 年才提起行政诉讼，显然已经超过了诉讼时效。

相关法条

1. 《中华人民共和国行政诉讼法》第 39 条
2. 《最高人民法院关于执行〈中华人民共和国行政诉讼法〉若干问题的解释》第 41 条

7. 考试时学生将手机放在课桌上，被判考试作弊

案情简介

杜某某系山东女子学院外国语学院 2011 级英语本科 2 班学生，学制四年。2015 年 6 月 29 日，根据《山东女子学院学士学位授予工作实施细则》的有关规定，山东女子学院外国语学院学士学位评定分委员会审查，外国语学院作出拟不授予杜某某等 3 名

学生学士学位的审查意见。次日，山东女子学院学位评定委员会作出《山东女子学院关于不授及缓授学士学位的决定》，决定不授予杜某某学士学位，理由为考试作弊。

经查实，杜某某在参加 2014 年 4 月 12 日（040378）《英美文学1》考试时，将手机放在桌面上，被监考老师发现，依据学校相关考试纪律规定，记为作弊。4 月 14 日，山东女子学院外国语学院按照《山东女子学院学生违纪处分条例》第 17 条第 2 款"考试作弊、协同作弊情节较轻的，给予记过处分"的规定，作出《关于给予杜某某记过处分的意见》。虽然 2015 年 4 月，杜某某递交撤销违纪处分申请书，同年 5 月，学校解除原告的违纪处分。但是，在杜某某行将毕业时，学校仍依据该作弊情况作出处分，决定不授予杜某某学士学位。现杜某某不服，诉至法院，请求：（1）依法判决山东女子学院履行授予学士学位的职责；（2）依法判决山东女子学院赔偿经济损失50 000元。

一审法院认为山东女子学院基于《学位条例暂行实施办法》第 25 条规定制定的《山东女子学院学士学位授予工作实施细则》（鲁女院字〔2014〕52 号）第 6 条规定："有下列情况之一者，不授予学士学位：1. 在校期间参加学校、省级及以上教育主管部门组织的考试，存在作弊行为的……"杜某某存在考试作弊行为，不符合学位授予条件。杜某某诉请的赔偿经济损失50 000元，亦无相应的事实证据及法律依据，不予支持。法院遂判决驳回原告杜某某的诉讼请求。

杜某某不服，提起上诉，请求二审法院撤销原判，依法改判。其上诉理由是原审法院对上诉人是否有作弊事实的认定错误，对被上诉人以上诉人考试作弊为由作出的处罚决定程序问题没有进行审查；一审法院认可上诉人符合授予学位的成绩条件，但以其不符合《山东女子学院学士学位授予工作实施细则》的规定为由驳回其的诉求属于适用法律错误。

▎裁判结果

山东省济南市中级人民法院于 2016 年 3 月 28 日作出判决：驳回上诉，维持一审判决。

▎案件评析

本案中双方争议的焦点是：（1）上诉人杜某某是否存在作弊行为；（2）法院适用《山东女子学院学士学位授予工作实施细则》作出判决决定，是否属于法律适用错误。

关于焦点一，依据《山东女子学院考试工作管理规定》（鲁女院字〔2012〕151 号）第 3 条明确规定："考生违背考试公平、公正原则，在考试过程中有下列行为之一的，应当认定为考试作弊……4. 携带具有发送或者接收信息功能设备的。"杜某某在考试时将手机放置于桌面，而手机属于典型的"具有发送或者接受信息功能的设备"，因此，山东女子学院将杜某某的行为认定为作弊行为不存在问题。

关于焦点二，根据《高等教育法》第 4 条"高等教育必须贯彻国家的教育方针，为社会主义现代化建设服务，与生产劳动相结合，使受教育者成为德、智、体等方面全面发展的社会主义事业的建设者和接班人"的规定，可以确定道德水平是教学目标之一，高校将道德水平，特别是学术道德标准列为学位授予的条件之一，符合法律规定。依据《学位条例暂行实施办法》第25条的规定，"学位授予单位根据实际情况制定学位授予工作实施细则，对学士学位的授予条件进行细化"。《山东女子学院学士学位授予工作实施细则》属于法律授权范围内的事项，只要其规定不超出法律授权范围，应当认定为合法有效。

《山东女子学院学士学位授予工作实施细则》（鲁女院字〔2014〕52号）第6条规定："有下列情况之一者，不授予学士学位：1. 在校期间参加学校、省级及以上教育主管部门组织的考试，存在作弊行为的……"依据该规定，山东女子学院对在考试中存在作弊行为的杜某某作出不授予学士学位的规定，法律适用并无不当。

⚖ 相关法条 --➤

1. 《中华人民共和国高等教育法》第4条
2. 《中华人民共和国学位条例暂行实施办法》第25条

8. 高校对学生作出开除决定后，以事实行为恢复了学生的学籍

▌案情简介

原告田某于1994年9月考取北京科技大学，取得本科生的学籍。1998年6月，毕业生学位授予时，被告北京科技大学有关部门以田某已按退学处理、不具备北京科技大学学籍为由，拒绝为其颁发毕业证书，进而未向教育行政部门呈报田某的毕业派遣资格表。原因是1996年2月29日，田某在电磁学课程的补考过程

中考试作弊。被告北京科技大学根据原国家教委关于严肃考场纪律的指示精神，于 1994 年制定了校发〔94〕第 068 号《关于严格考试管理的紧急通知》，该通知规定"凡考试作弊的学生一律按退学处理，取消学籍"。被告据此于 1996 年 3 月 5 日认定田某的行为属作弊行为，并作出退学处理决定。

调查显示，1996 年 4 月 10 日，被告北京科技大学填发了学籍变动通知，但退学处理决定和变更学籍的通知未直接向田某宣布、送达，也未给田某办理退学手续，田某继续以该校大学生的身份参加正常学习及学校组织的活动。1996 年 9 月，被告为田某补办了学生证，之后每学年均收取田某交纳的教育费，并为田某进行注册、发放大学生补助津贴，安排田某参加了大学生毕业实习设计，由其论文指导教师领取了学校发放的毕业设计结业费。田某还以该校大学生的名义参加考试，先后取得了大学英语四级、计算机应用水平测试 BASIC 语言成绩合格证书。被告对原告在该校的四年学习中成绩全部合格，通过毕业实习、毕业设计及论文答辩，获得优秀毕业论文及毕业总成绩为全班第九名的事实无争议。

被告田某认为自己符合大学毕业生的法定条件，北京科技大学拒绝给其颁发毕业证、学位证是违法的，遂向北京市海淀区人民法院提起行政诉讼。

▌裁判结果

北京市海淀区人民法院于〔1998〕海行初字第 00142 号行政判决：（1）北京科技大学在本判决生效之日起 30 日内向田某颁发大学本科毕业证书；（2）北京科技大学在本判决生效之日起 60 日内组织本校有关院、系及学位评定委员会对田某的学士学位资格进行审核；（3）北京科技大学于本判决生效后30日内履行向当地教育行政部门上报有关田某毕业派遣的有关手续的职责；（4）驳回田某的其他诉讼请求。

北京科技大学提出上诉，北京市第一中级人民法院于1999年4月26日作出〔1999〕一中行终字第73号行政判决：驳回上诉，维持原判。

▎案件评析

本案焦点在于：（1）被告北京科技大学作出的退学处理决定的依据是否合法；（2）被告作出的行政行为是否遵循了正当程序。

针对焦点一，《学位条例》第8条规定："学士学位，由国务院授权的高等学校授予；硕士学位、博士学位，由国务院授权的高等学校和科学研究机构授予。"高校有权依据自身情况制定校规校纪，但仍应当在法律法规的范围内进行，不得违背上位法规范。依据《普通高等学校学生管理规定》第18条规定，"学生严重违反考核纪律或者作弊的，该课程考核成绩记为无效，并应视其违纪或者作弊情节，给予相应的纪律处分。给予警告、严重警告、记过及留校察看处分的，经教育表现较好，可以对该课程给予补考或者重修机会"。根据《普通高等学校学生管理规定》第30条规定，"学生有下列情形之一，学校可予退学处理：（一）学业成绩未达到学校要求或者在学校规定的学习年限内未完成学业的；（二）休学、保留学籍期满，在学校规定期限内未提出复学申请或者申请复学经复查不合格的；（三）根据学校指定医院诊断，患有疾病或者意外伤残不能继续在校学习的；（四）未经批准连续两周未参加学校规定的教学活动的；（五）超过学校规定期限未注册而又未履行暂缓注册手续的；（六）学校规定的不能完成学业、应予退学的其他情形。学生本人申请退学的，经学校审核同意后，办理退学手续"。由此看来，考试作弊并不是法定退学条件。因此，本案中针对田某违反考场纪律的行为，北京科技大学对田某作出退学处理决定所依据之该校第 068 号通知违反上位法规定，于法无据归于无效。

针对焦点二，根据《行政处罚法》第 3 条的规定，"没有法定依据或者不遵守法定程序的，行政处罚无效"。该法第 6 条规定，"公民、法人或者其他组织对行政机关所给予的行政处罚，享有陈述权、申辩权；对行政处罚不服的，有权依法申请行政复议或者提起行政诉讼"。北京科技大学作出的退学处理行为，属于行政行为，应当受《行政处罚法》约束。该案中，北京科技大学作出开除决定后，未实际给田某办理注销学籍、迁移户籍、档案等手续，并于 1996 年 9 月为田某补办学生证并注册，同时安排其修满四年学业，参加考核、实习及毕业设计并通过论文答辩等。这些事实行为，一方面，可以视作被告北京科技大学未完全遵守法定程序，保障行政相对人申辩、陈述权；另一方面，应视为北京科技大学改变了对田某所作的按退学处理的决定，恢复了其的学籍。

《学位条例暂行实施办法》第 3 条规定："学士学位由国务院授权的高等学校授予。高等学校本科学生完成教学计划的各项要求，经审核准予毕业，其课程学习和毕业论文（毕业设计或其他毕业实践环节）的成绩，表明确已较好地掌握本门学科的基础理论、专门知识和基本技能，并且有从事科学研究工作或担负专门技术工作的初步能力的，授予学士学位。"北京科技大学属于国家事业单位，具有一定的行政管理职权。高等学校与受教育者之间属于教育行政管理关系，依据行政行为的"诚实信用原则"，学校不应当在恢复田某正常学籍的程序后，在其毕业时再次以曾经考试作弊被开除为由，拒绝授予其相关学历学位证。

相关法条

1. 《中华人民共和国学位条例》第 8 条

2. 《中华人民共和国学位条例暂行实施办法》第 3 条

3. 《普通高等学校学生管理规定》第 18、30 条

4. 《中华人民共和国行政处罚法》第 3、6 条

9. 高校取消学生硕士学位申请资格的决定因程序违法而被撤销

▎案情简介

2012 年 9 月，谢某某考入北京电影学院，攻读文学系在职艺术硕士研究生学位（MFA），学制三年，学校安排刘某某担任谢某某的指导老师，并签订了《指导教师认定书》。在学习期间，谢某某与导师就学业指导、论文指导修改等问题与存在纠纷。谢某某于 2015 年论文答辩时突然被告知，其答辩资格被取消并且不得以任何理由抗辩。同年 7 月，北京电影学院以谢某某的论文系剽窃为由，作出了取消授予其硕士学位的决定。谢某某不服，在向北京电影学院及北京市教委反映情况无果后，提起行政诉讼，诉请法院判决被告立即撤销其作出的取消硕士学位决定。

▌裁判结果

北京市海淀区人民法院判决撤销被告北京电影学院于 2015 年 7 月 2 日作出的取消谢某某硕士学位的决定。

▌案件评析

本案中，双方争议的焦点在于北京电影学院对谢某某作出的取消学位申请资格决定是否违法。

根据《学位条例》第 8 条的规定，"硕士学位，由国务院授权的高等学校和科研机构授予"。北京电影学院作为国务院被授权单位，享有授予硕士学位之权力。《学位论文作假行为处理办法》第 7 条规定："学位申请人员的学位论文出现购买、由他人代写、剽窃或者伪造数据等作假情形的，学位授予单位可以取消其学位申请资格。"因此，北京电影学院作为学位授予单位，存在法定情形时，具有依法取消学位申请资格的权力。

不过，授予、撤销学位的行为是对学生的权益产生重大影响的行政行为。授权主体在作出相应行政行为时，必须依法依规进行。《学位论文作假行为处理办法》第 13 条规定："对学位申请人员……作出处理决定前，应当告知并听取当事人的陈述和申辩。当事人对处理决定不服的，可以依法提出申诉、申请行政复议或者提起行政诉讼。"本案中，北京电影学院在作出取消原告硕士学位申请资格的时候，只是单方地作出取消行为，并未充分保障谢某某的知情权以及申诉权。因此，北京电影学院作出的取消授予谢某某硕士学位的决定程序违法，法院应当依法撤销。

⚖ 相关法条 ·········➤

1. 《学位论文作假行为处理办法》第 7、13 条
2. 《中华人民共和国学位条例》第 8 条

10. 硕士生考试作弊，申请硕士学位被拒绝

▌案情简介

张某某系江西中医药大学硕士研究生。张某某在 2013 年 4 月 19 日参加江西中医药大学研究生英语学位考试时违反规定携带手机进入考场，并利用手机作弊被监考老师当场查获，该科目成绩被取消。其后，张某某于 2014 年 4 月参加该科目补考并获得通过，且在研究生院学习的三年内修完了教学计划规定的所有课程，各科成绩都达到了研究生的毕业标准，并顺利通过了研究生论文答辩。然而，2014 年 6 月毕业时，江西省中医药大学认为张某某英语科目考试舞弊事实清楚、证据确凿，虽然其后参加校内学位英语考试并获得通过，但该考试并不代表张某某必然能够获得硕士学位，因而拒绝授予张某某硕士学位。张某某不服，遂提起行政诉讼，请求法院责令江西中医药大学作出对其授予硕士学位的决定，并颁发硕士学位证书。

一审法院认为，依据《学位条例暂行实施办法》第 6 条的规定，"学位授予单位应当在学位申请日期截止后两个月内进行审查，决定是否同意申请，并将结果通知申请人及其所在单位"。《国家教育考试违规处理办法》第 25 条、第 26 条、第 27 条、第 29 条也明确规定："教育考试机构在对考试违规人员作出处理前

……应当制作考试违规处理决定书，载明处理事实根据和法律依据、处理决定的内容、救济途径等。"因此，对学位申请进行审查，既是一种权利，同时也是一种职责和义务。江西中医药大学因无证据证明曾经组织学位审查委员会对张某某的学位申请进行过审查，且未依据相关程序将处理结果及相关救济权利告知张某某，学校行为存在违法事实。因此，判决被告江西中医药大学在判决生效之日起60日内召集本校的学位评定委员会对原告张某某硕士学位资格进行审核。

2014年11月7日，江西中医药大学学位评定委员会召开特别会议，对张某某是否具备授予硕士学位的资格进行重新审核，经投票表决，决定张某某同学不具备授予硕士学位的资格。

张某某不服一审判决，于2015年6月16日提起上诉，认为一审法院认定事实不清、法律适用错误，请求撤销原判决并改判，同时责令被上诉人江西中医药大学授予其硕士学位证书。

▌ 裁判结果

江西省南昌市中级人民法院驳回上诉，维持原判。

▌ 案件评析

依据《学位条例暂行实施办法》第25条规定，"学位授予单位可根据本暂行实施办法，制定本单位授予学位的工作细则"。同时，《学位条例》第17条规定："学位授予单位对于已经授予的学位，如发现有舞弊作伪等严重违反本条例规定的情况，经学位评定委员会复议，可以撤销。"因此，《江西中医药大学学位授予工作实施细则》（以下简称《实施细则》）的制定是依据相关法律的授权行为，而且学校完全有权在《实施细则》中将"考试作弊行为"列为学位授予禁止性条件。从实践中看，学生考试作弊通常属于各高校授予学位的禁止性条件之一。《江西中医学院学位授予工作实施细则》第18条第3款第5项规定："具有下列情况之一者不授予硕士学位：……（5）在校学习期间，考试作弊者……"张某某的考试作弊行为在一审判决书中已经得到了确认。

综上，笔者认为，江西中医药大学制定的学位授予禁止性条件并不违反上位法，同时，张某某存在考试作弊行为，江西中医药大学可以依照该单位学位授予实施细则拒绝授予其相关学位。

⚖ 相关法条 ••▶

1.《中华人民共和国学位条例暂行实施办法》第25条

2.《中华人民共和国学位条例》第17条

11. 学生打架斗殴被记过，学校拒绝颁发学位证

▌案情简介

毛某是天津财经大学商学院会计系财务管理专业2011级本科生，学制四年。2015年6月，毛某毕业时，天津财经大学经学位评审委员会评议，决定取消授予其学士学位仅发给其毕业证，理由是毛某曾受过学校记过处分。

经查实，原告毛某于2014年11月24日因参与打架，学校给予其记过处分，处分决定于2014年12月3日直接向毛某送达。毛某毕业时，天津财经大学经过学位评定委员会审议，依据《天津财经大学本科生授予学士学位工作细则》第2条第3项的规定，

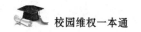

决定不授予毛某学士学位。

毛某不服，向天津市河西区人民法院提起行政诉讼，请求：（1）判令被告天津财经大学履行授予管理学学士学位的职责；（2）诉讼费用由被告负担。毛某的理由是：其学分修满，成绩合格，有资格取得学位；学校拒不授予学位的行为，严重违反相关法律法规规定。

天津财经大学辩称：原告起诉已过1年诉讼时效期限；被告不授予原告学位系合法行为，因为被告根据《学位条例》和《学位条例暂行实施办法》制定了《天津财经大学本科生授予学士学位工作细则》《天津财经大学学位评定委员会章程》，对于是否授予学位均严格依照章程及细则中规定的程序及实体内容讨论作出。综上，天津财经大学请求法院驳回原告诉讼请求。

▌裁判结果

2016年12月20日，天津市河西区人民法院驳回原告毛某的诉讼请求。

▌案件评析

本案的争议焦点在于天津财经大学是否有权制定本校的学位授予规范以及自行设立学位授予条件。

根据《学位条例》第8条的规定，"学士学位，由国务院授权的高等学校授予；硕士学位、博士学位，由国务院授权的高等学校和科学研究机构授予"。依据《学位条例暂行实施办法》第25条的规定，"学位授予单位可根据本暂行实施办法，制定本单位授予学位的工作细则"。天津财经大学作为国务院授权的学士学位授予单位，有权授予学士学位，有权依据该以上法律制定本校的学位授予细则。但是，自行制定的细则不能超出法律规定的范围，否则属于越权。

根据相关法律规定，学位授予标准可以分为积极条件与禁止条件。

积极条件主要包括以下内容：一是《学位条例》第 2 条规定，"凡是拥护中国共产党的领导、拥护社会主义制度，具有一定学术水平的公民，都可以按照本条例的规定申请相应的学位"。二是《学位条例》第 4 条规定，"高等学校本科毕业生，成绩优良，达到下述学术水平者，授予学士学位：（一）较好地掌握本门学科的基础理论、专门知识和基本技能；（二）具有从事科学研究工作或担负专门技术工作的初步能力。"三是《学位条例暂行实施办法》第 3 条规定，"学士学位由国务院授权的高等学校授予。高等学校本科学生完成教学计划的各项要求，经审核准予毕业，其课程学习和毕业论文（毕业设计或其他毕业实践环节）的成绩，表明确已较好掌握本门学科的基础理论、专科知识和基本技能，并具有从事科学研究工作或担负专门技术工作的初步能力的，授予学士学位"。

学位授予的禁止条件主要包括以下内容，依据《学位条例》第 17 条规定："学位授予单位对于已经授予的学位，如发现有舞弊作伪等严重违反本条例规定的情况，经学位评定委员会复议，可以撤销。"从该规定看法定学位授予禁止条件只有一项：学术不端。因此，学校在制定自身学位授予细则时，将打架斗殴列为学位授予的禁止性条件于法无据，属于超越授权制定的行为规范。因为学生打架斗殴就拒绝授予其学位，违背了"法无授权不可

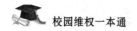

为"原则。

该案中，毛某符合学位授予的积极条件，且在校期间没有学术不端行为，依法应当授予相关学位。天津财经大学所制定的《学位授予细则》，超越了上位法授权范围，因此该判决似乎有待商榷。

⚖ 相关法条

1. 《中华人民共和国学位条例》第 4、8、10、17 条
2. 《中华人民共和国学位条例暂行实施办法》第 3、25 条

12. 考生互换试卷，学校拒绝授予学位

▌案情简介

廖某系东华理工大学经济管理学院会计学专业 2010 级学生，学制四年。按照教学规划，廖某应于 2014 年学满毕业。2014 年 6 月 24 日，廖某向东华理工大学学位委员会提出学位申请，但在将学位申请书递交给学校经济管理学院时，被当场拒收，拒收的理由为：由于廖某在大一第二学期受过学校记过处分，不符合学校制定的学士学位授予条件，因而不能授予学士学位。

经查实，在 2011 年 6 月 27 日上午的《大学英语（Ⅱ）》期末考试过程中，廖某因伙同其他同学在考试时交换试卷，被监考教师当场发现。依考试作弊情况，东华理工大学决定给予廖某等人记过处分。决定作出后，学校将处分情况告知廖某及其家长。其后，廖某于 2011 年 8 月 28 日在《东华理工大学学生考试违纪处分告知单》上签名确认。廖某对学校拒绝授予学位的处罚决定不

服，提起行政诉讼，请求法院判令东华理工大学颁发学位证书。原审法院认为，东华理工大学作出的行政行为和处罚决定符合相关法律法规授权及程序要求，廖某的主张没有相关事实和法律支持，遂判决驳回诉讼请求。

廖某不服一审判决，遂提起上诉。其上诉理由主要集中在：（1）东华理大学制定的《东华理工大学学籍管理办法（修订稿）》属非立法性的"其他规范性文件"，不是正式的法律渊源，不能成为人民法院审理行政案件的依据；（2）学生考试作弊不属于相关法律法规规定的不授予学位的禁止性条件，且依据《学位条例暂行实施办法》规定，学校无权将考试作弊作为取消学位授予的标准。

▌裁判结果

2015 年 4 月 22 日，江西省高级人民法院作出二审判决，驳回上诉，维持原判。

▌案件评析

本案中双方争议的焦点在于：（1）校规能否成为法院判案的法律依据；（2）学校是否有权将考试作弊列为学位授予的禁止条件。

对于第一个争议焦点，根据《最高人民法院关于〈中华人民共和国行政诉讼法〉若干问题的解释》第 62 条第 2 款的规定，"人民法院审理行政案件，可以在裁判文书中引用合法有效的规章及其他规范性文件"。这里可以引用作为审理行政案件依据的"其他规范性文件"应当包括了东华理工大学在法律法规授权内制定的相关学校规定，其中应当包括《东华理工大学学籍管理办法》等。因此，廖某所主张的关于"其他规范性文件"不可以作为审理行政案件的观点和看法，不符合法律规定。

对于第二个争议焦点，《学位条例暂行实施办法》第 25 条明确规定："学位授予单位可根据本暂行实施办法，制定本单位授予学位的工作细则。"《教育法》第 5 条规定："教育必须为社会主义现代化建设服务，必须与生产劳动相结合，培养德、智、体等方面全面发展的社会主义事业的建设者和接班人。"该法第 4 条规定："高等教育必须贯彻国家的教育方针，为社会主义现代化建设服务，与生产劳动相结合，使受教育者成为德、智、体等方面全面发展的社会主义事业的建设者和接班人。"从以上相关法律规定，我们可以得知：对于学生道德品质的培养和要求是我国教育评价体系的重要标准之一。《学位条例》第 17 条规定："学位授予单位对于已经授予的学位，如发现有舞弊作伪等严重违反本条例规定的情况，经学位评定委员会复议，可以撤销。"学校的学位授予行为，属于具体行政行为，必然受到《行政诉讼法》的约束。依据行政效率原则相关精神，既然学校在发现学生有作弊情况时可以撤销学位，那么为了避免浪费行政资源，自然可以对在授予学位之前，对存在作弊行为的学生拒绝授予学位。东华理工大学完全有权将考试作弊等违背学术诚信的行为列为学位授予的禁止条件。

综上，笔者认为，廖某的上诉理由和诉求无事实和法律支持，应予驳回。

相关法条 ┄┄┄┄┄┄┄┄┄┄┄┄┄┄┄┄┄┄┄┄┄➤

1. 《中华人民共和国学位条例》第 17 条

2. 《中华人民共和国学位条例暂行实施办法》第 25 条

3. 《中华人民共和国教育法》第 5 条

4. 《中华人民共和国高等教育法》第 4 条

5. 《最高人民法院关于〈中华人民共和国行政诉讼法〉若干问题的解释》第 62 条

13. 未经学位评审委员会审议，学校作出的不授予学位决定无效

▌**案情简介**

樊某某 1999 年考入郑州航空工业管理学院建筑工程管理系工程管理专业学习，学制四年。2003 年，樊某某毕业时，郑州航空工业管理学院仅向其颁发毕业证书，而未授予学位证书，理由是樊某某曾经在大学英语四级、六级考试中替考作弊，违反学校相关管理规定，决定不授予学士学位。

经查，樊某某于 2002 年 1 月 12 日代替他人参加"全国大学生英语四六级"考试被查获，受到"留校察看一年（2002 年 1 月 21 日起至 2003 年 1 月 21 日）"处分。郑州航空工业管理学院以樊某某违反《郑州航空工业管理学院学生手册》"第一条　在校期间因违反纪律，受到行政记过（含记过）以上处分；第二条考试舞弊者不授予学位"之规定为由，对樊某某不授予学位。

樊某某认为：（1）《郑州航空工业管理学院学生守则》中关

于学位授予的规定违反相关法律法规，应属无效；（2）郑州航空工业管理学院未经法定学位评审程序就直接取消其学位授予资格且未告知其相关处罚决定和救济程序，属于程序违法，该行政行为应属于无效。由此，樊某某提起行政诉讼，诉请法院判令郑州航空工业管理学院重新进行学位评审并依法授予其学士学位证书。

▌裁判结果

2003 年 11 月 26 日，河南省郑州市二七区人民法院判决郑州航空工业管理学院于判决生效之日起 60 日内，对原告进行学士学位资格审核，作出是否授予学士学位的决定。

▌案件评析

本案中双方争议的焦点在于：一是《郑州航空工业管理学院学生守则》将"考试作弊"等学术不端行为列为学位授予禁止性条件是否合法；二是学校未经学位委员会评定直接决定不授予学位，是否符违反法定程序。

对于第一个争议焦点，《学位条例》第 17 条规定："学位授予单位对于已经授予的学位，如发现有舞弊作伪等严重违反本条例规定的情况，经学位评定委员会复议，可以撤销。"《学位条例暂行实施办法》第 25 条明确规定："学位授予单位可根据本暂行实施办法，制定本单位授予学位的工作细则。"郑州航空工业管理学院属于法律授权组织，有权依据法律规定自行制定学位授予实施细则，因此其所制定的《学生守则》合法有效。因此，对于考试作弊等学术不端行为，学校有权将其列为学位授予禁止性条件。

对于第二个争议焦点，《学位条例》第 9 条规定："学位授予单位，应当设立学位评定委员会，并组织有关学科的学位论文答辩委员会。学位论文答辩委员会必须有外单位的有关专家参加，其组成人员由学位授予单位遴选决定。"《学位条例暂行办法》第3条、第4条、第5条规定了高校对于学位授予工作的法定程序。被告郑州航空工业学院在未对原告樊某某的学位申请进行评定的情况下，就决定拒绝授予其学士学位的行为属于程序违法，应当予以撤销。

相关法条

1.《中华人民共和国学位条例》第9、17条

2.《中华人民共和国学位条例暂行实施办法》第25条

14. 大专生一路造假，获得的博士学位被撤销

▎案情简介

翟某某是郑州大学历史学院2002级博士研究生，2005年6月毕业并取得博士学位，并于2014年1月经被郑州大学学位评定委员会决定予以撤销。撤销缘由系2013年9月郑州大学接到关于翟某某入学考试报名所用硕士学位证书系造假的举报。郑州大学经查实，于2014年1月6日作出校学位〔2014〕3号《关于撤销翟某某博士学位的决定》，撤销翟某某博士学位并注销学位证书。2014年6月，翟某某不服提起行政诉讼，请求撤销被上诉人郑州大学《关于撤销翟某某博士学位的决定》。

一审法院认为，上诉人翟某某未能提供充分证据证明其硕士学位的真实性，一审驳回其诉讼请求。翟某某不服，提起上诉，

诉请请求撤销一审判决，撤销被上诉人郑州大学作出的《关于撤销翟某某博士学位的决定》。

▌裁判结果

河南省郑州市中级人民法院驳回上诉，维持一审判决。

▌案件评析

本案中双方争议焦点是上诉人翟某某在博士生入学考试报名时，是否使用了硕士学位获得者这一身份。

上诉人翟某某称其在攻读博士学位考试报名时，是以同等学力人员身份报考，而非以硕士学位获得者身份报考，符合被上诉人《郑州大学 2002 年博士学位招生简章》第 3 条第 2 款"获得硕士学位的在职人员可以报考博士研究生，应届毕业的硕士研究生（最迟在录取前能够取得硕士学位）可以报考博士研究生，具有同等学力者也可以报考博士研究生"之规定。此外，被上诉人郑州大学未能证明上诉人在报名时曾提交过硕士学位证明。因此，既然被上诉人郑州大学没有收到过硕士学位证明，那么可以推定被上诉人郑州大学接受上诉人报名时所依据的报考条件是"同等学力人员"。

郑州大学辩称上诉人翟某某报名时是以硕士学位人员身份报名，证据确凿无疑。根据河南省招生办出具的"2002 年河南省博士研究生录取名单"以及上诉人的档案材料"郑州大学博士学位申请书"均显示上诉人翟某某在报考博士时是以 1997 年 7 月取得的"硕士学位"为条件。此外，郑州大学并未认可过翟某某的同等学力人员身份，理由是以翟某某教育经历判断，其不具备"具有同等学力者"所需的"获得学士学位后 6 年或 6 年以上"之要件。

综上，上诉人翟某某既不具备同等学力人员条件，同时在相关档案材料中，又谎称具有中国人民大学经济学硕士学位（经郑州大学与中国人民大学联系查实，该学位系造假）。翟某某根本不具备报考博士研究生资格。依据《学位条例》第 17 条的规定，"学位授予单位对于已经授予的学位，如发现有舞弊作伪等严重违反本条例规定的情况，经学位评定委员会复议，可以撤销"。郑州大学作为教育部授权的高等院校，有资格授予和撤销相关人员的学位，其所作出的撤销决定合法有效。

⚖ **相关法条** ----------------------------------➤

1.《中华人民共和国学位条例》第 17 条

15. 毕业条件不等同于学位授予条件，
前者是后者的必要不充分条件

┃ **案情简介**

卢某某系复旦大学英语专业专科起点三年制 2012 级本科生，学习形式为夜大教学。2015 年，卢某某毕业时，复旦大学仅发给其《成人高等教育毕业证书》。同年 4 月 14 日，卢某某向复旦大学申请学士学位被拒，理由是卢某某未通过规定的学士学位外语考试，学士学位申请材料不全，不符合授予条件。卢某某不服，诉至法院，请求法院责令复旦大学受理卢某某的学士学位申请，并依法授予卢某某学士学位。

原审法院认为复旦大学拒绝卢某某要求授予学士学位的申请，并无不当。其理由是依据《学位条例》第8条、《学位条例暂行实施办法》第3条之规定，学士学位由国务院授权的高等学校授予，复旦大学作为法律、法规授权的组织，具有审查、授予成人高等教育学士学位的法定职权。依据《学位条例暂行实施办法》第25条的规定，学位授予单位可根据本暂行实施办法，制定本单位授予学位的工作细则。复旦大学有权在授权范围内自行制定学位管理细则，因此，复旦大学自行制定的《复旦大学学位细则》合法有效，依据该细则作出的决定于法有据，并不违背上位法。原审法院遂判决驳回卢某某的诉讼请求。判决后，卢某某不服一审，提出上诉。

上诉人卢某某上诉称《复旦大学学位细则》规定通过国家外语专业四级考试或学校组织的水平相当的考试均可取得学士学位。上诉人通过了本科期间的考试且已取得本科毕业证书，应视为已通过学校组织的水平相当的考试，符合授予学士学位的条件。

被上诉人复旦大学辩称《复旦大学学位细则》规定授予学士学位的条件是参加国家专业外语四级考试或者学校组织的水平相当的考试且成绩合格，但被上诉人未组织过与英语专业四级考试水平相当的考试，上诉人通过的仅仅是本科课程考试，没有通过国家外语专业四级考试，不具备申请学士学位的条件。

▎裁判结果

上海市第二中级人民法院驳回卢某某的上诉，维持一审判决。

▎案件评析

本案中，双方争议的焦点是：（1）高等学校是否有权自行制定学位授予标准；（2）上诉人卢某某是否已经通过《复旦大学学位细则》所称的"水平相当"的专业考试，从而具备了授予其学士学位的资格。

依据《学位条例》第8条的规定，学士学位由国家授权的高等学校授予；硕士学位、博士学位，由国务院授权的高等学校和科学研究机构授予。复旦大学作为国家授权的高等教育机构，有授予学士学位之权力。依据《学位条例暂行实施办法》第25条的规定，"学位授予单位根据实际情况制定学位授予工作实施细则，对学士学位的授予条件进行细化"。因此，复旦大学有权依据《学位条例》《学位条例暂行实施办法》等法律，制定本单位的学位细则。所以，《复旦大学学位细则》中"通过国家外语专业四级考试或学校组织的水平相当的考试均可取得学士学位"的相关规定，合法有效。

上诉人卢某某认为其经过3年学习，通过了相关考试并取得了《成人高等教育毕业证书》应视为其通过了《复旦大学学位细则》中所称之"水平相当"的考试，具备取得学士学位资格。但复旦大学已经明确表示过，在上诉人卢某某学习期间，学校未组织过相关外语水平考试。因此，我们可以确认的是：上诉人并未参加过学校组织的相当水平的外语考试，由于其未通过国家外语专业四级考试，故此，其不具备授予学士学位资格。此外，毕业条件和学位授予条件往往是两套标准，学位授予条件通常比毕业条件要严格。换言之，毕业条件是学位授予条件的必要不充分条件。

综上，复旦大学拒绝授予上诉人卢某某学士学位的做法，于

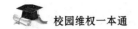

法有据，应予支持。上诉人卢某某的相关诉求，于法无据，应当予以驳回。

相关法条 ┈┈┈┈┈┈┈┈┈┈┈┈┈┈┈┈┈┈┈┈┈➤

1.《中华人民共和国学位条例》第8条

2.《中华人民共和国学位条例暂行实施办法》第25条

16. 在校生打架斗殴被处分，学校拒绝颁发学位证引争议

▌案情简介

杨某某于2006年9月考入济南大学经济学专业国际经济与贸易本科学习，学制四年。2010年6月25日，济南大学第三届学位评定委员会2010年第一次会议经审议认为，包括杨某某在内的57名毕业生因不符合学校相关规定不予授予学士学位，仅向杨某某颁发了普通高等学校毕业证书。济南大学给出的理由是杨某某曾被学校处以留校察看处分。

经查实，2007年5月26日，杨某某与同宿舍同学打架斗殴。于同年6月11日，经学校研究决定，处以留校察看一年的处分。依据济南大学有关学士学位工作细则方面的济大校字〔2005〕164号《济南大学普通全日制学生学籍管理暂行条例》（以下简称《济大学籍条例》）第69条的规定，"有下列情况之一的毕业生，不授予学士学位：……（三）受到行政纪律处分者……"该条例第71条规定："在校期间受过记过及以下处分者（因作弊受处分者除外），却有优异表现的，在毕业前2个月撤销处分后由本人提出书面申请，学校同意后可授予学士学位。受过记过以上处分者，

不再授予学位。"济南大学学位评定委员会根据以上决定，不授予杨某某学士学位。

杨某某不服，提起行政诉讼要求法院判令济南大学组织学位评定委员会对其是否应颁发学位证的问题进行重新审核。一审法院认为济南大学属于法律授权之学位授予组织，有权依法依据《学位条例》自行制定学位授予细则，被上诉人所制定的《济大学籍条例》合法有效。依据该条例规定，杨某某因打架斗殴受到学校留校察看处罚，属于该规定所列举的学位授予禁止性条件。济南大学依据该规定作出不授予学位的决定，于法有据。故此，法院判决驳回杨某某的诉讼请求。

杨某某不服，提起上诉，理由是：（1）被上诉人济南大学作出取消授予其学士学位的决定程序不合法，被上诉人并未依法对上诉人学位申请作出评定，而是直接依据上诉人曾经受过处罚，将其归入不授予学士学位行列；（2）上诉人在受到留校察看处分后，并未被告知该处分所带来的不授予学位的后果，如果其知晓该后果，上诉人会选择其他补救方式。因此，其诉请上诉法院撤销济南市市中区人民法院作出的〔2010〕市行初字第 61 号行政判决，并依法改判。

▍裁判结果

2012 年 11 月 16 日，山东省济南市中级人民法院作出判决：（1）撤销济南市市中区人民法院〔2010〕市行初字第 61 号行政判决；（2）撤销被上诉人济南大学将上诉人杨某某列入《济南大学 2010 届本科毕业生因违纪、作弊处分不授予学士学位名单》的具体行政行为；（3）责令被上诉人济南大学自判决生效之日起一年内依法履行向上诉人杨某某颁发学士学位的法定职责。

▎ 案件评析

本案的争议焦点在于：（1）被上诉人济南大学所作出的取消授予杨某某的决定程序是否合法；（2）济南大学是否有权将打架斗殴导致的校规处分列为学位授予的禁止性条件。

关于争议焦点一，根据《学位条例》第 8 条的规定，济南大学具有审查授予普通高校学士学位的法定职权。济南大学作为国务院授权的学士学位授予单位，有权依据《学位条例暂行实施办法》第 25 条的规定，制定本单位授予学士学位的工作细则。因此，济南大学有权依据该规则制定本校的学位授予细则。《学位条例》第 10 条规定："学位评定委员会负责审查通过学士学位获得者的名单……作出是否批准的决定。决定以不记名投票方式，经全体成员过半数通过。"《学位条例暂行实施办法》第 4 条规定："授予学士学位的高等学校，应当由系逐个审核本科毕业生的成绩和毕业鉴定等材料，对符合本暂行办法第三条及有关规定的，可向学校学位评定委员会提名，列入学士学位获得者的名单。"该法第 5 条规定："学士学位获得者的名单，经授予学士学位的高等学校学位评定委员会审查通过，由授予学士学位的高等学校授予学士学位。"经查实，被上诉人济南大学在学位评审过程中，并未依法将上诉人杨某某的学位申请纳入评审范围，而是直接将其列入不授予学位的范围。由此可知，济南大学的行为违反正当程序，属于无效行政行为，应予撤销。

关于争议焦点二，《学位条例》第 4 条规定："高等学校本科毕业生，成绩优良，达到下述学术水平者，授予学士学位：（一）

较好地掌握本门学科的基础理论、专门知识和基本技能；（二）具有从事科学研究工作或担负专门技术工作的初步能力。"《学位条例暂行实施办法》第 2 条规定："凡是拥护中国共产党的领导、拥护社会主义制度，具有一定学术水平的公民，都可以按照本条例的规定申请相应的学位。"该法第 3 条规定："学士学位由国务院授权的高等学校授予。高等学校本科学生完成教学计划的各项要求，经审核准予毕业，其课程学习和毕业论文（毕业设计或其他毕业实践环节）的成绩，表明确已较好掌握本门学科的基础理论、专科知识和基本技能，并具有从事科学研究工作或担负专门技术工作的初步能力的，授予学士学位。"以上关于学位授予的积极性条件。依据《学位条例》第 17 条的规定，"学位授予单位对于已经授予的学位，如发现有舞弊作伪等严重违反本条例规定的情况，经学位评定委员会复议，可以撤销"。这是关于学位授予的禁止性条件。打架斗殴所导致的校规校纪处罚，不属于法律规定的与学位授予相关的条件，该校将打架斗殴列入学位授予禁止性条件的行为，属于额外增加学生义务的行为，依法属于无效。

综上所述，济南大学因为杨某某曾经同室友发生打架行为就拒绝授予其学士学位，且该决定违反程序正义，依法应予以撤销。

⚖ 相关法条

1. 《中华人民共和国学位条例》第 2、8、10、17 条

2. 《中华人民共和国学位条例暂行实施办法》第 3、4、5 条

17. 学位授予实施细则是否具有溯及既往的效力

▌案情简介

柳某某系山东省齐鲁师范学院 2011 级生物科学专业学生。柳某某于 2011 年至 2015 年在齐鲁师范学院就读期间，共有高等数学、无机及分析化学、教育心理学、有机化学 4 门课程参加了补考。2015 年，柳某某行将毕业之时，被学校学位评审委员会拒绝授予学士学位，理由是柳某某其在 2011—2012 学年第二学期有机化学期末考试中，违反考场纪律夹带小抄作弊，齐鲁师范学院对柳某某作出严重警告处分。2016 年 10 月 11 日，柳某某向齐鲁师范学院提出申请，要求为其颁发学士学位，齐鲁师范学院一直未为其颁发。柳某某不服，诉至法院。

一审法院认为，根据《山东省学士学位授予管理办法》第 8 条第 2 项的规定，"普通高等教育本科毕业生有下列情况之一者，不得授予学士学位：（1）违反校纪校规受记过（含记过）以上处分者；（2）所修考试课程补考累计理工类 4 门（含 4 门）以上……"而柳某某在四年学习期间，确有高等数学、无机及分析化学、教育心理学、有机化学 4 门课程参加了补考。因此，法院判决驳回柳某某的诉讼请求。

柳某某不服，提起上诉，认为：（1）原审法院所依据的《山东省学士学位授予管理办法》不存在，法律适用错误；（2）被上诉人山东省齐鲁师范学院作出拒绝授予学位决定所依据的《齐鲁师范学院学士学位授予实施细则（试行）》是在 2014 年制定，而自己是在 2012 年考试作弊且已经被给予警告处分，故此，该规定不应溯及过往；（3）《齐鲁师范学院学士学位授予实施细则（试行）》中关于"考试作弊者不得授予学士学位"的规定，扩大了上位法《学位条例》《学位条例暂行实施办法》中关于授予学位的规定及其对高校的授权范围，被上诉人依据自行扩大的授权为依据，拒绝向上诉人颁发学位证书，属于适用法律错误。

▌ 裁判结果

2017 年 9 月 8 日，山东省济南市中级人民法院作出二审判决：驳回上诉，维持原判。

▌ 案件评析

本案中，双方争议的焦点在于：（1）齐鲁师范学院依据其 2014 年作出的《齐鲁师范学院学士学位授予实施细则（试行）》为依据，拒绝授予上诉人学位，是否违背法不溯及既往之规定；（2）学校自行规定对考试作弊学生拒绝授予学位，是否超出法律授权范围。

对于第一个争议焦点，依据《学位条例》第 17 条的规定："学位授予单位对于已经授予的学位，如发现有舞弊作伪等严重违反本条例规定的情况，经学位评定委员会复议，可以撤销。"学校的学位授予行为，属于具体行政行为，依据行政效率原则相关精神，既然学校在发现学生有作弊情况时可以撤销学位，那么为了避免浪费行政资源，自然可以对在授予学位之前发现有作弊行为的学生拒绝授予学位。学校如先授予学位，再行撤销，未免荒唐。《学位授予条例》于 1980 年制定，依据该条例规定，对在 2012 年考试作弊的柳某某作出的处罚决定，并未违反法不溯及既往原则。

对于第二个焦点，《学位条例暂行实施办法》第 25 条明确规定："学位授予单位可根据本暂行实施办法，制定本单位授予学位的工作细则。"《教育法》第 5 条规定："教育必须为社会主义现代化建设服务，必须与生产劳动相结合，培养德、智、体等方面全面发展的社会主义事业的建设者和接班人。"《高等教育法》第 4 条规定："高等教育必须贯彻国家的教育方针，为社会主义现代化建设服务，与生产劳动相结合，使受教育者成为德、智、体等方面全面发展的社会主义事业的建设者和接班人。"根据以上相关法律规定，我们可以得知对于学生道德品质的培养和要求是我国教育评价体系的重要标准之一。被上诉人齐鲁师范学院完全有权在《齐鲁师范学院学士学位授予实施细则（试行）》中将考试作弊等违背学术诚信的行为列为学位授予禁止性条件。齐鲁师范学院依据《齐鲁师范学院学士学位授予实施细则（试行）》的规定，对在考试中作弊的考生不授予学位，符合法律规定。

相关法条

1.《中华人民共和国学位条例》第 17 条
2.《中华人民共和国学位条例暂行实施办法》第 25 条
3.《中华人民共和国教育法》第 5 条
4.《中华人民共和国高等教育法》第 4 条

18. 学校对作弊者设定更高的学术要求，符合学位授予制度的初衷

案情简介

刘某某于 2011 年考入中山大学新华学院法学系学习，学制四

年。2015 年刘某某毕业时，新华学院学位评定委员会决议，不授予其学士学位，理由是刘某某在校学习期间曾在考试中存在作弊行为。

经查实，刘某某在 2013 年第一学期经济法科目的考试中，违反考场纪律，携带手机及夹带字条进入考场，被监考老师发现。新华学院依据该校学籍管理办法给予刘某某严重警告处分。依据《中山大学新华学院学士学位授予工作细则（试行）》第 5 条规定："受留校察看或以上处分者不授予学士学位。"该细则第 6 条规定："考试作弊者，不授予学士学位。但是若同时满足以下三个条件者，可以在毕业前 2 个月提出授予学士学位的申请，经所在系批准后，由学位评议组审议，并报学院学位评定委员会审定：(1) 在校学习期间，未受到学院、系的其他纪律处分；(2) 考试作弊行为发生后的后续学习期间，未再发生作弊行为；(3) 考试作弊行为发生后的后续学习期间，思想品行表现优秀，并且在本专业同年级学生中学业成绩排名在前 20%；或者取得与所属专业相关的、具有一定水平的学术成果和技术成果，包括以第一作者在核心期刊上发表学术论文、以第一完成人获授权发明专利、作为主要完成人获国家省部级科学技术奖项、作为主要完成人取得的成果获推广并发生经济效益或社会效益（要求提供使用单位证明）；或者获得国内外高校（国外高校须获得教育部学历认证）录取攻读硕士研究生。"

刘某某在校学习期间，未满足考试作弊学生在毕业前 2 个月内重新申请授予学位的 3 项条件，因此，在其毕业时新华学院颁发毕业证而没颁发学位证。刘某某不服，提起行政诉讼，认为学校以考试作弊为由不授予学位证书，不符合《学位条例》等相关上位法的规定，请求法院：（1）撤销被告新华学院不予授予其学士学位的决定；（2）责令被告新华学院对是否授予其学士学位重新作出决定。

▍裁判结果

2016年6月8日，广东省天河区人民法院判决撤销被告中山大学新华学院对原告刘某某作出的不予授予学士学位的决定；被告中山大学新华学院应在判决生效之日起60日内重新作出是否授予原告刘某某学士学位的决定。

▍案件评析

本案中双方争议的焦点在于：学校是否有权将考试作弊列为学位授予的禁止性条件。

对于该焦点，新华学院在校规中规定对考试存在作弊行为的学生不授予学位，符合上位法的立法精神。根据《学位条例暂行实施办法》第25条的规定，"学位授予单位可根据本暂行实施办法，制定本单位授予学位的工作细则"。《教育法》第5条规定："教育必须为社会主义现代化建设服务，必须与生产劳动相结合，培养德、智、体等方面全面发展的社会主义事业的建设者和接班人。"《高等教育法》第4条规定："高等教育必须贯彻国家的教育方针，为社会主义现代化建设服务，与生产劳动相结合，使受教育者成为德、智、体等方面全面发展的社会主义事业的建设者和接班人。"根据以上相关法律规定，我们可以得知对于学生道德品质的培养和要求是我国教育评价体系的重要标准之一。《学位条例》第17条规定："学位授予单位对于已经授予的学位，如发现有舞弊作伪等严重违反本条例规定的情况，经学位评定委员会复议，可以撤销。"既然学校在发现学生存在作弊行为时可以撤销学位，那么为了避免浪费行政资源，自然也可以对在授予学位之前发现有作弊行为的学生拒绝授予学位。

法院在判决理由中认为，对作弊考生作出更高的学术要求有违教育公平。这一说法有待商榷，因为依法依规，学校可以对作弊考生不再授予学位，但是学校依据自主办学之权利，给予作弊学生一个改过自新的机会，不应当认为是对作弊考生的教育不公。

笔者认为，中山大学有权制定"作弊学生"重申申请学位的"救赎条款"。《学位条例》第17条规定："学位授予单位对于已经授予的学位，如发现有舞弊作伪等严重违反本条例规定的情况，经学位评定委员会复议，可以撤销。"以上规定对于作弊学生的学位撤销使用了"可以"两字，可见该规定具有"授权性"。将对"作弊"行为的学生是否撤销学位的权力授予学位评定委员会，而非直接规定"作弊一律应取消学位"。这说明，学校对作弊学生在学位授予上可以依据本校特点自行作出规定。因此，中山大学在其学位授予细则中针对作弊学生规定的三个"救赎条件"并不违反上位法规定。《中山大学新华学院学士学位授予工作细则（试行）》第6条规定："考试作弊者，不授予学士学位。但是若同时满足以下三个条件者，可以在毕业前2个月提出授予学士学位的申请……"学校没有对作弊考生"一棍子打死"，而是告诉作弊考生只有努力奋进才能获得改过自新的机会，符合我国教育法以学生教育为主、惩罚为辅的基本原则。因此，笔者认为，法院判决撤销中山大学对刘某某作出的不授予学位的决定，有待商榷。

相关法条

1. 《中华人民共和国学位条例》第 17 条

2. 《中华人民共和国学位条例暂行实施办法》第 25 条

3. 《中华人民共和国教育法》第 5 条

4. 《中华人民共和国高等教育法》第 4 条

19. 英语成绩不达标，学校拒绝颁发学位证

▌案情简介

任某某于 2011 年考入山西大同大学政法学院法学系学习。2015 年，任某某行将毕业时，山西大同大学拒绝授予其学士学位，理由是任某某在大学学习期间未通过国家英语四级考试且在学校自行组织的学位英语考试中成绩也未达标。

据悉，2012 年山西大同大学制定《大同大学本科毕业生学士学位授予办法》。按该办法，不授予学位的应控制为毕业生总数的 6% 即 12 人。经查实，任某某属于 2015 届法学专业毕业生，当年该专业获得学士学位平均学分绩点为 1.8、英语最低成绩为 56 分。任某某学分绩点为 2.22、英语成绩为 55.5 分，由于英语成绩没有达到授予学位最低要求，其未获得学士学位。

任某某认为学校将学位授予挂钩英语考试成绩不符合法律规定，不服学校决定，遂提起行政诉讼。一审法院认为大同大学作出的不授予学位的决定于法有据，原告诉讼请求无法律依据，予以驳回。

任某某不服，提起上诉，请求法院撤销大同市城区人民法院〔2016〕晋 0202 行初 66 号判决书；确认被上诉人不予发放上诉人的

学位证行为违法；对《山西大同大学关于本科毕业生学士学位授予工作的规定》进行合法性审查。

▍裁判结果

2017 年 3 月 16 日，山西省大同市中级人民法院判决驳回上诉，维持原判。

▍案件评析

本案中双方争议的焦点在于学校将英语成绩与学位授予挂钩是否合法。

《学位条例》第 8 条第 1 款规定："学士学位，由国务院授权的高等学校授予；硕士学位、博士学位，由国务院授权的高等学校和科学研究机构授予。"根据《学位条例暂行实施办法》第 3 条第 1 款和第 25 条的规定，"学士学位由国务院授权的高等学校授予""学位授予单位可根据本暂行实施办法，制定本单位授予学位的工作细则"。上述法律法规赋予了大同大学作为国务院授权的高等学校，享有授予学士学位的权力，同时有权依据相关法律法规自行制定本校学位授予工作细则。在不违反《学位条例》所规定授予学士学位基本原则的基础上，大同大学依据自身情况制定的《大同大学本科毕业生学士学位授予办法》应属合法有效，因此，大同大学有权将英语成绩与学位授予挂钩。

近年来，社会各界关于取消英语四六级考试成绩与学位授予资格挂钩的呼声越来越强烈。笔者认为，既然《学位条例》《学位条例暂行实施办法》等法律法规赋予了高校制定本校学位授予细则的权力，那么高校在符合上述法规立法精神的前提下，制定的实施细则也就具有了合法性。按照以上法律法规，我国学位授予有两个标准：学术标准和品德标准。四六级英语考试成绩是衡量学生学术标准的重要体现，当前之所以会引发各种争议，笔者认为，其中的缘由在于评价标准的单一。很多学校直接将四六级英语考试成绩当作学生英语能力的唯一判断标准，既然四六级考试是社会化考试的一种，那么雅思、托福等社会化考试以及研究生入学英语考试、各学校英语期末考试等也可以作为评判学生英语水平的衡量标准。因此，笔者建议，英语能力固然是评判学生学术能力的重要指标，但学校应拓宽、完善学生英语水平评价体系，赋予学生一定的选择权。就学生而言，在填报高考志愿的时候以及入学后要充分知悉学校的学位授予政策，做到心中有数、有的放矢，切勿临时抱佛脚，自毁前程。

相关法条

1.《中华人民共和国学位条例》第8条
2.《中华人民共和国学位条例暂行实施办法》第3、25条

第二节　违规办学纠纷

1. 民办学校管理混乱，主管部门吊销其办学许可证

案情简介

深圳龙华新区横朗小学（含幼儿园，下同）为依法设立的民

办学校，于 2006 年因福龙路建设拆迁安置产生了历史遗留办学问题。近年来，该校不断向上级有关部门投诉、上访。横朗小学于 2013 年 10 月 11 日擅自停课 1 日，造成恶劣影响。2013 年 11 月 7 日上午 7 点左右，横朗小学董事会再次在学校大门张贴《停课通知》，宣称其董事会所管的横朗小学、横朗幼儿园即日起全面停课，恢复上课时间不能确定，并停驶接送学生的校车，董事会成员及全体校车司机、后勤人员不知去向。当日，大部分学生仍等候校车准备上学，部分走读学生在家长陪同下来到学校却无法上课，学校各班级全部停课。事件发生后，深圳龙华新区公共事业局、大浪办事处等部门第一时间介入，采取系列措施，争取 11 月 8 日恢复正常上课和学校情况平稳可控。深圳市宝安区教育局于 2013 年 11 月 12 日至 2013 年 11 月 13 日期间对横朗小学校长、教学主任及教师等人分别进行调查询问，并于 2013 年 11 月 14 日对横朗小学安全工作、办学条件、教学常规管理及卫生保健等方面进行现场检查。深圳市永明会计师事务所有限责任公司于 2013 年 11 月 1 日出具《关于深圳市龙华新区横朗小学 2012 年度财务报表的审计报告》，审计建议为"横朗小学平常现金结余金额大，未及时送存银行，已违反《现金暂行规定》及《银行结算管理办法》等相关规定；且横朗小学支出大部分未取得正式发票，已违反发票管理的相关规定；并存在会计基础工作不规范、资产管理不规范等现象"。2013 年 12 月 13 日，深圳市宝安区教育局承办部门出具《关于横朗小学违反教育行政管理秩序行政处罚案件的调查处理意见书》，建议对该校处予吊销办学许可证，并制作《教育行政处罚案件调查终结审批表》按内部流程进行审批。2013 年

12 月 16 日，深圳市宝安区教育局作出〔2013〕深龙华教行罚 002 号《教育行政处罚事先告知书》，告知横朗小学拟作出行政处罚决定的事实、理由及依据，并告知横朗小学依法享有陈述权、申辩权及要求听证等相关权利。横朗小学未在告知期限内进行陈述、申辩，亦未要求听证。2014 年 1 月 13 日，深圳市宝安区教育局作出深龙教行罚字〔2013〕第 002 号《教育行政处罚决定书》，认定横朗小学存在教学条件明显不能满足教学要求，未及时采取措施；教育教学管理混乱，教师未按规定开展业务培训，教学活动不符合规定课程标准，董事会直接干预学校日常教学管理，影响校长独立行使管理职权；财务管理不规范，大部分支出未取得正式发票，违反发票管理的相关规定，会计基础工作不规范，记账依据不充分、不完整；擅自停课，侵犯受教育者合法权益，产生恶劣社会影响的违法行为。根据以上事实，深圳市宝安区教育局遂依据《民办教育促进法》第 62 条第（5）项及《教育行政处罚暂行实施办法》第 16 条规定，决定吊销横朗小学办学许可证。

横朗小学不服以上行政处罚，认为深圳市宝安区教育局认定事实不清、适用法律错误、违反法定程序，起诉至深圳市宝安区人民法院，诉请法院撤销深圳市宝安区教育局作出的深龙教行罚字〔2013〕第 002 号《教育行政处罚决定书》。

▍裁判结果

深圳市宝安区人民法院经审理认为涉诉行政处罚决定并无不当，判决维持深圳市宝安区教育局于 2014 年 1 月 13 日作出深龙教行罚字〔2013〕第 002 号《教育行政处罚决定书》的具体行政行为，驳回横朗小学的诉讼请求。

▌案件评析

该案争议的焦点是深圳市宝安区教育局认定横朗小学存在管理混乱、严重影响教育教学，产生恶劣社会影响，从而吊销其办学许可证的行政处罚行为是否证据充分确凿、程序正当。

深圳市宝安区教育局提交的现场检查笔录、停课通知、询问笔录、劳动合同、《关于深圳市龙华新区横朗小学2012年度财务报表的审计报告》及《龙华新区〈义务教育〉专项督导复查登记表》等证据材料相互印证，可认定横朗小学擅自停课，教学活动不符合规定课程标准，董事会直接干预学校日常教学管理，教学条件明显不能满足教学要求，财务管理不规范，已产生恶劣社会影响。《民办教育促进法》第62条规定："民办学校有下列行为之一的，由县级以上人民政府教育行政部门、人力资源社会保障行政部门或者其他有关部门责令限期改正，并予以警告；有违法所得的，退还所收费用后没收违法所得；情节严重的，责令停止招生、吊销办学许可证；构成犯罪的，依法追究刑事责任：……（五）管理混乱严重影响教育教学，产生恶劣社会影响的……"《教育行政处罚暂行实施办法》第16条规定："社会力量举办的学校或者其他教育机构管理混乱，教学质量低下，造成恶劣影响的，由审批的教育行政部门限期整顿，并可给予警告；情节严重或经整顿后仍达不到要求的，由审批的教育行政部门给予责令停止招生、吊销办学许可证的处罚。"对于横朗小学存在管理混乱、严重影响教育教学，产生恶劣社会影响的违法行为，其主管部门深圳市宝安区教育局有权依据以上法律法规对横朗小学处予吊销办学许可证的行政处罚。此外，深圳市宝安区教育局经调查、告

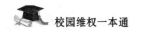

知、讨论后作出被诉行政处罚决定，符合法定程序。

相关法条

1.《中华人民共和国民办教育促进法》第 62 条
2.《教育行政处罚暂行实施办法》第 16 条

2. 民办学校虚假宣传、管理混乱，执法部门依法吊销办学许可证

案情简介

温州某职业学校（以下简称职业学校）是一家民办职业培训学校，法定代表人为连某某，业务范围是服装设计定制工培训。职业学校在互联网上发布招生简章和广告面向全国招生，宣称学校的课程均由教授级、高级设计师、高级工程师等教学、指导，并在其官网上介绍了金某某、程某某等 6 位教师及 3 位意大利客座导师的职称及履历情况。此外，其在招生简章上介绍其学生毕业后可获全国通用等级证书和大专学历证书（教育部电子注册，国家承认学历）。2014 年 5 月 10 日，学员焦某某以职业学校发布虚假招生简章及广告、教学管理混乱等违规办学情况为由向温州市人社局投诉。温州市人社局发现职业学校存在虚假宣传师资力量、虚假宣传招生简章、教学管理混乱等嫌疑，遂依《民办教育促进法》第 62 条第 1 款的相关规定立案调查。温州市人社局调查后发现：职业学校实际任职的教师与网上宣传的师资力量不符，存在虚假宣传师资的情况；职业学校仅能发给学员职业培训证书，无法发放学历证书，存在虚假宣传学历教育的情况；自 2014 年

起，因职业学校法定代表人存在债务纠纷，债务人到学校采用油漆写字、播放喇叭等方式讨债，致使学校正常的教学秩序受到严重影响。2014 年 5 月 26 日，温州市人社局对职业学校作出并送达限期改正指令书，要求职业学校自收到指令书之日起三个月内按指令书要求进行整改。整改期间，职业学校未撤销虚假广告、招生简章，继续招收新学员；无故拖欠教师工资、学生宿舍房租，导致教师离职，学生无法正常上课，教学秩序继续恶化，学员集体要求退学，社会影响恶劣。温州市人社局于 2014 年 8 月 6 日作出劳动保障监察行政处罚事先告知书并送达职业学校。职业学校于 2014 年 8 月 11 日书面提出要求听证。2014 年 8 月 26 日，温州市人社局组织了职业学校与调查人参加的行政处罚听证会。会上，职业学校主张温州市人社局作出的行政处罚事先告知书认定的事实不清、适用法律错误、程序违法，且按温州市人社局作出的限期改正指令书进行整改，但职业学校未提交任何证据证明自己的主张。2014 年 9 月 12 日，温州市人社局作出吊销职业学校办学许可证的处罚决定并送达职业学校，职业学校不服该处罚决定，向温州市鹿城区人民法院提起行政诉讼，诉请法院撤销温州市人社局作出的行政处罚。

▍ 裁判结果

温州市鹿城区人民法院认为温州市人社局作为职业学校的审批机关，有权依法对职业学校进行监督和管理。职业学校存在虚假宣传、教学秩序混乱等情形且拒不整改，违反了《民办教育促进法》《职业教育法》等法律，遂驳回职业学校的诉讼请求。职业学校不满一审判决，以一审判决认定事实不清为由，向温州市中级人民法院提起上诉。

2015 年 6 月 19 日，温州市中级人民法院判定被诉行政处罚决定认定事实清楚，证据充分，适用法律正确，程序合法，遂驳回上诉，维持原判。

▍案件评析

该案争议的焦点在于：温州市人社局作出吊销职业学校办学许可证的行为是否有法律依据，即事实认定是否清楚，处罚程序是否正当，法律适用是否正确。

根据《民办教育促进法》第 29 条及《职业教育法》第 36 条第 2 款的规定，在民办学校任职的教师应当具有国家规定的任教资格，在职业培训学校兼职的教师，应当是专业技术人员、有特殊技能的人员或其他教育机构的教师。案涉职业学校未提供证据证明其学校现任职的教师均有任教资格或专业资格，违反上述法律的规定。同时，案涉职业学校在官网介绍了金某某、程某某等 6 位教师及 3 位意大利客座导师的职称及履历情况，但职业学校无法证明上述教师均曾与其存在聘任关系，涉及虚假宣传。根据《职业教育法》第 25 条第 1 款的规定，接受职业学校教育的学生，经学校考核合格，按照国家有关规定，发给学历证书。接受职业培训的学生，经培训的职业学校或者职业培训机构考核合格，按照国家有关规定，发给培训证书。案涉职业学校系职业培训学校，仅能按照国家有关规定，对经考核合格的学生发给培训证书，而不能发放学历证书。案涉职业学校在招生简章上宣传其学生毕业后可获全国通用等级证书和大专学历证书（教育部电子注册，国家承认学历），违反上述法律规定。综上，案涉职业学校发布虚假广告和招生简章，涉及虚假宣传且违反国家学历管理相关规定。此外，根据学校教师章某某、刘某某、李某、焦某某、黄某某、俞某某、谷某某、钟某、叶某某、黄某某等人的证言，可以证实案涉职业学校在办学期间拖欠教师工资导致教师不正常上课，教学管理混乱，且有无关人员闯入学校讨债、泼油漆，教学秩序持续恶化。《民办教育促进法》第62条规定："民办学校有下列行为之一的，由县级以上人民政府教育行政部门、人力资源社会保障行政部门或者其他有关部门责令限期改正，并予以警告；有违法所得的，退还所收费用后没收违法所得；情节严重的，责令停止招生、吊销办学许可证；构成犯罪的，依法追究刑事责任；……（三）发布虚假招生简章或者广告，骗取钱财的；……（五）管理混乱严重影响教育教学，产生恶劣社会影响的……"《教育行政处罚暂行实施办法》第16条规定："社会力量举办的学校或者其他教育机构管理混乱，教学质量低下，造成恶劣影响的，由审批的教育行政部门限期整顿，并可给予警告；情节严重或经整顿后仍达不到要求的，由审批的教育行政部门给予责令停止招生、吊销办学许可证的处罚。"基于以上事实和法律规定，温州市人社局作出《限期改正指令书》，责令职业学校暂停招生，招生广告和招生简章应如实宣传，加强内部管理，规范教学秩序等。但职业学校在整改期间，仍然通过虚假网站继续招收学员，且教学管理秩序进一步恶化。因此，温州市人社局未待整改期满即作出行政处罚决定，在程序上并无不当。

笔者认为，民办学校在办学过程中，主管部门基于《民办教育促进法》《职业教育法》等法律法规，有权对民办学校进行监督和管理。本案中，温州市人社局的行政执法相当克制、合理：一是执法单位举办了听证会，倾听各方的意见；二是执法单位起先并未直接作出吊销办学许可证的行政处罚决定，而是作出限期改正指令书，明确整改范围并要求案涉职业学校限期整改；三是案涉职业学校拒不履行整改指令书，反而继续虚假宣传、违规招生，且教学秩序进一步恶化。经过以上程序后，温州市人社局根据《民办教育促进法》第62条的规定，果断作出吊销办学许可证的行政处罚决定，有利于制止违法行为，维护师生的合法权益。

⚖ **相关法条** ┈┈┈┈┈┈┈┈┈┈┈┈┈┈┈┈┈┈┈➤

1. 《中华人民共和国民办教育促进法》第29、62条
2. 《中华人民共和国职业教育法》第25、36条
3. 《教育行政处罚暂行实施办法》第16条

3. 未经批准设立幼儿园，教育局给予停止办学的行政处罚

▎案情简介

王某某系个体工商户，2013年9月，王某某租用了苏州市周市镇尉州路21号的厂房，未经当地教育局同意，进行装修改造后开办了小精灵幼儿园。2014年10月15日，昆山市人民政府办公室发布《市政府办公室关于开展无证幼儿园清理整顿工作的意见》，对昆山市的无证幼儿园清理工作提出了指导意见。在清理整顿过程中，发现小精灵幼儿园未经批准开办幼儿园，昆山市教育局与周市镇政府于2014年8月14日下达了关停通告，要求王某某主动关闭该幼儿园，并于2014年8月26日敦促关闭小精灵幼

儿园。由于王某某拒绝关停该幼儿园，2015年4月16日，昆山市教育局立案调查。立案后，昆山市教育局指派人员实地查看、听取王某某陈述。2015年5月19日，昆山市教育局向王某某作出行政处罚告知书及行政处罚听证告知书，并于2015年7月1日昆山市教育局就王某某行政处罚一案进行听证。听证会上，王某某提出自己举办的是看护点不是幼儿园，不能用幼儿园的标准进行处罚。2015年8月3日，昆山市教育局作出昆教罚字〔2015〕001号行政处罚决定书，认为王某某行为属于未经批准非法办学，并决定给予王某某"立即停止招生、停止办园；退回招收幼儿，退回所收的费用"的行政处罚。王某某不服上述行政处罚决定，向苏州市教育局申请行政复议。苏州市教育局于2015年9月3日立案受理，并于2015年9月15日派员进行实地查看、现场拍照。2015年10月16日，苏州市教育局作出〔2015〕苏教行复第1号行政复议决定书，维持昆山市教育局作出的昆教罚字〔2015〕001号行政处罚。王某某仍不服，向江苏省张家港市人民法院提起行政诉讼。

江苏省张家港市人民法院经过审理，认为王某某提出的举办的小精灵幼儿园仅为无证看护点而不属于无证幼儿园的诉讼主张，与法律规定不符，诉讼理由不能成立；小精灵幼儿园属于无证幼儿园，昆山市教育局行政处罚决定并无不当。苏州市教育局所作出的行政复议决定程序合法，事实清楚，证据确凿，适用法律依据正确。故判决驳回王某某的全部诉讼请求。

王某某不服张家港市人民法院〔2015〕张行初字第00324号行政判决，向江苏省苏州市中级人民法院提起上诉，其理由主要有：（1）昆山市教育局不给上诉人备案，导致上诉人无法取得相关许可证，又以无相关许可证为由，作出取缔小精灵幼儿园的处罚没有事实依据；（2）法律没有明确规定关于认定"看护点"与"无证幼儿园"的区分标准，一审法院认为经备案的才能称为看护点，未经备案的就属于无证幼儿园的认定没有法律依据。

▌裁判结果

2016 年 4 月 18 日，江苏省苏州市中级人民法院认为被上诉人昆山市教育局所作行政处罚决定事实清楚，程序合法，适用法律正确。被上诉人苏州市教育局所作出的行政复议决定事实清楚，程序合法，证据确凿，适用法律依据正确。上诉人的上诉请求缺乏事实和法律依据，不予支持，故判决驳回上诉，维持原判。

▌案件评析

根据《行政处罚法》第 15 条、第 20 条和《教育行政处罚暂行实施办法》第 4 条、第 5 条的规定，被上诉人昆山市教育局作为涉案辖区内的教育行政部门，具有作出本案讼争行政处罚决定的职权。《教育法》第 28 条规定："学校及其他教育机构的设立、变更和终止，应当按照国家有关规定办理审核、批准、注册或者备案手续。"《幼儿园管理条例》第 27 条规定："违反本条例，具有下列情形之一的幼儿园，由教育行政部门视情节轻重，给予限期整顿、停止招生、停止办园的行政处罚：（一）未经登记注册，擅自招收幼儿的……"该案中，王某某未经批准，擅自招收幼儿的行为，属于非法办学。被上诉人昆山市教育局依法对其进行行政处罚并无不当。

王某某辩称，依据《苏州市学前儿童看护点建设管理暂行办法》第6条的规定，"举办人向看护点所在地教育部门提出书面申请，联合工作小组根据所在地实际情况研究决定是否予以备案"，其开办的属于看护点而非幼儿园，昆山市教育局不能按无证幼儿园进行处罚。法院认为，《苏州市学前儿童看护点建设管理暂行办法》系苏州市人民政府为妥善解决流动人口适龄儿童学前教育资源不足的问题而制定，看护点须经批准并进行备案后才可以招生。上诉人王某某将看护点分成有证看护点和无证看护点两种，进而提出其举办的小精灵幼儿园仅为无证看护点，不属于无证幼儿园的诉讼主张，与法律规定不符。

此外，王某某认为小精灵看护点未经过批准、备案是被上诉人昆山市教育局行政不作为所致，故不应被取缔。笔者认为，被上诉人昆山市教育局对上诉人开办的小精灵幼儿园是否应予批准、备案，是否存在行政不作为，属于另一行政法律关系，王某某所述不能成为其擅自招生行为合法化的依据。此外，教育行政主管部门作为设立教育机构的审核者，应当充分公开设立教育机构的条件和程序，必要时对教育机构的设立者予以指导。

⚖ 相关法条 --➤

1.《中华人民共和国行政处罚法》第15、20条

2.《中华人民共和国教育法》第28条

3.《教育行政处罚暂行实施办法》第4、5条

4.《幼儿园管理条例》第27条

5.《苏州市学前儿童看护点建设管理暂行办法》第6条

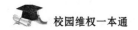

第三节　义务教育权益纠纷

1. 孩童未经申请无故辍学，家长被判送其接受义务教育

▍案情简介

　　被告曹某军、丁某炎、任某安等43人系湖南沅江市北大乡下属各村村民，因被告人拒绝将处于义务教育学龄的子女送往学校接受教育，北大乡乡政府提起诉讼，诉请法院判令被告人将子女送往学校接受教育，直至完成九年制义务教育。

　　2001年3月30日，湖南省沅江市人民法院开庭审理此案。原告代表人北大乡乡长认为，被告曹某军、丁某炎等人不将学龄子女送到学校接受义务教育，违反了《义务教育法》《未成年人保护法》等相关规定，侵犯了未成年人子女接受教育的权利，依法应当予以制止同时要求其履行法定监护人职责，将子女送往学校学习。被告人曹某军等人列出了几项辩解理由：（1）家庭经济困窘，无力支持孩子入学；（2）子女接受学校教育也没有实际效用，能识字、会算数就够了；（3）孩子尽早帮助家里干活或者外出打工能补贴家用。

▍裁判结果

　　湖南省沅江市人民法院作出当庭判决，责令被告曹某军等人在判决生效之日起3日内，送其未成年子女到原就读学校继续完成九年制义务教育。

▌案件评析

《义务教育法》第 11 条规定："凡年满六周岁的儿童，其父母或者其他法定监护人应当送其入学接受并完成义务教育；条件不具备的地区的儿童，可以推迟到七周岁。适龄儿童、少年因身体状况需要延缓入学或者休学的，其父母或者其他法定监护人应当提出申请，由当地乡镇人民政府或者县级人民政府教育行政部门批准。"《未成年人保护法》第 13 条规定："父母或者其他监护人应当尊重未成年人受教育的权利，必须使适龄未成年人依法入学接受并完成义务教育，不得使接受义务教育的未成年人辍学。"根据该法第 28 条的规定，"各级人民政府应当保障未成年人受教育的权利，并采取措施保障家庭经济困难的、残疾的和流动人口中的未成年人等接受义务教育"。因此，监护人有义务将被监护人送往学校接受义务教育，政府也对于经济困难家庭的儿童接受义务教育承担救助责任。

当前，在我国不少边穷地区，依然零星存在适龄儿童辍学的现象。保障适龄儿童受教育的权利，不仅是家长、监护人的责任，同时也是一种社会责任，更是政府责任。这类案件的解决，不仅依靠法律手段，更应该做好社会保障措施，加大政策宣传力度。"再穷也不能穷教育"，接受义务教育、提高知识水平是个人发展的必经之路，是解决贫困的重要突破口。贫困地区只有送孩童入学接受义务教育，才是实现彻底脱贫的"第一步"。

值得注意的是，本案的原告是乡政府，由乡长作为代表人出庭。地方政府通过诉讼的方式，由法院最终判决家长承担相应责

任，以解决儿童接受义务教育的问题。此法律途径具有操作性和代表性，值得借鉴。

相关法条

1. 《中华人民共和国义务教育法》第 11 条
2. 《中华人民共和国未成年人保护法》第 13、28 条

2. 教育部发声：孩童"在家上学"不合法

▌案情简介

据统计，截至 2017 年 2 月，我国大约有 6000 名学龄儿童、青少年正接受"在家上学"教育，有越来越多的家长尝试将这一想法付诸实践。

坚持"在家上学"的原因有许多，但大多出于以下几点考虑：（1）对学校应试教育不信任，坚持自己教育对孩子将来的发展更好；（2）也有部分家长认为当前公办教学资源过于紧张，如果自己有条件"在家上学"，愿意将资源让给更需要的人；（3）出于儿童宗教信仰、身体素质、特长等原因考虑，部分家长选择在家教学；（4）传统学校面临诸如校园霸凌、教师体罚等弊端，而在一些"在家上学"的成功案例与之形成鲜明对比，这也让家长们开始考虑在家教学。但是，"在家上学"是否涉嫌违反《义务教育法》，是否侵犯学龄儿童接受教育的权利，仍处于争论之中。

▌案件评析

《义务教育法》第 11 条规定："凡年满六周岁的儿童，其父母

或者其他法定监护人应当送其入学接受并完成义务教育；条件不具备的地区的儿童，可以推迟到七周岁。适龄儿童、少年因身体状况需要延缓入学或者休学的，其父母或者其他法定监护人应当提出申请，由当地乡镇人民政府或者县级人民政府教育行政部门批准。"可见，在我国，学龄儿童进入学校接受义务教育既是一项权利，同时也是一样义务。既然是一项义务，那么必然具有一定的强制性。以上法律规定孩童因身体状况需要延缓入学或者休学的，必须经当地政府部门或者教育行政部门批准，并不包含无故"在家上学"的情形。

2017 年 2 月 22 日，教育部印发《关于做好 2017 年义务教育招生入学工作的通知》，要求"不得擅自以在家学习替代国家统一实施的义务教育"，并且"高度关注接受'私塾''读经班'等社会培训机构教育的学生"。这是教育部门首次明确叫停"在家上学"。

需要指出的是，家庭教育虽然可以在一定程度上规避诸如校园霸凌、老师体罚等弊端，也可以针对孩子的兴趣爱好、特长等因材施教，但教书育人毕竟是一项系统工程，教育的成功不仅要求家长具备一定的文化素养，同时也要有相当的教学水平。相比学校教育，家庭教学毕竟不够系统和全面。《义务教育法》赋予了学龄孩童接受国家义务教育的权利，也明确了监护人应尽的法定义务。因此，家长们还是应该将子女送进学校，接受正规的、系统的、全面的义务教育。

⚖ 相关法条 ────────────────────▶‖

1.《中华人民共和国义务教育法》第 11 条

2.《中华人民共和国未成年人保护法》第 13 条

第四章

教育培训机构
知识产权纠纷

从教育机构发生知识产权纠纷的常见类型出发，本章包括商标权侵权纠纷、著作权侵权纠纷以及专利权侵权纠纷三部分的内容。

商标注册人享有商标专用权，其权利受法律保护。根据《商标法》《反不正当竞争法》的规定，任何参与市场竞争的民事主体，无论是营利性企业还是民办非营利性机构，除非获得授权，不得实施《商标法》第57条规定的7种情形中的任何一种，否则即构成侵犯注册商标专用权。此外，民事主体亦不得使用他人注册商标、未注册的驰名商标作为企业名称中的字号以误导公众，进行不正当竞争行为。在网络运营中，教育机构使用与他人驰名商标、注册商标相同或相似的域名，或在广告竞价排名中将含有他人注册商标的文字作为竞价排名关键字指向自己的网站，足以造成相关公众误认的，亦构成侵权或不正当竞争。当发生商标侵权纠纷，商标注册人或获得授权的主体可以请求人民法院判令侵权人立即停止侵权、消除影响、赔偿经济损失以及为制止侵权行为所支出的合理费用。

文学、艺术和科学作品作者的著作权受法律保护。作为著作权密集的教育机构及相关教育人员享有的著作权更容易受到侵害，因此，确认著作权，明晰著作权包含的各项权能和一些对著作权的限制，正确运用著作权受到侵害时的救济手段，对保护著作权举足轻重。著作权保护的作品，是指文学、艺术和科学领域内具有独创性并能以某种有形形式复制的智力成果；著作权保护的创作，是指直接产生文学、艺术和科学作品的智力活动。因此，教师在完成学校的教学任务中，通过多媒体的形式将自己的思想或者意志予以表达所形成的课件也应视为作品，受著作权法保护。与此同时，根据"思想与表达二分法"的原理，著作权法自然不保护作品所反映的思想、观点。一般而言，创作作品的作者享有著作权，但当由法人或者其他组织主持，代表法人或者其他组织意志创作，并由法人或者其他组织承担责任的作品，法人或者其他组织视为作者享有著作权。除此之外，即使是公民为完成法人或者其他组织工作任务所创作的作品，著作权依然由作者享有，只不过法人或者其他组织其业务范围内享有优先使用的权利。著作权项下的 4 项人身权和 12 项财产权，除非获得授权或者构成《著作权法》第 22 条的合理使用，任何人不得侵犯著作权人的著作权。著作权人发现他人有侵犯其著作权的行为，可以请求侵权人承担停止侵害、消除影响、赔礼道歉、赔偿损失等民事责任，并要求侵权人支付为制止侵权行为所支出的合理费用。

国家为鼓励发明创造、提高创新水平，依法保护专利权人的合法权益。教育机构中常见的专利权纠纷主要集中于发明和实用新型专利权纠纷。具备新颖性、创造性和实用性是授予发明和实用新型专利权的必备条件。一般，发明人或者设计人享有申请专利的权利，申请被批准后，该发明人或者设计人为专利权人。但是，若执行本单位的任务或者主要是利用本单位的物质技术条件所完成的发明创造则为职务发明创造，职务发明创造申请专利的权利属于该单位，申请被批准后，该单位为专利权人。此外，两个以上单位或者个人合作完成的发明创造、一个单位或者个人接受其他单位或者个人委托所完成的发明创造，除另有协议的以外，申请专利的权利属于完成或者共同完成的单位或者个人，申请被批准后，申请的单位或者个人为专利权人。对于发明或者实用新型专利权的保护范围，应当以该专利权利要求的内容为准，说明书及附图可以用于解释权利要求的内容。判定被诉侵权技术方案是否落入专利权的保护范围，应当审查权利人主张的权利要求所记载的全部技术特征。未经专利权人许可，实施其专利，即构成侵犯其专利权，专利权人可以请求侵权人停止侵权并赔偿经济损失。

第一节　商标权纠纷

1. 培训机构使用他人商标和名称，构成侵权和不正当竞争

▌案情简介

学大教育公司成立于 2001 年 9 月 10 日，经营范围为教育培

训、研究开发教育软件、教育技术咨询等。学成世纪公司于 2009 年 8 月 17 日依法登记成立。2011 年 4 月 6 日，学大教育公司将名称为"学大教育"的注册商标转让给学成世纪公司。2011 年 4 月 7 日，学大教育公司、学成世纪公司签订注册商标许可使用合同，学成世纪公司排他许可学大教育公司使用上述注册商标。多年来，"学大教育"先后被中国教育学会、中国教育在线、搜狐网、腾讯网等机构和媒体授予全国青少年课外教育优秀品牌机构、最具影响力课外辅导机构、建国 60 周年最具影响力课外辅导品牌、中国最具影响力教育辅导品牌等荣誉称号。2011 年 6 月 1 日，东营学大教育学校在东营登记"东营学大教育培训学校"，业务范围为非学历教育短期培训，其经营范围、教育模式与学大教育公司从事的一对一个性化教育模式一致。经比较，学大教育公司分支机构青岛大学考前辅导学校 2011 年印制的宣传资料与东营学大教育学校的宣传资料，除电话和学校名称部分不一致外，其他内容完全一致。另查明，东营学大教育学校校长荆某曾于 2009 年在学大教育公司郑州分公司任职。学大教育公司、学成世纪公司认为东营学大教育学校的行为侵犯了学成世纪公司的注册商标专用权和学大教育公司的注册商标使用权，同时侵犯了学大教育公司的企业名称权，构成不正当竞争。故请求山东省东营市中级人民法院依法判令被告：（1）立即停止侵犯注册商标专用权的行为；（2）立即停止使用含有"学大教育"字号的学校名称；（3）在《东营日报》《胜利日报》上刊登向两原告的致歉声明，消除对两原告所造成的不良影响。

2013 年 6 月 7 日，山东省东营市中级人民法院判决东营学大教育学校立即停止侵犯原告"学大教育"注册商标专用权的行为；停止在其单位名称中使用"学大教育"字号；在《东营日报》《胜利日报》上刊登致歉声明，消除影响。

东营学大教育学校不服上述判决，向山东省高级人民法院提起上诉，请求撤销原审判决，依法改判。其主要理由为：（1）东营学大教育学校是民办教育机构，并非企业法人，《中华人民共和国商标法》（以下简称《商标法》）与相关司法解释规范的应当是企业；（2）"学大教育"商标权人学成世纪公司在北京，东营学大教育学校在东营，东营学大教育学校的行为不会造成公众混淆，不构成商标侵权；（3）学大教育公司在北京，东营学大教育学校在东营的行为不会造成相关公众误认，不构成不正当竞争。

▎裁判结果

2013年10月28日，山东省高级人民法院认为原审判决认定事实清楚，适用法律正确，应予维持，遂驳回上诉，维持原判。

▎案件评析

在一审、二审程序中，双方当事人争议的焦点主要为：（1）东营学大教育学校突出使用"学大教育"文字的行为是否侵犯学大教育公司、学成世纪公司的商标权；（2）东营学大教育学校在单位名称中使用"学大教育"文字的行为是否侵犯学大教育公司的企业名称权，构成不正当竞争。

焦点一：东营学大教育学校突出使用"学大教育"文字的行为是否侵犯学大教育公司、学成世纪公司的商标权？

东营学大教育学校辩称其系民办教育组织而非企业，《商标法》及相关司法解释仅适用于企业。一审、二审法院均认为，主体的身份并不影响到商标侵权判断，关键看主体从事的行为。《商标法》第 57 条第 2 项规定，未经商标注册人的许可，在同一种商品上使用与其注册商标近似的商标，或者在类似商品上使用与其注册商标相同或者近似的商标，容易导致混淆的属侵犯注册商标专用权的行为。该案中，学大教育公司和东营学大教育学校的商标基本相同，由于双方均从事教育培训相关业务且"学大教育"品牌在全国范围内具有较高的知名度，东营学大教育学校的行为易使公众产生混淆。因此，东营学大教育学校的行为构成《商标法》第 57 条第 2 项规定的侵犯商标权的行为。

焦点二：东营学大教育学校在单位名称中使用"学大教育"文字的行为是否侵犯学大教育公司的企业名称权，构成不正当竞争？

《中华人民共和国反不正当竞争法》（以下简称《反不正当竞争法》）（1993）第 5 条第 3 项规定："擅自使用他人的企业名称或者姓名，引人误认为是他人的商品的行为系不正当竞争行为。"根据《最高人民法院关于审理不正当竞争民事案件应用法律若干问题的解释》第 6 条的规定，具有一定的市场知名度、为相关公众所知悉的企业名称中的字号，可以认定为反不正当竞争法第 5 条第（3）项规定的"企业名称"。该案中，"学大教育"字号在全国范围内具有较高知名度，东营学大教育学校成立的时间晚于学大教育公司，且双方都是提供教育培训类服务，东营学大教育学校在提供教育培训服务时，容易使他人误认为是学大教育公司的培训服务，因此，东营学大教育学校的行为构成不正当竞争。

相关法条 •---------------------------------------►

1. 《中华人民共和国商标法》第 57 条

2. 《中华人民共和国反不正当竞争法》（1993）第 5 条

3. 《最高人民法院关于审理不正当竞争民事案件应用法律若干问题的解释》第 6 条

2. 民办非营利机构也可能构成不正当竞争

案情简介

　　清华大学系事业单位法人，由中华人民共和国教育部创办，其前身系 1911 年创建的清华学堂。1912 年，该学堂更名为清华学校，之后又于 1928 年更名为国立清华大学。近年来，清华大学在承担国家级科研项目、获得国家技术发明奖数量、申请专利数量、SCI 收录论文数量等方面，均排名在全国高等院校前两位。"清华"二字已逐渐成为清华大学的简称，并且在教育领域享有极高的声誉。1998 年 11 月 21 日，清华大学经商标局核准，注册了涉案"清華"商标，核定服务项目为第 41 类，且先后被工商行政部门和司法部门认定为中国驰名商标。2011 年 10 月 9 日，经武汉市洪山区民政局核准，清华键学校将"武汉市洪山区清华键教育培训学校"作为民办非企业单位名称使用。同年，经武汉市洪山区教育局批准，清华键学校获准成立，学校类型为培训机构，办学内容为文化知识、科技素质、艺术素质、心理培训；备注为"要求取得合理回报"；www.qhjjy.com 为其运营网站的网址。清华键学校在网站主页"清华臻品 1 对 1"宣传栏目突出使用了"清华"

标识，该标识与涉案"清华"注册商标除字体、繁简稍有区别外，读音、含义均完全相同。另外，清华键学校在其经营活动中，如"清华臻品1对1"宣传海报中大量突出使用"清华键""清华键教育"等标识。此外，清华键学校在与清华大学附属中学没有任何形式的合作与联系情况下，在其办公场所悬挂"清华大学附属中学洪山区基地学校"的牌匾。清华大学认为清华键学校的行为侵犯了清华大学的注册商标专用权，同时侵犯了清华大学的企业名称权，构成不正当竞争。故请求湖北省武汉市中级人民法院依法判令被告：（1）立即停止使用含有"清华"字样的单位名称；（2）销毁含有"清华"字样的标牌标志、宣传材料，删除其网站上含有"清华"字样的内容；（3）在《长江日报》上向清华大学公开赔礼道歉，消除不良影响；（4）赔偿经济损失500 000元以及因制止侵权行为而产生的费用60 000元。

2014年，湖北省武汉市中级人民法院判决清华键学校立即停止使用带有"清华"字样的民办非企业单位名称；停止侵犯原告"清华"注册商标专用权的行为；在武汉地区市级报纸上发表声明，消除影响；赔偿清华大学经济损失250 000元，赔偿清华大学为制止侵权行为所支付的合理开支60 000元。

清华键学校不服上述判决，向湖北省高级人民法院提起上诉，请求撤销原审判决，依法改判。其主要理由为：（1）清华键学校使用的"清华键"是经合法登记的名称中的字号，对此享有使用权，且"清华键教育""清华键"字体字形前后一致，大小相同，是一个不可分割的整体，不会造成公众对"清华"商标的误认，不构成商标侵权；（2）清华键学校作为非营利性民办教育机构，不属于反不正当竞争法规定的经营者，反不正当竞争法的规范主体应当是经营者，清华键学校不构成不正当竞争；（3）清华键学校未造成经济损失，所收的费用均用于培训教育，并未获得利益，一审判决上诉人赔偿经济损失250 000元和律师费用60 000元没有事实和法律依据。

裁判结果

2015年8月20日，湖北省高级人民法院认为原审判决认定事实清楚，适用法律正确，应予维持，遂驳回上诉，维持原判。

案件评析

在一审、二审程序中，双方当事人争议的焦点主要为：（1）清华键学校突出使用含"清华"标识的行为是否侵犯清华大学"清华"注册商标专用权；（2）清华键学校的相关行为是否侵犯清华大学的企业名称权，构成不正当竞争；（3）清华键学校是否应当对清华大学承担民事赔偿？

焦点一：清华键学校突出使用含"清华"标识的行为是否侵犯清华大学"清华"注册商标专用权？

清华键学校辩称其使用"清华键教育""清华键"进行宣传系对已核准登记字号的合法使用，不属于侵犯注册商标专用权。根据《商标法》第57条第2项规定，未经商标注册人的许可，在同一种商品上使用与其注册商标近似的商标，或者在类似商品上使用与其注册商标相同或者近似的商标，容易导致混淆的，属侵犯注册商标专用权的行为。该案中，清华键学校使用的含"清华"的标识与清华大学的"清華"除一个文字的繁简和字形有所区别外，其他基本相同，故被控侵权的"清华"标识与清华大学"清華"商标构成近似。此外，清华键学校办学内容与教育密切相关，和清华大学"清華"商标核定的第 41 类服务属同一类服务。涉案"清華"商标显著性强、知名度极高，清华键学校未经清华大学许可在日常经营活动中大量使用"清华"标识，足以使相关公众产生混淆和误认，故清华键学校的行为构成《商标法》第 57 条第 2 项规定的侵犯商标权的行为。

焦点二：清华键学校的相关行为是否侵犯清华大学的企业名称权，构成不正当竞争？

清华键学校辩称其系非营利性民办教育机构，不属于《反不正当竞争法》规范的经营者。一审、二审法院均认为，《反不正当竞争法》第 2 条第 3 款虽然将经营者的概念规定为"从事商品经营或者营利性服务的法人、其他经济组织和个人"，但从该法第 1 条"为保障社会主义市场经济发展，鼓励和保护公平竞争，制止不正当竞争行为，保护经营者和消费者的合法权益"的规定来看，其立法目的在于维护市场竞争秩序，即存在竞争的商业化市场都是该法的调整范畴，因此不应当将经营者的范围限定在商品经营者或营利性服务提供者上，只要提供商品或服务的民事主体参与了市场竞争，能以自己的行为影响竞争结果，都应当作为《反不正当竞争法》上的经营者看待，其竞争行为也都应当受到《反不正当竞争法》的调整和规制。该案中，清华键学校虽然登记为民办非企业单位，但其在教育培训市场参与竞争，将清华键学校认定为《反不正当竞争法》上的经营者并无不当。

《中华人民共和国反不正当竞争法》（1993）第 5 条第 3 项规

定:"擅自使用他人的企业名称或者姓名,引人误认为是他人的商品的行为系不正当竞争行为。"根据《最高人民法院关于审理不正当竞争民事案件应用法律若干问题的解释》第6条的规定,"具有一定的市场知名度、为相关公众所知悉的企业名称中的字号,可以认定为反不正当竞争法第五条第(三)项规定的'企业名称'"。该案中,清华大学虽非企业,但参与市场经营活动,并且清华大学在我国知名度极高,经过百余年的发展,在学校教育、培训等服务领域享有极高声誉,"清华"已经成为具有企业名称意义的标识,相关公众已将"清华"与清华大学建立了稳定的联系,清华大学的简称"清华"应当受到《反不正当竞争法》的保护。清华键学校未经清华大学的许可,将"清华"文字用在其名称中和经营活动中,足以使相关公众对其服务来源产生混淆和误认。因此,清华键学校的行为构成不正当竞争。

焦点三:清华键学校是否应当对清华大学承担民事赔偿?

根据《最高人民法院关于审理不正当竞争民事案件应用法律若干问题的解释》第17条规定,确定《反不正当竞争法》第5条不正当竞争行为的损害赔偿额,可以参照确定侵犯注册商标专用权的损害赔偿额的方法进行。《商标法》第63条第1款、第3款规定,"侵犯商标专用权的赔偿数额,按照权利人因被侵权所受到的实际损失确定;实际损失难以确定的,可以按照侵权人因侵权所获得的利益确定;权利人的损失或者侵权人获得的利益难以确定的,参照该商标许可使用费的倍数合理确定。对恶意侵犯商标专用权,情节严重的,可以在按照上述方法确定数额的一倍以上三倍以下确定赔偿数额。赔偿数额也应当包括权利人为制止侵权行为所支付的合理开支。权利人因被侵权所受到的实际损失、侵权人因侵权所获得的利益、注册商标许可使用费难以确定的，由人民法院根据侵权行为的情节判决给予三百万元以下的赔偿"。该案中，清华大学未举证证明因被侵权所受到的损失以及清华键学校在侵权期间因侵权所获得的利益，也未举证证明涉案商标的许可使用费，法院综合清华大学涉案商标及名称的知名度、清华键学校的经营时间和规模、侵权行为的性质等因素，酌情认定清华键学校应当支付的赔偿数额。

⚖ 相关法条

1.《中华人民共和国商标法》第 57 条

2.《中华人民共和国反不正当竞争法》（1993）第 1、2、5 条

3.《最高人民法院关于审理不正当竞争民事案件应用法律若干问题的解释》第 6、17 条

4.《中华人民共和国商标法》第 63 条

3. 幼儿园使用相似标识，是否侵犯商标权惹争议

▌案情简介

2016 年 1 月 6 日，厦门小孔明品牌管理有限公司（以下简称厦门小孔明公司）与厦门市思明文化艺术教育培训中心（以下简称厦门思明培训中心）签订注册商标转让合同，合同约定：将厦门思明培训中心拥有的四个"小孔明"注册商标转让予厦门小孔明公司。2015 年 7 月 7 日，厦门小孔明公司更名为福建小孔明品

牌管理集团有限公司，2017年2月19日，福建小孔明品牌管理集团有限公司再次更名为小孔明集团有限公司（以下简称小孔明集团）。2013年5月17日，勉县小孔明幼儿园（以下简称小孔明幼儿园）获批民办学校办学许可证，同年10月8日，获批民办非企业单位登记证书。小孔明幼儿园自成立起一直使用"勉县小孔明幼儿园"字号招生，并使用了"诸葛亮卡通人物形象图标"。2015年12月23日，小孔明幼儿园被汉中市教育局认定了首批普惠性民办幼儿园。

经查明，小孔明集团拥有的四个商标分别是第8273897号商标注册证，核定服务项目为：学校（教育）；培训；教学；安排和组织会议；文娱活动。第8094629号商标注册证，核定服务项目为：安排和组织会议；教学；培训；文娱活动；学校（教育）。第10486978号商标注册证，核定服务项目为：教育；幼儿园；组织教育或娱乐竞赛；出借书籍的图书馆；书籍出版；节目制作；在计算机网络上提供在线游戏；票务代理服务（娱乐）；体操训练；动物训练。第8407457号商标注册证，核定服务项目为：（在计算机网络上）提供在线游戏；安排和组织会议；出借书籍的图书馆；广播和电视节目制作；教学；培训；书籍出版；文娱活动；学校（教育）；幼儿园。诉讼中，上述四个商标均在有效期内。

经对比，小孔明集团持有的第8273897号注册商标是文字与图形的组合商标；第8094629号小孔明文字注册商标，有特定的"小孔明"字体；第8407457号卡通图像注册商标，其内容为小孔明头戴赤橙黄绿青蓝紫七彩头冠、身穿浅蓝色汉服、右手持羽扇，羽扇上写有ABC三个字母。小孔明幼儿园使用的图标，系圆形图章样式，圆环内写有"勉县小孔明幼儿园"汉字及汉语拼音，圆环的中央为小孔明的卡通人物形象，小孔明头戴橙色头冠、身穿黄色汉服，右手持红色孔明灯、左手持白色羽扇；第10486978号卡通图像注册商标，除羽扇上没有写ABC三个字母外，其余与第8407457号注册商标一致。

小孔明集团认为小孔明幼儿园的行为侵犯了小孔明集团的注册商标专用权和企业名称权。故请求陕西省汉中市中级人民法院依法判令被告：（1）立即停止侵犯注册商标专用权、企业名称权的行为；（2）在《人民日报》《陕西日报》等全国媒体和陕西媒体上向原告连续十天赔礼道歉，消除影响。小孔明幼儿园认为小孔明集团侵犯了其企业名称权，提出反诉请求，请求判令反诉被告小孔明集团变更名称或在其名称前添加限制词。

▌裁判结果

2017年7月13日，陕西省汉中市中级人民法院作出判决：（1）被告小孔明幼儿园未侵犯原告小孔明集团持有的四类注册商标专用权；（2）被告小孔明幼儿园不构成对原告小孔明集团名称权的侵害，不属于不正当竞争，驳回原告小孔明集团的全部诉讼请求；（3）原告（反诉被告）小孔明集团不构成对被告（反诉原告）小孔明幼儿园名称权的侵害，驳回被告（反诉原告）小孔明幼儿园的全部诉讼请求。

▌案件评析

该案的焦点在于：（1）小孔明幼儿园使用"小孔明"文字和图标的行为是否侵犯了小孔明集团的注册商标专用权；（2）小孔

明幼儿园和小孔明集团之间是否存在侵犯企业名称权行为，构成不正当竞争？

焦点一：小孔明幼儿园使用"小孔明"文字和图标的行为是否侵犯了小孔明集团的注册商标专用权？

小孔明集团主张小孔明幼儿园在幼儿园名称中突出使用"小孔明"三个字，侵害了其第8094629号、第8273897号注册商标，被告使用的小孔明卡通图章，侵犯了其第8407457号、第10486978号小孔明图像注册商标。但经对比，小孔明集团第8094629号小孔明文字注册商标有特定的字体，第8273897号注册商标是"小孔明"文字与图形的组合商标，而被告名称中的"小孔明"三个字并未使用该特定字体，亦未使用图文组合商标。并且，幼儿园是一项独立的项目种类，小孔明集团持有的第8094629号、第8273897号注册商标核定服务项目也均不包括幼儿园，故小孔明幼儿园不构成侵犯第8094629号、第8273897号注册商标。此外，小孔明幼儿园使用的图章与小孔明集团持有的注册商标虽都是小孔明的卡通形象，都有头冠、羽扇、汉服等元素，但这些元素在颜色、形状以及整体构图上均不相同，也不存在明显的相似之处，故小孔明幼儿园亦不构成侵犯第8407457号、第10486978号注册商标。

综上所述，该案中，小孔明幼儿园的行为不符合《商标法》第57条第2项"未经商标注册人的许可，在同一种商品上使用与其注册商标近似的商标，或者在类似商品上使用与其注册商标相同或者近似的商标，容易导致混淆的"情形，不构成侵犯商标权。

焦点二：小孔明幼儿园和小孔明集团之间是否存在侵犯企业名称权行为，构成不正当竞争？

《反不正当竞争法》（1993）第 5 条第 3 项规定："擅自使用他人的企业名称或者姓名，引人误认为是他人的商品的行为系不正当竞争行为。"该案中，判断究竟是谁侵害了对方的名称权，主要在于谁先使用"小孔明"名称。2017 年 2 月 19 日，原告更名为"小孔明集团有限公司"，而被告于 2013 年 5 月 17 日，筹设"勉县小孔明幼儿园"，开始使用该名称。可见，原告使用"小孔明集团有限公司"的时间在勉县小孔明幼儿园之后。实际上，造成公众误认是因为原告更名后取消了地域限制词，并非被告的过错。再之，原告也无证据证明其持有的四个注册商标属于驰名商标或知名商标，其影响力及知名度有限，而被告作为普惠性非营利性幼儿园，招生范围及影响力不足以扩大到全国范围，故被告不构成对原告名称权的侵害。同理，原告亦不构成对被告名称权的侵害。

⚖ 相关法条 ┄┄┄┄┄┄┄┄┄┄┄┄┄┄┄┄┄➤

1. 《中华人民共和国商标法》第 57 条
2. 《中华人民共和国反不正当竞争法》（1993）第 5 条

4. 注册商标获准之前签订许可合同，合同是否有效惹争议

▎案情简介

上海布来斯教育投资有限公司（以下简称布来斯公司），原名为上海爱迪贝文化传播有限公司（以下简称爱迪贝文化传播公司），2015 年 4 月该公司更名为上海爱迪贝教育投资有限公司，并于 2015 年 12 月再次更名为布来斯公司。2012 年 8 月 27 日，爱

迪贝文化传播有限公司申请注册"爱贝"文字商标。随之，爱迪贝文化传播公司和美国爱贝国际教育有限公司（以下简称美国爱贝公司）签订商标所有权转让合同，约定将该商标所有权转让给美国爱贝公司。2013 年 12 月 12 日，美国爱贝公司和爱迪贝文化传播公司签订商标普通许可使用合同，约定将该"爱贝"商标由美国爱贝公司在中国境内普通许可给爱迪贝文化传播公司使用，许可使用期限为 2013 年 12 月 12 日至 2017 年 12 月 11 日，并约定如发生商标侵权事宜，爱迪贝文化传播公司有权以普通被许可人的名义单独对侵权行为启动维权程序。2014 年 1 月 9 日，爱迪贝文化传播公司将涉案"爱贝"商标正式转让给美国爱贝公司。2015 年 8 月 28 日，美国爱贝公司获得商标所有权，核定使用商品服务项目为第 41 类：教育；培训；教学；讲课；教育信息；实际培训（示范）；安排和组织培训班；文字出版（广告宣传资料除外）。2012 年 3 月 6 日，爱迪贝文化传播有限公司同李某某签订关于"授权李某某在浙江省台州市区等范围内开办爱贝国际少儿英语培训中心"的协议，授权时间为 2012 年 6 月 6 日至 2015 年 6 月 5 日。2012 年 8 月 6 日，李某某设立民办非企业单位台州市路桥区爱贝英语培训学校（以下简称路桥爱贝学校）。现查明，路桥爱贝学校在营业场所突出使用含"路桥爱贝英语学校/台州爱贝国际英语"的字样，在认证为"台州市路桥区爱贝英语培训学校"的微信公众号中多处使用"路桥爱贝""爱贝英语"的字样。

布来斯公司认为路桥爱贝学校突出使用"路桥爱贝""爱贝英语"等字样的行为侵犯了其注册商标专用权，故请求浙江省台州市中级人民法院依法判令被告：（1）立即停止侵犯注册商标专用权的行为；（2）在《台州日报》上刊登声明，就其不当行为向原告进行道歉，消除影响。

▌裁判结果

2017 年 6 月 28 日，浙江省台州市中级人民法院判决被告路桥爱贝学校立即停止侵害原告布来斯公司注册商标专用权的行为。

▌案件评析

该案争议的焦点在于：（1）原告布来斯公司主体是否适格；（2）被告路桥爱贝学校的相关行为是否构成商标侵权和不正当竞争？

（1）原告布来斯公司主体是否适格？

被告路桥爱贝学校辩称，原告布来斯公司在未把商标转让给美国爱贝公司的情况下就签订了许可合同，该合同具有不可履行性，当属无效，原告不享有商标使用权，本案在主体上不适格，应由美国爱贝公司起诉。《商标法》第 42 条规定，转让注册商标的，转让人和受让人应当签订转让协议，并共同向商标局提出申请。该案中，布来斯公司在商标注册审查过程中将商标转让给了美国爱贝公司，并向商标局办理了转让手续，法律并未禁止商标在申请注册阶段的转让，故其转让行为合法有效。在商标转让后，双方又签署了《商标使用许可合同》，虽然当时涉案商标尚未获批取得商标专用权，但并不违反法律规定，该商标许可协议有效。因此，在涉案商标获得注册授权后，布来斯公司有权按照协议以自己名义单独提起诉讼，原告主体资格适格。

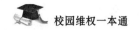

（2）被告路桥爱贝学校的相关行为是否构成商标侵权和不正当竞争？

根据《商标法》第57条第2项规定，"未经商标注册人的许可，在同一种商品上使用与其注册商标近似的商标，或者在类似商品上使用与其注册商标相同或者近似的商标，容易导致混淆的"属侵犯注册商标专用权的行为。根据《最高人民法院关于审理商标民事纠纷案件适用法律若干问题的解释》第1条的规定，将与他人注册商标相同或者相近似的文字作为企业的字号在相同或者类似商品上突出使用，容易使相关公众产生误认的行为属于商标法第52条第5项规定的"给他人注册商标专用权造成其他损害的行为"。该案中，路桥爱贝学校在经营中突出使用"爱贝英语"，且其提供的少儿英语培训服务与布来斯公司商标使用权范围构成相同类似，足以造成消费者的误认与混淆，构成对商标专用权的侵犯。

此外，虽然涉案商标核准注册时间晚于路桥爱贝学校字号的核准时间，但其学校字号是否拥有在先权利应当综合考虑市场主体使用字号、商标等商业标识的完整历史渊源，而不宜仅依据讼争字号、商标等商业标识各自使用时间节点进行认证。该案中，2011年，布来斯公司经美国爱贝公司授权在全国各地开设爱贝国际少儿英语培训中心，且路桥爱贝学校也是经布来斯公司授权开设成立。可见，美国爱贝公司将"爱贝"作为字号的组成部分，并实际适用于日常经营活动，远早于被告成立时间。因此，路桥爱贝学校不能仅以其字号先于涉案商标权的获得就当然主张其拥有在先权利，其行为依然构成商标侵权。鉴于该案中，布来斯公司未主张不正当竞争的诉请，仅主张被告侵犯其商标权行为，系其对自身权利的合法处置，符合法律规定，法院也只能就商标权侵权作出裁判。

⚖ **相关法条** ---------------------------------➤

1. 《中华人民共和国商标法》第 42、57 条

2. 《最高人民法院关于审理不正当竞争民事案件应用法律若干问题的解释》第 1 条

5. 设立中的公司侵犯商标权，发起人应当承担责任

▎**案情简介**

2014 年 5 月 27 日，瑞思开曼公司自瑞沃迪公司受让有关"瑞思英语"的三件注册商标，分别为第 6218820 号"RISE"文字商标、第 6830945 号"RISMART"文字商标、第 6781684 号"RISEMART"文字商标。核定服务项目为第 41 类：学校（教育）；教育；培训；教学；教育信息；教育考核等。2014 年 7 月 9 日，瑞思开曼公司向原告领语堂公司出具《授权和确认书》，授权领语堂公司在中华人民共和国境内独立使用上述三件商标，并有权自行处理有关商标的侵权纠纷事宜，以自己名义追究侵权人的法律责任。沈阳市翰昱外语培训学校是领语堂公司授权在沈阳地区使用"瑞思英语"课件（含商标）的合法主体，被告仝某某曾系该校任课教师，2015 年 6 月仝某某辞去任课教师的职务，以被告张某某的名义申请成立洛威尔国际学校（该学校仍处于核名阶段，尚未注册成立），主营英语培训业务。经查明，洛威尔国际

学校所用教学资料页面的正上方及侧面的上部均使用了"RISE"标识，教学课件页面的右上角使用了"RISMART"标识。领语堂公司认为仝某某、张某某的行为侵犯了其商标专用权，故请求沈阳市中级人民法院依法判令被告：（1）立即停止侵犯注册商标专用权的行为；（2）在沈阳市三家市级以上权威媒体（报纸）道歉、消除影响。

▌裁判结果

2016年4月11日，沈阳市中级人民法院判决被告仝某某立即停止侵害原告领语堂公司注册商标专用权的行为，驳回领语堂公司其他诉讼请求。

▌案件评析

该案争议的焦点在于：（1）原告领语堂公司主体是否适格，被告是否应当承担责任；（2）被告仝某某开展英语教学的行为是否构成侵权商标专用权？

（1）原告领语堂公司主体是否适格，被告是否应当承担责任？

该案中，领语堂公司经瑞思开曼公司授权许可，取得"瑞思英语"系列商标专用权，并有权以自己的名义单独提起诉讼，因此，领语堂公司为适格原告。被告张某某仅是"社会组织名称预先核准通知书"的领取人，亦非教师身份，不构成侵犯商标权。被告仝某某系洛威尔国际学校的发起人，根据《最高人民法院关于适用〈中华人民共和国公司法〉若干问题的规定（三）》第5条第1款规定："发起人因履行公司设立职责造成他人损害，公司成立后受害人请求公司承担侵权赔偿责任的，人民法院应予支持；

公司未成立，受害人请求全体发起人承担连带赔偿责任的，人民法院应予支持。"洛威尔国际学校尚未成立，仝某某应当承担侵犯商标权法律责任。

（2）被告仝某某开展英语教学的行为是否构成侵权商标专用权？

根据《商标法》第48条的规定，本法所称商标的使用，是指将商标用于商品、商品包装或者容器以及商品交易文书上，或者将商标用于广告宣传、展览以及其他商业活动中，用于识别商品来源的行为。该法第57条第1项规定，未经商标注册人的许可，在同一种商品上使用与其注册商标相同的商标属侵犯注册商标专用权的行为。该案中，仝某某未经领语堂公司的许可，擅自在提供英语教学的过程中使用与原告核准商标基本相同的标识，构成侵犯商标专用权。

⚖ 相关法条 ┄┄┄┄┄┄┄┄┄┄┄┄┄┄┄┄┄┄┄┄┄┄┄┄►

1.《最高人民法院关于适用〈中华人民共和国公司法〉若干问题的规定（三）》第5条

2.《中华人民共和国商标法》第48、57条

6. 使用商品通用名称是否侵犯商标权惹争议

▎**案情简介**

福州新概念公司成立于2012年9月17日，业务范围为：英语培训，英语辅导等。纪某某系福建新概念公司法定代表人，其拥有"新概念培训"和"新概念"注册商标专用权。2004年2月

15 日，纪某某将上述商标以普通许可的方式许可给福州新概念培训学校使用。2013 年 7 月 6 日，经核准纪某某将上述商标转让给福州新概念公司，同年 8 月 1 日，福州新概念公司与福州新概念培训学校继续签订商标许可合同。本案诉讼中，"新概念培训"和"新概念"商标均在有效期内，许可合同亦在有效期内。维克多学校系民办非企业单位，成立于 2008 年 9 月 8 日，业务范围为：外语培训、中小学全科辅导。2012 年 12 月 19 日，"新概念培训"商标被福建省工商行政管理局认定为福建省著名商标。在百度搜索框输入"新概念培训"，点击"百度一下"，其中页面右侧一列显示"新概念英语培训哪家好哪里……"链接，点击该链接，页面首部显示"学校简介"链接，点击"学校简介"链接，打开的页面显示为对"维克多教育"的介绍，包含"新概念英语培训""新概念英语精讲"等内容。福州新概念公司认为维克多学校的行为侵犯了福州新概念公司的注册商标专用权和福州新概念培训学校的注册商标使用权，构成不正当竞争。故请求福州市中级人民法院依法判令被告：（1）立即停止使用福州新概念公司注册商标作为网络推广的不正当竞争行为；（2）立即停止在网站、广告等中侵犯福州新概念公司商标权的行为；（3）在《中国知识产权报》刊登声明，就其侵权行为消除影响。

2014 年，福州市中级人民法院作出判决：被告维克多学校不构成侵犯商标权，驳回福州新概念公司的诉讼请求。

福州新概念公司不服一审判决，向福建省高级人民法院提起上诉，请求撤销原审判决，依法改判。其主要理由为：（1）福州新概念公司拥有的"新概念""新概念培训"商标与《新概念英语》书籍无直接关系，不具有通用名称的特点；（2）维克多学校使用"新概念培训"的行为属于对福州新概念公司商标的假冒使用，造成了公众混淆，构成商标侵权；（3）维克多学校使用"新概念培训""新概念"并非作为描述性的使用，其网络推广行为构成不正当竞争。

▌裁判结果

2014年10月20日，福建省高级人民法院认为原审判决认定事实清楚，适用法律正确，应予维持，遂驳回上诉，维持原判。

▌案件评析

在一审、二审程序中，双方当事人争议的焦点主要为：（1）福州新概念公司的注册商标"新概念""新概念培训"是否为通用名称；（2）维克多公司的网络推广行为是否构成不正当竞争？

（1）福州新概念公司的注册商标"新概念""新概念培训"是否为通用名称？

商标是区分商品来源的一种专用标识，但《商标法》对注册商标的保护并不是绝对的。根据《商标法》第59条的规定，注册商标中含有的本商品的通用名称、图形、型号，或者直接表示商品的质量、主要原料、功能、用途、重量、数量及其他特点，或者含有地名，注册商标专用权人无权禁止他人正当使用。在法律上，判定某一商品名称是否为该商品的通用名称，通常从两个方面予以考虑：第一，国家或者行业标准以及专业工具书、辞典是否已经列入该商品名称，已列入的，应当认定为通用名称；第二，是否已为同行业经营者约定俗成、普遍使用以表示某类商品。该案中，根据百度百科词条搜索"新概念"，新概念即解释为新概念英语，《新概念英语》为一套英语教材，该教材 1967 年问世，在中国广为英语学习者熟知。同样，经搜索，新概念培训解释为新概念英语培训。通过百度网页搜索"新概念培训"，网页出现了与"新概念英语培训"相关联的众多培训学校。上述事实表明"新概念培训""新概念"已成为英语培训学校经营者、英语学习者所熟知的英语教材名称，具有使用上的广泛性和通用性，因而上述商标作为英语教育培训词汇可认定为通用名称。

此外，根据《商标法实施条例》（2002）第 3 条有关"商标法和本条例所称商标的使用，包括将商标用于商品、商品包装或者容器以及商品交易文书上，或者将商标用于广告宣传、展览以及其他商业活动中"的规定，《商标法》意义上的商标使用行为，是指将该标识用于识别商品来源的行为。该案中，维克多学校使用"新概念"字样是为了说明英语培训的内容和科目，并非表明其培训服务的来源，也未突出使用造成英语学习者对培训机构的误认和混淆，不属于《商标法》意义上商标使用行为，亦不构成对"新概念培训"商标的侵权。

（2）维克多公司的网络推广行为是否构成不正当竞争？

百度推广的原理在于通过设置多个关键词来提高推广客户的展现量，推广企业设定的关键词越多，被网民搜索并看到的机会越多。该案中，维克多学校在百度推广中展示出来的"新概念英语培训哪家好"，系维克多公司设置相关关键词经用户搜索后产生的。在百度搜索可以模糊搜索以及多个关键词搜索的情况下，推广信息中出现"新概念""培训"字样尚不足以证明维克多学校采用的关键词就是"新概念培训"，因此不能认定维克多公司使用"新概念培训"作为网络推广构成不正当竞争。

相关法条 ┄┄┄┄┄┄┄┄┄┄┄┄┄┄┄┄┄┄┄┄┄➤

1.《中华人民共和国商标法》第 59 条

2.《中华人民共和国商标法实施条例》（2002）第 3 条

7. 商标许可合同期间转让注册商标引发纠纷

▎案情简介

　　音之舞咨询公司系"音之舞 music&dancing"文字、图形组合商标所有权人，注册类别为第 41 类，包括：培训；文娱活动；学校（教育）等。2013 年 11 月 6 日，音之舞咨询公司将上述商标转让给音之舞公司。国缘公司成立于 2010 年 1 月 28 日，经营范围为：成人劳动职业技能培训、成人文化艺术教育培训等。2011年 1 月 1 日，音之舞咨询公司与国缘公司签订 3 年的合作协议，协议约定国缘公司在杭州下沙区可以使用"音之舞music&dancing"商标进行商业推广。同时，协议约定：协议合作期满后，双方未提出书面终止合作请求并经对方同意，合作期限自动延续。协议还载明于下列任一情形出现时终止：合作期限届满而双方决定不再续展；任何一方宣布破产或进入清算或解散程序……情形。2013 年 3 月，音之舞咨询公司经核准注销。2013年 11 月，音之舞公司致函国缘公司要求协议到期不再续约。2011年 11 月 17 日，国缘公司将"www.yinzhiwu.cn"注册为域名，并将其网站版权所有命名为"音之舞全国连锁品牌"，将音之舞公司的校区列为国缘公司校区在该网站上宣传。合约期限届满后，国缘公司仍持续将含"音之舞"字样的标识用于在户外广告、店招、宣传资料、名片等经营活动。音之舞公司以国缘公司擅自使用"音之舞"标识，构成商标侵权及不正当竞争为由诉至杭州市中级人民法院，请求判令国缘公司：（1）立即停止侵犯"音之舞"注册商标权的行为；（2）立即注销"yinzhiwu.cn"域名，由音之舞公司注册使用；（3）立即销毁侵害第7512300号"音之舞"注册商标权的装潢、宣传资料。

2014年，杭州市中级人民法院判决国缘公司立即停止侵害"音之舞music&dancing"注册商标专用权的行为，销毁侵害注册商标权的装潢、宣传资料；立即注销"www.yinzhiwu.cn"域名。

国缘公司不服上述判决，向浙江省高级人民法院提起上诉，请求撤销原审判决，依法改判。其主要理由为：（1）国缘公司依据与音之舞咨询公司签订的合作协议使用涉案商标不构成商标侵权，且音之舞公司并非涉案合作协议的相对方，无权提起本案诉讼。（2）国缘公司在音之舞公司受让取得涉案商标前已经注册"www.yinzhiwu.cn"域名，用于经营活动，不构成不正当竞争。

裁判结果

2015年3月19日，浙江省高级人民法院认为原审判决认定事实清楚，适用法律正确，应予维持，遂驳回上诉，维持原判。

案件评析

在一审、二审程序中，双方当事人争议的焦点主要为：（1）涉案合作协议的合作期限是否自动延续，原告音之舞公司是否适格；（2）国缘公司的相关行为是否侵犯了音之舞公司的注册商标专用权并构成不正当竞争？

（1）涉案《合作协议》的合作期限是否自动延续，原告音之舞公司是否适格？

国缘公司辩称，涉案合作协议终止是建立在双方共同确认的基础上，音之舞咨询公司单方发函终止协议的行为无效。根据《合同法》第91条第7项的规定，"法律规定或者当事人约定终止的其他情形，合同的权利义务终止"。该案中，音之舞咨询公司与国缘公司签订的合作协议中关于合同终止的条款明确约定，"本协议于下列任一情形出现时即终止：合作期限届满而双方决定不再续展；任何一方宣布破产或进入清算或解散程序"。实际上，2013年11月音之舞公司已明确致函国缘公司要求协议到期不再续约。涉案协议显然符合"约定的合同终止的"情形，应当予以终止。考虑到2013年11月6日，音之舞公司受让取得涉案商标，系涉案商标的所有权人，故其有权提起诉讼。

（2）国缘公司的相关行为是否侵犯了音之舞公司的注册商标专用权，构成不正当竞争？

根据《商标法》第57条第2项的规定，"未经商标注册人的许可，在同一种商品上使用与其注册商标近似的商标，或者在类似商品上使用与其注册商标相同或者近似的商标，容易导致混淆的"属侵犯注册商标专用权的行为。《商标法实施条例》（2002）第3条规定："商标法和本条例所称商标的使用，包括将商标用于商品、商品包装或者容器以及商品交易文书上，或者将商标用于广告宣传、展览以及其他商业活动中。"该案中，国缘公司在协议期满后，仍然在户外广告、店招、宣传资料等经营活动中使用与涉案商标相近似的"音之舞"商业标识进行舞蹈培训宣传，造成相关公众混淆，符合《商标法》中关于侵权行为的规定，构成侵犯商标权。

《最高人民法院关于审理涉及计算机网络域名民事纠纷案件适用法律若干问题的解释》第 4 条规定，与原告的注册商标、域名等相同或近似，足以造成相关公众的误认，应当认定被告注册、使用域名等行为构成侵权或者不正当竞争。该案中，国缘公司未经权利人允许，使用与"音之舞"商标汉语拼音完全相同的字母，注册了涉案域名，且在涉案网站上使用"音之舞"商标进行舞蹈培训宣传，该行为足以造成相关公众混淆，构成不正当竞争。

 **相关法条**

1.《中华人民共和国合同法》第 91 条

2.《中华人民共和国商标法》第 57 条

3.《中华人民共和国商标法实施条例》（2002）第 3 条

4.《最高人民法院关于审理涉及计算机网络域名民事纠纷案件适用法律若干问题的解释》第 4 条

8. 培训学校前校长辞职后冒用他人名称，构成不正当竞争

案情简介

淄博商贸培训学校系经淄博市教育局批准设立的民办培训学校，该校于 2003 年登记设立，办学地点为淄博高新区中润大道 178 号，办学内容包括烹饪、服装制作、美容美发等。2007 年 3

月5日，山东省安全生产监督管理局向淄博商贸培训学校颁发安全培训资质证，资质类别为三级，证书编号为AQPX3－041，培训范围为非煤矿山、危险化学品、一般行业。淄博行知计算机职业培训学校系经淄博市人力资源和社会保障局批准设立的民办培训学校，该校于2012年12月12日登记设立，办学地点租用淄博商贸培训学校房屋场地，其业务范围为计算机操作员、计算机网络技术员等。2013年6月14日，经淄博市人力资源和社会保障局批复同意，淄博行知计算机职业培训学校更名为淄博商贸职业培训学校，培训工种增加电工、焊工、面点、厨师、家政专业。2014年5月，淄博商贸职业培训学校办学地点变更为淄博高新区鲁泰大道46号。淄博商贸职业培训学校网站首页"学校简介"项下的"荣誉资质"中的内容包括安全培训资质证、山东省特种作业人员培训证，其中安全培训资质证上记载，单位名称：淄博商贸职业培训学校，地址：淄博市高新区鲁泰大道46号，资质类别：三类，证书编号：AQPX3－041，培训范围：非煤矿山、危险化学品、一般行业，有效期：2007年3月5日至2010年3月4日，发证机关：山东省安全生产监督管理局。此外，该校网站首页"学校简介"项下"教学环境"中的内容包括淄博商贸培训学校的正门照片及其教学环境、教学设施等。另查明，淄博商贸职业培训学校法定代表人李某某曾担任过淄博商贸培训学校的校长。2014年7月15日，淄博商贸职业培训学校与淄博高新区交通管理处签订《委托培训协议书》，约定了交通管理处委托淄博商贸职业培训学校进行安全知识培训事宜，但淄博高新区交通管理处在支付培训费时，将款项误支付给了淄博商贸培训学校。原告淄博商贸培训学校认为被告淄博商贸职业培训学校擅自使用其企业名称，构成不正当竞争。2016 年 4 月 7 日，淄博商贸培训学校请求山东省淄博市中级人民法院判令淄博商贸职业培训学校：（1）立即停止原告名称权和不正当竞争行为；（2）消除影响，在《鲁中晨报》发表声明公开致歉；（3）赔偿原告经济损失 200 万元，承担因侵权行为导致原告支出的调查取证费用和律师代理费 8 万元。

2016 年 9 月 23 日，山东省淄博市中级人民法院作出裁判，判决淄博商贸职业培训学校：（1）立即停止侵害原告淄博商贸培训学校名称权的不正当竞争行为；（2）赔偿原告淄博商贸培训学校经济损失及合理支出 20 万元，于判决生效后十日内付清；（3）驳回原告淄博商贸培训学校的其他诉讼请求。

淄博商贸职业培训学校不服上述判决，于 2017 年 1 月 3 日向山东省高级人民法院提起上诉，请求撤销原审判决，依法改判。其主要理由为：（1）淄博商贸职业培训学校的名称是由法定机关依据法定程序审查核准，具有合法性，淄博商贸职业培训学校也并未在网站上突出使用淄博商贸的名称，所使用的照片也不会产生"引人误认为是他人的商品"的效果，淄博商贸职业培训学校不构成不正当竞争；（2）淄博商贸职业培训学校作为民办非企业法人，不是《反不正当竞争法》界定的经营者，不受该法规范和调整。此外，淄博商贸职业培训学校的企业名称不具有知名度，不符合《最高人民法院关于审理不正当竞争民事案件应用法律若干问题的解释》第 6 条的规定；（3）一审法院对赔偿数额的确定，明显不当。

‖ 裁判结果

2017年3月3日，山东省高级人民法院认为原审判决认定事实清楚，适用法律正确，应予维持，遂驳回上诉，维持原判。

‖ 案件评析

该案一审、二审程序中，双方当事人争议的焦点在于：（1）被告淄博商贸职业培训学校是否侵害了原告淄博商贸培训学校的名称权，构成不正当竞争；（2）原告淄博商贸培训学校诉求被告淄博商贸职业培训学校停止侵权、消除影响、公开致歉、赔偿经济损失及合理支出有无事实及法律依据？

（1）被告淄博商贸职业培训学校是否侵害了原告淄博商贸培训学校的名称权，构成不正当竞争？

企业享有名称权，企业名称经核准登记受法律保护。根据《反不正当竞争法》第2条第3款的规定，该案中，虽然原被告均属于民办非企业单位，应当从事非营利性社会服务活动，但其在取得办学许可时准许取得合理回报，因此，在市场经营活动中受《反不正当竞争法》的调整。《反不正当竞争法》（1993）第5条第3项规定："擅自使用他人的企业名称或者姓名，引人误认为是他人商品的，属于不正当竞争行为。"《最高人民法院关于审理注册商标、企业名称与在先权利冲突的民事纠纷案件若干问题的规定》第2条规定，原告以他人企业名称与其在先的企业名称相同或者近似，足以使相关公众对其商品来源产生混淆，违反《反不正当竞争法》第5条第3项的规定为由提起诉讼，人民法院应当受理。结合本案案件事实，原告淄博商贸培训学校与被告淄博商贸职业培训学校均系淄博高新区的培训机构，双方的部分业务重合，存在同业竞争关系。原告淄博商贸培训学校的成立时间远早于被告淄博商贸职业培训学校，并在先取得了民办非企业单位名称权，而被告的前身淄博行知计算机职业培训学校在创办初期办学地点系租赁淄博商贸培训学校场地，且被告法定代表人李某某也曾担任原告淄博商贸培训学校校长，故淄博行知计算机职业培训学校变更名称时，其举办人完全能够考虑到变更后的名称——淄博商贸职业培训学校与原告淄博商贸培训学校名称近似，容易造成相关公众混淆和误认，但仍然变更为现名称，明显存在攀附淄博商贸培训学校的故意，应构成不正当竞争，淄博高新区交通管理处误支付培训费的事实也可以印证这一点。此外，被告淄博商贸职业培训学校变造原告淄博商贸培训学校的安全培训资质证书在其官方网站使用，并在网站中使用淄博商贸培训学校的正门照片和教学环境、教学实施照片，正门照片突出显示原告淄博商贸培训学校的名称，属于擅自使用他人企业名称的行为，亦构成不正当竞争。

（2）原告淄博商贸培训学校诉求被告淄博商贸职业培训学校停止侵权、消除影响、公开致歉、赔偿经济损失及合理支出有无事实及法律依据？

该案中，被告淄博商贸职业培训学校侵害了原告淄博商贸培训学校的名称权，构成不正当竞争，原告主张被告停止侵害原告名称权的不正当竞争行为、赔偿经济损失及合理支出符合法律规定。但原告提交的证据不足以证明被告的行为给其信誉造成了不良影响，故其要求被告消除影响、公开致歉，不予支持。关于损失数额，根据《反不正当竞争法》第 20 条第 1 款、《最高人民法院关于审理不正当竞争民事案件应用法律若干问题的解释》第 17 条第 1 款、《商标法》第 63 条第 3 款的规定，考虑到原告淄博商贸培训学校未证明因被侵权遭受的实际损失数额，也无法确定被告因侵权而获得的利益，故根据涉案不正当竞争行为的情节，法院考察侵权人的主观因素、持续时间、影响范围等因素后，酌定经济损失及各项合理支出共计 20 万元。

⚖ 相关法条 --->

1.《中华人民共和国反不正当竞争法》（1993）第 2、5、20 条

2.《最高人民法院关于审理注册商标、企业名称与在先权利冲突的民事纠纷案件若干问题的规定》第 2 条

3.《最高人民法院关于审理不正当竞争民事案件应用法律若干问题的解释》第 17 条

4.《中华人民共和国商标法》第 63 条

9. 将他人名称在百度推广中设置为指向自己的关键词，构成不正当竞争

▎ 案情简介

东莞市育才职业技术学校是一所职业技术学校，经广东省教育厅批准于 1981 年创办。该校开设了多媒体与计算机网络、计算机信息管理、电子信息工程等多个专业，培养出了大批高素质专业技能人才，《南方日报》、网易网、新浪网、《东莞日报》、新华

网等媒体曾对其进行了正面的报道。深圳软舰公司成立于 2009 年 11 月 26 日，是一家 IT 企业，其登记的一般经营项目为计算机软件的技术开发、销售；平面设计；网络技术开发（不含互联网上网服务）；计算机系统集成等，东莞市金码公司是深圳软舰公司的关联企业。经查明，在百度网搜索栏中输入"东莞育才职业技术学校"关键词进行搜索，找到大约 375 000 个搜索结果，其中排第四位的搜索结果标题为"东莞育才职业技术学校带薪实训，边拿薪水边学习"，点击该条信息，进入网址 www.ruanjsx.com 名称为"软舰实训"的网站，该网站首页显示"深圳软舰公司是国家工业和信息化部广东省唯一实训基地、中国最大的国家信息化计算机教育认证考试中心……"点击该网页"软舰课程"栏目，显示"培训内容包括 Wi1Net 高级网络工程师班、Wi1soft 高级软件工程师班……"点击网站首页"关于软舰实训"栏目，有"开班介绍"及相关内容；在"软舰实训简介"部分，其内容为"深圳软舰公司成立于 2009 年 11 月 26 日，是一家以计算机软件技术开发销售、网络技术开发培训以及计算机系统集成为主营业务的 IT 企业，作为一个培训中心及计算机学校，我们以企业真实应用为基础……"点击该网站首页的"软舰实训合作企业谈学员"链接，显示如下内容："联想集团子公司：软舰实训的学员在各个方面符合我们公司的用人要求……"在网站首页"联系我们"链接中，留有深圳软舰公司的名称、网址、电话、地址、培训项目等信息。此外，2015 年 4 月 20 日，广东省东莞市第一人民法院就东莞市金码公司将"东莞育才职业技术学校"作为搜索链接词链接至其官网（www.0769bdqn.com）的行为作出判决，〔2014〕东一法知民初字第 415 号判决书认定东莞市金码公司的行为构成对东莞市育才职业技术学校的不正当竞争。庭审中，东莞市育才职业技术学校确认深圳软舰公司已停止本案涉案的不正当竞争行为。

原告东莞市育才职业技术学校认为被告深圳软舰公司的行为严重损害了原告的品牌形象，严重侵犯了东莞市育才职业技术学校的声誉和知名度，给东莞市育才职业技术学校造成了极大的经济损失。2015 年，东莞市育才职业技术学校请求深圳市南山区人民法院判令深圳软舰公司：（1）立即停止对原告的不正当竞争行为；（2）赔偿原告经济损失、调查取证费、制止侵权必要支出、公证费等合计共计人民币 9 万元。

▌ 裁判结果

2016 年 7 月 11 日，深圳市南山区人民法院作出裁判，判决深圳软舰公司：（1）于判决生效后十日内赔偿原告东莞市育才职业技术学校经济损失及维权合理支出，共计人民币 2 万元；（2）驳回原告东莞市育才职业技术学校的其他诉讼请求。

▌ 案件评析

该案争议的焦点在于：深圳软舰公司在百度推广中将"东莞育才职业技术学校"设置为指向深圳软舰公司的关键词是否构成对原告东莞市育才职业技术学校的不正当竞争？

深圳软舰公司辩称，"涉案关键词系其关联企业东莞市金码公司设置，与深圳软舰公司无关"。法院认为东莞市第一人民法院作出的"〔2014〕东一法知民初字第 415 号判决书"确认的事实是东莞市金码公司在百度搜索中设置将"东莞育才职业技术学校"链接至东莞市金码公司"www.0769bdqn.com"网站，这虽不能证明东莞市金码公司将"东莞育才职业技术学校"设置为指向深圳软舰公司的关键词，但考虑设置关键词链接所需花费的成本，仍然认定涉案关键词链接系被告深圳软舰公司进行设置。

该案中，深圳软舰公司登记的经营范围虽然不包括教育培训，但根据已查明的事实，其在主办的网站上自称为培训中心及计算机学校，并对其培训项目进行了详细的介绍，同时有培训班的开班信息，故认定为其实际上从事了培训教育这一业务，即与东莞市育才职业技术学校从事的中等职业技术教育属于近似内容，双方具有竞争关系。深圳软舰公司在百度推广中使用与原告的名称"东莞市育才职业技术学校"仅一字之差的关键词"东莞育才职业技术学校"，构成高度相似，足以导致深圳软舰公司将其公司及产品信息强制性地推送给了意在搜索原告东莞市育才职业技术学校网站或产品的用户，使网络用户混淆两者的关系，作出有违真意的选择，损害原告的合法权益，根据《反不正当竞争法》(1993)第5条第3项和第2条，被告的行为违反了诚实信用原则，有悖于公认的商业道德，已构成不正当竞争。考虑到在庭审中原告确认被告已停止不正当竞争行为，对于原告的第一项诉讼请求，不再进行处理。根据《反不正当竞争法》第20条规定，由于原告未举证证明被告因不正当竞争行为所得的利益或者其因被告的不正当竞争行为所受到的损失，故酌情确定被告深圳软舰公司因上述不正当竞争行为赔偿原告经济损失及合理支出共计人民币2万元。

■▲◢ 相关法条 •••••••••••••••••••••••••••••••••••••••▶

1.《中华人民共和国反不正当竞争法》（1993）第 2、5、20 条

10. 未经商标注册权人授权，无权许可第三方使用注册商标

▌案情简介

　　杨之光美术培训中心是注册商标"杨之光美术中心"和"少儿 tct 美术课程"的注册人，其中"杨之光美术中心"商标的核定服务项目为第 41 类，包括学校（教育）、教育、幼儿园等。"少儿 tct 美术课程"商标核定服务项目为第 41 类，包括学校（教育）、培训、幼儿园等。2014 年 1 月 15 日，杨之光美术培训中心与瞳心公司的法定代表人陈某签订了《杨之光美术培训中心开办合同书》，该合同仅约定瞳心公司所在地是杨之光美术培训中心的分教点，但并未约定瞳心公司是否有权再与第三方签订协议使用上述商标。2014 年 9 月 15 日，杨之光美术培训中心与瞳心公司签订终止协议，协议约定原合同书于 2014 年 9 月 1 日终止。傅某是广州市荔湾区巨人培优咨询中心的个体工商户经营者，开业时间为 2014 年 4 月 23 日，经营范围为教育咨询服务。2014 年 5 月 20 日，瞳心公司（甲方）与傅某（乙方）签订了《合作协议书》，协议约定：乙方通过甲方引进杨之光美术中心这一品牌，在乙方营业所在地合作开办项目……甲方提供给乙方杨之光美术培训中心的注册商标牌匾样式，并由乙方负责制作和安装。经查明，2014 年 5 月 20 日至 2014 年 10 月中旬，傅某在其经营的广州市荔

湾区巨人培优咨询中心商铺内的宣传栏、装饰，商铺外的宣传广告以及宣传单使用了与"杨之光美术中心"和"少儿 tct 美术课程"商标视觉整体无差别的标识，且傅某在使用上述标识过程中进行招生教育。另查明，虽然瞳心公司与杨之光美术培训中心的合同没有具体说明其有权再与第三方签订协议使用上述商标，但瞳心公司法定代表人陈某曾与杨之光美术培训中心的校长之女杨某某电话沟通，并取得杨某某的同意。

杨之光美术培训中心认为傅某未经原告杨之光美术培训中心的许可，擅自使用原告杨之光中心的注册商标，侵犯了杨之光美术培训中心的商标权，构成不正当竞争。2014 年 10 月 30 日，杨之光美术培训中心请求广州市荔湾区人民法院判令傅某：（1）赔礼道歉、停止侵权；（2）赔偿经济损失（其中"杨之光美术中心"商标的经济损失 5 万元、"少儿 tct 美术课程"商标的经济损失 3 万元）共计 8 万元；（3）承担杨之光美术培训中心为制止侵权支出的律师费 2 万元。

▎裁判结果

2014 年 12 月 22 日，广州市荔湾区人民法院判决被告傅某：（1）立即停止侵犯杨之光美术培训中心注册商标专用权的行为；（2）赔偿原告杨之光美术培训中心经济损失 2 万元（包括原告杨之光美术培训中心为制止侵权行为而支出的合理费用、律师费在内）；（3）驳回杨之光美术培训中心的其他诉讼请求。

▎案件评析

该案争议的焦点在于：傅某是否通过《合作协议书》取得了

注册商标使用权，傅某使用涉案注册商标的行为是否构成侵权？

　　该案中，傅某所持《合作协议书》合同中没有说明瞳心公司有权再与第三方签订协议使用上述商标，故瞳心公司无权许可傅某使用涉案商标，傅某不能通过《合作协议书》取得涉案商标使用权。即使瞳心公司法定代表人陈某征得杨之光美术培训中心校长之女杨某某同意适用案涉商标，但因杨某某并非涉案商标注册人，故傅某依然无权使用涉案商标。根据《商标法》第57条第2款的规定，傅某在从事与原告注册商标核准使用的服务项目同种类的营利性服务时，使用涉案注册商标，构成侵犯杨之光美术培训中心注册商标专用权。同时根据《反不正当竞争法》（1993）第5条第1款的规定，傅某假冒杨之光美术培训中心的室内装潢，足以使消费者对服务来源产生混淆，构成不正当竞争行为。

　　关于赔偿数额，由于杨之光美术培训中心因被侵权所受到的损失或者傅某因侵权所获得的利益均难以确定，故综合考虑涉案注册商标的知名度、傅某的主观过错、经营性质、经营范围、经营规模、时间、侵权区域、侵权行为的性质、杨之光美术培训中心为维权所支出的合理费用等因素以及杨之光美术培训中心的诉讼请求，法院酌情确定傅某应当赔偿的数额（包括经济损失及合理费用、律师费）为2万元。而杨之光美术培训中心要求傅某赔礼道歉的请求，因赔礼道歉主要是侵犯人身权利的一种民事责任承担方式，该案中杨之光美术培训中心被侵犯的商标专用权是其财产权利，故不予支持杨之光美术培训中心的此项诉讼请求。

相关法条

1. 《中华人民共和国商标法》第 57 条
2. 《中华人民共和国反不正当竞争法》（1993）第 5、20 条

11. 将他人注册商标作为百度竞价排名关键字，构成侵犯商标权

案情简介

精灵教育公司是"精灵教育"文字商标的注册人，核定服务项目是第 41 类"学校（教育）、就业指导（教育或培训顾问）"等，商标注册证载明"原告放弃'教育''EDUCATION'的专用权"。该商标文字排列情况为"精灵教育"中文文字在上，"ELFINEDUCATION"英文字母字体较小，列在中文文字之下，有效期限为 2010 年 11 月 21 日至 2020 年 11 月 20 日。精灵教育公司主要业务为德语培训。爱丽丝培训学校是一家民办非企业单位，其登记证书上载明的业务范围为"青少年、成人外语类中等非学历教育"，"爱丽丝培训学校网站"系其主办网站。经查明，爱丽丝培训学校使用了"精灵德语"一词作为百度竞价排名关键字，导致当用户在百度中搜索"精灵教育"时，爱丽丝培训学校的主办网站"爱丽丝培训学校"列在精灵教育公司之前。此外，爱丽丝培训学校官网内虽不涉及精灵教育公司注册商标的内容，但在百度竞价排名推广链接中却使用"精灵德语""精灵德语机构"等文字作为推广信息。百度网站的"竞价排名"服务是一种收费服务，用户在"竞价排名"栏目注册账号后，需向百度网站支付

推广费，自行选定搜索关键词，并自行设定其网站链接，网站每被点击一次需要向百度网站支付费用，该项服务的最终目的是确保以其选定的关键词进行搜索时，付费越多的用户之网站链接排名越靠前。针对爱丽丝培训学校的行为，精灵教育公司认为爱丽丝培训学校侵犯了其注册商标权，故请求上海市黄浦区人民法院判令爱丽丝培训学校：（1）在百度网站"竞价排名"栏目首页刊登声明，消除影响；（2）赔偿包括律师费、公证费等合理费用在内的经济损失，共计50 000元。

▎裁判结果

2013年8月5日，上海市黄浦区人民法院判决被告爱丽丝培训学校：（1）在其主办网站"爱丽丝培训学校"上刊登声明、消除影响；（2）赔偿原告精灵教育公司经济损失10 000元以及为制止侵权支出的合理费用4500元人民币；（3）驳回精灵教育公司的其他诉讼请求。

▎案件评析

该案争议的焦点在于：爱丽丝培训学校将精灵教育公司的注册商标作为百度竞价排名关键词的行为是否构成侵权？

根据《商标法》第57条第2款的规定，未经商标注册人的许可，在同一种商品上使用与其注册商标近似的商标，或者在类似商品上使用与其注册商标相同或者近似的商标，容易导致混淆的，属于侵犯注册商标专用权。该案中，涉案注册商标"精灵教育"中的"教育"作为通用名词原告已放弃专用权，故"精灵"是该商标最主要的组成部分，构成区别于其他标识的最显著特征。"精灵德语"中的"德语"为通用名词，其主体亦为汉字"精灵"，与原告的注册商标构成近似。而被告爱丽丝培训学校网站内容为语言培训，与涉案商标和核准类型亦属于类似服务。当网络用户看到相应搜索页面时，可能将爱丽丝培训学校误认为原告。对于混淆误认可能性的判断，并不要求相关公众认识涉案商标的真正提供者，而仅需公众客观上认为涉案商标所有人与被控侵权行为人为同一或具有特定联系的主体即可。此外，虽然在点击搜索链接后进入的被告网站中并未使用涉案商标，但商标的使用并不仅指实际的商品销售或服务提供行为，亦包括将商标用于广告宣传、展览以及其他商业活动等行为。此类行为虽未造成在商品销售或服务提供过程中的混淆误认，但鉴于其一方面不当利用了注册商标的商誉，另一方面可能会削弱了注册商标与注册商标专用权人之间的唯一对应关系，因此，基于此类行为而产生的混淆误认，同样会损害注册商标专用权人对该商标所合法享有的利益。综上，爱丽丝培训学校的行为构成侵犯原告注册商标权。

关于赔偿经济损失的具体数额，由于原告并未举证证明因被侵权所受到的损失及被告因侵权所获得的利益，综合考虑原告注册商标的知名程度、侵权行为的性质、情节、后果等因素，对损失数额予以酌情认定。对于原告要求被告刊登声明以消除影响的诉讼请求，合法有据，予以支持，但被告侵犯原告注册商标专用权的影响范围在相关语言培训领域而非整个搜索领域，故被告在自己网站上刊登相应的声明以澄清事实即可达到消除影响的目的。

相关法条

1.《中华人民共和国商标法》第 52、57 条

2.《最高人民法院关于审理商标民事纠纷案件适用法律若干问题的解释》第 16 条

12. 将他校商标用于教育培训，构成商标侵权和不正当竞争

案情简介

阳光附中系阳光大学于 1960 年设立的事业单位法人，阳光附中在其校门、校徽、校刊以及学校出版的教材上均以手写体的"阳光附中"文字进行了标注。2006 年 1 月，阳光附中登记注册了"阳光附中"手写体的文字商标，核定使用范围为第 41 类的学校（教育）、培训等，注册有效期为 2006 年 1 月 14 日至 2016 年 1 月 13 日。

精益教育公司成立于 2010 年 7 月，经营范围为：教育信息咨询等。2012 年 5 月，精益教育公司登记备案了 www.jingyi.com 网站，经查明，该网站"公司介绍"栏目包含"依托阳光大学及阳光附中名校教育资源"等文字内容，在"办学特色"栏目中注明："品牌信誉：依托阳光附中深厚的文化底蕴，走规模经营之路"等；点击首页中的"咨询报名"栏目后，在网页显示的"招生简章"上标注有"阳光附中精益教育中小学专业的课外辅导中心"标题。另查明，精益教育公司在上海市设立的 8 个教学点门口均悬挂了"阳光附中学习中心"的牌匾，而这些牌匾上"阳光附中"均以区别于"学习中心"的手写体方式书写。此外，在这

些中心散发的宣传资料上标注了"阳光附中精益教育"并配以网址 www. jingyi. com，其中的"阳光附中"均以不同于其他文字字体的手写体方式书写。经对比，上述"阳光附中"手写体字体与阳光附中的"阳光附中"商标在视觉上基本无差别。

阳光附属中学认为精益教育公司未经允许擅自使用其名称、简称、注册商标进行宣传，侵害了原告的注册商标专用权，同时还构成虚假宣传的不正当竞争，故请求上海市黄浦区人民法院判令精益教育公司：（1）停止使用原告简称"阳光附中"及注册商标和进行虚假宣传的不正当竞争行为；（2）在《新民晚报》和《中国教育报》上公开刊登澄清声明，消除影响，且诉讼费用由被告承担；（3）赔偿经济损失包括合理调查费用共计人民币 50 万元。

▍裁判结果

2013 年 8 月 8 日，上海市黄浦区人民法院判决被告精益教育公司：（1）停止对原告阳光附属中学所享有的"阳光附中"注册商标的侵害行为；（2）停止在 www. jingyi. com 网站、教学点现场和宣传资料中的虚假宣传行为；（3）判决生效之日起三十日内在《新民晚报》和 www. jingyi. com 网站上刊登声明，消除影响；（4）赔偿原告阳光附属中学经济损失以及为制止侵权支出的合理费用 140 000 元人民币；（5）驳回阳光附属中学的其他诉讼请求。

▍案件评析

该案争议的焦点在于：（1）被告精益教育公司是否构成商标侵权?（2）被告精益教育公司是否构成虚假宣传的不正当竞争行为?

（1）精益教育公司是否构成商标侵权？

《商标法》第 57 条规定，未经商标注册人的许可，在同一种商品上使用与其注册商标近似的商标，或者在类似商品上使用与其注册商标相同或者近似的商标，容易导致混淆的，属于侵犯注册商标专用权。《最高人民法院关于审理商标民事纠纷案件适用法律若干问题的解释》第 9 条第 1 款规定，《商标法》第 52 条第 1 项规定的商标相同，是指被控侵权的商标与原告的注册商标相比较，二者在视觉上基本无差别。该案中，被告未经原告许可，在其进行教育培训的各个教学点的牌匾以及相关宣传资料上突出使用了与原告注册商标"阳光附中"在视觉上基本无差别的手写体标识，此行为足以引起相关公众的误认或混淆，构成了对原告所享有的注册商标专用权的侵犯，依法应当承担停止侵权和赔偿经济损失的法律责任。鉴于原告无证据证明其所遭受的实际损失和被告因侵权获得的违法所得，故根据被告实施侵权行为的性质、持续时间、主观过错、涉案商标的知名度、虚假宣传的影响范围等因素，以及原告为本案所支出的合理调查费用，酌情确定被告应承担的赔偿数额。

（2）被告精益教育公司是否构成虚假宣传的不正当竞争行为？

被告精益教育公司辩称《反不正当竞争法》所调整的是企业之间的法律关系，而原告系事业法人，故不受该法的调整。但《反不正当竞争法》第 2 条第 3 款将"从事商品经营或者营利性服务的法人、其他经济组织和个人"统称为经营者，并未对经营者的经济性质进行区分。该案中原告阳光附属中学所提供的高中学历教育和相关教育培训与咨询服务，是有偿的，并非义务性质，

应当属于经营行为，且与被告经营的教育信息咨询业务存在着同业竞争关系，故可以适用《反不正当竞争法》。

《反不正当竞争法》（1993）第9条第1款规定："经营者不得利用广告或者其他方法，对商品的质量、制作成分、性能、用途、生产者、有效期限、产地等作引人误解的虚假宣传。"该案中，被告精益教育公司无证据证明其在网站、各教学点、宣传资料上宣传的关于被告系"依托某附中深厚的文化底蕴，走规模经营之路"等含原告名称的内容的真实性，故可以认定被告的上述宣传内容虚假，且具有攀附原告声誉，使相关公众产生原告、被告之间具有某种关联性的误解和混淆的故意，给原告的商誉及其正常的业务活动带来一定的损害，构成不正当竞争。

相关法条

1.《中华人民共和国商标法》第 57 条

2.《最高人民法院关于审理商标民事纠纷案件适用法律若干问题的解释》第 9 条

3.《中华人民共和国反不正当竞争法》（1993）第 2、9 条

13. 擅自将他人注册商标用于同种商品，构成侵犯商标权和虚假宣传

案情简介

上海精锐公司系注册商标"精锐教育"及注册商标"精锐 1 对 1"的原所有人，该公司于 2015 年 12 月 27 日、2015 年 8 月 21 日分别将以上注册商标转让给上海精学锐公司。上海精学锐公司

成立于 2011 年 9 月 28 日，并使用了域名 www. jingrui. cn 作为其官方网站进行运营。2016 年 3 月 7 日，上海精锐公司成为上海精学锐公司的股东。2016 年 6 月 28 日，上海精学锐公司又注册登记"1SMART 精锐教育"商标。其中，注册商标"精锐教育"核定服务项目为第 41 类：教学；教育；教育考核；教育信息；就业指导（教育或培训顾问）；培训；学校（教育）。注册商标"精锐 1 对 1"核定服务项目为第 41 类：学校（教育）；教育；培训；教学；教育信息；教育考核；实际培训（示范）。注册商标"1SMART 精锐教育"核定服务项目为第 41 类：学校（教育）；函授课程；讲课；教育信息；教育考核；幼儿园；实际培训（示范）；寄宿学校；就业指导（教育或培训顾问）；职业再培训，上述三注册商标目前均在有效期内。此后，上海精学锐公司许可上海精锐公司使用前述注册商标，并由上海精锐公司负责"精锐教育"商标在全国的运营和推广。

亳州精锐公司成立于 2016 年 1 月 7 日，经营范围为：教育信息、企业管理信息咨询服务等。经查明，亳州精锐公司未经上海精学锐公司许可，在从事教育培训时使用了原告的"精锐教育""精锐 1 对 1""1SMART 精锐教育"注册商标，并使用了微信公众号"亳州精锐 1 对 1"，还曾开立 www. jingrui360. cn 网站进行宣传，目前该网站已无法正常进入。

上海精学锐公司认为亳州精锐公司侵害了其注册商标专用权，故请求安徽省亳州市中级人民法院判令被告亳州精锐公司：（1）立即停止侵犯原告注册商标的相关行为；（2）立即停止使用"精锐教育"企业字号及虚假宣传的不正当竞争行为；（3）在《中国知识产权报》上刊登声明、消除影响；（4）赔偿经济损失 5000 万元及原告为制止侵权而支出的律师费及其他合理费用 10 万人民币，并承担本案的诉讼费用。

▌裁判结果

2017 年 11 月 1 日，安徽省亳州市中级人民法院判决被告亳州精锐公司：（1）立即停止侵犯原告上海精学锐公司"精锐教育"注册商标专用权的行为，并关闭微信公众号"亳州精锐 1 对 1"；（2）立即停止使用"精锐教育"企业字号及虚假宣传的不正当竞争行为，变更企业名称；（3）赔偿原告上海精学锐信息科技有限公司 11 万元，并在《中国知识产权报》显著位置上登载声明以消除影响；（4）驳回上海精学锐公司的其他诉讼请求。

▌案件评析

该案的焦点在于：被告亳州精锐公司是否构成商标侵权，是否构成虚假宣传的不正当竞争行为？

《商标法》第 57 条规定，未经商标注册人的许可，在同一种商品上使用与其注册商标相同的商标的，属于侵犯注册商标专用权。该法第 58 条规定，将他人注册商标、未注册的驰名商标作为企业名称中的字号使用，误导公众，构成不正当竞争行为的，依照《反不正当竞争法》处理。该案中，亳州精锐公司未经上海精学锐公司许可，开设名为"亳州精锐 1 对 1"微信公众号，构成对上海精学锐公司"精锐 1 对 1"商标权的侵犯；将注册商标"精锐教育"擅自作为自己企业名称中的字号使用，误导公众，显然已构成不正当竞争行为。因目前 www.jingrui360.cn 已无法正常进入及打开，故上海精学锐公司要求亳州精锐公司关闭该域名的诉讼请求不予支持。

根据《商标法》第63条的规定，被告亳州精锐公司的行为已侵犯了上海精学锐公司的商标专用权，应当依法承担停止侵权、赔偿损失的民事责任。上海精学锐公司因亳州精锐公司侵犯商标专用权造成的损失难以确定，法院考虑到上海精学锐公司的声誉、亳州精锐公司成立的时间、侵权的性质、期间、后果，酌情确定亳州精锐公司的赔偿数额为100 000元，上海精学锐公司为制止侵权行为所支出10 000元属于本案的合理费用。原告庭审表示所主张的律师费是分期支付，初步计算是10万元左右，故该部分费用不能确定，且原告也无相应票据加以证明，对此不予支持。

⚖ 相关法条 ────────────────────────────▶

1. 《中华人民共和国商标法》第57、58、63条
2. 《中华人民共和国反不正当竞争法》第63条

第二节　著作权纠纷

1. 省级高中未经许可传播他人作品，
构成侵犯信息网络传播权

▌案情简介

凌某某系《乾隆皇帝》（全6卷）的作者，2001年，凌某某

授权长江文艺出版社出版发行《乾隆皇帝》（全6卷）。2012年8月21日，凌某某与北京中文在线公司签订数字版权服务合作协议：授予北京中文在线公司在全球范围内对《乾隆皇帝》（6卷）（中文简体）的数字出版行使专有使用权〔包括但不限于信息网络传播权，制作（含语音/多媒体制作）、复制、发行、传播数字代码形式的作品等权利及转授权；许可他人合法使用上述权利〕；当授权作品数字版权受到非法侵害时，北京中文在线公司独家对授权作品进行维权；协议有效期至2015年7月18日。台州市第一中学是浙江省首批一级高中，是一所具有公益性质的学校。经查明，台州市第一中学在其主办网站"http：//www.tz1hs.com"上登载了与凌某某所著《乾隆皇帝》小说内容一致的作品供他人阅读和下载。北京中文在线公司认为被告台州一中的行为严重侵犯了其信息网络传播权，故诉至台州市椒江区人民法院，请求法院判令台州市第一中学：（1）立即停止侵犯北京中文在线公司对涉案作品《乾隆皇帝》（全6卷）享有的信息网络传播权；（2）赔偿北京中文在线公司经济损失（包括为制止侵权行为所支付的合理开支）。

▌裁判结果

2013年2月6日，台州市椒江区人民法院作出判决：（1）台州市第一中学立即停止对北京中文在线公司享有著作权之作品信息网络传播权的侵害，停止提供涉案作品《乾隆皇帝》的在线阅读及下载阅读服务；（2）台州市第一中学赔偿北京中文在线公司经济损失196 800元，并支付原告北京中文在线公司为制止侵权所产生的合理费用（含公证费等）4000元。

▌案件评析

根据《著作权法》第 11 条的规定，凌某某系《乾隆皇帝》作品（全 6 卷）的著作权人，其有权将作品许可他人使用。北京中文在线公司依据授权书获得涉案作品的信息网络传播权等著作权权能，并依授权获得以自己名义进行维权的权利。台州市第一中学无有效证据证明其通过合法途径获得涉案电子图书数据库，也无法证明该数据库已获得合法授权可以通过互联网传播涉案作品。因此，根据《信息网络传播权保护条例》第 2 条、《最高人民法院关于审理侵害信息网络传播权民事纠纷案件适用法律若干问题的规定》第 3 条，台州第一中学在未经北京中文在线公司授权或许可，且未支付原告北京中文在线公司报酬的情况下在其主办的"http：//www.tz1hs.com"网站上登载了与凌某某所著《乾隆皇帝》（全 6 卷）小说内容一致的作品，使公众能够在其个人选定的时间和地点获得上述作品内容，应认定该行为构成对北京中文在线公司所享有的上述作品的信息网络传播权的侵害。

此外，北京中文在线公司未举证证明其因台州市第一中学侵权所受的损失和台州市第一中学侵权获利的情况，根据《最高人民法院关于审理著作权民事纠纷案件适用法律若干问题的解释》第 25 条、第 26 条的规定可以适用法定赔偿。综合考虑到台州市第一中学系以公益为目的的教育机构，经营的网站使用涉案作品不以赢利为目的，结合台州市第一中学侵权行为的情节、侵权行为给北京中文在线公司造成的后果和影响、涉案作品知名度和市场影响力及北京中文在线公司为制止侵权所支付的费用等因素，酌情确定赔偿数额。

⚖ 相关法条 ·····························▶

1.《中华人民共和国著作权法》第 11 条

2.《最高人民法院关于审理侵害信息网络传播权民事纠纷案件适用法律若干问题的规定》第 3 条

3.《最高人民法院关于审理著作权民事纠纷案件适用法律若干问题的解释》第 25、26 条

4.《信息网络传播权保护条例》第 2 条

2. 未利用法人物质技术条件，职务作品著作权仍归作者享有

▌案情简介

自 1994 年 12 月至今，徐某在北京工业大学计算机学院实验中心任教，系计算机学院主讲教师。徐某与北京工业大学（以下简称北工大）就一份名为《设想与初步实施方案》的文件著作权归属产生了争议。《设想与初步实施方案》是含 2 页纸的报告，上面署名"徐某"。该报告中包含以下字句："微机硬件实验是教学活动中一个很重要的环节……为了更合理地配置实验教学资源，我结合多年的实验教学经验和计算机硬件技术实验教学需求，设想将微机硬件实验采用虚拟实验教学……考虑到此虚拟实验系统又较为庞大，所以确定整体微机硬件虚拟实验系统的设计方案后，由北工大计算机学院的优秀生和中科院自动化所的博士生一起完成……"该文中还对微机硬件虚拟实验系统操作平台的内容以图示方式标明，虽上述报告未标注形成时间，但可证明徐某于 2001 年就着手此项目。2001 年 1 月，《北工大教学基地建设项目立项

报告》中提到："实验室教师都参加了'虚拟实验管理系统'学校教学科研项目的开发，要求每人按自己分工完成相应任务，写出论文，以提高科研实践水平。"该报告中，项目参与人员包括徐某，徐某负责整体项目规划、实施。2002 年 7 月，《北工大教学基地分项目建设规划书》提到："计算机学院的计算机学院教学基地建设项目计划金额 1300 万元，其中新型开放微机硬件系统实验教学基地的建设人员、使用人员都包括徐某，2001 年新型开放式微机硬件实验教学项目的负责人是徐某。"此外，2002 年 4 月 29 日，徐某向北工大计算机学院科研办请示称：实验中心微机接口实验室与博纳英力公司共同合作研制开发"虚拟实验与远程控制系统"，项目总经费 8 万元，申请 5 万元的硬件设备免交管理费。单据显示，2002 年 4 月 26 日，博纳英力公司向北工大中宇智能信息系统工程中心支票付款 6 万元。博纳英力公司认可票据的真实性，但认为其不是研究经费，而是外购设备的费用。2005 年 4 月 28 日，北工大在其他案件中表示，徐某是北工大的职工，其从事工作的费用是北工大提供的，所从事工作是在北工大的职务行为。徐某认为《设想与初步实施方案》是其个人作品，遂起诉北工大和博纳英力公司，请求北京市海淀区人民法院依法确认著作权归属。

2005 年 9 月 2 日，北京市海淀区人民法院认为徐某对北工大和博纳英力公司提起的诉讼，无法证明涉案作品与被告具有某种法律上的关系，更无法证明当事人间就权利状态或其他法律状态存在争议，裁定驳回徐某对两被告的起诉。

徐某不服上述裁决，以一审法院程序违法为由向北京市第一中级人民法院提起上诉，请求撤销原审判决，发回重审。2005 年 12 月 20 日，北京市第一中级人民法院认为上诉人徐某的起诉符合《民事诉讼法》第 108 条的规定，应予受理，遂撤销原审裁定，指令北京市海淀区人民法院进行审理。

▌裁判结果

2006 年 7 月 10 日，北京市海淀区人民法院作出判决：（1）确认《设想与初步实施方案》的著作权归原告徐某享有，但被告北工大有权在其业务范围内优先使用；（2）驳回原告徐某对被告博纳英力公司的起诉。

▌案件评析

该案的焦点在于：《设想与初步实施方案》一文属于徐某的个人作品，还是职务作品或法人作品。《著作权法》第 2 条第 1 款规定："中国公民、法人或者其他组织的作品，不论是否发表，依照本法享有著作权。"《著作权法》第 11 条规定，著作权属于作者，本法另有规定的除外。由法人或者其他组织主持，代表法人或者其他组织意志创作，并由法人或者其他组织承担责任的作品，法人或者其他组织视为作者。如无相反证明，在作品上署名的公民、法人或者其他组织为作者。该 11 条实际上规定了法人作品和个人作品的分类。就法人作品而言，其要件是法人或单位"组织主持"并"代表法人意志"。本案中，徐某是北工大计算机学院实验中心教师，是计算机学院实验中心的微型计算机硬件系统实验教学基地、网上计算机系统硬件虚拟实验室系统等项目的主要负责人之一或者是重要的参与人，主要任务是项目总体规划和各实验室平台建设和实施。在与《设想与初步实施方案》一文的形成基本同时期的《北工大教学基地建设项目立项报告》等材料中，研究内容部分不仅提到了建立网上计算机系统硬件虚拟实验室系统的建设设想和初步实施方案，而且提到实验室每一个教师都参加了虚拟实验管理系统学校教学、科研项目开发，并要求每人按各自分工完成所定任务，如写出论文。而《设想与初步实施方案》并非具体详尽的论文形式，而是一种工作计划或工作思路汇报的形式。徐某的工作虽然与其岗位职责密切相关，但是并非其单位组织主持并代表其单位的意志。因此并不属于第 11 条规定的"法人作品"。

虽然不属学校的作品，但是该作品的确属于履行工作职责的结果。据此，《著作权法》第 16 条第 1 款规定"公民为完成法人或者其他组织工作任务所创作的作品是职务作品，除本条第二款的规定以外，著作权由作者享有，但法人或者其他组织有权在其业务范围内优先使用……"可见，徐某要求确认其著作权的两页纸文件，是向实验室中心的工作请示报告，是在完成北工大交付的任务或履行负责人工作过程中所形成的，该两页纸的性质属于职务作品。对于职务作品，个人和单位之间的著作权分配规则为《著作权法》第 16 条第 2 款规定的著作权的例外，即主要是利用法人或者其他组织的物质技术条件创作，并由法人或者其他组织承担责任的工程设计图、产品设计图、地图、计算机软件等职务作品，作者享有署名权，著作权的其他权利由法人或者其他组织享有，法人或者其他组织可以给予作者奖励。该案中，不能证明北工大为徐某写作《设想与初步实施方案》一文专门提供了表现为资金、设备和材料等物质技术条件，也不能证明该作品是指由北工大组织主持并由北工大承担责任。因此，《设想与初步实施方案》一文不属于《著作权法》第16条第2款规定的情形，该文著作权仍由徐某享有，北工大有权在其业务范围内优先使用。此外，徐某没有证据证明博纳英力公司对其权利的圆满状态或权利行使造成了损害或妨碍，博纳英力公司亦表示承认徐某的著作权，故徐某以确认著作权权属纠纷为由起诉博纳英力公司，没有事实和法律依据，属于起诉主体错误。因此，依法驳回徐某对博纳英力公司的起诉。

相关法条

1. 《中华人民共和国民事诉讼法》第108条
2. 《中华人民共和国著作权法》第11、16条

3. 学校未经许可使用他人图片，是否构成合理使用

案情简介

2010年3月19日，周某某取得《中国元素图片库》的著作权登记证书，证书记载该《中国元素图片库》于2010年1月18日创作完成，2010年2月4日首次发表。在该图库中有一幅编号为A1623的图片，内容为广州陈家祠。"广州大学广府文化研究中心"（以下简称广府研究中心）是广州大学为研究广东地方文化而成立的学术研究机构，成立于2011年6月，2012年7月获批为广东省特色文化研究基地。广府研究中心经费来源于广州大学的办公经费和科研经费，并建有广府研究中心网站：广府文化大

观，该网站是挂靠在广州大学"www. gzhu. edu. cn"网站上运行的，进入路径为：广州大学网站—广州大学图书馆—广府文化大观。在广府文化大观网站中，内含有一篇"陈家祠：岭南建筑的代表"文章，文章中有一幅图片与周某某享有著作权作品的A1623 图片在所取场景、角度、光线和构图基本是一致的，唯一不同的是该图片右下角抠出一小块空白注明"广府文化大观"。此外，广府文化大观网站的网页下方注明：广州大学"广府文化研究中心"版权所有。经查明，广府研究中心使用的图片转载自艺龙旅行网，其在转载时并未核实相关的版权问题，诉讼中已将图片撤下网站。周某某认为广州大学未经其许可，在网站中使用其享有著作权的一幅图片，侵犯了其对该图片享有的信息网络传播权，故诉至广州市南沙区人民法院请求判令广州大学停止侵权、赔偿损失并在广州日报发表赔礼道歉声明。

▎裁判结果

2013 年 10 月 1 日，广州市南沙区人民法院作出判决：（1）广州大学应于判决生效之日起 10 日内，一次性赔偿周某某经济损失 2500 元；（2）驳回周某某的其他诉讼请求。

▎案件评析

根据周某某提供的著作权登记证书和《中国元素图片库》上的版权声明，在无相反证据的情况下，可以确认周某某是该图片库中图片的著作权人，即为涉案图片的著作权人。《著作权法》第 10 条第 1 款第 12 项规定，信息网络传播权是以有线或者无线方式向公众提供作品，使公众可以在其个人选定的时间和地点获得作品的权利。广府研究中心未经许可擅自在其网站上传并向社会公众传播原告享有著作权的图片，并在图片右下角突出标明该中心子网站名称的行为，构成侵犯信息网络传播权。广府研究中心作为广州大学内部机构，不是独立的法人，其行为后果应由广州大学承担。

本案的焦点在于广州大学是否构成合理使用？《著作权法》第22条第6项规定，为学校课堂教学或者科学研究，翻译或者少量复制已经发表的作品，供教学或者科研人员使用他人作品，可以不经著作权人许可，不向其支付报酬，但应当指明作者姓名、作品名称，并且不得侵犯著作权人依照本法享有的其他权利。该案中，广府研究中心使用图片并非"课堂教学或者科学研究"，而是作为网站宣传使用图片，并不符合"合理使用"的情形。该案中，原告周某某既没有提供证据证明其实际损失，也没有证明被告的违法所得，对于涉案作品单价亦未给出相应的参考依据。根据《最高人民法院关于审理著作权民事纠纷案件适用法律若干问题的解释》第25条的规定，法院可综合考虑涉案作品的类型、数量、被告侵权行为的性质、时间、后果，原告为制止侵权而支出的合理费用（含律师费等）以及普通摄影作品的参考价格等因素，酌定赔偿额。根据《中华人民共和国著作权法》第10条的规定，著作权包括人身权和财产权，其中信息网络传播权是财产权，而赔礼道歉是侵犯他人人身权利所承担的民事责任方式。广州大学侵犯了周某某作品的信息网络传播权，由于其侵犯的是财产权利，故无须承担赔礼道歉的民事责任。另外，由于广州大学已经删除侵权内容，且原告对此也进行了确认，故法院不再判决停止侵权。

相关法条 ··➤

1. 《中华人民共和国著作权法》第 10、12、22 条

2. 《最高人民法院关于审理著作权民事纠纷案件适用法律若干问题的解释》第 25 条

4. 作者死亡后，继承人享有的信息网络传播权仍受法律保护

▌ 案情简介

作家巴金系《爱情三部曲：雾雨电》的作者，2005 年 11 月 3 日巴金逝世，其子李某棠、女李某林是巴金的法定继承人。2006 年 3 月 16 日，李某林与中文在线公司签订关于数字图书的合作协议，协议中约定：李某林授权中文在线公司对包括《爱情三部曲：雾雨电》在内的 18 部作品进行数字出版（包括但不限于信息网络传播权），同时中文在线公司有权独立对授权范围内数字图书的侵权行为进行维权；该协议有效期为十年，协议期满后，双方如无书面终止声明，本协议自动延续。2006 年 12 月 29 日，李某棠与中文在线公司签订与上述授权内容和期限均相同的协议。常州市第四中学在其"睿智电子图书馆"的页面，提供对巴金《爱情三部曲：雾雨电》的在线阅读和下载服务，并且"睿智 3000 电子图书馆"页面显示"版权声明，用户使用权归常州市第四中学所有"。中文在线公司认为常州市第四中学未经授权，擅自在其官方网站提供包括《爱情三部曲：雾雨电》一书的阅读和下载，使公众可以在任何时间获得上述作品，侵犯了中文在线公司的著作权。故诉至江苏省常州市中级人民法院，请求判令常州市第四中学：

（1）立即停止侵犯中文在线公司著作权的行为；（2）赔偿中文在线公司损失20 000元。

▍裁判结果

2016年12月20日，江苏省常州市中级人民法院作出判决：（1）被告常州市第四中学于判决生效之日起10日内赔偿中文在线公司经济损失1500元；（2）驳回中文在线公司的其他诉讼请求。

▍案件评析

巴金作为《爱情的三部曲：雾雨电》作品的作者，依法享有著作权。根据《继承法》第3条第6款的规定，公民的著作权属于公民的遗产。此外，《著作权法》第19条第1款规定："著作权属于公民的，公民死亡后，其本法第十条第一款第（五）项至第（十七）项规定的权利在本法规定的保护期内，依照继承法的规定转移。"因此，在该案中李某棠和李某林依法取得涉案作品包括信息网络传播权在内的著作权下的财产权，而中文在线公司通过有效授权协议亦取得上述作品的数字出版专有使用权。此外，授权协议约定："协议期满后，双方如无书面终止声明，本协议自动延续。"现没有证据证明合作协议已经终止，合作协议仍然处于合法有效期，中文在线公司有权以自己的名义提起诉讼。

常州市第四中学辩称其行为属于合理使用，不构成侵权。然而，常州市第四中学的网站内容对外公开，任何互联网用户均能通过该网站阅读、下载涉案作品，故常州市第四中学的行为已超过《著作权法》第22条第6项规定的供教学使用的合理范围，其行为构成侵犯信息网络传播权。该案诉讼中，常州市第四中学及时删除了《爱情三部曲：雾雨电》的下载渠道，故法院不再判令其停止侵权。对于赔偿数额，考虑到中文在线公司因被侵权所受到的实际损失或被告因侵权所获得的利益难以确定，再综合考虑到常州市第四中学涉案网站的性质、该网站电子图书系统的对内对外影响力大小、作者的知名度与作品的畅销度等诸多因素，法院酌定常州市第四中学须赔偿中文在线公司经济损失 1500 元。

⚖ 相关法条 ┈┈┈┈┈┈┈┈┈┈┈┈┈┈┈┈┈┈►

1. 《中华人民共和国继承法》第 3 条
2. 《中华人民共和国著作权法》第 19、22 条

5. 未经允许使用他人教学课件，构成侵犯著作权

▎案情简介

晓辰学校成立于 2014 年 1 月 28 日，业务范围为中文写作。郝某某是晓辰学校培养的一名教师，2013 年 12 月 6 日，晓辰学校与郝某某签订《晓辰关于教师形象包装的协议》，协议主要内容为："晓辰学校对青年教师进行形象包装，包装形象为晓辰所有，被包装人不得以此形象为个人或非晓辰写作单位牟利，否则承担法律责任，赔偿经济损失十万元，并立即停止侵权行为。"2014 年 12 月 28 日，晓辰学校与郝某某签订《晓辰任课教师培养合同》，该合同第 4 项规定："授课教师在晓辰学校学成后，以在晓辰所获的教学体系、教学方法、教学技能在丹东地区自行或到其他单位进行教学营利活动，属侵害晓辰学校知识产权、商业机密行为，晓辰学校将以法律武器予以制裁。"2015 年 9 月 2 日，晓

辰学校在《丹东广播电视报》刊登附有郝某某照片的"晓辰青年教师真人秀"。2015年10月，郝某某离开晓辰学校。2015年11月，郝某某在其母吕某某、其父郝某利开办的"天天向上新学堂"教授作文，并收取作文学费。经查明，郝某某在"天天向上新学堂"授课过程中使用了晓辰学校名为《快乐写作第一课：联想》《细节描写》课件中的部分内容，其在课件中使用的"答案有标志，答案有位置"的文字与晓辰学校《现代文阅读》课件中的字样一致。晓辰学校认为郝某某的行为侵犯了其对课件的著作权，故请求辽宁省丹东市中级人民法院判令：（1）被告立即停止侵权行为；（2）被告给付晓辰学校精神损害赔偿1万元；（3）被告在《丹东广播电视报》向晓辰学校公开赔礼道歉、消除影响；（4）追加郝某某父亲郝某利、母亲吕某清作为共同被告承担责任。

▌裁判结果

2017年3月20日，辽宁省丹东市中级人民法院作出判决，判令郝某某：（1）立即停止侵犯晓辰学校教学课件著作权的行为；（2）在《丹东广播电视报》上刊登对晓辰学校侵犯著作权行为的道歉声明；（3）驳回晓辰学校的其他诉讼请求。

▌案件评析

该案争议的焦点为：（1）晓辰学校的教学课件、教学体系、教学方法是否属于著作权保护的客体；（2）被告郝某某的行为是否构成侵权，郝某某之父郝某利、之母吕某清的行为是否构成侵权；（3）若被告的行为构成侵权，是否应当承担精神损害赔偿责任？

（1）晓辰学校的教学课件、教学体系、教学方法是否属于著作权保护的客体?

《著作权法》第 2 条规定，中国公民、法人或者其他组织的作品，不论是否发表，依照本法享有著作权。《著作权法实施条例》第 2 条规定："著作权法所称作品，是指直接产生文学、艺术和科学领域内具有独创性并能以某种有形形式复制的智力成果。"该案中，课件是教师为完成学校的教学任务，通过多媒体这一媒介，将自己的思想或者意志表达出来的智力成果的外化形式，是具有独创性的智力成果，并且以数字化形式存在的教学课件很容易复制，因此教学课件应视为作品，系受著作权法保护。而教学体系和教学方法不能满足作品的要求，不是著作权的客体。该案中，晓辰学校拥有的教学课件是在晓辰学校组织并承担责任的情况下，其教师为履行教学任务而创作，根据《著作权法》第 11 条第 3 款、16 条的规定，涉案教学课件《快乐写作第一课：联想》《细节描写》属于职务作品，著作权由晓辰学校享有。

（2）被告郝某某的行为是否构成侵权，郝某某之父郝某利、之母吕某清的行为是否构成侵权?

郝某某离开晓辰学校后，未征得晓辰学校许可亦未支付报酬的情况下，在其父母开办的"天天向上新学堂"授课中使用与晓辰学校的教学课件内容部分相同的课件进行营利性活动，违反了其与晓辰学校签订的《晓辰关于教师形象包装的协议》和《晓辰任课教师培养合同》中关于著作权保护的内容，主观恶意明显，根据《著作权法》第 47 条的规定，郝某某的行为构成侵犯著作权。考虑到晓辰学校并未提供证据证明被告吕某清、郝某利对其作品存在侵权行为，因此不能认定吕某清、郝某利二人的行为构成侵权。

（3）若被告构成侵权，是否应当承担精神损害赔偿责任？

对侵犯著作权的精神损害赔偿，是指侵犯著作权中的发表权、署名权、修改权和保护作品完整权。即只有著作权中的上述人身权受到侵害时，侵权人才应当承担精神损害赔偿的责任。该案中，郝某某未侵犯晓辰学校教学课件的相关人身权，故对晓辰学校要求被告郝某某赔偿精神损害的诉讼请求，法院不予支持。

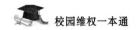 相关法条

1.《中华人民共和国著作权法》第 2、11、16 条

2.《中华人民共和国著作权法实施条例》第 2 条

6. 民办学校在官网上展示他人作品，不构成合理使用

▌案情简介

廖某某系《2005：农村改革将面临的十大难题》一文的著作权人，2004 年 12 月 21 日，廖某某将该作品发表于"中国农村研究网"，统计字数为 6000 字。2005 年 1 月 21 日，廖某某与三面向版权代理公司签订了《版权转让合同》，合同约定："廖某某将其所著《2005：农村改革将面临的十大难题》的版权转让给三面向版权代理公司，三面向版权代理公司在尊重作者署名权的基础上，自文章发表之日至本合同期限届满之日享有该作品的著作权；该合同有效期为自双方签字之日起 10 年。"泉州第一中学是福建省一所非营利教育机构，其在未指明《2005：农村改革将面临的十

大难题》一文作者姓名和作品出处，未支付任何稿酬的情况下在泉州第一中学网站教师个人网页上，使用并传播了《2005：农村改革将面临的十大难题》一文。泉州第一中学网站可以与国际互联网链接，并非学校的局域网，不只限于本校师生使用，任何人都可以通过国际互联网进入该网站看到涉案文章。三面向版权代理公司认为泉州第一中学在其网站上使用并传播上述作品的行为侵犯了其著作权，其认为该作品字数为6000字，每千字50元（不足一千字的部分按一千字计算），共计稿酬损失300元，泉州第一中学应按4倍赔偿，共计1200元。故三面向版权代理公司请求福建省泉州市中级人民法院判令泉州第一中学：（1）立即停止侵权行为；（2）赔偿三面向版权代理公司经济损失1200元。

▌裁判结果

2006年12月18日，福建省泉州市中级人民法院作出判决，判令泉州第一中学：（1）立即停止对三面向版权代理公司的侵权行为，删除网站涉案作品；（2）赔偿三面向版权代理公司经济损失人民币540元。

▌案件评析

该案中，泉州第一中学辩称其网站是用于科研教学的网站而非营利性网站，其使用并展示涉案文章是为研究教学之用，故其属于合理使用的范畴。法院认为，泉州第一中学在网上无限扩大作品的使用范围，是不当的。根据《著作权法》第22款第6项的规定，为学校课堂教学或者科学研究，翻译或者少量复制已经发表的作品，供教学或者科学研究，但不得出版发行。此种情况下可以不经著作权人许可，不向其支付报酬，但应当指明作者姓名、作品名称，并且不得侵犯著作权人依照本法享有的其他权利。该案中，泉州第一中学刊载该文章虽非为了营利，但其扩大使用范围，未指明作者姓名和作品出处的行为显然已超出合理使用的范畴，构成侵犯著作权。

《著作权法》第 49 条规定："侵犯著作权或者与著作权有关的权利的，侵权人应当按照权利人的实际损失给予赔偿；实际损失难以计算的，可以按照侵权人的违法所得给予赔偿。赔偿数额还应当包括权利人为制止侵权行为所支付的合理开支。权利人的实际损失或者侵权人的违法所得不能确定的，由人民法院根据侵权行为的情节，判决给予五十万元以下的赔偿。"该案中，鉴于三面向版权代理公司实际损失和泉州第一中学因侵权行为所获得的非法利润均不能确定，法院参照 1994 年 12 月 2 日国家版权局办公室权办〔1994〕64 号文件规定的"图书可按国家颁布的稿酬标准的 2—5 倍计算赔偿额"，以及 1993 年国家版权局发布的《报刊转载、摘编法定许可付酬标准暂行规定》第 3 条规定："报刊转载、摘编作品的付酬标准为 25 元/千字；社会科学、自然科学纯理论、学术性专业报刊可适当降低，但不得低于 10 元/千字。"综合考虑原告的受让价金、作品类型、被告侵权行为的性质、被告的主观过错和后果等因素，酌定本案稿酬损失为 90 元/千字，即被告泉州第一中学应赔偿原告三面向版权代理公司稿酬损失540 元。

⚖ **相关法条** ---→

1. 《中华人民共和国著作权法》第 22、48 条

2. 《报刊转载、摘编法定许可付酬标准暂行规定》第 3 条

7. 再版教材仍保留原作者姓名，不构成侵犯署名权

▎案情简介

2001 年下半年，淮阴师范学院教育系因教学需要，决定重编《心理学》一书，经与教材原主编邓某某沟通，邓某某表示不愿再担任主编。其中，该教材第十章（"学习心理"）由原告郭某某独立撰写。此后，淮阴师范学院教育系集体研究决定以无记名投票的方式表决主编一职，并最终确定由该系副教授王某某担任《心理学》的主编。叶某某是该系的副主任，叶某某拟通知王某某，让其考虑由郭某某担任《心理学》的副主编。后叶某某未来得及通知，便赴外地出差。于是，叶某某委托该系另一副主任陈某某带口信给王某某，让其考虑由郭某某担任副主编，王某某表示同意。原由邓某某担任主编的《心理学》教材中，原告郭某某独立撰写了第十章（"学习心理"）。2001 年年底，王某某在上海征求了原告郭某某的意见，郭某某当时口头同意。2002 年 4 月的一次聚餐中，王某某通报了郭某某任副主编的事情，郭某某口头表示已知道。2003 年 2 月，徐州矿业出版社公开出版了《心理学》一书，随即该书投入使用，郭某某在教学中亦使用了该书，并领取了由王某某发放的稿费。其后，原告郭某某认为，被告顾某某利用职权打击报复，并联合被告王某某剽窃其作品，盗用其

名义，构成侵权。2005 年 2 月 24 日，郭某某请求淮安市中级人民法院判令被告，立即停止侵权行为，在一定范围内消除影响，赔偿原告侵权赔偿金和精神赔偿金若干。

▌ **裁判结果**

2005 年 6 月 6 日，淮安市中级人民法院认为原告郭某某诉称事实不实，诉讼请求不能成立，故判决驳回郭某某对被告顾某明、被告王某某的全部诉讼请求。

▌ **案件评析**

该案争议的焦点在于：被告顾某某、王某某是否侵犯了原告郭某某对《心理学》一书享有的署名权？笔者认为，被告顾某某、王某某的行为并不侵犯原告郭某某的著作权，理由如下。

首先，涉案书籍《心理学》前后两版的第十章"学习心理"都明确标明了原告郭某某的姓名，被告顾某某、王某某也承认这一点，故郭某某对"第十章"拥有著作权是毋庸置疑的。

其次，对于被告顾某某，其作为教育系主任，并未参与《心理学》的编写，亦未参与确定原告任副主编一事，故对郭某某不存在侵犯姓名权或著作权问题。而对于被告王某某，其在使用其作品时，已署名为原告郭某某所作，符合《著作权法实施条例》第 19 条的规定。并且，王某某在该书中将郭某某作为副主编亦经过其本人同意，故不存在侵犯姓名权问题和剽窃作品、盗用名义的问题。此外，王某某在《心理学》教材使用郭某某所著"第十章"时，也未署名为自己所有，而是署名为原告郭某某本人作品，故王某某的行为不构成《著作权法》（2001

年修订）第46条第5款规定的"剽窃行为"。

最后，针对郭某某诉称的损失，考虑到郭某某同意担任教材副主编并接受了稿费，且王某某编写的《心理学》教材一书对其并未造成损失，也未对其名誉造成不利影响，故郭某某主张的侵权赔偿金和精神赔偿金缺乏事实依据，不予支持。

⚖ **相关法条** ◦◦◦◦◦◦◦◦◦◦◦◦◦◦◦◦◦◦◦◦◦◦◦◦◦◦◦◦◦◦◦◦◦◦◦➤

1. 《中华人民共和国著作权法》第46条
2. 《中华人民共和国著作权法实施条例》第19条

8. 培训机构贩卖盗版书籍，构成侵犯发行权

▎**案情简介**

经济科学出版社成立于1983年6月，系财政部直属的中央级综合经济类出版社。2015年12月10日，财政部会计资格评价中心（甲方）与经济科学出版社（乙方）签订了《关于版权许可备忘录》，就全国会计专业技术资格考试辅导教材《经济法基础》一书版权许可事宜作出约定：经济科学出版社依法享有《经济法基础》的专有出版权和信息网络传播权，期限为2年。在约定期限内，甲方不再另行授权任何第三方出版上述图书及享有信息网络传播权。对于上述授权，经济科学出版社能够以自己名义对任何侵权行为独立进行维权，该授权自授权图书出版之日起生效。2015年11月，经济科学出版社于首次出版《经济法基础》时，在该书版权页载明编写单位为财政部会计资格评价中心，同时载明防伪鉴别方法：（1）防伪轧纹，封面封底采用特殊工艺印制，

底纹有凹凸感，可以看到"KJZGPJ"字母的暗纹；（2）防伪标识，封面左下方粘贴有防伪标识，在荧光灯下可见防伪标识上部呈现"会计"两个红色字体。科瑞科培训学校成立于2007年10月18日，业务范围包括：理财规划师（国家职业资格二、三级）、项目管理师（国家职业资格三、四级）、企业人力资源管理师（国家职业资格二、三、四级）等职业资格培训。科瑞科培训学校在其位于乌鲁木齐市天山区某经营场所销售2016年度全国会计专业技术资格考试辅导教材《经济法基础》。经济科学出版社取得的保全样本书籍表明，科瑞科培训学校销售的《经济法基础》版权页无防伪鉴别方法，封面左下方无防伪标识；荧光灯下亦未呈现"会计"红色字体。经济科学出版社在取证和调查过程中，向被告支付学费1380元、工本费10元、教材费70元、购买书本费用730元、交通费100元、公证费300元、律师代理费6600元，共计9190元。

原告经济科学出版社认为被告科瑞科培训学校侵犯了其复制、发行专有出版权，减少了经济科学出版社正版图书的市场销售。2016年7月11日，经济科学出版社请求天津市南开区人民法院判令被告：（1）立即停止使用及出售《经济法基础》盗版图书；（2）赔偿经济损失及为制止侵权行为所支付的合理费用，共计50 000元。

▌ 裁判结果

2016年11月10日，天津市南开区人民法院认为被告科瑞科培训学校的行为构成侵权，故判决被告：（1）立即停止使用及销售2016年度全国会计专业技术资格考试辅导教材《经济法基础》的盗版图书；（2）赔偿原告经济科学出版社经济损失及为制止侵权行为所支付的合理费用共计16 000元。

▎案件评析

该案争议的焦点在于：被告科瑞科培训学校的行为是否构成侵犯原告对《经济法基础》的发行权；若构成，科瑞科培训学校应承担何种赔偿责任？

根据《最高人民法院关于审理著作权民事纠纷案件适用法律若干问题的解释》第 7 条的规定，当事人提供的涉及著作权的底稿、原件、合法出版物、著作权登记证书、认证机构出具的证明、取得权利的合同等，可以作为证据。在作品或者制品上署名的自然人、法人或者其他组织视为著作权、与著作权有关权益的权利人，但有相反证明的除外。该案中，经济科学出版社提交的《经济法基础》正版图书及《关于版权许可备忘录》可以证明经济科学出版社系经著作权人合法授权，并对涉案图书享有专有出版权并有权以自己的名义对侵权行为提起诉讼。科瑞科培训学校销售的《经济法基础》与原版教材相比，缺少正版图书应有的防伪标识、防伪鉴别方法、暗记，这足以认定其培训学校销售的《经济法基础》系盗版图书，符合《著作权法》第48条第1款关于侵犯著作权的相关规定，即侵犯了经济科学出版社的发行权。

关于科瑞科培训学校应当承担的赔偿数额，《著作权法》第49条规定："侵犯著作权的，侵权人应当按照权利人的实际损失给予赔偿；实际损失难以计算的，可以按照侵权人的违法所得给予赔偿。赔偿数额还应当包括权利人为制止侵权行为所支付的合理开支。同时规定，权利人的实际损失或者侵权人的违法所得不能确定的，由人民法院根据侵权行为的情节，判决给予五十万元以下的赔偿。"该案中，经济科学出版社未提交证据证明其实际损失，科瑞科培训学校亦未提交有效证据证明其因涉案侵权行为所获得的利润。故由于原告的实际损失和被告的违法所得均不能确定，法院综合考虑涉案作品的类型、被告科瑞科培训学校的经营规模、经营地址、侵权情节以及经济科学出版社为本案支出费用的必要性和合理性程度，酌情认定赔偿数额16 000元。

相关法条

1.《中华人民共和国著作权法》第48、49条

2.《最高人民法院关于审理著作权民事纠纷案件适用法律若干问题的解释》第7条

9. 抄袭他人网页、冒用他人证书，构成侵犯著作权和不正当竞争

案情简介

新思路培训学校成立于1999年，曾荣获"教育部网络教育示范院校"等多项荣誉，是一所现代化、规范化的综合性民办教育机构。2011年5月，为了进一步宣传推广，新思路培训学校制作了域名为www.xsledu.com的网站，备案号为京ICP备07029102号，网站负责人为李某某。该网站网页内容包括基本图片221幅、设计文案221式、编辑文字10余万字，网站总设计容量1G多字节。新起点咨询公司网站域名为xqdedu.net，备案号为京ICP备09044722号，主办单位及网站负责人均为刘某某。经查明，新起点咨询公司的网站http：//bj.xqdedu.net主页上有三十多处抄袭、

盗用了新思路培训学校网站的图片、文字、文案等内容，该网站还冒用了新思路培训学校网站的备案登记号码，并在网上多处冒用新思路培训学校的"教育部考试中心指定助学机构"等专有的资质荣誉。此外，2011年12月2日，李某某出具证明以表明其虽为新思路学校网站www.xsledu.com（京ICP备07029102号）的网站负责人，但该网站的经营者和所有人均为新思路培训学校。

原告新思路培训学校认为被告新起点咨询公司侵犯了其著作权。2011年12月，新思路培训学校诉请北京市海淀区人民法院判令被告新起点咨询公司：（1）立即停止侵权，删除网页bj.xqdedu.net上的侵权内容；（2）在《京华时报》及bj.xqdedu.net网页上向原告赔礼道歉；（3）赔偿原告经济损失100万元及原告因本案而支出的合理费用。

▌裁判结果

2011年12月16日，北京市海淀区人民法院认定新起点咨询公司的行为构成侵权，故判决被告新起点咨询公司：（1）立即停止侵权行为；（2）自判决生效之日起30日内，在《京华时报》上刊登声明、消除影响；（3）赔偿原告经济损失及合理支出15万元。

▌案件评析

该案争议的焦点在于抄袭、冒用他人网页内容，是否构成侵犯著作权？

新思路培训学校作为其网站的所有人，依法对网站的内容享有著作权。《著作权法》第48条第1项规定，未经著作权人许可，复制、发行、表演、放映、广播、汇编、通过信息网络向公众传播其作品的，除本法另有规定的，构成侵犯著作权。该案中，新起点咨询公司网站 bj. xqdedu. net 的网页布局、设计风格、背景色彩、动画、图片、美术、文字等与新思路培训学校的网站相似，内容高度相同，虽然网站 ICP 登记的负责人为刘某某，但网站内容均为新起点咨询公司的业务范围，在该公司未提交相反证据的情况下，该公司应视为该网站的实际使用者。新起点咨询公司未经权利人新思路培训学校许可，在其网站上使用新思路培训学校网站网页内容以及新思路培训学校的荣誉证书，已构成侵犯著作权。此外，根据《反不正当竞争法》（1993）第 14 条的规定，经营者不得捏造、散布虚伪事实，损害竞争对手的商业信誉、商品声誉。新起点咨询公司的行为亦构成不正当竞争。新思路培训学校要求新起点公司赔礼道歉、赔偿经济损失 100 万元等诉求，证据不足，依据《著作权法》第 48 条、第 49 条的规定，法院可以根据侵权时间、侵权方式、主观恶意等侵权行为的情节，酌情确定因侵犯著作权而承担赔偿责任的数额。

相关法条

1. 《中华人民共和国著作权法》第 48、49 条
2. 《中华人民共和国反不正当竞争法》（1993）第 2、4 条

10. 剽窃他人论文，学生和学校均侵权

案情简介

2008 年 4 月，陈某某完成中国传媒大学硕士学位论文，题为《论央视春节联欢晚会之歌曲选择与中国当代社会文化变迁之间的

因果关系》（以下简称涉案论文），该论文后获中国传媒大学硕士学位论文答辩委员会表决通过，建议授予陈某某硕士学位。2017年5月28日，中国传媒大学戏剧影视学院何某某教授出具证明一份，证明涉案论文确为陈某某原创学位论文。2009年12月，金某某完成《从央视春晚歌曲的选择看中国当代社会文化的变迁》（以下简称被控侵权论文），并在"河北大学学位论文独创性声明""学位论文使用授权声明"以及"保护知识产权声明"上签字。经对比，涉案论文与被控侵权论文均含5章，且每章标题完全相同。2017年3月15日，经公证取证，通过百度搜索被控侵权论文，出现多个搜索结果，包括由"百度学术""豆丁网""道客巴巴"等提供的以"从央视春晚歌曲的选择看中国当代社会文化的变迁"为标题的链接，均可在线阅读被控侵权论文。此外，金某某的委托诉讼代理人认可金某某在撰写被控侵权论文时通过第三人获得了陈某某的涉案论文。

　　陈某某认为金某某的被控侵权论文与其涉案论文的观点和主旨基本相同，主张其就涉案论文享有的发表权、修改权、保护作品完整权、复制权、发行权、信息网络传播权等6项权利遭受了金某某和河北大学的共同侵害，故诉至杭州铁路运输法院，请求法院判令被告金某某、河北大学：（1）立即停止侵权行为，立即停止使用涉案论文；（2）向陈某某公开赔礼道歉；（3）赔偿陈某某经济损失90 000元、精神损失费10 000元；（4）共同承担本案诉讼费、律师费、公证费等合理费用合计16 000元。

▎裁判结果

　　2017年11月1日，杭州铁路运输法院作出判决：（1）被告金某某于判决生效之日起 10 日内赔偿原告陈某某经济损失26 000 元、为制止侵权行为所支付的合理开支16 000元，合计42 000元；（2）被告河北大学对前项金某某应当承担的赔偿金额中的20 000 元承担连带责任；（3）被告金某某、河北大学于判决生效之日起 30 内在"万方网""豆丁网""道客巴巴网"连续 48 小时刊登道歉声明，就其侵权行为向陈某某赔礼道歉；（4）驳回原告陈某某的其他诉讼请求。

▌案件评析

涉案论文内容丰富，逻辑完整，在语言表达方面体现了作者的选择与安排，具有独创性，符合《著作权法》关于作品要件的规定，涉案论文属于文字作品，在无相反证据推翻的前提下，应当认定陈某某是该作品的作者。陈某某作为涉案论文的作者，依法享有著作权，是本案的适格原告。

该案争议的焦点在于：（1）陈某某对于金某某、河北大学实施了侵害其 6 项著作权的指控是否成立；（2）如果侵权成立，陈某某主张的侵权责任承担方式是否合理。

（1）陈某某关于金某某、河北大学实施了侵害其 6 项著作权的指控是否成立？

《著作权法》第 10 条规定："著作权包括下列人身权和财产权：（一）发表权，即决定作品是否公之于众的权利；（二）署名权，即表明作者身份，在作品上署名的权利；（三）修改权，即修改或者授权他人修改作品的权利；（四）保护作品完整权，即保护作品不受歪曲、篡改的权利；（五）复制权，即以印刷、复印、拓印、录音、录像、翻录、翻拍等方式将作品制作一份或者多份的权利；（六）发行权，即以出售或者赠与方式向公众提供作品的原件或者复制件的权利……（十二）信息网络传播权，即以有线或者无线方式向公众提供作品，使公众可以在其个人选定的时间和地点获得作品的权利……"《著作权法》第 47 条、第 48 条规定了侵害著作权的行为及承担的法律责任，其他主体在未经著作权人的许可亦无法定除外情形时，侵害著作权各项权能的，构成对该项权利的侵害。该案中，经对比被控侵权论文与涉案论文，二者整体框架结构一致，被控侵权论文主要内容来源于涉案论文，或删减或增添了部分内容，可以认定金某某对涉案论文进行了复制、修改，其对涉案论文的复制亦未为陈某某署名，属于剽窃行为，故金某某的行为构成对陈某某复制权、修改权、署名权的侵害。考虑到金某某虽对涉案论文进行了修改，但其修改并未歪曲、篡改涉案论文原意，陈某某也明确修改并未影响论文的主旨与观点，因而金某某的行为不构成侵害保护作品完整权。此外，河北大学并未参与写作过程，即河北大学并未参与对涉案论文的复制、署名和修改，不构成共同侵权。

该案并无证据表明涉案论文在完成后已经发表或部分发表，金某某和河北大学亦未提出此项抗辩，故应当认定涉案论文在侵权行为发生前尚未公开发表，河北大学根据金某某的"学位论文使用授权声明"将被控侵权论文提供给"万方数据"运营方，使得被控侵权论文公之于众，构成对被控侵权论文的发表，对被控侵权论文的发表就意味着对其中所包含涉案论文内容的发表，构成对陈某某发表权的侵害。金某某明知侵权，依然授予河北大学公开发表，依法应当就此部分的侵权与河北大学承担连带责任。

现公证书表明被控侵权论文已在互联网传播，但无法查明进行信息网络传播的主体，故不能认定金某某和河北大学侵犯信息网络传播权。此外，发行权所控制的行为是未经许可以出售或者赠与方式向公众提供作品的原件或者复制件的权利，此处的原件或复制件是指作品的有形载体。该案中，陈某某指控金某某和河北大学将侵权作品通过网络形式提供侵害其发行权，通过网络形式传播的是侵权作品的无形载体，此类行为受信息网络传播权控制，不受发行权控制，故不构成对其发行权的侵害。

综上，金某某侵害了陈某某就其涉案论文享有的署名权、修改权、复制权的行为系其单方实施，应当由其单独承担责任；对陈某某发表权的侵权由金某某和河北大学共同承担连带责任。

（2）如果侵权成立，陈某某主张的侵权责任承担方式是否合理？

该案中，金某某在写作时对涉案论文进行了剽窃，构成侵害陈某某的修改权、署名权和复制权，但剽窃行为在金某某完成侵权论文后便已停止，本案亦无证据表明金某某还存在其他仍在实施的对涉案论文的复制、修改或未为陈某某署名的行为，故不再判令金某某承担停止侵害复制权、修改权、署名权的责任。同时，发表行为亦属一次性行为，对已经完成的侵害发表权行为同样无法再判令侵权者承担停止侵权的责任。因而，陈某某对金某某停止侵权的诉讼请求不予支持。关于赔偿金额，陈某某因侵权所受之损失或金某某、河北大学的侵权获利均无法查明，陈某某亦未提交证据证明涉案论文的许可使用费金额，法院酌情确定赔偿金额以及为制止侵权行为所支出的合理费用。

对于陈某某所主张的精神损失费，缺乏法律依据，不予支持。

⚖ 相关法条 ‑‑➤

1.《中华人民共和国著作权法》第 10、47、48、49 条

11. 著作权法保护的是独创性表达而非思想， 引用学术观点不构成侵权

▎案情简介

刘某某系《专利创造性分析原理》一书（以下简称涉案图书）的作者。国家版权局出具的《著作权登记证书》表明，2012 年 7 月 12 日刘某某以作者身份就涉案图书向国家版权局申请了著作权登记，登记图书创作完成日期为 2012 年 5 月 28 日。2012 年 9 月，知识产权出版社出版了涉案图书，该书版权页"内容提要"载明："本书从技术的概念入手，进一步探讨发明创造的科学实质，并在此基础上提示了专利法上创造性判断的逻辑尺度应当是评价标的技术与评价依据技术之间不具有逻辑推理上的充分条件性因果关系……"此外，该书第 51 页中论及"专利法上创造性分析应有的逻辑尺度"时写道："此处'度'的背后实质是事物与事物之间的联系程度问题。具体到专利创造性评价上，具有专利创造性就是指在先技术与标的技术两个整体之间在逻辑推理上不具有充分条件性因果关系。"（以下简称涉案图书文字表达）

黄某某为华东政法大学的教师，黄某某于 2015 年 6 月在《上海财经大学学报》（2015 年第 3 期）发表了《我国专利创造性判

定中整体性评审与模型构造研究》一文（以下简称涉案论文），论及"发明事实与技术背景认定中的整体性评价"问题时写到："专利法上创制性分析应有的逻辑尺度为创造性程度的概念，是否具有'实质性特点'和'进步'，以及是否'突出'和'显著'，都涉及一个程度的问题，其实质为在先技术与标的技术之间联系程度问题。具有专利创造性就是在先技术与标的技术两个整体之间在逻辑推理上不具有充分条件性因果关系。"

刘某某认为黄某某未经其许可，亦未予署名，在涉案论文中对其作品进行了抄袭，上海财经大学未尽到审查义务，将黄某某的文章发表在《上海财经大学学报》上，黄某某和上海财经大学共同侵害了刘某某依法享有的署名权、复制权、发行权，请求北京市海淀区人民法院判令：（1）黄某某在《上海财经大学学报》上公开向刘某某赔礼道歉；（2）黄某某和上海财经大学连带赔偿刘某某经济损失2万元。

2016年12月20日，北京市海淀区人民法院认为刘某某主张权利的内容实际上是在阐述其学术观点，著作权法不保护学术观点，因此黄某某的使用行为不构成侵权，《上海财经大学学报》的复制、发行行为亦不构成侵权，故判决驳回刘某某的全部诉讼请求。刘某某不服上述判决，向北京知识产权法院提起上诉，请求撤销原审判决，发回重审。

▌裁判结果

2017年9月25日，北京知识产权法院认为一审判决认定事实清楚，适用法律正确，程序合法，依法予以维持。

▍案件评析

该案争议的焦点在于：涉案图书中的文字表达是否受《著作权法》的保护，涉案论文是否构成侵权？

刘某某认为涉案论文作者黄某某将涉案图书中的"事物"替换为下位概念"在先技术"，但二者构成实质性相似，涉案论文已构成抄袭。《著作权法》及其实施条例就是要保护学术观点本身，其本人在涉案作品中表达的学术观点，既属于思想也属于主题，《北京市高级人民法院关于审理著作权民事纠纷案件适用法律若干问题的解答》第2条对此也进行了明确规定。

一审、二审法院均明确刘某某主张权利的内容"实质是事物与事物之间的联系程度问题""具有专利创造性就是指在先技术与标的技术两个整体之间在逻辑推理上不具有充分条件性因果关系"，显然属于学术观点，《著作权法》仅保护对该学术观点的表达，不保护学术观点本身，即便学术观点系由作者首次提出亦不例外。就涉案图书文字表达而言，涉案图书文字表达的语言表达已经简练到一定程度而难以突破，他人用简单语言表达上述学术观点可采用的表达方式相当有限，因此，如果对上述内容进行著作权保护，会客观上导致对该学术观点的保护，从而产生垄断思想的后果，故涉案图书文字表达不受《著作权法》保护。

二审法院进一步明确根据"思想与表达二分法"的基本原理，《著作权法》只保护作品的表达，不保护作品所反映的思想、观点，涉案文字表达是关于专利创造性判断标准的学术观点。《北京市高级人民法院关于审理著作权民事纠纷案件适用法律若干问题的解答》第2条规定："著作权法对作品的保护，其保护的不是作品所体现的主题、思想、情感以及科学原理等，而是作者对这些主题、思想、情感或科学原理的表达或者表现。其次，著作权法保护的表达或表现不仅指文字、图形等最终形式，当作品的内容成为作者表达思想、主题的表现形式时，作品的内容亦受著作权法的保护；当这种表达是公知的，或者是唯一的形式时，则不受著作权法保护。"尽管该条中尽管含有"当作品的内容成为作者表达思想、主体的表现形式时，作品的内容亦受著作权法的保护"的内容，但这并不表示《著作权法》在上述情况下保护作品的思想。综上，刘某某主张黄某某、上海财经大学侵犯其著作权的上诉理由不能成立，一审法院对此认定正确。

相关法条 ┅┅┅┅┅┅┅┅┅┅┅┅┅┅┅┅┅┅┅┅➤

1. 《中华人民共和国著作权法》第 11 条

2. 《中华人民共和国著作权法实施条例》第 2 条

3. 《北京市高级人民法院关于审理著作权民事纠纷案件适用法律若干问题的解答》第 2 条

12. 未签订软件许可使用书面合同，
学校成为事实上合同的当事人

▌ 案情简介

佳路公司成立于 1998 年 10 月 19 日，经营范围包括计算机软件、硬件及配套设备开发、技术服务及销售、广告业等。2003 年 12 月 5 日，佳路公司以原始取得的方式获得 "GWS&mdash" 佳路学籍管理软件著作权，并享有著作权的所有权利。

2003 年 9 月 1 日，为落实全省中小学学籍电子管理工作，吉林省教育厅基础教育处向各市（州）教育局下发《关于举办普通中小学学籍电子管理培训班的通知》。省教育厅基础教育处与佳路公司联合举办全省中小学学籍电子管理培训班，并将培训时间、地点、参加人员等培训事宜进行了相关通知。2003 年 11 月 3 日，吉林省教育厅进一步下发《关于进一步落实中小学学籍电子化管理有关事宜的函》，明确在全省范围内使用佳路公司享有著作权的学籍管理软件，使用对象为全省中心校以上中小学校，中小学学籍管理软件由各市（州）教育行政部门统一组织管理和发放，统一收费并与公司结算。2007 年 9 月 24 日，吉林省教育厅基础教育处向各市（州）教育局发函，表明全省已经全面开展了中小学学籍管理软件更版升级工作。2013 年 8 月 11 日，教育部印发《中小学生学籍管理办法》，要求建立全国统一、规范的学籍信息管理制度。兴盛小学于 2004 年至 2007 年间使用佳路公司涉案的单机版软件，2008 年至 2013 年使用涉案升级版软件，而兴盛小学仅在 2004 年一次性支付软件使用费 980 元，此后再未支付学籍软件许可使用费。佳路公司在 2008 年至 2013 年对涉案软件升级、网络维护、技术培训等方面产生的费用向省内其他地区小学的收费标准为 300 元/年。2015 年，佳路公司就涉案纠纷曾以吉林省教育厅为被告提起诉讼，吉林省高级人民法院〔2016〕吉民终 179 号民事判决以诉讼主体错误，驳回诉讼请求。

2017 年 7 月 3 日，佳路公司向吉林省长春市中级人民法院提起诉讼，请求判令兴盛小学支付计算机软件著作权许可使用费 2700 元。2017 年 9 月 1 日，吉林省长春市中级人民法院作出判决：（1）兴盛小学于判决生效之日起 10 内向原告佳路公司支付软件使用费 1800 元；（2）驳回佳路公司的其他诉讼请求。

兴盛小学不服上述判决，向吉林省高级人民法院提起上诉，请求撤销原判，发回重审。上诉理由主要有：（1）佳路公司与兴盛小学就涉案软件未签订过书面协议，佳路公司主张就涉案软件的收费标准为 300 元/年没有事实依据；（2）佳路公司的起诉已超过诉讼时效。

▍裁判结果

2017 年 12 月 11 日，吉林省高级人民法院认为一审判决认定事实清楚，适用法律正确，程序合法，依法予以维持。

▍案件评析

对于佳路公司和兴盛小学的合同问题，一审、二审法院均认为两者之间存在事实上的合同。根据《最高人民法院关于适用〈中华人民共和国合同法〉若干问题的解释（二）》第 2 条规定："当事人未以书面形式或者口头形式订立合同，但从双方从事的民事行为能够推定双方有订立合同意愿的，人民法院可以认定是以合同法第 10 条第 1 款中的'其他形式'订立的合同。但法律另有规定的除外。"该案中，佳路公司与兴盛小学之间虽然没有订立书面的著作权许可使用合同，但佳路公司给兴盛小学安装涉案学籍软件，并进行培训、软件升级等相关技术服务，兴盛小学亦使用佳路公司安装的学籍软件对本校学生的学籍进行管理，因此佳路公司与兴盛小学就涉案软件的使用形成了事实上的计算机软件著作权许可使用合同。

本案中关于吉林省教育厅的相关决定，虽然明确了佳路公司软件的集中使用，但是并未与佳路公司签订正式的软件采购协议，因此，佳路公司的确不能直接起诉该省教育厅，只能通过与具体使用软件的学校追讨使用费，这是符合法律原理的。

⚖ **相关法条** ‣‣‣‣‣‣‣‣‣‣‣‣‣‣‣‣‣‣‣‣‣‣‣‣‣‣‣‣‣‣‣‣‣‣▶

1. 《中华人民共和国合同法》第 10 条

2. 《最高人民法院关于适用〈中华人民共和国合同法〉若干问题的解释（二）》第 2 条

3. 《中华人民共和国民法通则》第 135 条

第三节 专利权纠纷

1. 诉争技术方案未全部落入权利要求书，不构成侵犯专利权

▎案情简介

2003 年 5 月 6 日，邱某向国家知识产权局提出名称为"一种现浇钢筋砼空心板"的发明专利申请。2009 年 5 月 20 日，该申请获得授权，邱某取得专利号为 ZL200610094468.7 专利产品（以下简称 ZL 专利产品）的发明专利权。2010 年 10 月 14 日，ZL 专利产品的专利权人变更为湖南邱某专利公司。2014 年 1 月 1 日，湖南邱某专利公司将 ZL 专利产品授权给岳麓建材公司在新疆维吾尔自治区所辖区域独占使用，并授权岳麓建材公司单独维权，授权

期限截止至 2016 年 12 月 31 日，涉案专利年费已缴纳至 2016 年 5 月 5 日。

伊犁技师学院是涉案工程伊犁技师学校新建教学、实训楼建设项目工程的建设单位，伊犁建设公司是施工单位。伊犁建设公司在施工过程中使用了一种名为"空心苯板混凝土楼盖盒"的建筑材料（以下简称空心苯板材料），该材料系伊犁建设公司采购于伊宁水漫桥制品厂，而伊宁水漫桥制品厂通过专利实施许可合同享有"空心苯板材料"的实用新型专利权。

经查明，ZL 专利产品权利要求书所记载的 64 项权利要求中与本案有关的独立权利第 1 项为：一种现浇钢筋砼空心板，包括钢筋砼（1）、轻质胎体（2），轻质胎体（2）部分或者全部裹含在钢筋砼（1）中，其特征在于轻质胎体（2）中有至少一个现浇砼浇注用孔洞（3）贯穿轻质胎体（2）的两个表面，现浇砼浇注于孔洞（3）中，形成砼墩柱（4）……第 3 项权利除"形成砼墩柱（4）"外，其他内容同第 1 项权利。

岳麓建材公司发现伊犁建设公司施工现场加工制造使用侵权产品，在告知对方未果的情况下，委托公证人员在涉案场所取证，并拍照予以封存。2015 年 7 月 13 日，岳麓建材公司请求新疆维吾尔自治区乌鲁木齐市中级人民法院判令二被告伊犁建设公司、伊犁技师学院：（1）停止侵犯岳麓建材公司"ZL 专利产品"权利要求书中记载的第 1、3 项内容；（2）赔偿岳麓建材公司侵权损害赔偿和因制止侵犯专利权行为所产生的交通、住宿、公证等费用若干元。

▎裁判结果

2015 年 11 月 11 日，新疆维吾尔自治区乌鲁木齐市中级人民法院认为两被告伊犁建设公司、伊犁技师学院的行为不构成侵权，故判决驳回原告岳麓建材公司的诉讼请求。

▎案件评析

该案中，二被告辩称原告岳麓建材公司提供的公证书程序违法，提交的被控侵权产品实物不能证实系在被告施工工地提取，故本案的焦点在于：（1）二被告是否系被控侵权产品的使用方；（2）被控侵权产品的技术特征是否属于涉案专利的保护范围？

（1）二被告是否系被控侵权产品的使用方？

《民事诉讼法》第 69 条规定："经过法定程序公证证明的法律事实和文书，人民法院应当作为认定事实的根据，但有相反证据足以推翻公证证明的除外。"该案中，原告岳麓建材公司的取证行为在公证员的监督下进行，现场记录对取证情况进行了记载，反映了被控侵权产品的取证过程，公证机关对此出具了相应的公证文书，并封存涉案产品。虽然公证书所附照片未能体现取证的连贯性，但法律法规并未规定办理侵权物品保全时，对保全的过程除了现场记录外，还必须对每一节点进行拍照，故在被告无相反证据的情况下，公证书及公证所取产品实物的证明效力予以确认，即可以证明二被告系被控侵权产品的使用方。

（2）被控侵权产品的技术特征是否属于涉案专利的保护范围？

就如何判断使用某种产品是否构成侵犯专利权的问题，根据《专利法》第 59 条第 1 款的规定，发明或者实用新型专利权的保护范围以其权利要求的内容为准，说明书及附图可以用于解释权利要求的内容。此外，《最高人民法院关于审理侵犯专利权纠纷案件应用法律若干问题的解释》第7条第1款规定："人民法院判定被诉侵权技术方案是否落入专利权的保护范围，应当审查权利人主张的权利要求所记载的全部技术特征。"该案中，岳麓建材公司请求保护的独立权利要求1、3的技术特征有：①钢筋砼；②轻质胎体；③轻质胎体部分或者全部裹含在钢筋砼中。经比对，被控侵权产品实物缺少钢筋砼、轻质胎体部分或者全部裹含在钢筋砼中这两个技术特征，不符合专利侵权判定的"全面覆盖原则"，即被控侵权产品实物的技术特征未落入涉案专利的保护范围，二被告伊犁建设公司、伊犁技师学院的行为不构成侵犯发明专利权。

相关法条

1. 《中华人民共和国民事诉讼法》第69条
2. 《中华人民共和国专利法》第59条
3. 《最高人民法院关于审理侵犯专利权纠纷案件应用法律若干问题的解释》第7条

2. 委托作品专利权的归属取决于合同约定

案情简介

肖某系华东理工大学的在职教师，自1993年开始，其在学校从事与烟气有关的科研工作。2001年11月28日，华东理工大学委托肖某和案外人李某二人为投标代理人，以华东理工大学的名义参加国家863计划"可资源化烟气脱硫技术"的投标活动，并最终中标。随后，形成了两份《（863 计划）课题任务合同书》。其中，第一份合同由肖某所持有，合同封面记载的课题名称为"可资源化烟气脱硫技术"，所属专题一栏为空白；合同当事人分别为：课题委托方（甲方）——中华人民共和国科学技术部（以下简称：科技部），课题责任人（乙方）——肖某，课题依托单位（丙方）——华东理工大学。该合同签署页甲方一栏和课题依托单位（丙方）上级主管部门一栏未签字盖章，乙方一栏由肖某签署，日期为 2001 年 12 月 25 日，后丙方一栏加盖了华东理工大学和其法定代表人王某的印章。第二份由华东理工大学所持有，合同封面记载的课题名称为"可资源化烟气脱硫技术 3"，所属专题一栏为"燃煤电站烟气污染排放控制技术"；合同当事人分别为：课题委托方（甲方）——科技部，课题责任人（乙方）——王某，课题依托单位（丙方）——华东理工大学。该合同签署页甲方一栏加盖了科技部的合同专用章，并由主题专家组组长和领域办公室负责人先后签字、盖章，日期分别为 2002 年 3 月 20 日和 2002 年 4 月 18 日；乙方和丙方两栏均加盖了华东理工大学及其法定代表人王某的印章，日期为 2002 年 3 月 16 日；课题依托单位上级主管部门一栏加盖了上海市科学技术委员会科研合同专用章以及该单位的法定代表人印章，日期为 2002 年 3 月 16 日。以上两份合同的主文内容相同。上述合同第 6 条规定："执行本课题形成的专利，其专利权归属于乙方和丙方。"合同第 9 项规定："甲方提供研究开发经费，乙方为法人时，须将本合同规定给乙方的权利和义务授权给课题组长，并授权课题组长负责研究经费的使用和管理，丙方必须是法人单位。"合同同时明确，肖某为课题组组长。

2003 年 9 月 1 日，华东理工大学（甲方）与肖某（乙方）签订《工作聘用合同书》，合同约定："肖某的主要工作内容为负责863 计划'可资源化烟气脱硫技术'项目，项目经费 500 万；肖某'在聘用期间，为完成甲方交给的工作任务或者利用甲方资源、条件所完成的研究成果均属职务成果，所有权、持有权和使用权归甲方，甲方应对乙方的贡献予以奖励'，聘用期截至 2005 年 8 月 31 日。"2004 年 10 月，科技部、华东理工大学又签署了一份《863 计划（补充）课题任务合同书》，对原合同中示范工程建设规模等进行了调整，并将课题起止年限由 2002 年 1 月—2004 年12 月，更改为 2002 年 1 月—2005 年 10 月。2003 年 8 月 27 日，国家知识产权局对实用新型专利"多功能脱硫塔"进行了授权公告，专利权人为华东理工大学，设计人为肖某。2004 年 12 月 8日，国家知识产权局对"烟气中二氧化硫的脱出和回收方法及装置"的专利权进行了授权公告，专利权人为华东理工大学，发明人为肖某。2005 年 11 月，肖某以华东理工大学的名义，编制了《863 课题自验收报告》，该报告中叙述："发明专利'烟气中二氧化硫的脱出和回收方法及装置'，申请日为 2002/9/10；实用新型专利'多功能脱硫塔'，申请日 2002/9/20。"

肖某认为，华东理工大学违反合同约定，在其不知情的情况下擅自更改合同内容，侵害了其享有的专利申请权和专利权，故请求上海市第一中级人民法院判令：（1）确认并变更肖某为"烟气中二氧化硫的脱出和回收方法及装置"专利权和"多功能脱硫塔"专利权的共有专利权人；（2）被告华东理工大学承担本案诉讼费和原告肖某的律师费及为制止侵权的必要费用。

2006 年，上海市第一中级人民法院认为原告肖某诉求事实和法律依据不足，故判决驳回肖某的全部诉讼请求。

原告肖某不服上述判决，向上海市高级人民法院提起上诉，请求撤销原审判决，确认并变更上诉人肖某为"烟气中 SO_2 的脱出和回收方法及装置"和"多功能脱硫塔"两专利的专利权人，由被上诉人华东理工大学承担一、二审诉讼费用。

▌ **裁判结果**

2007 年 7 月 10 日，上海市高级人民法院认为原审判决认定事实清楚，适用法律正确，应予维持，遂驳回上诉，维持原判。

▌ **案件评析**

该案争议的焦点在于：哪份《863 计划课题任务合同书》是有效的，涉案专利权应归属于谁？

关于委托作品的专利权归属，《中华人民共和国专利法》第 8 条规定，一个单位或者个人接受其他单位或者个人委托所完成的发明创造，除另有协议的以外，申请专利的权利属于完成或者共同完成的单位或者个人。该案中，双方当事人之间的纠纷，系在履行《863 计划课题任务合同》过程中产生的专利权权属争议，对于该争议的解决，应当依据任务合同中的具体约定。而肖某所持合同未经委托方科技部签署，根据《中华人民共和国合同法》第 32 条的规定，当事人采用合同书形式订立合同的，自双方当事人签字或者盖章时合同成立。因此，该份合同尚未成立，不能据此来判断肖某是否为合同的当事人。考虑到肖某作为被告华东理工大学的投标代理人和中标后作为课题组组长、课题研究的实际主持人，其对华东理工大学所持合同内容应是明知的。而且，肖某还在编制的《自验收报告》中对于讼争专利进行罗列和确认，显然，肖某主张"华东理工大学所持有的合同是在其不知情的情况下签订的"，不能得到支持，即也不能据此合同确定肖某对于讼争专利的专利权。

对于讼争专利的专利权，一审、二审法院都认为华东理工大学所持的合同有效，另外根据华东理工大学和肖某签订的《工作聘用合同书》，应认定华东理工大学享有讼争专利的专利权。

⚖ **相关法条** ────────────────────▶

1. 《中华人民共和国专利法》第 8 条
2. 《中华人民共和国合同法》第 32 条

3. 教师利用学校资源发明创造，发明成果属于职务发明

▌ **案情简介**

1984 年 7 月，吴某开始在齐齐哈尔轻工学院任教。1995 年，教育部决定将齐齐哈尔师范学院和齐齐哈尔轻工学院合并，组建为齐齐哈尔大学。1997 年齐齐哈尔大学正式成立（过渡期内，齐齐哈尔轻工学院被称为齐齐哈尔大学工学院）。吴某随之进入齐齐哈尔大学物理系任教。1996 年 6 月 26 日，吴某以其妻姜某的名义向国家知识产权局申请名称为"组合式背投电视及其 $m \times n$ 无缝大画面显示器"的发明专利，1998 年 1 月 7 日该专利申请被公开，2002 年 11 月 20 日，姜某获得上述发明专利权。

1997 年 11 月 27 日，齐齐哈尔大学工学院与 TCL 王牌公司签订《关于合作制作"超级电视墙"的协议》，约定利用齐齐哈尔大学工学院正在申请专利的技术和 TCL 王牌公司的产业优势，制作"超级电视墙"。同年 12 月 17 日，合同双方又签订《关于合作制作"超级电视墙"产业化协议》（以下简称产业化协议）。在上述两个协议中，吴某均作为齐齐哈尔大学工学院的代表在协议上签字。协议签订后，双方成立了由专业技术人员组成的项目组，在 TCL 王牌公司处开展"超级电视墙"项目的研究开发工作。1999 年 4 月，TCL 新技术公司正式成立，随后也加入上述项目的研究开发工作。1997 年 11 月至 2002 年 2 月，吴某作为齐齐哈尔大学的代表，同时也是该项目技术方面的主要负责人，在 TCL 王牌公司和 TCL 新技术公司处任主任工程师。TCL 王牌公司和 TCL 新技术公司为其制作工卡，报销差旅费，支付了薪金。TCL 王牌公司和 TCL 新技术公司还数次向齐齐哈尔大学支付了技术开发费。宇恒计算机技术服务公司是齐齐哈尔大学前身齐齐哈尔轻工学院的校办企业，吴某曾受齐齐哈尔轻工学院委派在该企业进行技术开发。1993 年，吴某在该企业开发了"大屏幕电子显示屏"。1998 年 9 月，吴某受学校指派，赴俄罗斯参加莫斯科中国产品展览会，主要负责国家外经贸部"电视墙"展品的技术服务。齐齐哈尔大学物理教研室 1997—1999 年的课程建设计划中也显示吴某的"超大屏幕墙"项目一直是齐齐哈尔大学物理教研室的科研计划。

原告齐齐哈尔大学认为被告吴某和姜某侵犯了其发明专利权，故请求广东省深圳市中级人民法院判令：确认名称为"组合式背投电视及其 m×n 无缝大画面显示器"的发明专利属于齐齐哈尔大学和 TCL 王牌公司、TCL 新技术公司共同共有。原告 TCL 王牌公司、TCL 新技术公司也请求广东省深圳市中级人民法院判令：确认名称为"组合式背投电视及其 m×n 无缝大画面显示器"的发明专利属于 TCL 王牌公司、TCL 新技术公司共同共有。

2004 年，广东省深圳市中级人民法院判令：（1）"组合式背投电视及其 m×n 无缝大画面显示器"发明专利的专利权归齐齐哈尔大学所有；（2）驳回 TCL 王牌公司和 TCL 新技术公司的诉讼请求。

被告吴某和姜某不服上述判决，向广东省高级人民法院提起上诉，请求撤销原审判决，驳回齐齐哈尔大学的诉讼请求，其主要理由为：（1）讼争专利于 1998 年 1 月 7 日就被申请公开，原告齐齐哈尔大学、TCL 王牌公司、TCL 新技术公司主张权利的时间已经超过诉讼时效；（2）一审判决认定吴某在合作协议上签字的行为，即构成吴某确认专利属于齐齐哈尔大学所有，这种认定错误，吴某与齐齐哈尔大学仅是一种挂靠关系；（3）讼争专利是吴某个人发明的，不属于职务发明。

▌裁判结果

2006 年 8 月 18 日，广东省高级人民法院认为原审判决认定事实清楚，适用法律正确，应予维持，遂驳回上诉，维持原判。

▌案件评析

根据案件主要事实和诉争双方的抗辩理由，该案争议的焦点在于以下两点：（1）原告齐齐哈尔大学、TCL 王牌公司、TCL 新技术公司的权利主张是否已超过诉讼时效；（2）讼争专利"组合式背投电视及其 m×n 无缝大画面显示器"是否属于职务发明，该专利权归谁所有？

（1）原告齐齐哈尔大学、TCL 王牌公司、TCL 新技术公司的权利主张是否已超过诉讼时效？

二审法院认为本案是由于专利权归属引起的纠纷，纠纷的实质在于对讼争的"专利权"项下的发明创造成果的"所有权"的确认，即属于知识产权请求权，知识产权作为无形技术信息存在，具有无限的可传播性，能够在同一时空条件下被不特定的多数人共享。这种特性表明：对于进行研究开发取得发明创造成果的人而言，他往往无从知道并且也没有什么情况表明他应当知道其发明创造成果被他人擅自共享。因此，知识产权请求权不适用诉讼时效的规定，该案中专利权请求权也就不受诉讼时效的限制。此外，即使按照上诉人吴某和姜某的说法，本案应适用诉讼时效，诉讼时效的起算也不应该从专利申请被公开之日 1998 年 1 月 7 日起算，而应该从该专利被授权之日，即 2002 年 11 月 20 日起算，因为此时专利权才正式确定。原告齐齐哈尔大学、TCL 王牌公司、TCL 新技术公司于 2004 年 2 月 25 日向一审法院提起本案诉讼时，显然也在 2 年的诉讼时效内。

（2）讼争专利"组合式背投电视及其 m×n 无缝大画面显示器"是否属于职务发明，该专利权归谁所有？

在齐齐哈尔大学工学院与 TCL 王牌公司签订的《关于合作制作"超级电视墙"的协议》和《产业化协议》中，吴某均作为代表在协议上签字并加盖了齐齐哈尔大学工学院的印章，即可以认定吴某是受学校的委托与 TCL 王牌公司签订上述协议的。根据《中华人民共和国民法通则》第 63 条规定，公民、法人可以通过代理人实施民事法律行为。代理人在代理权限内，以被代理人的名义实施民事法律行为。被代理人对代理人的代理行为，承担民事责任。

因此，吴某代理齐齐哈尔大学工学院与 TCL 王牌公司签订上述协议所产生的法律后果应由齐齐哈尔大学承担，吴某和姜某的上诉理由认为吴某与齐齐哈尔大学之间只是一种挂靠关系，不予支持。《关于合作制作"超级电视墙"的协议》中约定：利用齐齐哈尔大学工学院正在申请专利的技术和 TCL 王牌公司的产业优势，制作"超级电视墙"。虽然该协议的内容没有明确规定齐齐哈尔大学工学院正在申请专利的技术的名称，但是，该技术显然应该是与制作"超级电视墙"有关的技术，而双方签订该协议时，吴某正在以姜某的名义申请名称为"组合式背投电视及其 m×n 无缝大画面显示器"的发明专利。综合分析该发明专利的技术特征，法院认为属于与制作"超级电视墙"有关的技术。此外，结合吴某的工作经历，吴某自 1984 年 7 月入校任教以来，一直从事"超大屏幕墙"之类的工作，而齐齐哈尔大学物理教研室 1997—1999 年的课程建设计划显示，吴某的"超大屏幕墙"项目一直是齐齐哈尔大学物理教研室的科研计划。根据《中华人民共和国专利法》第 6 条、《中华人民共和国专利法实施细则》第 11 条的规定，该案讼争专利"组合式背投电视及其 m×n 无缝大画面显示器"与"超大屏幕墙"属于相关课题，吴某在本职工作中的发明创造属于职务发明创造，其所有权人应为齐齐哈尔大学，姜某在本案技术成果的完成上，未作任何贡献，不构成发明人或者设计人。虽然 TCL 王牌公司、TCL 新技术公司对该专利申报的后续工作提供了资金、设备和相关资料，但没有提出该专利的实质性技术构成，因此，不享有专利权。齐齐哈尔大学主张该专利技术属于齐齐哈尔大学、TCL 王牌公司、TCL 新技术公司共同所有，这属于齐齐哈尔大学民事权利的处分行为，但这种处分行为易造成国有资产的流失，因此，处分无效。

⚖ 相关法条 ┄┄┄┄┄┄┄┄┄┄┄┄┄┄┄┄┄┄┄┄➤

1. 《中华人民共和国民法通则》第 63、135 条
2. 《中华人民共和国专利法》第 6 条
3. 《中华人民共和国专利法实施细则》第 11 条

4. 利用原单位物质技术条件形成的发明创造，专利权属于原单位所有

▌案情简介

　　杨某某自 1982 年起在原告上海明天大学（以下简称明天大学）任教，系该大学教授，并担任该校微免研究所所长。2006 年 10 月，杨某某正式退休。杨某彤系杨某某之子，1989 年起至今，杨某彤担任明天大学某科学学院研究员。1990 年 10 月 17 日，明天大学获得名为"一种云芝糖肽（PSP）的生产方法"的发明专利（以下简称 PSP 专利），发明人为杨某某。但 PSP 专利生产的产品不能达到国际市场对重金属的限量要求且产品的胶囊制剂不稳定，易变质。于是，1997 年 2 月 21 日，明天大学和杨某某签订

《委托书》，约定：杨某某主持 PSP 产品的外销业务，负责 PSP 产品中 8 项有害元素的中试处理技术，协议自签订之日起生效，有效期为三年。被告云芝糖肽公司成立于 2005 年 3 月 21 日，其法定代表人为杨某某，杨某彤为该公司的总经理，被告百利公司为云芝糖肽公司的合作方。

2005 年 10 月 20 日，百利公司和云芝糖肽公司签订《技术合作协议》，约定：百利公司委托云芝糖肽公司研究"降低 PSP 产品中的重金属含量，使达到出口标准"，百利公司提供 100 万元经费，其中 60 万汇入云芝糖肽公司，40 万元汇入云芝糖肽公司研究室所在地——明天大学财务处。2007 年 1 月 8 日，百利公司和云芝糖肽公司又签订技术开发协议，协议约定：云芝糖肽公司计划三年内完成云芝糖肽薄膜衣片的研究，百利公司为该研究提供 100 万元经费，并与之共同承担风险。

2007 年 5 月 28 日，两被告云芝糖肽公司、百利公司以及案外人隆腾公司签订的合作协议记载：百利公司委请云芝糖肽公司完成 PSP 产品的重金属剔除研究，现该研究已完成，百利公司全权委托云芝糖肽公司负责申请专利，专利名称暂定为"一种云芝糖肽（PSP）生产方法及制剂"（以下简称 PSP 生产方法及制剂专利），发明人为杨某某、杨某彤，申请人为百利公司和云芝糖肽公司。2007 年 6 月 15 日，两被告申请 PSP 生产方法及制剂专利，2007 年 12 月 12 日该专利被公开，专利摘要为：本发明应用反螯合技术，阻遏了糖肽对重金属的螯合，使云芝糖肽的重金属含量达到国际食品卫生标准，用本发明生产方法得到的云芝糖肽可以与药用辅料制成口服薄膜包衣片、颗粒剂或口服液……

经查明，自2001年9月至2003年3月，明天大学为"剔除云芝糖肽重金属研究"课题投入了相关科研费用，支付了有关"云芝糖肽重金属含量"的检测服务费、检索资料、购买书籍、购买试剂等费用。明天大学相关测试报告显示，2003年3月PSP中除铬（Cr）外其余重金属的含量均符合讼争发明专利权利要求书的规定。

另查明，杨某某2001年（时任明天大学微免研究所所长）的考核记录记载：杨某某主持云芝糖肽产品外销品质检验及市场开拓，负责解决PSP中7种重金属的超标问题；2003年度考核记录记载：外销PSP按计划完成，包含汞（Hg）在内的重金属含量均低于外销标准。此外，杨某彤在明天大学担任助理研究员1999—2007年的考核记录也表明：其参与云芝糖肽（PSP）重金属剔除研究，参与薄膜衣片的稳定性研究、薄膜衣片的HPLC分析等研究项目，上述项目均由明天大学提供经费。

原告明天大学认为两被告云芝糖肽公司、百利公司向国家知识产权局申请"一种云芝糖肽（PSP）生产方法及其制剂"的发明专利的行为侵犯了其发明专利申请权，故请求上海市第一中级人民法院确认讼争的专利申请权归属于明天大学。

▌裁判结果

2010年5月21日，上海市第一中级人民法院判令名称为"PSP生产方法及制剂"的发明专利申请权归原告上海明天大学所有。

▌案件评析

该案争议的焦点在于以下两点：（1）讼争发明"PSP生产方

法及制剂"是否属于职务发明；（2）被告百利公司能否依据其与被告云芝糖肽公司的合作协议成为讼争发明专利的共同申请人？

（1）讼争发明"PSP生产方法及制剂"是否属于职务发明？

《专利法》第6条第1款规定："执行本单位的任务或者主要是利用本单位的物质技术条件所完成的发明创造为职务发明创造。职务发明创造申请专利的权利属于该单位；申请被批准后，该单位为专利权人。"该案中，讼争发明关于云芝糖肽的生产方法是对明天大学"PSP专利"的改进，原"PSP专利"未作重金属的剔除，生产的云芝糖肽产品不能达到国际市场对该产品重金属的限量要求，而讼争发明克服了此问题。杨某某作为明天大学的教师，其与明天大学的《委托书》中明确约定"剔除8项有害元素"是其受委托内容，虽然《委托书》有效期限只有3年，但从杨某某2001年、2003年的考核记录来看，委托期限届满后，明天大学交付给杨某某的任务并未结束，杨某某的岗位职责中仍然包括了云芝糖肽重金属的剔除研究工作，因此杨某某的工作依然是在执行明天大学的工作任务。虽然，现无法根据原被告证据证明讼争发明完成的时间，但即便如两被告所称讼争发明是在2007年完成的，根据《专利法实施细则》第12条第1款第3项的规定，退职、退休或者调动工作后1年内作出的，与其在原单位承担的本职工作或者原单位分配的任务有关的发明创造，属于"执行本单位的任务所完成的职务发明创造"。对于2006年10月才退休的杨某某而言，仍属于执行明天大学的工作任务。显而易见，杨某彤的研究工作也是在执行明天大学的工作任务。此外，相关证据亦表明明天大学不仅为讼争发明投入了科研资金，而且根据被告提供的《技术合作协议》可知讼争发明是在明天大学实验室完成的，即利用了明天大学的物质技术条件。故认定讼争发明为职务发明创造，其专利申请权属于明天大学。

（2）被告百利公司能否依据其与被告云芝糖肽公司的合作协议成为讼争发明专利的共同申请人？

百利公司辩称其与云芝糖肽公司签订的《技术合作协议》以及《技术开发协议》约定协议成果为两被告共有，其不仅为讼争发明提供了研究经费，还参与了该项发明的研究，为该发明创造的实质性特点作出过创造性贡献。就案情来说，笔者认为，以上说法并不成立。首先，两被告在 2007 年 5 月28 日签订的协议书中确认讼争发明的发明人为杨某某和杨某彤，因此，百利公司认为其对讼争发明的实质性特点作出过创造性贡献，缺乏事实依据。其次，讼争发明为职务发明创造，其专利申请权归属于明天大学，被告云芝糖肽公司对讼争发明不享有任何权利，其无权对系争发明的归属作出处分，两被告之间就讼争发明归属的约定对原告不具有法律效力。最后，现无法证明百利公司在《技术合作协议》中涉及的"40 万元款项"是提供给明天大学用于讼争专利的研究，也不能认定明天大学和百利公司之间属于合作开发关系，故讼争专利和百利公司没有关系。

⚖ **相关法条** ┈┈┈┈┈┈┈┈┈┈┈┈┈┈┈┈┈┈┈┈▶

1.《中华人民共和国专利法》第 6 条

2.《中华人民共和国专利法实施细则》第 11 条

5. 教学方法中的公知内容，不属于专利权保护的对象

▎案情简介

2000 年 2 月 13 日，李某某向国家知识产权局提出名称为"拼读英文的方法和拼盘"的发明专利申请。2004 年 5 月 26 日，李某某获得该专利发明权。该专利的权利要求书载明：一种拼读英文的方法，将英文的字母分成 44 个音，其中辅音为 26 个，元音为 18 个，其特征在于直接拼读英文单词，包括下述步骤：（1）将辅音和元音结合的发音组成可组合音和不可组合音；（2）将可组合音用直接拼读的方法组成不间断音；（3）利用不间断音直接拼读出英文单词正确的发音……能动时代公司成立于 2002 年 4 月 25 日，其法定代表人为李某某。2002 年 6 月 7 日，李某某授权能动时代公司独家使用涉案"拼读英文的方法和拼盘"专利。2002 年 8 月，李某某发表了其编著的《英语表音密码》。

八天英语中心成立于 2005 年 11 月 17 日，法定代表人为刘某某。该中心的经营范围包括：组织文化艺术交流活动；经济贸易咨询等。李某系八天英语教学模式的创立者。2003 年 10 月，李某前出版了其所著《八天英语（小学中级篇）》和《八天英语（小学高级篇上册）》。两书前言中包括"创造性地加入了'粘连音'的概念"、粘连音的核心技术等内容。其中，《八天英语（小学中级篇）》一书中包括"英语的 44 个基本音"的章节，分为 26 个辅音和 18 个元音的内容，并对常见字母组合进行了介绍；同时，还包括"划出下列单词的粘连音，并试读单词"等课文内容。2005 年 5 月，李某前出版了其主编的《8 天英语学生用书①②》。

书中内容包括对读音规则的介绍和对粘连音的示例等。经查明，网址 http：//www. 8days. com. cn 网站首页标注有"全国青少年英语培训管理中心北京八天英语文化发展服务中心"字样，网页下方均标注有"北京八天英语文化发展服务中心版权所有"字样，还显示了相关联系方式。其中，《八天英语的由来》《八天英语的设计精髓》等文章中均包括对八天英语核心技术"粘连音"的介绍，该网站的注册人为石家庄剑桥英语学校。

原告能动时代公司认为被告八天英语中心的行为侵犯了原告的专利权，并给原告造成了经济损失。2006 年 8 月 2 日，能动时代公司请求北京市第二中级人民法院判令被告：停止侵权、赔偿原告经济损失 50 万元及公证费、律师费若干。

▌裁判结果

2006 年 12 月 20 日，北京市第二中级人民法院认定能动时代公司的诉讼主张，依据不足，故判决驳回原告能动时代公司的诉讼请求。

▌案件评析

该案争议的焦点在于：原告能动时代公司是否具有诉讼主体资格，被告八天英语中心的行为是否侵犯原告能动公司的专利权？

被告八天英语中心辩称能动公司获得独占授权的时间早于专利权人李某某获得专利权的时间，该授权书无效，能动时代公司不具有诉讼主体资格。法院则认为独占许可授权书签订时间不影响授权书的效力，根据《最高人民法院关于对诉前停止侵犯专利权行为适用法律问题的若干规定》第 1 条第 2 款的规定，专利实施许可合同被许可人中，独占实施许可合同的被许可人可以单独向人民法院提出申请。能动时代公司作为涉案专利的独占实施许可合同的被许可人，有权提起诉讼、主张权利。

能动时代公司提交的相关网页材料中包括对八天英语中心学习方法的介绍，并可以表明八天英语中心自认为独创了"粘连音"技术，且李某前出版的《8天英语学生用书①②》中亦包括对该学习方法的介绍以及对"粘连音"的相关强化练习等内容。经比对，该学习方法与涉案专利方法均为英语单词的拼读方法，其使用的"粘连音"与涉案专利方法中的"可组合音""不间断音"等基本相同，因此可以认定八天英语中心的学习方法与涉案专利方法相同。此外，虽然涉案网站域名的注册人并非本案被告八天英语中心，但该网页下方均标注八天英语中心版权所有，网页上载明的联系电话亦与相关报刊载明的八天英语中心教学实验班的报名电话相同，可以认定被告八天英语中心系该网站的使用人。但根据《专利法》第22条的规定，法院认为英语单词的拼读本身是有规律的，依据现有证据可以认定八天英语中心所涉及的拼读方法属于公知的方法，故被告八天英语中心涉案行为不构成对原告能动时代公司的专利权的侵犯。

相关法条

1. 《最高人民法院关于对诉前停止侵犯专利权行为适用法律问题的若干规定》第1条

2. 《中华人民共和国专利法》第22条

6. 培训机构的玻璃窗符合专利权利要求书，构成侵犯专利权

▌案情简介

王某某系万变公司的法定代表人。2005 年 5 月 30 日，王某某向国家知识产权局申请名为"全玻璃窗墙"的实用新型专利。2006 年 7 月 19 日，王某某获得上述专利授权，专利号为 ZL2005。该专利权利要求 1 记载："一种全玻璃窗墙，其特征在于由墙用玻璃（1）、玻璃百叶窗（2）和玻璃筋（3）构成，墙用玻璃（1）和玻璃百叶窗（2）之间由玻璃筋（3）联结，玻璃筋（3）分别与墙用玻璃（1）和玻璃百叶窗（2）黏结。"案件诉讼中，该专利仍处于有效期内。2009 年，王某某书面授权许可原告万变公司实施该专利，并授权原告可以以自己名义对在全国范围内的侵权行为提起维权诉讼。2012 年 2 月，被告青鸟职业培训学校向昆明市体育产业发展中心租赁一间房屋，并将其作为营业场所使用。该房屋上安装有 11 樘玻璃窗墙，但无法查明该窗户是何时由何人安装。

原告万变公司认为被告青鸟职业培训学校营业场所安装的 11 樘玻璃窗墙侵犯其专利号为 ZL2005 实用新型专利权。2014 年 1 月 6 日，万变公司请求云南省昆明市中级人民法院判令被告：（1）停止实施 ZL2005 号实用新型专利，限期拆除侵权产品；（2）赔偿侵权损害赔偿金及合理费用人民币 16 500 元；（3）承担本案全部诉讼费用。

▌裁判结果

2014 年 6 月 30 日，云南省昆明市中级人民法院认为青鸟职业

培训学校营业场所安装的 11 樘玻璃窗墙构成侵犯专利权，故判决青鸟职业培训学校：（1）判决生效之日起 60 日内停止经营性使用侵犯原告 ZL2005 号实用新型专利权的玻璃窗墙产品，应对侵权玻璃窗墙进行改建或拆除；（2）自判决生效之日起 10 日内赔偿原告万变公司经济损失及其合理费用共计人民币 7645 元；（3）驳回原告万变公司的其他诉讼请求。

▌案件评析

该案争议的焦点在于：被告青鸟职业培训学校的行为是否构成侵犯原告专利权？如是，被告应承担何种法律责任？

根据《专利法》第 59 条第 1 款的规定，"发明或者实用新型专利权的保护范围以其权利要求的内容为准，说明书及附图可以用于解释权利要求"。以上规定表明他人是否侵权取决于权利要求所记载的全部内容。该案中，应以涉案 ZL2005 号实用新型专利权利要求 1 的内容来确定原告专利权的保护范围。经过对比，被告所安装的 11 樘玻璃窗墙与原告专利产品系同类玻璃窗墙产品，表现为由玻璃百叶窗、墙用玻璃和玻璃筋组成，玻璃百叶窗与墙用玻璃间通过玻璃筋联结，玻璃筋分别与玻璃百叶窗和墙用玻璃黏结，这完全覆盖了原告 ZL2005 号专利产品的必要技术特征，故被控侵权产品已落入原告 ZL2005 号专利产品的保护范围。根据《专利法》第 11 条第 1 款的规定，被告青鸟职业培训学校的行为属于使用侵权产品，即构成对原告万变公司 ZL2005 号专利产品的侵权。

该案中，诉请被告停止侵权行为系制止侵权行为的合理要求，本应得到支持，但考虑到被告建筑物外墙的安全以及拆除侵权产品所带来的资源浪费，简单直接判令被告停止使用侵权产品将会造成社会资源浪费，同时又会对被告的正常经营造成影响。依照《专利法》第 12 条的规定，被告可以与原告协商获得原告的实施许可。如果被告无意继续使用或双方不能协商达成一致，则被告应停止使用，对侵权玻璃窗墙进行改装或拆除。

此外，对于原告请求侵权损害赔偿金及合理费用的诉请，根据《专利法》第 42 条的规定，实用新型专利权的期限自申请日起计算。即原告万变公司 ZL2005 号专利产品自申请日 2005 年 5 月 30 日起受保护，因此，该案中，即使被告抗辩"营业场所的 11 樘玻璃窗墙安装于原告专利授权公告日之前的 2006 年 4 月 12 日"这一事实无法查清，被告的抗辩依然不符合《专利法》第 69 条第 2 款"在先使用"的要求。根据《专利法》第 65 条的规定，权利人的损失或者侵权人获得的利益难以确定的，参照该专利许可使用费的倍数合理确定。法院对王某某及原告起诉至法院相同类型的 20 件案件的专利和解许可使用费的情况进行了调查统计，平均每樘玻璃窗墙的许可使用费为 695 元，本案涉案玻璃窗墙的数量为 11 樘，故酌定判令被告赔偿原告经济损失人民币 7645 元。

⚖ 相关法条 ┄┄┄┄┄┄┄┄┄┄┄┄┄┄┄┄┄┄┄┄┄➤

1.《中华人民共和国专利法》第 11、42、59、65、69 条

第五章

强奸、猥亵、伤害等
侵犯师生人身权益案件

　　本章主要讨论发生在教育机构内的刑事案件，最为常见的校园刑事案件为教师强奸、猥亵、体罚学生以及学生之间的打架斗殴。

　　在教师强奸、猥亵学生的案例中，一些教师往往没有师德，依靠自己的管理职权以及由此形成的职业便利，利用学生不敢告发的心理，对学生进行强奸、猥亵。例如，老师趁学生午休的时候闯入学生宿舍或者以解答问题为由将学生叫至教工宿舍，实施强奸、猥亵行为。在学生互殴引发的刑事案件中，初高中学生正处于青春期和叛逆期，他们往往会因为所谓的"面子"或者"义气"而大打出手。在体罚与变相体罚引发的刑事案件中，教师经常因为学生不理解知识点或者不遵守其指令而采取暴力的方式体罚学生。

　　在以上几类校园刑事案件中，犯罪分子往往构成强奸罪、强制猥亵罪、故意伤害罪、故意杀人罪、过失致人重伤罪以及过失致人死亡罪中的一罪或者数罪，所以，我们有必要对易混淆的罪名进行区分。强奸罪与强制猥亵罪在犯罪构成方面存在诸多不同：首先强奸罪要求行为人以发生性交为目的实施强奸行为，而强制猥亵罪只能以非性交为目的实施猥亵行为，如手淫、抠摸下体等；其次，两罪的犯罪对象也有所不同，强奸罪的犯罪对象只能是女性，而强制猥亵罪的犯罪对象无性别要求；最后，两罪犯罪主体也不同，强奸罪的犯罪主体只能是男性，强制猥亵罪的犯罪主体既可以是男性也可以是女性。具体而言，男教师带有性交目的，违背女学生意志，强奸女学生的，成立强奸罪；如果男教师没有性交的目的，只是抠摸女学生身体部位，那么可能成立强制猥亵罪；如果女教师违背男学生的意志，强行与其发生性关系，也不构成强奸罪，可能构成强制猥亵罪，因为女性不是强奸罪的犯罪主体；如果男教师违背男学生意志强行与其发生性关系，也不能构成强奸罪，因为男性不是强奸罪的犯罪对象，有可能构成强制猥亵罪或者故意伤害罪。

　　故意伤害罪的犯罪主体只能有伤害的故意而不能有杀人的故意，如果有杀人的故意即使没有造成被害人死亡的后果也应该定故意杀人罪。至于犯罪分子是杀人的故意还是伤害的故意需要考察犯罪行为人打击被害者的部位、力度，使用的手段等予以综合判断。另外，故意伤害罪与过失致人重伤罪的区别主要在于犯罪行为人的主观方面，如果犯罪行为人明知自己的行为会产生他人受伤的损害结果，希望或者放任这种损害结果发生的，那么，应该构成故意伤害罪；如果犯罪行为人本应预见自己的行为可能造成他人受伤，因疏忽大意而没有预见或者虽然已经预见，但轻信自己能够避免的，最终导致该损害结果发生的，应该构成过失致人重伤罪。

教师对学生负有教育、管理和保护的职责，属于对未成年学生具有特殊监管职责的人，其应当为学生提供安全、健康的学习生活环境。教师应当秉承学为人师、行为世范的理念，做到为人师表，不能作出有辱师德的事情。这就要求学校加强对教师的管理，树立典型，定期进行思想教育，发现问题，立即处理。教师对学生负有教育职责，这就要求教师应采取合理的方式教育、开导学生，如果学生不能理解教学内容，那么教师首先应当反思自己的教学方法，而不应采取体罚的方式"教导"学生；如果学生不听从教师指令，那么，教师首先应当站在学生的立场上，考虑一下自己作出的指令是否合理。但无论基于什么原因，体罚学生都是不对的，不仅可能伤害到学生，也会激化师生矛盾，造成恶性循环，最终无法达到教育的目的。学校不仅仅是学生学习知识的地方，更是他们养成良好行为习惯的重要场所，教师应引导学生走向正道，不能采取暴力手段解决问题。学生家长应多与子女沟通，也应与老师保持联系，知悉子女的在校表现，预防校园暴力案件的发生。

但愿本章案例能够引起各位老师、家长以及同学的关注和反思，从而高度重视校园暴力案件的危害，防患于未然。

第一节　强奸、猥亵案件

1. 变态男教师猥亵男学生，被判猥亵儿童罪

▍案情简介

2013 年 9 月中旬的一天中午，在午休的时候王某某睡在宿舍

上铺，迷迷糊糊中感觉有人拽其衣服，王某某起来后看见是音乐老师乔某某。乔某某钻进王某某的被子里，把他的生殖器露出来，乔某某抓着王某某的手，把王某某的手放到他的生殖器上，让王某某用手摸他的生殖器。从此以后，基本每个星期乔某某都会到王某某床上对其进行猥亵行为。乔某某不止对王某某一人进行了猥亵行为，同时也对耿某某等男童实施了猥亵行为。在诉讼中，乔某某辩称其自己实施的行为针对的都是男性，不构成猥亵儿童罪。

▎裁判结果

2014 年 9 月 12 日，山西省运城市盐湖区人民法院判决被告人乔某某犯猥亵儿童罪，判处有期徒刑 2 年 9 个月。

▎案件评析

乔某某认为自己的行为针对的对象都是与自己同性的男童，所以不构成猥亵儿童罪。笔者认为，以上想法是错误的。根据《刑法》第 237 条第 2 款的规定，猥亵儿童罪是指以刺激或满足性欲为目的，用性交以外的方法对儿童实施的淫秽行为；不满 14 周岁的男童女童都可以作为本罪的受害人或猥亵对象。猥亵儿童罪的犯罪对象与强奸罪的犯罪对象是不同的，强奸罪的犯罪对象只能是女性，不能是男性。如果强奸的对象是成年男性的话，也只能成立强制猥亵罪，而不能定强奸罪。但是，猥亵儿童罪的犯罪对象既可以是幼女也可以是男童，该罪的犯罪对象不受性别限制。从猥亵儿童罪的犯罪构成要件看，犯罪客体是儿童的身心健康和人格尊严，客观方面表现为达到刺激或满足性欲的目的，用性交以外的方法对儿童实施淫秽行为，猥亵的手段如抠摸、舌舔、吸吮、亲吻、搂抱、手淫、鸡奸等行为。犯罪主体为一般主体。犯罪主观方面为故意。在本案中，乔某某的行为完全满足猥亵儿童罪的犯罪构成。另外，乔某某的鸡奸行为很可能构成想象竞合犯，即鸡奸行为可能触犯两种罪名。众所周知，肛门是人体脆弱的部位之一，肛门被强行塞入物体很容易对肛门造成伤害，所以非常有可能构成故意伤害罪。根据《关于依法惩治性侵未成年人犯罪的意见》第22条第2款的规定，对已满十四周岁的未成年男性实施猥亵，造成被害人轻伤以上后果，符合刑法第234条或者第232条规定的，以故意伤害罪或者故意杀人罪定罪处罚。

笔者认为，法院对乔某某的量刑过轻，因为乔某某身为人民教师，属于对未成年人负有教育、管理、保护职责的人员，进入学生宿舍对多名男童实施猥亵行为，依据《关于依法惩治性侵未成年人犯罪的意见》第25条第1款、第2款的规定，应当依法从重处罚。乔某某的猥亵行为对被害学生造成了极大的身心创伤，留下了难以愈合的阴影。同时，乔某某的犯罪行为也抹黑了人民教师的形象，造成家长恐慌。因此，法院对乔某某判处2年9个月的刑罚不能体现罪责刑相适应的刑罚原则。

相关法条

1. 《中华人民共和国刑法》第237条
2. 《关于依法惩治性侵未成年人犯罪的意见》第22、25条

2. 教师以送白纸为诱饵猥亵学生，被判猥亵儿童罪

▌ **案情简介**

王某系安徽省天长市某小学教师，从事学生文印工作。2012年至2013年，被告人王某利用在天长市某小学担任教师、从事文印工作的便利，以给女学生白纸为名，多次在该校教学楼三楼文印室猥亵该校多名未满14周岁的女学生。

2012年底的一天中午，被告人王某以送给被害人李某白纸为借口，将其诱骗到文印室内，并让李某模仿其写字，后乘李某写字之际，从背后伸手抓摸李某胸部。被害人李某受到惊吓后逃离。2013年上半年的一天中午，被害人吴某、周某一起到文印室内向被告人王某索要白纸。被告人王某趁被害人吴某、周某不备，从身后搂抱，并抓摸二人的胸部，二被害人挣脱后逃离。此后，王某多次以送白纸为由，抓摸多名女童胸部。2013年12月13日，被告人王某被公安机关抓获。

本案一审法院判处王某犯猥亵儿童罪，判处有期徒刑4年10个月。王某及其辩护人认为一审法院认定事实不清、定罪证据不足、量刑过重，遂向安徽省滁州市中级人民法院提起上诉。

▌ **裁判结果**

2014年9月25日，安徽省滁州市中级人民法院驳回上诉，维持原判。

▌ **案件评析**

本案争议的焦点在于在王某否认猥亵学生的事实，拒不认罪，

只有被害人陈述和证人证言且没有监控录像的情形下，是否可以认定王某有罪？王某认为他的复印室里没有监控探头，同时他也没有强奸学生，从而无法从被害学生体内提取其 DNA，所以他只要咬死自己没有猥亵学生即可逃脱法律的制裁。殊不知，根据我国《刑事诉讼法》第 48 条的规定，可以用于证明案件事实的材料都是证据，具体而言，证据包括物证、书证、证人证言、被害人陈述、犯罪嫌疑人、被告人供述和辩解、鉴定意见、勘验、检查、辨认、侦查实验等笔录、视听资料、电子数据等 8 种。该法第 53 条规定，只有被告人供述，没有其他证据的，不能认定被告人有罪和处以刑罚；没有被告人供述，证据确实充分的，可以认定被告人有罪和处以刑罚。可见，根据该法第 48 条和第 53 条的规定，即使王某不承认猥亵学生，只要被害人陈述和证人证言查证属实，充分合理，被害人陈述和证人证言形成了完整的证据链条的，法官若根据自由心证原则认为证据链条可信度高、环环相扣、符合逻辑思维，就可以对王某定罪。被害人刘某等人陈述证实被告人王某以给白纸为名，多次在文印室猥亵女学生，六起案件均有被害人陈述和证人证言证实，且部分被害人被猥亵时有其他被害人或证人在场，被告人陈述与证人证言均能相互印证，足以认定被告人王某猥亵儿童的犯罪事实。同时，根据《关于依法惩治性侵害未成年人犯罪的意见》第 25 条的规定，被告人王某身为小学教师，属于对未成年人负有特殊职责的人，王某利用对学生的教育关系，猥亵多名不满 14 周岁的女学生，严重侵害未成年人身心健康，情节十分恶劣，应当从重处罚。根据《关于依法惩治性侵害未成年人犯罪的意见》第 23 条的规定，在校园对未成年人实施猥亵，不论在场人员是否实际看到，均可以依照刑法第 236 条第 3 款、第 237 条的规定，认定为在公共场所"当众"猥亵儿童，应当从重判罚。

⚖ **相关法条** ┈┈┈┈┈┈┈┈┈┈┈┈┈┈┈┈┈┈┈┈┈┈┈┈▶

1. 《中华人民共和国刑法》第 237 条
2. 《关于依法惩治性侵害未成年人犯罪的意见》第 23、25 条

3. 教师在杂物室猥亵学生，被判猥亵儿童罪

▌**案情简介**

被告人徐某某系安徽省无为县某小学六年级班主任兼数学老师。有一天，徐某某的学生放学回家告诉家长徐老师偏心，在班上喊其他女学生到楼上，还给她们钱，但是徐老师从来没喊过她，也没给过她钱。家长觉得不对劲，哪有老师无缘无故地给学生钱，于是就去找了李某某1、李某某2、路某某（被猥亵的学生家长）。这位家长将以上情况告知了他们，他们就分别询问了其女儿。家长们得知徐某某经常喊他们女儿到楼上并摸胸、摸下部，摸完后，徐某某会给她们糖吃，还告诉她们不要将这事儿告诉别人，还说这件事情对她们身体没有危害。2011 年以来，徐某某利用其授课的便利，以辅导作业、打扫卫生为由，多次将该班女生李某某、庙某某等人单独叫到该校教学楼三楼堆放杂物的教室里，采取抚摸乳房、阴部的方式对李某某等人进行猥亵。

安徽省无为县人民法院判决徐某某犯猥亵儿童罪。徐某某不服一审判决，上诉至芜湖市中级人民法院，认为原判决认定的上

诉人"采取抚摸乳房、阴部的方式对李某某、庙某某等人进行猥亵"案件事实错误，三位被害人的陈述缺乏客观真实性，无其他证据佐证。即便上诉人存在猥亵行为，其行为手段较弱，情节特别轻微，未给被害人造成损害后果，一审判决认定事实错误，请求二审法院判决上诉人无罪。

裁判结果

2013 年 4 月 17 日，安徽省芜湖市中级人民法院驳回上诉，维持原判。

案件评析

徐某某身为小学教师，利用教学之便，采取淫秽下流的手段多次对多名未满 14 周岁的女学生进行猥亵，严重侵害了学生的身心健康，其行为已构成猥亵儿童罪，原判定罪正确。上诉人徐某某在上诉时提出原判认定其"采取抚摸乳房、阴部的方式对李某某、庙某某等人进行猥亵"的事实认定错误的辩解，笔者认为，以上辩解不能成立。根据我国《刑事诉讼法》第 48 条第 2 款的规定，"可以用于证明案件事实的材料，都是证据。证据包括：（一）物证；（二）书证；（三）证人证言；（四）被害人陈述；（五）犯罪嫌疑人、被告人供述和辩解；（六）鉴定意见；（七）勘验、检查、辨认、侦查实验等笔录；（八）视听资料、电子数据"。该法第 53 条第 1 款规定："对一切案件的判处都要重证据，重调查研究，不轻信口供。只有被告人供述，没有其他证据的，不能认定被告人有罪和处以刑罚；没有被告人供述，证据确实、充分的，可以认定被告人有罪和处以刑罚。"因此，根据以上规定，即使徐某某不承认猥亵学生，只要被害人陈述和证人证言查证属实、充分合理，不属于不得作为定案根据的情形的，而且被害人陈述和证人证言形成了完整的证据链条的，就足以认定案件事实。对于徐某某的上述猥亵行为，不仅有各被害人的陈述还有多名证人证言，能够相互印证，形成完整的证据锁链，足以认定其构成猥亵儿童罪。

在实践中，老师利用其教师身份对中小学生进行猥亵的案例屡见不鲜。笔者认为，学校和教育行政部门应加大对于此类行为的宣传、检查力度，制定教师行为准则，不允许教师以辅导作业等借口与学生单独相处，即使需要单独相处的，也应履行报备等手续。有条件的学校可以在学校安置摄像头，一来可以起到威慑作用，二来还可以起到保存证据的作用。家长们也要和子女多沟通、多交流，及时发现问题，防患于未然。

⚖ 相关法条 ┄┄┄┄┄┄┄┄┄┄┄┄┄┄┄┄┄┄┄┄┄➤

1. 《中华人民共和国刑法》第 237 条
2. 《中华人民共和国刑事诉讼法》第 48、53 条

4. 教师多次猥亵、强奸学生，被判猥亵儿童罪和强奸罪

▎案情简介

被告人王某，男，50 岁，系宣汉县某小学老师。2015 年 4 月，被害人赵某、杨某为了给家里人打电话，来到王某宿舍借手机，被告人王某在宿舍内趁被害人借手机打电话和玩耍手机的时候，抚摸赵某、杨某（二人均未满 14 周岁）的胸部。2015 年 5 月中旬，被告人王某利用查寝之机，进入到赵某寝室悄悄叫赵某到他宿舍去，被告人王某回到宿舍后，见赵某还未来，便用手

拍打赵某寝室的外墙壁，示意赵某出来。赵某来到他宿舍后，被告人王某将赵某抱到床上与其发生了性关系。2015年5月中旬至同年11月底，被告人王某以喂乌龟为由带赵某回到宿舍、以辅导作业为由将其带进南坝镇赵某租住屋内、南坝镇丽都宾馆等地先后8次和赵某发生性关系。王某多次与赵某发生性关系导致其怀孕，王某得知赵某怀孕后投案自首并如实供述所犯罪行并认罪。

▌裁判结果

四川省达州市宣汉县人民法院判决被告人王某犯猥亵儿童罪，判处有期徒刑3年6个月；犯强奸罪，判处有期徒刑8年6个月，数罪并罚后决定执行有期徒刑11年6个月。

▌案件评析

本案争议的焦点在于王某的行为是否构成强奸罪。王某辩称赵某数次与其发生性关系，并非出于强迫，很大程度上属于双方你情我愿。那么，在这种情况下，王某的行为是否构成强奸罪？

依据《刑法》第236条的规定，奸淫不满14周岁的幼女的，以强奸论，并从重处罚。赵某系小学生，王某系赵某老师，王某应当对赵某的年龄有所了解，属于应当知道赵某是未满14周岁的幼女，即使赵某系自愿行为，王某的行为也构成强奸罪。如果假设赵某系中学生，但赵某上学较早，其年龄没有满14周岁，但王某以为赵某与其他中学生一样已经年满14周岁，双方你情我愿发生性关系。那此种行为是否构成强奸罪就需要根据《最高人民法院关于行为人不明知是不满十四周岁的幼女，双方自愿发生性关系是否构成强奸罪问题的批复》来进行判断。该批复中明确写道："行为人确实不知对方是不满十四周岁的幼女，双方自愿发生性关系，未造成严重后果，情节显著轻微的，不认为是犯罪"。据此，在此种假设下如果王某确实不知道赵某未满 14 周岁，双方自愿发生性行为，不构成强奸罪。

关于量刑是否过重的问题，笔者认为，本案量刑适当，合法合理。依据《关于依法惩治性侵未成年人犯罪的意见》第 21 条的规定，对幼女负有特殊职责的人员与幼女发生性关系的，以强奸罪论处。该法第 25 条规定：针对未成年人实施强奸、猥亵犯罪的，应当从重处罚，具有下列情形之一的，更要依法从严惩处：（1）对未成年人负有特殊职责的人员、与未成年人有共同家庭生活关系的人员、国家工作人员或者冒充国家工作人员，实施强奸、猥亵犯罪的；（2）进入未成年人住所、学生集体宿舍实施强奸、猥亵犯罪的；（3）采取暴力、胁迫、麻醉等强制手段实施奸淫幼女、猥亵儿童犯罪的；（4）对不满 12 周岁的儿童、农村留守儿童、严重残疾或者精神智力发育迟滞的未成年人，实施强奸、猥亵犯罪的；（5）猥亵多名未成年人，或者多次实施强奸、猥亵犯罪的；（6）造成未成年被害人轻伤、怀孕、感染性病等后果的；（7）有强奸、猥亵犯罪前科劣迹的。王某身为教师，对于包括赵某在内的学生负有教育、管理、保护职责，属于对未成年学生负有特殊职责的人员，其却利用师生关系，多次对幼女实施奸淫行为并致其怀孕，情节恶劣，社会负面影响极大，对被害人身心健康造成严重伤害，应从重处罚。

⚖ 相关法条 ┈┈┈┈┈┈┈┈┈┈┈┈┈┈┈┈┈┈┈┈┈➤

1. 《中华人民共和国刑法》第 14、69、236、237 条

2. 《关于依法惩治性侵害未成年人犯罪的意见》第 2、19、

21、25 条

3.《最高人民法院关于行为人不明知是不满十四周岁的幼女，双方自愿发生性关系是否构成强奸罪问题的批复》

第二节　伤害、杀人案件

1. 学生课堂讲话，教师用扫把击打头部致其受伤，教师被判故意伤害罪

▍案情简介

　　被告人蒙某某系龙某小学教师，附带民事诉讼被告人为龙某小学。被害人石某某系龙某小学学生。2012 年 3 月 6 日下午 2 时许，被告人蒙某某在龙某小学某校区三年级 1 班上课时，见学生韦某某、石某某在课堂上说话便对两学生进行训斥，随即又从教室的墙角处拿一把木柄塑料扫把分别朝韦某某的背部和石某某的头部打去。石某某被扫把打到头部右耳部位后出现头痛症状，经送医院诊断为右颞顶部急性硬膜外、下血肿并形成脑疝，右颞骨凹陷性骨折。后经法医鉴定，石某某的伤情为重伤。上林县人民检察院以故意伤害罪向上林县人民法院提起公诉。附带民事诉讼原告人石某某诉称，被告人蒙某某是附带民事诉讼被告人龙某小学的教师，由于被告人蒙某某的犯罪行为导致其受伤，被告人龙某小学未尽到管理教师的责任，故要求被告人龙某小学承担连带民事赔偿责任。

　　被告人蒙某某针对公诉机关的指控，提出其是过失致人重伤，

而非故意伤害。且在事发后，其积极救治原告人并已支付原告人全部的医疗费，同时再愿意按照法律的规定赔偿原告人的经济损失，要求免予刑事处罚。

附带民事诉讼被告人龙某小学辩称，学校已经尽了自己的职责，学校没有过错且被告人蒙某某属于完全民事行为能力人，学校不应承担连带赔偿责任，要求法庭驳回原告人要求其承担连带赔偿责任的诉讼请求。

▌裁判结果

上林县人民法院判决被告人蒙某某犯故意伤害罪，由蒙某某承担民事赔偿责任，驳回附带民事原告人的诉讼请求。

▌案件评析

本案与湖北省高级人民法院〔2014〕鄂刑监再终字第00014号张某踢打学生屁股致学生重伤案同为体罚学生，为什么一个判定为故意伤害罪，另一个判定为过失致人重伤罪呢？根据《刑法》第14条的规定，故意犯罪是指行为人明知自己的行为可能发生危害社会的结果，并且希望或者放任这种结果发生的，因而构成犯罪的。根据《刑法》第15条的规定，过失犯罪是指行为人应当预见自己行为可能发生危害社会的结果，因疏忽大意没有预见或者已经预见而轻信能够避免，以致发生这种结果。本案中，蒙某某明知被害人年幼，且使用的工具为杀伤力较大的木柄扫把打击学生脆弱的头部，应当认定为明知自己的打击行为会发生损害后果，但是放任这种损害结果的发生，从而导致损害结果的发生。在张某过失致学生重伤案中，张某击打的部位为抗击性较强的屁股部分，且张某没有使用任何工具，仅采取脚踢的方式，按常理来说，威胁性较小。综上所述，在本案中，将蒙某某的行为定为故意伤害罪是合理的。

本案另一个争议点为龙某小学是否应当承担连带赔偿责任。附带民事诉讼被告人龙某小学辩称自己尽到管理职责，且蒙某某是完全民事行为能力人，应当独自承担赔偿责任的依据是《侵权责任法》第 38 条，即无民事行为能力人在幼儿园、学校或者其他教育机构学习、生活期间受到人身损害的，幼儿园、学校或者其他教育机构应当承担责任，但能够证明尽到教育、管理职责的，不承担责任。笔者认为，以上辩解值得商榷。蒙某某是龙某小学的教师，代表学校对学生履行教育、管理职责。蒙某某本可以采取正确的方式对学生进行教育、管理，却采用体罚、故意伤害的暴力手段制止学生讲话，工作方式不当且违法。《侵权责任法》第 34 条规定，用人单位的工作人员因执行工作任务造成他人损害的，由用人单位承担侵权责任。根据《学生伤害事故处理办法》第 9 条的规定，学校老师或者其他工作人员体罚或者变相体罚学生，或者在履行职责过程中违反工作要求、操作规程、职业道德或者其他有关规定造成的学生伤害事故，学校应当依法承担相应的责任。

蒙某某作为龙某小学的教师，蒙某某在教学工作中体罚学生造成学生受伤，理应由学校承担相应的民事赔偿责任。当然龙某小学在承担赔偿责任后，可以依法向蒙某某追偿。所以，笔者认为，法院对于附带民事诉讼部分的判决值得商榷。

1. 《中华人民共和国刑法》第14、15、234条

2. 《中华人民共和国侵权责任法》第34、38条

3. 《学生伤害事故处理办法》第9条

2. 学生击错节拍，教师踢打屁股，教师被判过失致人重伤罪

▌案情简介

被告人张某，系教师。被害人陈某，系学生。被告人张某于2011年12月18日15时许，在武汉市武昌区彭刘杨路博大广场三楼六六琴坊内，对陈某（男，时年12岁）进行架子鼓教学辅导，由于张某对学生要求一直较为严格，陈某屡次击错节拍，被告人张某遂用右脚踢陈某的屁股以示惩罚，前几次陈某击错节拍被张某踢屁股的时候都没有躲闪。后来，陈某又因为疏忽大意再次击错节拍，他瞬间就意识到自己屁股又要挨踢了，果然张某已经抬腿踢来，陈某见状转身躲闪时被踢中腹部，导致脾破裂并行全脾切除术。陈某被家长和张某送去抢救时，手术费用由张某支付。后经法医鉴定，陈某的损伤程度属重伤，被告人张某立即向公安机关投案。公诉机关认为，被告人张某过失伤害他人身体，致人重伤，应当以过失致人重伤罪追究其刑事责任。

原一审法院认定被告人张某为过失致人重伤罪，但湖北省人民检察院认为罪名不当，量刑过轻，应认定为故意伤害罪，遂向湖北省高级人民法院提起抗诉。

▎ 裁判结果

湖北省高级人民法院驳回湖北省人民检察院抗诉，维持原判（过失致人重伤罪）。

▎ 案件评析

教师体罚学生的案件时有发生，那么应该定故意伤害罪还是过失致人重伤罪呢？笔者认为，应该根据教师的主观方面和客观行为具体问题具体分析。《刑法》第14条规定，明知自己的行为会发生危害社会的结果，并且希望或者放任这种结果发生，因而构成犯罪的，是故意犯罪。该法第15条规定，应当预见自己的行为可能发生危害社会的结果，因为疏忽大意而没有预见，或者已经预见而轻信能够避免，以致发生这种结果的，是过失犯罪。本案中，从被告人张某的主观心态来看，张某是希望通过以踢屁股的方式作为惩罚来促使被害人陈某长记性，不要再击错节拍，主观上并不追求陈某受伤的结果。其次，从踢打力度和击打部位分析，张某意图击打的部位是被害人陈某的臀部，臀部为身体部位中较为抗击性的部位，不容易受到伤害，且张某意图从背后击打陈某的臀部，按照常理推测，不太可能打到被害人的脾部。张某之所以踢到了被害人陈某的脾部是因为被害人快速转身造成的。从力度方面来观察，此前被告人张某多次踢打被害人陈某的臀部，陈某没有哭喊，仍能继续学习，可推知力度不是很大。损害结果发生以后，被告人张某积极救治被害人陈某，意图避免损害结果的发生同时立即主动投案自首也表明被告人主观恶性较小，并不希望、也不放任损害结果的发生。综上所述，笔者认为，本案宜定过失致人重伤罪。

⚖ 相关法条 ┄┄┄┄┄┄┄┄┄┄┄┄┄┄┄┄┄┄┄┄┄►

1. 《中华人民共和国刑法》第 14、15、235 条

3. 路见不平拔刀相助，被判故意伤害罪

▌案情简介

　　被告人胡某与李某、陈某等人为河北省涿州市某中学学生。2016 年 5 月 19 日晚上，陈某在学校澡堂拍了李某的裸照。2016 年 5 月 20 日，陈某在教室里又凌辱李某，陈某叫嚣着要与李某单挑，随后，陈某又扇了李某好几个耳光，李某十分气愤便与陈某扭打起来。陈某的几个室友也加入打架中，几个人围攻李某，李某被打倒在地。胡某平常与李某关系较好，不想见李某被人欺负，想着帮李某出气、挽回面子，便抄起手边椅子向陈某砸去，陈某头部当即被砸得头破血流。后陈某被学校老师和家长送至医院治疗。经鉴定，陈某被胡某打成轻伤。

▌裁判结果

　　2017 年 9 月 1 日，河北省涿州市人民法院判定被告人胡某犯故意伤害罪，判处有期徒刑 6 个月。

▌案件评析

　　本案争议焦点在于胡某的行为是故意伤害还是正当防卫？

　　胡某辩称：事情的起因是因为陈某殴打李某，其不想朋友李某被欺负而用椅子砸了李某，所以其行为是见义勇为，构成正当防卫，而非构成故意伤害罪。笔者认为，以上辩解不能成立。《刑法》第 20 条规定，为了使国家、公共利益、本人或者他人的人

身、财产和其他权利免受正在进行的不法侵害，而采取的制止不法侵害的行为，对不法侵害人造成损害的，属于正当防卫，不负刑事责任。按照以上规定，正当防卫需要满足以下几个要件：侵害现实存在；侵害正在进行；具有防卫意识；针对侵害人防卫；没有明显超过必要限度。因此，正当防卫是对不法侵害的反击。但是，本案中，尽管陈某首先挑起争端且对李某进行了侮辱、暴力等行为，但是，李某的还击行为使得陈某的"不法侵害"继而转变为双方的"斗殴行为"。此时，胡某也加入斗殴行为当中，其行为性质不是正当防卫。胡某明知其扔椅子的行为会造成陈某受伤的结果，希望或放任该损害结果的发生，从而造成陈某受伤，构成故意伤害罪。

在民事责任部分，胡某和李某构成共同侵权，对陈某的损失承担连带赔偿责任。因为涉案纠纷是陈某挑起的，所以，陈某在主观上也有过错，可以减轻胡某和李某的赔偿责任。另外，陈某的舍友也加入斗殴行为，激化了矛盾，其主观上有过错，应承担相应的赔偿责任。

此外，学校对限制行为能力人具有教育、管理、保护的职责，纠纷发生后，学校未能在第一时间制止纠纷，使得双方的矛盾升级，也应承担一定的责任。

相关法条

1.《中华人民共和国刑法》第 14、20、234 条

2.《中华人民共和国侵权责任法》第 6、9、13、26、31、37 条

4. 三名初中生约架小学生，反被小学生捅伤，
小学生被判故意伤害罪

▌案情简介

被告人滑某，男，1990 年 9 月 16 日出生，汉族，河北省固安县人，系固安县渠沟乡渠沟中心学校五年级 3 班在校学生。2005 年 3 月 10 日早上，渠沟中学学生魏某、刘某、王某三人合计当天下午去渠沟小学教训滑某。当日 13 时 30 分许，三人到渠沟小学找滑某打架，当滑某被打时，滑某从随身携带的书包内抽出事先准备好的一把长约 20 厘米的水果刀，分别将魏某、刘某腹部扎伤，魏某因肝总动脉被刺伤造成失血性休克，经抢救无效死亡，刘某的伤情经廊坊市公安局法医医院鉴定为轻伤。被告人滑某供认用刀子划伤了魏某，但辩解没有扎刘某。辩护人认为被告人滑某的行为属于正当防卫，只是超过了正当防卫必要的限度。

▌裁判结果

2005 年 7 月 11 日，河北省固安县人民法院判定被告人滑某犯故意伤害罪，判处有期徒刑 7 年。

▌案件评析

案发时，被告人滑某已满 14 周岁不满 16 周岁，为相对负刑事责任年龄人，根据《刑法》第 17 条第 2 款的规定，已满 14 周岁不满 16 周岁的人，犯故意杀人、故意伤害致人重伤或者死亡、强奸、抢劫、贩卖毒品、放火、爆炸、投毒罪的，应当负刑事责任。滑某法制观念淡薄，在与他人斗殴过程中用水果刀扎伤他人，造成一死一伤的严重后果，其行为严重侵犯了他人的生命健康权，

构成故意伤害（致人死亡）罪。鉴于被告人滑某系未成年人，且被害人魏某和刘某对案件的发生具有明显过错，依法应减轻滑某的刑事责任和民事责任。滑某的辩护人辩解滑某的行为属正当防卫，笔者认为，尽管被害人在本案中有明显过错，但远没有达到使被告人滑某用刀扎伤被害人的程度。此外，防卫过当并不是一个罪名，还需根据犯罪嫌疑人行为的性质和刑法的规定，依法认定滑某触犯的罪名以及应承担的刑事责任。被告人滑某属未成年人犯罪，依法应当从轻或减轻处罚。

此外，对于滑某触犯的罪名，我们需要区分故意杀人罪和故意伤害罪。本案中，滑某并没有要杀死魏某和刘某的主观故意，只是在斗殴过程中"教训"一下魏某和刘某，因此，滑某的行为不构成故意杀人罪。

相关法条

1. 《中华人民共和国刑法》第 14、17、234 条

5. 学生因被挑衅而捅死他人，被判故意伤害罪

▌案情简介

被告人包某，男，1999 年出生（15 周岁）。被告人包某和被害人贺某（男，15 周岁）均是江安县仁和乡佛耳学校初中三年级学生，同住该校男生宿舍 103 室。2015 年 6 月 12 日 13 时许，被告人包某在寝室里连二床的上铺午休，被害人贺某和刘某某等学生站在寝室课桌上围观黄某、朱某用手机玩游戏，因贺某等人在围观过程中对游戏的讨论声音过大将包某吵醒，包某就叫贺某等人不要大声说话并说下午要考试，贺某对包某的干涉不满，用拳

头击打包某头部后站在寝室里与包某互骂，对包某进行语言挑衅，并叫包某下床来和自己"单挑"。被告人包某随即在自己枕头下拿出一把折叠式水果刀藏于自己的右裤包内下床与贺某发生争执，在打斗过程中，包某用水果刀刺中贺某右胸部，致贺某受伤。贺某当日被送至江安县人民医院抢救后无效死亡。被告人包某作案后在现场旁等候老师处置，并将作案工具交给该校副校长张某某，随后被民警带到派出所，如实供述了自己的犯罪事实。被告人自愿达成了对被害人亲属的赔偿协议，被告人父母和学校已按协议内容共同赔偿了被害人亲属各项经济损失，共计人民币 50 万元。被害人亲属已将该款领去，并出具谅解书，对被告人的犯罪行为给予了谅解，请求司法机关对包某从轻或减轻处罚。

▌裁判结果

2015 年 10 月 3 日，四川省江安县人民法院判决被告人包某犯故意伤害罪，判处有期徒刑 6 年。

▌案件评析

案发时，被告人包某已满 14 周岁不满 16 周岁，为相对负刑事责任年龄，犯故意杀人、故意伤害致人重伤或者死亡、强奸、抢劫、贩卖毒品、放火、爆炸、投毒罪的，应当承担责任。在诉讼过程中，包某辩解是被害人先行挑衅，被告人才用刀伤人。根据我国刑法的相关规定，构成故意伤害并不用考虑犯罪动机。虽然正当防卫可以阻却犯罪违法性，但被告人的行为并不能被评价为正当防卫，因为其不满足正当防卫构成要件中的主观要件，即没有防卫意图。被告人与被害人的行为应该被评价为相互斗殴，双方都有侵害对方身体的意图。被告人包某在被害人贺某谩骂和邀请"单挑"过程中,其并未实际受到不法侵害,却将刀具藏在口袋里,其主观上就有伤害他人的故意。在主动下床和与被害人扭打过程中,将赤手空拳的被害人贺某刺伤,最终导致了贺某死亡结果的发生。被告人包某以上一系列行为表明其具有故意伤害的主观恶意,客观上也实施了故意伤害的客观行为,构成故意伤害罪而非正当防卫。此外,被告人包某的行为属未成年人犯罪,依法应当从轻或减轻处罚。

⚖ 相关法条 ┄┄┄┄┄┄┄┄┄┄┄┄┄┄┄┄┄┄┄┄┄➤

1.《中华人民共和国刑法》第14、17、234条

6. 间歇性精神病人精神正常时的故意伤害行为, 应当承担刑事责任

▌案情简介

被告人王某,男,1995年12月7日出生,大专文化,系湖州职业技术学院在校学生。被害人余某、项某与王某三人系同屋室友。2016年11月16日17时30分许,被告人王某在湖州职业技术学院学生公寓10号楼424寝室内因与室友余某玩电脑时踢到余某衣服,与余某发生口角并相互推搡,王某用椅子砸余某,但没有砸到。期间,余某的同班同学徐某、项某上前帮助余某殴打王某,双方拳打脚踢。被告人王某挣脱后,退至寝室卫生间门口,拿出随身携带的折叠刀捅刺被害人徐某胸部、项某背部,被害人徐某被捅伤后倒在床上。案发后,被告人王某拨打110、120,并随同学一起将被害人徐某送往学校医务室。民警在学校医务室将被告

人王某带回公安机关。被害人徐某经湖州市第一人民医院抢救无效死亡，被害人项某的损害程度为轻微伤。经查明，王某曾有精神异常史，作案时无精神病，具有完全刑事责任能力。辩护人辩称被告人王某捅刺被害人时系防卫过当，且患有精神疾病，同时主动报警自首，应当减轻或者免除刑罚。

▌裁判结果

2017 年 8 月 18 日，浙江省湖州市中级人民法院判决被告人王某犯故意伤害罪，判处有期徒刑 11 年。

▌案件评析

被告人王某辩解其行为是防卫过当，笔者认为，成立防卫过当的前提是该行为符合正当防卫的起因条件、时间条件、对象条件和主观条件，只是限度条件不符合。在本案中，双方的行为显然属于互殴行为，所以被告人王某的捅刺行为不是正当防卫，也就不构成防卫过当。此外，虽然被告人王某挣脱后退到厕所门口，但是这个行为不能认定为被告人王某已经放弃了之前的不法侵害行为，从王某后面的行为可以看出，其退至厕所门口并没有放弃不法侵害行为，只是略作喘息，伺机再发起不法侵害。

在诉讼中，王某认为其有精神病史，所以不应承担刑事责任。笔者认为，以上辩解也不成立。《刑法》根据精神病人的精神状态将其分为无刑事责任能力人、限制刑事责任能力人以及完全刑事责任能力人，区分的标准在于其行为时的精神状态。换言之，间歇性精神病人应对其在精神正常时期的违法犯罪行为承担刑事责任。本案中，王某虽然有精神病史，但没有证据证明其在其捅死（伤）徐某、项某的时候存在精神异常。从案发后，其主动拨打 120 和 110，并把伤者送至医院的行为也间接证明案发时其精神状态是正常的。根据《刑法》第 18 条规定，间歇性精神病人在精神正常的时候犯罪，应当负刑事责任。综上，被告人王某对徐某的死亡结果应当负刑事责任。

此外，被告人王某致被害人项某轻微伤，可否构成故意伤害罪。根据《刑法》的有关规定，只有造成被害人轻伤以上后果的，才构成刑事犯罪。所以，本案中，王某造成项某轻微伤，无法构成故意伤害罪，当然，这不影响王某对项某进行民事赔偿。

⚖ 相关法条 ┈┈┈┈┈┈┈┈┈┈┈┈┈┈┈┈┈┈┈➤

1.《中华人民共和国刑法》第 14、18、20、234 条

7. 学生受到体罚，亲戚殴打教师而担责

▎案情简介

2013 年 8 月 22 日上午 8 时许，甘肃省临潭县城关六小四年级 1 班学生敏某的母亲黎某某央请被告人敏某某就敏某在学校里被体罚的事情去学校讨"说法"。敏某某来到学校后，直接在四年级 1 班的教室门前，质问体罚了敏某的教师陆某某，正在上课的教师陆某某大声地用侮辱性语言要求被告人敏某某不得阻止、干扰其上课。随后，陆某某与被告人敏某某的言语冲突逐渐升级，随后两人便撕扯在一起。敏某某将陆某某压倒在讲台上，并用拳头朝被害人陆某某的头部、面部进行殴打，致使陆某某鼻骨、左眼眶部骨折。经司法鉴定，陆某某的损失程度为轻伤。本案的民

事赔偿部分，双方当事人达成调解协议，由被告人敏某某赔偿被害人陆某某全部经济损失 31 200 元，被害人陆某某请求法院从轻追究被告人敏某某的刑事责任。

▍ **裁判结果**

2013 年 11 月 4 日，甘肃省临潭县人民法院判处被告人敏某某犯故意伤害罪，判处有期徒刑 1 年。

▍ **案件评析**

教师体罚学生的案件时有发生，屡禁不止。教师体罚学生固然不对，但是，学生家长也不能以暴制暴，采用暴力手段报复教师。在体罚情况发生后，家长应当向学校有关领导以及主管部门反映情况，请求学校和主管部门采取惩戒措施。自古以来，尊师重教是中华民族的传统美德，被告人敏某某在得知自己的侄儿受到体罚后，不是运用合理的手段解决问题，竟然在学校的课堂上，当着全班五十多名学生的面殴打正在上课的教师，其性质十分恶劣。被告人的行为严重扰乱了正常的教学秩序，挫伤了教育工作者的工作积极性，给教学工作造成了一定的负面效应，在社会上造成了非常恶劣的影响，应从严惩处。同时，家长动用武力去殴打体罚学生的老师还可能触犯《刑法》的相关规定，构成犯罪。很多家长法制观念淡薄，以为自己孩子被打在先，就可以再打回去，认为自己的行为是正当防卫。从刑法角度来看，这样的想法是错误的，因为正当防卫不仅需要满足起因条件，还需要满足时间条件。先前的不法侵害行为已经结束，不具备正当防卫的时间要件，《刑法》禁止事后防卫，事后防卫可能构成故意犯罪。笔

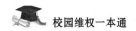
者建议各位家长，碰到类似事件时，应选择合理合法的方法解决问题，不要激化矛盾，否则输了官司还要赔钱，不利于纠纷的解决。

相关法条 ------------------------------------▶

1.《中华人民共和国刑法》第 14、17、234 条

8. 学生逃课去网吧，教师恨铁不成钢打伤学生，教师被判过失致人重伤罪

▌案情简介

被告人罗某，女，1989 年 10 月 4 日出生，富宁县某中学教师。2015 年 3 月 13 日中午 12 时许，富宁县第二中学初三 187 班的李某甲、祝某、李某乙、杨某、隆某、刘某、黄某、骆某等 8 名学生课后擅自外出到校外网吧上网，时任 187 班班主任的被告人罗某与该校教师张某于当日中午 13 时许到校外找到李某甲等 8 名学生并带回学校，在学校综合楼阶梯教室内，罗某要求李某甲等 8 名学生站成一排，期间，罗某到该校门卫室找到一根橡胶棍欲对李某甲等 8 名男生实施体罚教育。罗某用橡胶棍打了黄某左大腿两下，左侧肚子边上一下，当时黄某就感觉肚子疼、冒冷汗。罗某体罚 8 名学生的时候，张某也在场。后来，上课铃响，这 8 位同学就去上课了。下午第一节课是张某老师的化学课，上了一半，黄某因为肚子疼就坐在座位上哭泣，张某便叫喻某送其去医院。黄某因肚子疼痛被送到富宁县田蓬镇中心卫生院医治。当晚 20 时许，黄某的身体出现剧烈疼痛，被送往富宁县人民医院检查。经检查发现，黄某脾脏破裂，医生随即进行手术抢救治疗。

黄某于 2015 年 3 月 25 日转院至广西百色市人民医院继续住院治疗。后经鉴定，黄某的损伤程度为重伤二级。

案发后，被告人随即将被害人黄某送至医院治疗，积极探望黄某，给付生活费，有积极救治受害人黄某的态度和表现。案发后，罗某对受害人黄某的损失积极给予赔偿，支付赔偿金205 000元人民币，并在治疗阶段支付黄某生活费 9200 元、营养费15 000元，被告人罗某犯罪后的表现取得了受害人及其家属的谅解。被告人罗某认罪态度好，主动投案后如实交代了自己的罪行，在庭审过程中也真诚认罪，真心悔过。另根据公诉机关提交的证据显示，案发原因是受害人等几名学生在午休时间擅自外出上网，被告人罗某发现后，出去找他们并带回学校，在对他们批评教育的过程中，方法不当，从而造成黄某的损害后果。

▌裁判结果

2017 年 5 月 2 日，云南省富宁县人民法院判决被告人罗某犯过失致人重伤罪，免予刑事处罚。

▌案件评析

本案中，罗某造成黄某重伤的起因在于黄某在午休期间去网吧被抓回学校，罗某对其体罚所造成的。从罗某的主观目的来看，其出发点是好的，她作为对学生负有教育、管理职责的老师希望通过此种教育方法使学生长记性，不再逃课去网吧。但是，行为目的和行为动机并不是过失致人重伤罪的构成要件，也就是说，即使罗某出发点是为学生着想，只要符合犯罪构成的，就应当承担刑事责任。

青少年迷恋网络是学校和家长都很痛心的事情。被告人作为班主任，发现学生出校上网，担心学生的学习受到影响，便去校外寻找他们，要求他们回校，说明其是一名责任心强的教师。在批评教育的过程中，部分学生手插裤包，还带有挑衅性的语言，无视批评教育，她气急之下才打了学生。被告人只是在教育过程中实施了方法不当的体罚行为，导致危害结果的发生，故被告人的主观恶性较小，社会危害性不大。被告人出身贫苦家庭，经过勤奋学习考上大学，毕业之后成为一名教师，在本案发生后，又主动报案自首，如实交代犯罪经过。为弥补自身过错，其又多方借款赔偿了受害人的损失。

综上所述，法院免除罗某的刑罚是合情合理的。虽然，法院对其免除了刑罚，但是，该案对广大教师有警示意义，实现了刑法的教育和预防功能。

相关法条 -->

1.《中华人民共和国刑法》第 37、67、235 条

9. 校园内聚众斗殴，被判故意伤害罪

▎案情简介

被告人刘某，15 周岁，系承德技师学院学校学生。在学校期间，刘某朋友伊某的女朋友与同学于某因琐事发生争执，伊某请刘某帮忙"出气"。2013 年 10 月 14 日中午，刘某打电话让经济系的学生都下楼准备打架，闫某某叫了十多个汽修系的人，刘某又给张某乙打电话让他带人过来。这时，于某带着七八十人与韩

某等人汇合，韩某还在打电话叫人，建筑系的人越聚越多。这时张某丙给了刘某一把折叠刀，说打不过就用刀子，刘某拿过刀子，闫某某也拿出一把折叠刀，过了一会张某丙又把刀要了回去。双方对峙时，张某乙对刘某说人太多了，实在不行就散了吧，便从中说合。这时建筑系的王某、李某等人与伊某等人发生争执，伊某被建筑系的人用钢管打伤头部，双方打了起来，于某那边的人和建筑系的人就全上来打经济系、电气系的人。双方在承德技师学院图书馆附近进行大规模持械斗殴。被告人刘某、闫某某、张某丙、赵某等18人或纠集人员或积极参加斗殴，且双方多人持管制刀具，钢管等威胁性器具，刘某的刀被张某丙要走后，其还随身携带一把银白色单刃折叠刀，但其没有使用。在斗殴过程中，刘某方的闫某某持刀扎了高某导致高某被扎后死亡，双方械斗造成多人受伤。被告人刘某及时拨打电话报警并在医院投案自首，被告人家属积极赔偿被害人损失。

检察院起诉刘某构成故意伤害罪。被告人刘某对公诉机关指控的犯罪事实无异议，对指控罪名有异议，并提出其行为不构成故意伤害罪，应构成聚众斗殴罪的辩护意见。辩护人提出如下辩护意见：（1）高某受伤与刘某没有任何关系，刘某只应对在图书馆附近对峙的行为负责，对高某受伤、死亡的后果不应负责；（2）刘某主观上没有伤害特定人员的故意，客观上没有实施伤害特定人员的行为，刘某的行为侵犯的客体是公共秩序，刘某依法应构成聚众斗殴罪；（3）本案中，刘某实施聚众斗殴行为时不满16周岁，未达到刑事责任年龄，依法不追究刑事责任。

▌裁判结果

2017 年 8 月 8 日，河北省承德市双桥区人民法院判决被告人刘某犯故意伤害罪，判处有期徒刑 3 年，宣告缓刑 4 年。

▌案件评析

本案争议点在于被告人刘某虽然纠集同学聚众斗殴，但是刘某并没有亲手杀人，那么，应该定刘某聚众斗殴罪还是故意伤害罪？依据《刑法》第 292 条第 2 款的规定，聚众斗殴，致人重伤、死亡的，依照本法第 234 条、第 232 条的规定定罪处罚（故意伤害罪或者故意杀人罪）。同时，参考上海市高级人民法院《关于聚众斗殴、寻衅滋事造成他人重伤、死亡结果的定罪问题》的相关规定，刘某系此次聚众斗殴的纠集者，为首要分子，且对本方成员持刀行为放任不管，即使刘某没有直接拿刀捅死高某，也应对高某死亡的结果具有责任。所以，刘某作为首要分子，应当对高某死亡承担责任。

依照《刑法》第 17 条的规定，已满 14 周岁未满 16 周岁的未成年人犯故意伤害致人死亡的，应当负刑事责任。所以，刘某关于刑事责任年龄的辩护不成立。

在诸如学生因情绪亢奋、同学矛盾等原因导致的伤害事件中，法院通常会考虑缓刑的适用。本案中，刘某有悔罪表现，主动投案自首，并积极赔偿被害人家属各项经济损失，得到了被害人家属的谅解。同时，刘某系未成年人，不是累犯或犯罪集团（本次聚众斗殴是临时组织的，没有明确的组织结构，也不是经常性活动的，所以不是犯罪集团）的首要分子，法院在评估其没有再犯风险时，可以宣告刘某缓刑。

- ➤

1.《中华人民共和国刑法》第 17、72、232、234、292 条

2.《关于聚众斗殴、寻衅滋事造成他人重伤、死亡结果的定罪问题》第 3、4 条

10. 不满教师的教育方式，学生家长捅伤教师，被判故意杀人罪

▌案情简介

季某某认为郑某某平时不给其子批改作业，还在学校宣传其子表现不好，致使其子不敢跟人说话，其给郑某某赔礼道歉和送礼，并筹钱让儿子上郑某某办的补习班，也找过校长要求给儿子调班，但其儿子在学校的处境仍没有好转，便逐渐对郑某某产生了怨恨。2014 年 6 月 2 日晚，季某某的妻子对其说郑某某不将"六一"节的奖品给其儿子，并骂季某某无能。季某某听后很生气，遂产生报复郑某某的念头，他打算第二天到学校质问郑某某，如果郑某某解释不清楚就捅死郑某某。6 月 3 日上午 7 时许，季某某从住处厨房拿了一把菜刀插在右脚的鞋里，到浦下小学教师办公室找到郑某某，代其儿子请假，还问其儿子的学习成绩和"六一"儿童节奖品的事。郑某某说因为季某某的孩子在校表现不好，所以便扣了他儿子的儿童节礼物。季某某听了郑某某的答复很恼火，要求郑某某进一步解释，郑某某则答复准备去上课。季某某便从背后用左臂勒住郑某某的颈部，右手拔出刀具朝郑某某的胸部捅刺。郑某某被刺后挣脱反抗，季某某继续朝郑某某的上半身

连续捅刺数刀。一名保安在门卫室听见"杀人了,杀人了",便拿了一把钢叉和一根棍子冲向教师办公室,另一名保安在办公室门口拿着棍子一起冲进办公室,用钢叉叉住行凶男子的腰部,保安用棍子顶住该男子的胸口,二人合力将该男子顶到墙角。校长到场后,用保安手中的棍子敲打季某某头部,勒令季某某放下刀,季某某才扔掉手上的刀。季某某在被拘留阶段称当时其就是想要郑某某死,这样儿子以后才不会再被欺负。经鉴定,被害人郑某某的损伤程度属重伤二级。

一审法院判决季某某犯故意杀人罪。季某某则认为其没有杀人的故意,且被害人对本案也负有过错,请求从轻处罚,提起上诉。

▌裁判结果

2015 年 4 月 20 日,福建省高级人民法院驳回上诉,维持原判。

▌案件评析

本案争议的焦点在于:被害人对本案的发生是否存在过错;季某某捅人的行为是伤害的故意还是杀人的故意。

笔者认为,被害人郑某某对本案的发生不存在过错。季某某与郑某某只是对教育季某某儿子的方式、方法上存在不同看法,对此,季某某应通过正当的渠道与校方做好沟通工作。但季某某却因此对其儿子的班主任郑某某心生怨恨,进而欲加害郑某某,且事先准备刀具,并仅仅因为不满郑某某的解释说明就持刀行凶,故季某某自身的行为是引发本案的根本原因,郑某某对本案的发生没有过错。即使郑某某真的对季某某的儿子区别对待，也只是道德领域内的问题而不是刑法领域的问题。此外，国家禁止公民使用暴力的方式解决争端，季某某完全可以采取投诉的方式向校方或者教育行政部门反映情况。

对于第二个争议点，笔者认为，法院的裁判是正确的。季某某伤人的行为是存在伤害的故意还是杀人的故意应当从季某某携带的凶器、打击部位、打击的次数等方面综合考察。众所周知，刀具是杀伤力极大的凶器，如果一刀刺中要害部位往往造成被刺人重伤乃至死亡。而季某某正是使用刀具捅刺郑某某的腹部、胸部，人体的腹部、胸部是十分脆弱的部位，属于人体要害，一刀即有可能毙命，季某某还捅刺了数十刀。在郑某某反抗后仍不停手，直至被郑某某的同事用器械制服。另外，季某某在被拘留阶段也供述了自己就是想杀死郑某某从而维护自己儿子的意图。所以，我们可以认定季某某存在杀人的故意。

从案件中，我们可以得知该事件的发生是多种因素的结合。首先，季某某的儿子在学校的表现不佳，引起老师反感；其次，季某某的妻子在事件发展过程中，没有安慰季某某，反而用言语等方式贬低季某某的自尊心，从而导致季某某情绪的失控；再次，季某某之前也做过相关努力，譬如，向郑某某赔礼道歉并让儿子参加郑某某的课外辅导班，以上努力没有效果后，心理产生严重失衡，激起杀人的念头；此外，郑某某自身也存在问题，其接受学生家长送礼，在校外开设辅导班，以上行为也与教师职业道德相违背，属于违纪行为。最后，学校在处理相关纠纷时的消极态度也是事件的诱因之一。因此，本案悲剧的发生是家长、学生、老师、学校等多种因素结合的产物，值得大家深思。不过，无论如何，季某某本可以采取多种方式和渠道解决困境，却试图通过极其不理智的方式处理纠纷，最终，触犯了法律，害人又害己。

相关法条 ••••••••••••••••••••••••••••••••➤

1.《中华人民共和国刑法》第 14、232 条

11. 行为矫正机构致学生死亡，
机构负责人和涉事教官构成共同犯罪

▎案情简介

刘某甲，男，重庆某培训学校综合教学部负责人。石某，男，系该培训学校教学部政治部主任兼闪电分队分队长。马某某，男，系该培训学校综合教学部安全部部长兼尖刀分队分队长。姜某某、韦某某、刘某乙以及田某某均系该培训学校综合教学部教官。该培训学校主要面向的是一些逆反学生和网瘾少年。刘某甲担任负责人、校长，并陆续招聘石某、马某某、田某某、刘某乙、姜某某、韦某某等人担任该教学部教官，石某任政治部主任，马某某任安全部部长。该培训学校教学部主要针对特定未成年学生进行特殊教育，将在校学生划分为闪电分队、尖刀分队、孤狼分队、凤凰分队进行管理，石某和马某某还分别兼任闪电分队和尖刀分队分队长。该培训学校教学部自行制定学生处罚方案，对违反相关规定的学生采取捆绑控制，打臀部、手心等方式实施体罚，同时规定，体罚前须向刘某甲汇报并取得批准后方可实施。

被害人邹某某在重庆市某中学读高一，因与教官发生冲

而未完成军训。邹某某父亲在互联网上看到涉案培训学校的军事化训练广告后，与该培训学校教学部签订了培训协议。协议约定：乙方自愿将被监护人邹某某（男，殁年15周岁）全权委托甲方进行为期6个月的特殊教育，乙方监护人委托甲方对孩子实施监护权，采取全封闭管理，教学内容包括军事化训练及礼仪、法制、国学学习。被害人父亲和母亲送邹某某到该校，教官石某将邹某某带走。

石某队长将新生邹某某安排在闪电二班并叫副班长严某带邹某某到宿舍。午饭后训练叠被子，他让邹某某在旁边观看学习，邹某某未认真看，他叫邹某某站好，邹某某没理，他说了邹某某几句后，安排副班长严某看住邹某某。见邹某某欲跑出宿舍，严某拉住邹某某，邹某某不停地挣扎，见状后严某与石某一起将邹某某拖入闪电一班宿舍。其间，石某踢了邹某某腹部一脚，邹某某便辱骂石某，石某把邹某某按在地上让邹某某"好好说话"，邹某某起来后打了石某头部一拳，石某向邹某某腹部踢了一脚。石某叫宿舍里的学生都出去，只剩下石某和邹某乙两人。马某某、韦某某、姜某某、田某某闻讯赶到，邹某某与石某发生言语冲突并对打，石某安排姜某某拿来背包绳，石某、马某某在其他教官协助下对邹某某进行捆绑。石某打电话向刘某甲汇报并请示体罚，刘某甲同意对邹某某实施体罚，石某当即将刘某甲同意体罚的意见转告马某等人。随后石某安排韦某某拿来一根用背包绳缠绕的PVC管，石某、马某某、姜某某等人先后对邹某某实施拳脚殴打，石某、马某某、姜某某、韦某某、刘某乙还用PVC管轮流击打邹某某臀部、腿部等部位。因邹某某被殴打大声喊叫，马某某用毛巾堵塞邹某某嘴部，石某还安排学生在闪电一班宿舍门口放置音箱，以大音量播放音乐来掩盖邹某某喊叫声。14 时 40 分许，刘某甲来到闪电一班宿舍门口，得知教官正在体罚殴打邹某某后未予制止。15 时许，石某、马某某先后来到教务处向刘某甲汇报对邹某某体罚的处理情况，刘某甲表示认可，并指示要将邹某某打服，便于以后管理。16 时 30 分许，田某某在闪电一班宿舍内要求邹某某用鞋子模仿打电话，用 PVC 管击打邹某某臀部数下，并用脚踢邹某某。18 时许，严某到闪电一班宿舍，见邹某某躺在床上，刘某乙站在旁边，地上有呕吐物，他把洗脸盆放到床边后邹某某开始往洗脸盆里呕吐。后石某给邹某某换衣服时见邹某某大腿、臀部有很大一片被打得发紫的痕迹，一手腕上有一道较长血痕，脸发紫发白，嘴唇乌黑，其间邹某某说他脑震荡了。副班长严某表示他刚到学校时也被打过几次，都没有告知家长，除非被打得特别严重才会告知，以前有同学被烟头烫嘴唇的，有被灌酒精的，还有头被踩在地上的。随后石某、马某某遂向刘某甲汇报并请示是否送医院，刘某甲答复再观察。随后该培训学校教学部心理教师张某与刘某乙先后来到闪电一班宿舍查看邹某某情况。22 时许，石某等人见邹某某伤情严重，即电话告知刘某甲，刘某甲同意送医院治疗。23 时 30 分许，石某、马某某、姜某某、田某某将邹某某送往重庆长城医院，重庆长城医院医生建议转院抢救，石某等人遂将邹某某送至重庆医科大学附属第一医院抢救，该院医生检查发现邹某某已临近死亡，随即拨打 110 报警，医院于次日凌晨 5 时 5 分宣告邹某某临床死亡。

案发后，刘某甲称其没有伤害被害人的主观故意，也没有授意他人故意伤害被害人，更未参与实施伤害，学校虽有惩罚制度，其目的是教育而非故意伤害，其对教官伤害被害人的过程、程度均不知情，实际伤害及被害人死亡后果已超出刘某甲的授意范围，刘某甲对此不应承担刑事责任。

重庆市第五中级人民法院认为，被告人刘某甲身为学校主要负责人，授意他人制定以殴打的方式教育学生的相关规定，授意他人故意伤害学生身体，致一人死亡；被告人石某、马某某伙同被告人姜某某、韦某某、刘某乙、田某故意伤害学生身体，致一人死亡，7位被告的行为均已构成故意伤害罪，且系对未成年学生实施捆绑后，在封闭空间内进行长时间毒打，延误抢救，犯罪情节恶劣，手段残忍，后果严重，社会危害性大，依法应予严惩。刘某甲在共同犯罪中起最主要作用，系主犯，鉴于其具有自首情节，依法对其从轻处罚；石某身为部门负责人，在共同犯罪中积极主动，起最主要作用，系主犯，依法应予处罚；马某某身为部门负责人，在共同犯罪中积极主动，起主要作用，系主犯，依法应予处罚；姜某某、韦某某、刘某乙身为教官，参与伤害未成年人身体，致一人死亡，在共同犯罪中起次要作用，系从犯，依法可从轻处罚；田某身为教官，参与伤害未成年人身体，致一人死亡，在共同犯罪中起次要作用，系从犯，根据其犯罪情节，依法对其减轻处罚。鉴于石某、马某某、姜某某、韦某某、刘某乙、田某归案后认罪态度较好，依法可从轻处罚。遂判决：被告人刘某甲犯故意伤害罪，判处无期徒刑，剥夺政治权利终身；被告人石某犯故意伤害罪，判处无期徒刑，剥夺政治权利终身；被告人马某某犯故意伤害罪，判处有期徒刑15年，剥夺政治权利3年；

被告人姜某某犯故意伤害罪，判处有期徒刑 11 年；被告人韦某某犯故意伤害罪，判处有期徒刑 11 年；被告人刘某乙犯故意伤害罪，判处有期徒刑 11 年；被告人田某犯故意伤害罪，判处有期徒刑 8 年。

一审宣判后，石某、马某某等人提起上诉。石某及其辩护人认为，其受命于刘某甲，且系田某某最后殴打被害人，石某不构成主犯。马某某及其辩护人认为，石某在作案前电话向刘某甲汇报并取得其同意后才对被害人实施的体罚，马某某安全部长的身份并非学校管理层，在体罚被害人过程中亦无人听取其意见或履行相关手续，马某某不构成主犯。以上人员及其辩护人均提出，刘某甲未同意及时将被害人送医院，延误救治是造成邹某某死亡的重要原因，且被害人死亡是涉案人员共同伤害的结果，无法分清主次。

裁判结果

2017 年 5 月 8 日，重庆市高级人民法院驳回上诉，维持原判。

案件评析

刘某甲身为培训学校负责人，参与制定相关体罚学生的规定，明确对学生实施体罚须先向其汇报并经其批准，系对学生实施体罚的决定人。当石某电话向其汇报请示对被害人邹某某实施体罚时，刘某甲同意按规定程序处理，即包括以体罚方式殴打学生，刘某甲对此供认不讳。刘某甲虽未直接参与实施殴打邹某某，但系体罚殴打被害人行为的授意者、决策人，石某等 6 人对邹某某实施殴打，并未超出刘某甲的主观故意范围。当刘某甲得知教官正在殴打邹某某时，亦未及时制止；石某、马某某在殴打被害人邹某某后向刘某甲汇报情况时，刘某甲也表示要将被害人打服，亦印证刘某甲对体罚被害人可能造成的严重后果并无节制，后刘某甲虽亲自前往看望，并安排心理教师前往查看邹某某情况，但未同意及时将邹某某送医院救治，最终导致被害人死亡。刘某甲供述，体罚殴打被害人之前没有通知被害人家长，这与该培训学校学生处罚方案、违规处理决定等关于对学生体罚前必须征得学生家长同意及该培训学校与被害人邹某某之父所签订协议中关于该培训学校在培训期间不得采取暴力惩罚学生的内容相违背。即便教官在体罚前征得了家长的同意，教官的体罚行为也是不合法的。家长虽然是孩子的监护人，但是，家长也无权替学生作出接受体罚的决定。刘某甲对殴打被害人邹某某造成其死亡的后果，应承担刑事责任。刘某甲虽否认其指使、授意其他教官对被害人邹某某实施伤害，亦未说过要将被害人打服，但同案人石某、马某某均指证，刘某甲在听取殴打体罚被害人情况汇报后，指示要将被害人打服，便于以后管理。因此，刘某甲的行为符合故意伤害罪的犯罪构成，应以故意伤害罪定性，已构成故意伤害致人死亡的情节加重犯，应对被害人死亡后果承担主要责任，系主犯。

石某、马某某身为该培训学校教学部政治部主任、闪电分队分队长和安全部部长、尖刀分队分队长，直接参与殴打、体罚被害人，积极主动，在共同犯罪中起主要作用，系本案主犯。其他参与殴打被害人的教官在本案中起次要作用，为从犯。无论是主犯还是从犯，均构成故意伤害罪。

近年来，各类青少年行为矫正机构层出不穷。这类机构往往打着"感恩教育""自律教育""行为矫正"等旗号招生，通常实施全封闭"教学"。就笔者所知，绝大部分此类机构或多或少从事违法犯罪的行为。譬如，有些机构用"军事化"的手段管理学生，一旦学生反抗便暴力相向；还有一些机构甚至开展传销式"教学"，鼓吹不劳而获。以上机构易对青少年的生理和心理造成严重的影响。因此，笔者呼吁，国家应加大对于此类机构的监管力度，制止不法办学；家长们应树立正确的成才观，用科学、合理的方式教育子女，重视自己的行为对于子女的导向作用，言传身教。同时，家长们切勿听信一些不良商家的不当诱导和承诺，在签订培训合同的时候，要事先了解培训机构的教育理念、培养方式、教师构成、商业信誉等重要信息，选择正规的教育培训机构，避免悲剧的发生。

⚖ 相关法条

1.《中华人民共和国刑法》第 25、26、27、234 条

12. 辍学少年替兄弟"出头"，终身陷囹圄

▌案情简介

被告人金某甲，男，1997 年出生。金某甲出生在农村，其有三个姐姐，系家中最小的儿子，父母对其过分宠溺而未严加管教。金某甲初中一年级后便辍学，平时不学法、不懂法，法律意识淡薄，没有树立正确的人生观和价值观。2014 年 12 月 18 日 18 时许，被告人金某甲及李某甲在湟中县某某镇某某中学附近遇见被害人李某乙，因被告人金某甲的表弟金某乙曾请求哥哥金某甲及

同村的李某甲（另案处理）帮其教训欺负他的李某乙，二人遂等金某乙放学后，与金某乙一起将李某乙拉到某某中学旁边的一个巷道内。其间，李某乙从地上捡起啤酒瓶去打金某甲，被金某甲抢走并反过来用啤酒瓶击打李某乙头部，李某甲又持砖块击打李某乙头部，将李某乙打倒后，二人又踢打李某乙腹部、背部、臀部等部位，致使李某乙受伤住院治疗。李某乙于当日被送往青海仁济医院住院治疗 19 天，经诊断为枕部硬膜外出血、左侧枕部颅骨骨折、右侧枕部脑挫裂伤、头部外伤、下唇裂伤、下牙槽骨折。2015 年 1 月 12 日，经青海省正信司法鉴定所鉴定，被鉴定人李某乙头颅外伤致硬膜外出血，构成轻伤一级；其颅骨骨折，构成轻伤二级；口唇全层裂伤构成轻伤二级；其右侧上颌中切牙缺失、右侧下颌侧切牙缺失、右侧下颌中切牙根折，构成轻伤二级；面部损伤，损伤程度为轻伤一级。2014 年 12 月 19 日，被告人金某甲主动到湟中县公安局某派出所投案。双方当事人自愿达成赔偿协议，被告人金某甲、李某甲及附带民事诉讼被告人金某乙共同赔偿被害人李某乙经济损失 54 000 元。被告人金某甲已履行其赔偿义务，给付被害人经济损失 13 000 元，并得到被害人李某乙的书面谅解。

裁判结果

2017 年 4 月 24 日，青海省西宁市湟中县人民法院判决被告人金某甲犯故意伤害罪，判处有期徒刑 6 个月，缓刑 1 年。

案件评析

本案的起因是金某甲的弟弟被"欺负"了，金某甲作为兄长替弟弟"出气"。民间有"以牙还牙，以眼还眼""以其人之道还至其人之身"的谚语，但是，以上谚语不为现代法治社会所接受。我国刑法禁止除了正当防卫以外的私力救济，金某甲打击李某乙的行为不能被定义为正当防卫，因为正当防卫不仅需要有起因条件，还需要满足时间条件等。从案例来看，李某乙欺负金某乙的行为早已停止，所以金某甲的行为不满足正当防卫的时间条件，即不法侵害正在发生。双方的行为在性质上是斗殴行为。

根据《刑法》第17条第3款的规定，已满14周岁不满18周岁的人犯罪，应当从轻或者减轻处罚。金某甲在犯罪时不满18周岁，所以应当从轻或者减轻处罚。此外，根据《刑法》第67条的规定，犯罪以后自动投案，如实供述自己罪行的，可以从轻或者减轻处罚。其中，犯罪较轻的，可以免除处罚。本案中，被告人金某甲伙同李某甲持啤酒瓶及砖块击打被害人李某乙头部，造成被害人李某乙头面部四处轻伤，其殴打手段及造成的后果不属于犯罪情节较轻。但是金某甲自动投案并如实供述了自己殴打李某乙的罪行，依法可以从轻或者减轻处罚。此外，根据《刑事诉讼法》第277条、第278条、第279条的规定，被告人得到被害人谅解从而和解的，人民法院可以从宽处罚。本案中，被告人金某甲积极赔偿被害人李某乙的各项经济损失，得到被害人李某乙的书面谅解，满足《刑事诉讼法》第277条、第278条、第279条的规定。综上，根据《刑法》第72条的规定，被告人金某甲社会危害性较小，被告人的认罪、悔罪态度良好，对被告人金某甲宣告缓刑，对所居住的村庄亦无重大不良影响，所以法院可以对被告人金某甲宣告缓刑。

相关法条 ·································➤

1. 《中华人民共和国刑法》第 17、67、72、234 条

2. 《中华人民共和国刑事诉讼法》第 277、278、279 条

13. 教师的体罚行为不构成虐待罪

▌案情简介

张某，女，2006 年 5 月 22 日出生，汉族，某小学四年级学生。宋某，女，小学教师。张某是宋某的学生，宋某在学校多次打骂、体罚张某。被体罚后，张某多次向内蒙古自治区赤峰市元宝山区人民法院提起诉讼，控告宋某犯虐待罪。张某认为宋某是小学四年级的教师，对学生不但负有教育、教学职责，反而对张某等八名学生进行殴打，张某被诊断患有多部位损伤，腰间盘膨出，并致张某焦虑症等症状。但是，赤峰市元宝山区人民法院驳回了张某的起诉，张某遂向赤峰市中级人民法院提起上诉。

▌裁判结果

2016 年 10 月 25 日，内蒙古自治区赤峰市中级人民法院驳回上诉，维持原裁定。

▌案件评析

根据《刑法》第 260 条的规定，虐待罪是指对共同生活的家庭成员，经常以打骂、捆绑、冻饿、限制自由、凌辱人格、不给治病或者强迫作过度劳动等方法，从肉体上和精神上进行摧残迫害，情节恶劣的行为。本罪侵犯的对象只能是共同生活的家庭成

员，根据我国法律的规定，家庭成员主要由以下三部分构成：（1）由婚姻关系的形成而出现的最初的家庭成员，即丈夫和妻子；（2）由血缘关系而引起的家庭成员，这是由于血亲关系而产生的家庭成员；（3）由收养关系而产生的家庭成员，即养父母与养子女之间，这是一种拟制血亲关系。所以，宋某作为学校教师，不属于《刑法》第260条规定的虐待被监护、看护人罪的适格主体，当然不可能构成虐待罪。

笔者认为，宋某的体罚行为虽然不能构成虐待罪，但是，有可能构成故意伤害罪，因为故意伤害罪的犯罪主体是一般主体，犯罪对象也无特殊规定。所以，张某应以故意伤害罪起诉而不是虐待罪。当然，故意伤害罪在主观方面要求行为主体是故意的，包括直接故意（希望伤害结果发生）和间接故意（放任伤害结果发生）；在客观方面，要求行为人实施了伤害的行为，在结果上，造成了被害人轻伤以上的结果。因此，只有宋某的行为符合故意伤害罪的犯罪构成，才能入罪。

当然，如果张某指控宋某的体罚行为是真实的，其可以先行向学校和教育行政部门检举、揭发，由有关单位对宋某进行相应的处理；如确实构成犯罪的，再向公安机关、检察机关提出控告，由有权机关立案、提起公诉。

相关法条

1.《中华人民共和国刑法》第14、234、260条

14. 培训机构学徒打架，致使他人受重伤，
被判故意伤害罪

▎案情简介

周某与被害人梅某、马某、魏某均系郑州市二七区马寨镇新东方烹饪技术学校（民办培训学校）同学。2015 年 6 月 5 日 17 时许，在四人所在的男生宿舍 1 号楼 210 房间内，梅某与周某因琐事发生争吵，梅某要求周某道歉，遭到周某的拒绝后，梅某从地上捡起一只鞋子向周某身上扔，二人遂相互厮打，马某与魏某上前劝架拉开两人时，被告人周某顺手从自己的储物柜内拿出一把雕刻刀，先后将梅某、马某、魏某捅伤。后周某逃回原籍，2015 年 8 月 18 日，被告人周某在其父母的陪同下到郑州市公安局马寨分局投案自首。经郑州市公安局法医鉴定中心鉴定，被害人梅某左胸部、左腹部创口分别深达胸、腹腔致左侧气胸及纵膈积气；腹腔内大量积血、腹膜后大血肿、肾周血肿、肾动静脉瘘、创伤失血性休克（中度），均需手术治疗，其胸部损伤程度构成轻伤二级，其腹部损伤程度构成重伤二级，经鉴定梅某的损伤程度构成重伤二级。马某左上肢皮肤创口长度累计超过 15cm，其损伤程度构成轻伤二级。案发后，被告人周某的母亲为被害人梅某垫付医疗费 21 000 元，为被害人马某垫付医疗费 19 000 元，为被害人魏某垫付医疗费 6000 元。

▎裁判结果

2015 年 12 月 9 日，郑州市二七区人民法院以故意伤害罪判处被告人周某有期徒刑 4 年。

▎案件评析

本案的起因是被害人梅某与被告人周某发生争吵，周某拒不

道歉，梅某拿拖鞋砸周某，然后周某为了反击掏出雕刻刀捅伤几位被害人。从直观来看，梅某有错在先，动手砸人。但是周某反击的行为并不能构成正当防卫。周某的行为若正当防卫需要满足5个条件，即起因条件、时间条件、对象条件、主观条件、限度条件。但是，周某捅人的行为不满足时间条件、对象条件、主观条件和限度条件。首先，马某和魏某上前劝架拉开两人的情形可以看出不法侵害已经停止。其次，周某不仅捅伤了梅某，还捅伤了劝架的两人。再次，周某的主观目的是伤害他人而不是制止梅某的不法侵害。最后，周某的行为手段不合适。所以，周某的行为不是正当防卫或者防卫过当，不具有违法阻却事由，其行为应该被认定为故意伤害罪。

新东方烹饪技术学校作为民办培训机构，应当加强对于教学工具的管理，做到刀具不能被带出教室，否则很容易再次出现类似的刑事案件。参加培训的学生也应做到凡事三思而后行，不能意气用事。

⚖ 相关法条 ┄┄┄┄┄┄┄┄┄┄┄┄┄┄┄┄┄┄┄┄┄➤

1. 《中华人民共和国刑法》第20、234条

第六章

教师利用职务便利
贪污、受贿案件

　　教育机构属于事业单位，教育机构中从事教学管理和行政管理的人员即为国家工作人员，可以构成贪污、贿赂罪的主体。本章主要包括了具备国家工作人员身份的教职、管理人员触犯贪污罪和受贿罪的典型案例。

　　具备国家工作人员身份的教职、管理人员利用职务上的便利，侵吞、窃取、骗取或者以其他手段非法占有公共财物的，即构成贪污罪。例如，小学校长利用职务便利，侵吞所在小学"普九"债务化解资金及所保管的请假教师的工资；技术学校校长和教务主任合谋私吞学生实习管理费等类似情节的，达到法定量刑数额或者有其他较重情节的，构成贪污罪，处以相应的刑罚。当数额特别巨大，并使国家和人民利益遭受特别重大损失的，还可以处无期徒刑或者死刑。当然，根据刑法谦抑性原则，犯罪嫌疑人在

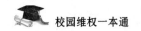

提起公诉前如实供述自己罪行、真诚悔罪、积极退赃，避免、减少损害结果的发生，依照刑法相关规定，可考虑减轻刑罚。

同样，具备国家工作人员身份的教职、管理人员利用职务上的便利，索取他人财物，或者非法收受他人财物，为他人谋取利益的，即构成受贿罪。例如，负责招生工作的教师索取或收受他人财物，采取非正常途径接收学生入学，受贿数额达到法定量刑情节的，则触犯受贿罪。此外，具备国家工作人员身份的教职、管理人员，违反教学管理规定，收受各种名义的回扣、手续费，归个人所有的，也以受贿罪论处。对于犯受贿罪的被告人，根据受贿所得数额及犯罪情节，在相应量刑幅度内处罚。如果有索贿的情节，还应当从重处罚。当然，犯罪嫌疑人或被告人有自首、坦白和立功情节的，亦可按相关规定从轻或减轻处罚。

第一节　贪污案件

1. 两校长侵吞"管理费"构成贪污罪的共同犯罪

▎案情简介

郓城县职业中等专业学校系全额预算管理事业单位，被告人吴某于2014年2月始担任该校校长职务，被告人曾某曾担任该校教务主任，后于2015年6月担任该校副校长。2014年6月至2016年2月，郓城县职业中等专业学校分别通过中介公司将学生派遣到上海、昆山等地的企业进行实习，带队教师驻厂管理，由用工企业支付学生工资，并向学校支付学生管理费。经查明，郓城县职业中等专业学校收到学生实习企业付给的实习学生管理费共计人民币 76.546304 万元，均未入学校账目，分别由被告人曾某管理 65 万余元、吴某管理 5.24 万元。除他项支出外，被告人吴某、曾某分三次将其中的 27.14 万元管理费予以私分。

2014 年 9 月，曾某向吴某汇报管理费的情况，提出给吴某 5 万元。吴某问："是否还能分到？"曾某说："有他的，能分到。"后曾某通过银行汇给吴某 5 万元，自己留存 3.4 万元。2015 年 10 月，曾某收到管理费 5.24 万元，分给被告人吴某 2.64 万元，自己留存 2.6 万元。2016 年 2 月，曾某给吴某汇报实习企业给的管理费的事，吴某主动索要，分得 8.5 万元，曾某留存 5 万元。被告人吴某合计得款 16.14 万元，被告人曾某合计得款 11 万元。被告人吴某、曾某归案后，其亲属分别代其向检察机关退缴了贪污的全部款项。另有郓城县职业中等专业学校党支部书记王某证实：郓城县职业中等专业学校学生每年都去企业实习，由企业发给学生工资，但吴某校长没有在校务会或其他会议上说过实习企业给学校管理费的事，也不知道曾某管理着实习企业或代理公司发放给学校的管理费。郓城县职业中等专业学校报账员潘某证实：2014 年至 2016 年 6 月 23 日，曾某从学校账目中报销过学生书款、差旅费和一部分教学用品，只要手续完备、单据合格，都能从学校大账中报销。学校不欠曾某书籍款，曾某报销的发票都已经报完了。

2016 年 7 月 15 日，郓城县人民检察院决定对吴某、曾某涉嫌贪污案进行立案侦查。2017 年，郓城县人民检察院以郓检公刑诉

〔2017〕51 号起诉书指控被告人吴某、曾某犯贪污罪，向郓城县人民法院提起诉讼。

▌裁判结果

2017 年 6 月 2 日，郓城县人民法院认为被告人吴某、曾某身为国家工作人员，利用职务上的便利，非法占有公共财物，数额巨大，其行为均构成贪污罪，依法应予定罪量刑。公诉机关的指控成立，予以支持。被告人吴某犯贪污罪，判处有期徒刑 3 年，并处罚金 20 万元；被告人曾某犯贪污罪，判处有期徒刑 3 年，并处罚金 20 万元；被告人吴某退缴的赃款161 400 元、被告人曾某退缴的赃款110 000 元，予以没收，由检察机关上缴国库。

▌案件评析

针对本案已查明事实，本案的争议点主要有三：（1）两被告吴某、曾某是否构成共同犯罪，贪污的金额如何认定？（2）关于被告人吴某、曾某及其辩护人提出"各自进行了公务支出"的辩护意见如何认定？（3）两被告吴某、曾某如何量刑？

（1）两被告吴某、曾某是否构成共同犯罪，贪污的金额如何认定？

该案中，被告人曾某受校长吴某的安排，管理企业发放给学校的管理费，当其向被告人吴某汇报管理费有节余时，吴某提出分一定数额的管理费给他，并问曾某还能否分到，且提供本人的银行卡号给曾某。《刑法》第382 条第1 款规定，国家工作人员利用职务上的便利，侵吞、窃取、骗取或者以其他手段非法占有公共财物的，是贪污罪。该法第25 条第1 款规定，共同犯罪是指二人以上共同故意犯罪。该法第 26 条第 1 款规定,组织、领导犯罪集团进行犯罪活动的或者在共同犯罪中起主要作用的,是主犯。两被告人共同私分管理费的意图明确,虽然当时未说明私分的总额,但私分的总额未超出其认识范围,两被告人属于贪污罪的共同犯罪。被告人吴某在贪污过程中起主要作用;被告人曾某确定两次私分的金额,并从保管的管理费中汇款给吴某,在共同贪污过程中亦起主要作用,两被告人均属主犯,均应对共同贪污的金额 27.12 万元承担责任。

(2) 关于被告人吴某、曾某及其辩护人提出"各自进行了公务支出"的辩护意见如何认定?

被告人吴某、曾某及其辩护人提出"各自进行了公务支出"的意见,但法院根据两被告人的辩护人当庭提交的证据材料,不能证明在支出时向学校的其他班子成员和财会人员已经说明系用私分的学生管理费所支,故用于公务支出的证据不够充分,该项辩护意见不能成立,不予采纳。

(3) 两被告吴某、曾某如何量刑?

两被告人归案后能够如实供述贪污的犯罪事实,真诚悔罪,积极退赃,根据《刑法》第 383 条第 1 款第 2 项的规定,"对犯贪污罪的,根据情节轻重,分别依照下列规定处罚:……(二)贪污数额巨大或者有其他严重情节的,处三年以上十年以下有期徒刑,并处罚金或者没收财产。"该条第 2 款规定:"对多次贪污未经处理的,按照累计贪污数额处罚。"该条第 3 款规定:"犯第一款罪,在提起公诉前如实供述自己罪行、真诚悔罪、积极退赃,避免、减少损害结果的发生,有第一项规定情形的,可以从轻、减轻或者免除处罚；有第二项、第三项规定情形的，可以从轻处罚。"而《最高人民法院最高人民检察院关于办理贪污贿赂刑事案件适用法律若干问题的解释》第2条第1款："贪污或者受贿数额在二十万元以上不满三百万元的，应当认定为刑法第三百八十三条第一款规定的'数额巨大'，依法判处三年以上十年以下有期徒刑，并处罚金或者没收财产。"因此，两被告犯罪数额巨大，在提起公诉前如实供述自己罪行、真诚悔罪、积极退赃，避免、减少损害结果的发生，可以从轻处罚。法院最终判定两被告犯贪污罪，分别判处有期徒刑3年，并处罚金20万元。

⚖ 相关法条

1. 《中华人民共和国刑法》第25、26、382、383条

2. 《最高人民法院最高人民检察院关于办理贪污贿赂刑事案件适用法律若干问题的解释》第2条

2. 小学校长侵吞"普九"债务化解资金和教师工资，构成贪污罪

▌案情简介

2007年12月至2009年12月期间，根据宜丰县芳溪镇镇政府安排，由被告人兰某某负责宜丰县芳溪镇所有小学的"普九"债务化解工作。申报前，兰某某要求各村将申报存折交由其保管。2009年7月，"普九"债务化解专项资金拨付到了各村账户上，兰某某以争取资金需要费用为名，截留了宜丰县芳溪镇花田村18 700元，芳溪村24 500元，刁栎村11 400元，杨木村5600元，

禾埠村900元，共计61 100元占为已有，并要求各村以其他名义入账。2005年至2011年期间，宜丰县芳溪镇中心小学曾某、张某、白某、彭某甲、彭某乙、傅某六名教师先后请休长假，被告人兰某某未将该六名教师请假事宜依程序上报至教育主管部门，致使财政部门未停止下拨该六名教师请假期间的工资。兰某某利用保管该六名教师工资存折的便利，共从中取款103 930元占为已有。综上所述，2005年至2011年，被告人兰某某担任宜丰县芳溪镇中心小学校长，任职期间，兰某某利用管理宜丰县芳溪镇小学"普九"债务化解资金及保管本校请假教师工资的职务便利，侵吞公款共计165 030元。案发后，兰某某自动投案，如实供述并退赔了130 000元。

2013年9月25日，上诉人兰某某因涉嫌犯贪污罪被刑事拘留，同年9月30日被逮捕。2013年12月13日，江西省宜丰县人民法院审理江西省宜丰县人民检察院指控原审被告人兰某某犯贪污罪一案，并作出〔2013〕宜刑初字第110号刑事判决，宣告兰某某利用职务之便，侵吞公款共计165 030元，构成贪污罪，判处有期徒刑8年。

宣判后，原审被告人兰某某不服，提出上诉。其上诉理由主要有：（1）其有一些个人支付的公用开支应在贪污金额中予以核减；（2）请假教师的工资是私款，应按违纪处理，不应认定为犯罪；（3）其本人认罪态度好，主观恶性小，已经退赃，有自首情节，原审判决量刑畸重。

▌裁判结果

江西省宜春市中级人民法院依法组成合议庭，经过阅卷，并讯问上诉人兰某某，认为该案事实清楚，决定不开庭审理。2014年1月26日，江西省宜春市中级人民法院认为原审判决认定的案件事实清楚，证据确实、充分，定性准确，适用法律正确，审判程序合法，予以确认。根据兰某某的犯罪事实、犯罪的性质、情节和对于社会的危害程度及其悔罪表现，对原审量刑可予从轻改判，故撤销江西省宜丰县人民法院〔2013〕宜刑初字第110号刑事判决中对上诉人兰某某的量刑部分，认定上诉人兰某某犯贪污罪，判处有期徒刑5年。

▌ 案件评析

首先，针对上诉人兰某某的第一项上述理由，二审法院经审查认为，兰某某没有提供任何证据或者证据线索证实其主张，故对"贪污金额中予以核减"证据不足，不予采信。

其次，关于上诉人兰某某上诉提出请假教师的工资是私款的意见。经查，请假教师的工资虽划拨到这些教师的个人账上，但兰某某系代表宜丰县芳溪镇中心小学代为保管这些工资，依照《刑法》第91条第2款的规定，在国家机关、国有公司、企业、集体企业和人民团体管理、使用或者运输中的私人财产，以公共财产论。因此上述款项应以公共财产论，故对上诉人兰某某的第二项上诉理由不予采纳。

最后，根据《刑法》第382条、第383条第1款第1项、第67条第1款，上诉人兰某某身为国家工作人员，利用职务便利，侵吞公共财物共计165 030元，据为己有，其行为构成贪污罪。兰某某能主动投案并如实供述其罪行，系自首，依法可以减轻处罚。归案后，兰某某退缴了赃款，可以酌情从轻处罚，故二审法院对原审量刑予以从轻改判。

▣ 相关法条 •--➤

1.《中华人民共和国刑法》第 67、91、382、383 条

第二节　受贿案件

1. 校长利用招生职务便利收受他人钱财，构成受贿罪

▌案情简介

　　张某某自 2003 年 8 月被任命为广州市荔湾区沙面小学（以下简称沙面小学）校长，负责学校的教育和行政管理工作。2010 年至 2016 年，被告人张某某在担任沙面小学校长期间，利用主管学校全面工作的职务便利，先后多次收受行贿人贿赂，为行贿人办理非地段生入读沙面小学提供帮助。经查证，2010 年，被告人张某某收受行贿人周某贿赂人民币 1 万元，使 1 名不符合沙面小学入学要求的儿童入读该学校。2010 年至 2014 年，张某某先后多次收受行贿人陈某的贿赂，共计港币 5 万元，使 4 名不符合沙面小学入学要求的儿童入读该学校。2014 年，邓某以 13 万元托黄某（黄某系沙面小学的主任）办理其小孩入读沙面小学，张某某通过黄某收受了邓某贿赂人民币 2 万元，使 1 名不符合广州市荔湾区沙面小学入学要求的儿童入读该学校。2012 年至 2016 年，张某某先后多次收受行贿人杨某贿赂，共计人民币 41 万元，使 14 名

不符合沙面小学入学要求的儿童入读该学校。2013年至2016年，张某某先后多次收受行贿人张某的贿赂，共计人民币3万元，使3名不符合广州市荔湾区沙面小学入学要求的儿童入读该学校。

2014年11月至2016年10月，被告人张某某担任沙面小学校长期间，在统筹指派教职人员为宏之志服务部提供有偿服务的过程中，在未实际提供劳务的情况下，先后多次以劳务费的名义收受该培训服务部的款项，共计人民币30 670元。2013年9月至12月，被告人张某某在担任沙面小学校长期间，曾接受过坦尾村先后三次资助给沙面小学的教师节慰问金、奖教奖学基金共计人民币20万元。

2016年11月16日，广州市荔湾区人民检察院对被告人张某某受贿罪一案立案侦查，同日，被告人张某某在分别接受侦查机关的询问、讯问过程中，没有供述其有收受涉案贿赂款项的犯罪事实。被告人张某某在侦查阶段如实供述司法机关尚未掌握的较重的同种罪行。被告人张某某已退出全部赃款，共计76.5万元。

2017年8月9日，广州市荔湾区人民检察院向广州市荔湾区人民法院提起公诉，以穗荔检诉刑诉〔2017〕888号起诉书指控被告人张某某犯受贿罪、贪污罪。

▌裁判结果

2017年11月8日，广州市荔湾区人民法院判决被告人张某某犯受贿罪，判处有期徒刑3年，并处罚金人民币20万元；被告人张某某犯罪所得的赃款共人民币47万元、港币5万元予以没收，上缴国库（由广州市荔湾区人民检察院负责执行）。

▎案件评析

　　该案中，针对公诉机关的起诉，被告人张某某的辩护人主要做了以下辩护意见：（1）被告人张某某并未与黄某共同商议收受邓某贿赂的事，被告人张某某此宗受贿应认定为2万元；（2）被告人张某某收取宏之志服务部的款项，是其提供劳务后的合法报酬，不属于受贿；（3）被告人张某某主动前往检察院供述相关犯罪事实，应认定为自首；（4）被告人张某某供述了检察机关尚未掌握的部分受贿事实；（5）被告人张某某已退出赃款；（6）公诉机关指控被告人张某某贪污的事实不清、证据不足，请求对被告人张某某从轻、减轻处罚。

　　笔者认为，首先，邓某因托黄某办理小孩入读沙面小学之事给予黄某13万元，黄某因将此事托被告人张某某办理而给予其贿赂2万元，被告人张某某收受该款项、办理受托之事均源于黄某，根据《刑法》第25条的规定，本案现有证据不能证实被告人张某某与黄某有共同故意而收受上述贿款，故应认定被告人张某某收受黄某贿赂2万元。其次，本案现没有证据证实宏之志服务部与被告人张某某明确约定要提供何种具体形式的劳务才能获取报酬，但可以证实被告人张某某有为宏之志服务部提供劳务，被告人张某某因此领取的款项不应认定为贿赂。再次，根据《刑法》第67条的规定，被告人张某某在分别接受侦查机关的询问、讯问过程中，均没有供述其有收受涉案贿赂款项的犯罪事实，被告人张某某不构成是自首，但对于"被告人张某某供述了侦查机关尚未掌握的部分受贿的犯罪事实，并已退出全部赃款"的辩护意见予以采纳。最后，公诉机关指控被告人张某某犯贪污罪的证据不足，不应认定。根据现有证据，校方负责接收上述款项的是黄某珏、简某及陪同人员许某红。现黄某珏已移居无法取证；许某红的证言表明其只是基于路上的安全而作陪，并不知款项的金额、交接、使用等情况；证人简某的证言只证实其收到坦尾村捐赠的现金支票后就到银行提现，之后便马上回到沙面小学交给张某某的，其交钱给张某某的时候没有其他人在场看到。而根据被告人张某某的供述证实 2013 年坦尾村以奖教奖学基金名义给了沙面小学人民币 18 万元，沙面小学拿这笔钱买了电脑，发票开的是坦尾村的抬头，买完电脑后便把发票给了坦尾村。以上证人证言及被告人供述均不能证实被告人张某某有贪污的事实。根据《刑法》第 382 条的规定，对公诉机关指控被告人张某某贪污的事实不予认定。

综上，根据《刑法》第 385 条第 1 款、第 386 条，最高人民法院、最高人民检察院《关于办理贪污贿赂刑事案件适用法律若干问题的解释》第 2 条、第 19 条的规定，被告人张某某构成受贿罪；根据《刑法》第 67 条第 2 款、第 52 条、第 53 条的规定，针对被告人张某某供述侦查机关尚未掌握的部分受贿的犯罪事实并已退出全部赃款的行为，可以从轻处罚。

相关法条

1. 《中华人民共和国刑法》第 25、67、382、385、386 条

2. 《关于办理贪污贿赂刑事案件适用法律若干问题的解释》第 2、19 条

2. 利用职权征订教辅资料并收受回扣，构成受贿罪

▌案情简介

潮州市潮安区庵埠镇中心学校（以下简称庵埠镇中心学校）系国家事业单位，承担庵埠镇全镇中小学的教育和管理工作。被告人林某武于 2009 年至 2015 年 7 月间任庵埠镇中心学校校长。2010 年 9 月至 2015 年 7 月间，林某武利用其任庵埠镇中心学校校长的职务之便，与潮州市潮安区凤塘明宇印刷厂（以下简称凤塘明宇印刷厂）的法定代表人郑某事先合谋，商定由该厂印制庵埠镇中心学校辖属 29 所小学学生使用的教辅资料及试卷，并商定交易后由郑某一方给予一定比例的回扣。此后，林某武要求辖属各学校征订上述资料，还违反规定安排庵埠镇中心学校主管的潮州市潮安区庵埠镇校办文具厂（以下简称校办文具厂）负责向凤塘明宇印刷厂征订，并按约定收取回扣款。接着，校办文具厂向庵埠镇 29 所小学办理教辅材料及试卷的征订工作，张某（于 2011—2014 年第二个学期担任校办文具厂厂长）、薛某（于 2014—2015 年担任校办文具厂厂长）分别在校办文具厂担任厂长期间，以校办文具厂的名义进行教辅材料及试卷的征订工作，并由郭某负责该项工作，收取、保管、结算教辅材料及试卷征订款项，从中扣除回扣款分给校办文具厂及各学校。凤塘明宇印刷厂承接上述教辅资料及试卷的印刷业务。完成后，校办文具厂根据林某武的事先安排，按约定比例先后收受郑某给予的回扣款共计人民币2 314 136.8元。之后，被告人林某武分给校办文具厂回扣款共计人民币264 335.58元，分给潮州市潮安区庵埠镇文理小学

等 29 所学校回扣款共计人民币 704 757.41 元。被告人林某武将回扣款中的人民币 254 320 元部分发放给庵埠镇中心学校工作人员作为补贴，余款人民币 1 090 723.81 元被其据为己有，款项被林某武用于购买房屋等开支。破案后，涉案人员张某、蔡某等多人将赃款人民币共计 359 320 元退缴在潮州市潮安区人民检察院。

此外，在 2012 年潮州市潮安区庵埠镇申报广东省教育强镇过程中，被告人林某武利用其任庵埠镇中心学校校长的职务之便，为陈某取得潮州市潮安区庵埠镇中心学校辖属各学校优化办学硬件设施改造工程提供帮助，后分别于 2014 年下半年的一天、2015 年上半年的一天，先后二次在庵埠镇中心学校运动场及其办公室，收受陈某给予的现金共计人民币 100 000 元。

被告人林某武于 2015 年在纪委查办期间潜逃，后于 2016 年 4 月 19 日在河南省被纪委带回调查，2016 年 5 月 8 日因本案被检察机关决定刑事拘留。2016 年 8 月 31 日，潮州市潮安区人民检察院向潮州市潮安区人民法院提起公诉，以潮安检刑诉〔2016〕395 号起诉书指控被告人林某武犯受贿罪。

▍裁判结果

2017 年 8 月 16 日，潮州市潮安区人民法院判决林某武犯受贿罪，判处有期徒刑 10 年，并处罚金人民币 500 000 元（款项应于判决发生法律效力之日起 10 日内缴纳），并对被告人林某武受贿违法所得金额共计人民币 1 066 276.81 元继续予以追缴，上缴国库。

▍案件评析

综合该案已查明的事实，该案的焦点有二：（1）对被告人林某武具体的受贿数额应如何认定；（2）被告人林某武的犯罪情节是否适用于《刑法》383条第3款中"有其他特别严重情节"的规定？

（1）对被告人林某武具体的受贿数额应如何认定？

被告人林某武的辩护人认为，第1宗受贿案，被告人林某武主观上不具有收取起诉书认定的金额2 414 136.8元回扣的主观故意，客观上也不存在收取全额2 414 136.8元回扣款的行为。林某武只应对被其个人开支及无法说明来源的1 090 723元负责，其他款项不能认定为林某武归个人所有的犯罪数额。结合案件事实，被告人林某武与郑某协商后约定了收取回扣款的比例，收受回扣款并将回扣款分配给校办文具厂及潮州市潮安区29所小学。收受回扣款是被告人林某武组织、指挥的，因此被告人林某武"受贿所得数额"应当以其组织、指挥的共同受贿数额，即2 414 136.8元来认定，根据《中华人民共和国刑法》第385条第2款认定被告人林某武构成受贿罪。

（2）被告人林某武的犯罪情节是否适用于《刑法》383条第1款中"有其他特别严重情节"的规定？

被告人林某武的辩护人认为：本案犯罪数额如按林某武实际归个人部分数额进行认定应为1 090 723元，数额在150万元之内；林某武受贿多次，但都不属于索贿；林某武的行为没有造成国家、人民、公共财产损失，也没触及为他人提拔、调整职务的禁止性规定。因此林某武的犯罪情节不应认定有"其他特别严重情节"。法院在认定林某武受贿数额为2 414 136.8元的基础上认为，被告人林某武利用职务之便，通过校办文具厂将庵埠镇中心学校辖属的29所小学的教辅材料和试卷全部交由凤塘明宇印刷厂印刷后，按事先约定收取回扣款后瓜分，且在此后的办学硬件设施改造工程受贿，单独及共同受贿数额人民币2 414 136.8元；对于利用印刷教辅资料及试卷获取的赃款，被告人林某武除自己分得赃款外，还与校办文具厂及辖属的29所小学瓜分赃款，并将部分回扣款用作庵埠镇中心学校工作人员的补贴；自归案至今，被告人林某武并没有主动配合做好相关的赃款退缴工作，还实施潜逃；综合被告人林某武的犯罪手段、犯罪数额、犯罪行为涉及整个庵埠镇29所小学、校办文具厂和庵埠镇中心学校，其中校办文具厂及该厂相关人员也因此被判刑等事实，根据《最高人民法院、最高人民检察院关于办理贪污贿赂刑事案件适用法律若干问题的解释》第1条第3款、第3条第3款的规定，被告人林某武的行为已在潮州市潮安区庵埠镇区域内造成恶劣影响，应当认定被告人林某武犯受贿罪，并构成"其他特别严重情节"，应依法按照《刑法》383条第1款的规定处罚。

相关法条

1.《中华人民共和国刑法》第12、93、383、385、386条

2.《关于办理贪污贿赂刑事案件适用法律若干问题的解释》第1、3条

3. 学校特长生招生制度不健全，
体育老师索贿受贿构成受贿罪

案情简介

被告人向某磊系成都市第七中学高新校区（以下简称七中高

新）事业单位编制教师。2011年起，向某磊在七中高新担任体育教师兼排球队主教练。2013年起，向某磊参与七中高新排球特长生招考工作，担任排球特长生招生考试的评委。同时，向某磊有权向学校推荐学生通过特招进入七中高新。据调查，七中高新排球队选拔队员主要有排球特长生考试和特招两种方式，特长生考试在每年6月份进行，组织对参考学生进行测评，然后根据成绩排名决定预录取名单，报教育局审批后决定正式录取名单，公示过后正式录取。球队队员特招是根据向某磊的推荐，校长办公会研究决定后录取，一般是向某磊写报告向学校推荐学生，校长办公会研究向某磊推荐的排球学生主要依据向某磊的意见。经审理查明，2013年至今，被告人向某磊利用担任七中高新排球队主教练，参与学校排球特长生招考工作，且担任排球特长生招生考试评委的职务之便，帮助多名学生通过排球特长生考试或特招途径进入七中高新，收受和索取贿赂。具体事实如下：2013年6月底，向某磊帮助张某之子张某语通过排球特长生考试进入七中高新入学，随后张某将5万元现金按照向某磊的要求交给了向某磊之妻周某。2013年，马某轩通过排球特长生考试进入七中高新。2014年4月初，马某轩之父马某与被告人向某磊第一次单独见面时，向某磊利用担任排球队主教练的职务之便，以"借钱"的名义向马某索要贿赂人民币5万元，后马某按向某磊的要求转账5万元到周某银行账户。2016年6月14日，因被人举报，向某磊将5万元人民币予以退还。2015年5月，严某通过中间人刘某找到被告人向某磊，请求向某磊安排严某之子严某罗通过排球特长生考试。后严某罗成功被录取，刘某将严某给其的13万元现金转交给向某磊。2015 年 5 月，吴某为让儿子吴某元进入七中高新上学，通过吕某找到被告人向某磊帮忙。随后，向某磊利用担任职务之便，向学校推荐吴某元通过排球特招程序进入了七中高新。2015 年 8 月 18 日，吴某之妻张某转账人民币 5 万元到周某银行账户。2016 年 7 月 29 日，向某磊因被人举报，为掩饰受贿，将转账的 5 万元人民币予以退还。

2017 年 8 月 21 日，成都高新技术产业开发区人民检察院以成高新检公诉刑诉〔2017〕533 号起诉书提起公诉，指控被告人向某磊犯受贿罪。

▌ 裁判结果

2017 年 9 月 14 日，成都高新技术产业开发区人民法院被告人向某磊作为国家工作人员，利用职务上的便利，索取、非法收受他人财物 28 万元，为他人谋取利益，数额巨大，其行为已构成受贿罪。故判决被告人向某磊犯受贿罪，判处有期徒刑 3 年 6 个月，并处罚金人民币 25 万元，并对被告人向某磊违法所得 18 万元予以追缴。

▌ 案件评析

笔者认为，本案的焦点主要集中在被告人向某磊受贿数额的确定。

关于马某转账到向某磊之妻周某银行卡的 5 万元，向某磊辩解道此款项系借款，但马某证言表示："2014 年 4 月份，他想去正式拜会一下向某磊，见了面，交流了一下马某轩的情况，向某磊提出要问他借 15 万，他不好直接拒绝，就说他顶多只有 5 万，向某磊说那就要 5 万。"另有周某银行交易流水亦证明：2014 年 4 月 9 日收到马某人民币 5 万元。2016 年 6 月，马某轩因为抑郁症转校离开，马某想把钱要回来，并通过微信问向某磊还款，向某磊怕事发，找到马某，让马某说是借款，并让马某发微信要求还款，以制造借款的假象。于 2016 年 6 月 14 日，周某通过光大银行账户转账给马某工商银行账户 5 万元。综合判定，向某磊和吴某所签的所谓"借条"系因向某磊被调查而事后编造，无正当、合理的借款事由，向某磊的该辩解与事实不符，认定向某磊索贿 5 万元。

关于严某通过刘某给予向某磊的 13 万元的现金，向某磊辩解其收取严某 13 万元系培训费。严某证言表示："2015 年 5、6 月份，自己儿子严某罗想读七中高新初中部，得知严某罗的体育老师刘某跟向某磊很熟，便以 10 万元请托刘某帮忙找向某磊帮助严某罗通过排球特长生就读七中高新。2015 年 6 月 6 日，严某主动给刘某打电话询问事情进展，暗示钱不够，他考虑之后又追加 3 万元。"刘某的证言亦是如此，并表示："后来的 3 万元是怕向某磊不同意收严某罗又追要的，但是总的 13 万元现金都交给了向某磊。"另有证据表明，向某磊并没有给严某罗任何特殊训练。因此，向某磊的辩解与查明事实不符。

综上，根据以上证据，认定被告人向某磊索取、非法收受他人财物 28 万元，为他人谋取利益，数额巨大，其行为已构成受贿罪。

相关法条 --➤

1.《中华人民共和国刑法》第 52、53、64、383、385、386 条

2.《最高人民法院、最高人民检察院关于办理贪污贿赂刑事案件适用法律若干问题的解释》第 2、19 条

附　录

一、相关法律法规

中华人民共和国未成年人保护法

（1991 年 9 月 4 日第七届全国人民代表大会常务委员会第二十一次会议通过　2006 年 12 月 29 日第十届全国人民代表大会常务委员会第二十五次会议修订　根据 2012 年 10 月 26 日第十一届全国人民代表大会常务委员会第二十九次会议《关于修改〈中华人民共和国未成年人保护法〉的决定》修正）

目　录

第一章　总　　则

第一条　为了保护未成年人的身心健康，保障未成年人的合法权益，促进未成年人在品德、智力、体质等方面全面发展，培养有理想、有道德、有文化、有纪律的社会主义建设者和接班人，根据宪法，制定本法。

第二条　本法所称未成年人是指未满十八周岁的公民。

第三条　未成年人享有生存权、发展权、受保护权、参与权等权利，国家根据未成年人身心发展特点给予特殊、优先保护，保障未成年人的合法权益不受侵犯。

未成年人享有受教育权，国家、社会、学校和家庭尊重和保障未成年人的受教育权。

未成年人不分性别、民族、种族、家庭财产状况、宗教信仰等，依法平等地享有权利。

第四条　国家、社会、学校和家庭对未成年人进行理想教育、道德教育、文化教育、纪律和法制教育，进行爱国主义、集体主义和社会主义的教育，提倡爱祖国、爱人民、爱劳动、爱科学、爱社会主义的公德，反对资本主义的、封建主义的和其他的腐朽思想的侵蚀。

第五条　保护未成年人的工作，应当遵循下列原则：

（一）尊重未成年人的人格尊严；

（二）适应未成年人身心发展的规律和特点；

（三）教育与保护相结合。

第六条　保护未成年人，是国家机关、武装力量、政党、社会团体、企业事业组织、城乡基层群众性自治组织、未成年人的监护人和其他成年公民的共同责任。

对侵犯未成年人合法权益的行为，任何组织和个人都有权予以劝阻、制止或者向有关部门提出检举或者控告。

国家、社会、学校和家庭应当教育和帮助未成年人维护自己的合法权益，增强自我保护的意识和能力，增强社会责任感。

第七条　中央和地方各级国家机关应当在各自的职责范围内做好未成年人保护工作。

国务院和地方各级人民政府领导有关部门做好未成年人保护工作；将未成年人保护工作纳入国民经济和社会发展规划以及年度计划，相关经费纳入本级政府预算。

国务院和省、自治区、直辖市人民政府采取组织措施，协调有关部门做好未成年人保护工作。具体机构由国务院和省、自治区、直辖市人民政府规定。

第八条　共产主义青年团、妇女联合会、工会、青年联合会、学生联合会、少年先锋队以及其他有关社会团体，协助各级人民政府做好未成年人保护工作，维护未成年人的合法权益。

第九条　各级人民政府和有关部门对保护未成年人有显著成绩的组织和个人，给予表彰和奖励。

第二章　家庭保护

第十条　父母或者其他监护人应当创造良好、和睦的家庭环境，依法履行对未成年人的监护职责和抚养义务。

禁止对未成年人实施家庭暴力，禁止虐待、遗弃未成年人，禁止溺婴和其他残害婴儿的行为，不得歧视女性未成年人或者有残疾的未成年人。

第十一条　父母或者其他监护人应当关注未成年人的生理、心理状况和行为习惯，以健康的思想、良好的品行和适当的方法教育和影响未成年人，引导未成年人进行有益身心健康的活动，预防和制止未成年人吸烟、酗酒、流浪、沉迷网络以及赌博、吸毒、卖淫等行为。

第十二条 父母或者其他监护人应当学习家庭教育知识，正确履行监护职责，抚养教育未成年人。

有关国家机关和社会组织应当为未成年人的父母或者其他监护人提供家庭教育指导。

第十三条 父母或者其他监护人应当尊重未成年人受教育的权利，必须使适龄未成年人依法入学接受并完成义务教育，不得使接受义务教育的未成年人辍学。

第十四条 父母或者其他监护人应当根据未成年人的年龄和智力发展状况，在作出与未成年人权益有关的决定时告知其本人，并听取他们的意见。

第十五条 父母或者其他监护人不得允许或者迫使未成年人结婚，不得为未成年人订立婚约。

第十六条 父母因外出务工或者其他原因不能履行对未成年人监护职责的，应当委托有监护能力的其他成年人代为监护。

第三章　学校保护

第十七条 学校应当全面贯彻国家的教育方针，实施素质教育，提高教育质量，注重培养未成年学生独立思考能力、创新能力和实践能力，促进未成年学生全面发展。

第十八条 学校应当尊重未成年学生受教育的权利，关心、爱护学生，对品行有缺点、学习有困难的学生，应当耐心教育、帮助，不得歧视，不得违反法律和国家规定开除未成年学生。

第十九条 学校应当根据未成年学生身心发展的特点，对他们进行社会生活指导、心理健康辅导和青春期教育。

第二十条　学校应当与未成年学生的父母或者其他监护人互相配合，保证未成年学生的睡眠、娱乐和体育锻炼时间，不得加重其学习负担。

第二十一条　学校、幼儿园、托儿所的教职员工应当尊重未成年人的人格尊严，不得对未成年人实施体罚、变相体罚或者其他侮辱人格尊严的行为。

第二十二条　学校、幼儿园、托儿所应当建立安全制度，加强对未成年人的安全教育，采取措施保障未成年人的人身安全。

学校、幼儿园、托儿所不得在危及未成年人人身安全、健康的校舍和其他设施、场所中进行教育教学活动。

学校、幼儿园安排未成年人参加集会、文化娱乐、社会实践等集体活动，应当有利于未成年人的健康成长，防止发生人身安全事故。

第二十三条　教育行政等部门和学校、幼儿园、托儿所应当根据需要，制定应对各种灾害、传染性疾病、食物中毒、意外伤害等突发事件的预案，配备相应设施并进行必要的演练，增强未成年人的自我保护意识和能力。

第二十四条　学校对未成年学生在校内或者本校组织的校外活动中发生人身伤害事故的，应当及时救护，妥善处理，并及时向有关主管部门报告。

第二十五条　对于在学校接受教育的有严重不良行为的未成年学生，学校和父母或者其他监护人应当互相配合加以管教；无力管教或者管教无效的，可以按照有关规定将其送专门学校继续接受教育。

依法设置专门学校的地方人民政府应当保障专门学校的办学条件，教育行政部门应当加强对专门学校的管理和指导，有关部门应当给予协助和配合。

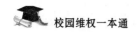

专门学校应当对在校就读的未成年学生进行思想教育、文化教育、纪律和法制教育、劳动技术教育和职业教育。

专门学校的教职员工应当关心、爱护、尊重学生，不得歧视、厌弃。

第二十六条　幼儿园应当做好保育、教育工作，促进幼儿在体质、智力、品德等方面和谐发展。

第四章　社会保护

第二十七条　全社会应当树立尊重、保护、教育未成年人的良好风尚，关心、爱护未成年人。

国家鼓励社会团体、企业事业组织以及其他组织和个人，开展多种形式的有利于未成年人健康成长的社会活动。

第二十八条　各级人民政府应当保障未成年人受教育的权利，并采取措施保障家庭经济困难的、残疾的和流动人口中的未成年人等接受义务教育。

第二十九条　各级人民政府应当建立和改善适合未成年人文化生活需要的活动场所和设施，鼓励社会力量兴办适合未成年人的活动场所，并加强管理。

第三十条　爱国主义教育基地、图书馆、青少年宫、儿童活动中心应当对未成年人免费开放；博物馆、纪念馆、科技馆、展览馆、美术馆、文化馆以及影剧院、体育场馆、动物园、公园等场所，应当按照有关规定对未成年人免费或者优惠开放。

第三十一条　县级以上人民政府及其教育行政部门应当采取措施，鼓励和支持中小学校在节假日期间将文化体育设施对未成年人免费或者优惠开放。

社区中的公益性互联网上网服务设施，应当对未成年人免费或者优惠开放，为未成年人提供安全、健康的上网服务。

第三十二条　国家鼓励新闻、出版、信息产业、广播、电影、电视、文艺等单位和作家、艺术家、科学家以及其他公民，创作或者提供有利于未成年人健康成长的作品。出版、制作和传播专门以未成年人为对象的内容健康的图书、报刊、音像制品、电子出版物以及网络信息等，国家给予扶持。

国家鼓励科研机构和科技团体对未成年人开展科学知识普及活动。

第三十三条　国家采取措施，预防未成年人沉迷网络。

国家鼓励研究开发有利于未成年人健康成长的网络产品，推广用于阻止未成年人沉迷网络的新技术。

第三十四条　禁止任何组织、个人制作或者向未成年人出售、出租或者以其他方式传播淫秽、暴力、凶杀、恐怖、赌博等毒害未成年人的图书、报刊、音像制品、电子出版物以及网络信息等。

第三十五条　生产、销售用于未成年人的食品、药品、玩具、用具和游乐设施等，应当符合国家标准或者行业标准，不得有害于未成年人的安全和健康；需要标明注意事项的，应当在显著位置标明。

第三十六条　中小学校园周边不得设置营业性歌舞娱乐场所、互联网上网服务营业场所等不适宜未成年人活动的场所。

营业性歌舞娱乐场所、互联网上网服务营业场所等不适宜未成年人活动的场所，不得允许未成年人进入，经营者应当在显著位置设置未成年人禁入标志；对难以判明是否已成年的，应当要求其出示身份证件。

第三十七条 禁止向未成年人出售烟酒，经营者应当在显著位置设置不向未成年人出售烟酒的标志；对难以判明是否已成年的，应当要求其出示身份证件。

任何人不得在中小学校、幼儿园、托儿所的教室、寝室、活动室和其他未成年人集中活动的场所吸烟、饮酒。

第三十八条 任何组织或者个人不得招用未满十六周岁的未成年人，国家另有规定的除外。

任何组织或者个人按照国家有关规定招用已满十六周岁未满十八周岁的未成年人的，应当执行国家在工种、劳动时间、劳动强度和保护措施等方面的规定，不得安排其从事过重、有毒、有害等危害未成年人身心健康的劳动或者危险作业。

第三十九条 任何组织或者个人不得披露未成年人的个人隐私。

对未成年人的信件、日记、电子邮件，任何组织或者个人不得隐匿、毁弃；除因追查犯罪的需要，由公安机关或者人民检察院依法进行检查，或者对无行为能力的未成年人的信件、日记、电子邮件由其父母或者其他监护人代为开拆、查阅外，任何组织或者个人不得开拆、查阅。

第四十条 学校、幼儿园、托儿所和公共场所发生突发事件时，应当优先救护未成年人。

第四十一条 禁止拐卖、绑架、虐待未成年人，禁止对未成年人实施性侵害。

禁止胁迫、诱骗、利用未成年人乞讨或者组织未成年人进行有害其身心健康的表演等活动。

第四十二条 公安机关应当采取有力措施，依法维护校园周边的治安和交通秩序，预防和制止侵害未成年人合法权益的违法犯罪行为。

任何组织或者个人不得扰乱教学秩序，不得侵占、破坏学校、幼儿园、托儿所的场地、房屋和设施。

第四十三条 县级以上人民政府及其民政部门应当根据需要设立救助场所，对流浪乞讨等生活无着未成年人实施救助，承担临时监护责任；公安部门或者其他有关部门应当护送流浪乞讨或者离家出走的未成年人到救助场所，由救助场所予以救助和妥善照顾，并及时通知其父母或者其他监护人领回。

对孤儿、无法查明其父母或者其他监护人的以及其他生活无着的未成年人，由民政部门设立的儿童福利机构收留抚养。

未成年人救助机构、儿童福利机构及其工作人员应当依法履行职责，不得虐待、歧视未成年人；不得在办理收留抚养工作中牟取利益。

第四十四条 卫生部门和学校应当对未成年人进行卫生保健和营养指导，提供必要的卫生保健条件，做好疾病预防工作。

卫生部门应当做好对儿童的预防接种工作，国家免疫规划项目的预防接种实行免费；积极防治儿童常见病、多发病，加强对传染病防治工作的监督管理，加强对幼儿园、托儿所卫生保健的业务指导和监督检查。

第四十五条 地方各级人民政府应当积极发展托幼事业，办好托儿所、幼儿园，支持社会组织和个人依法兴办哺乳室、托儿所、幼儿园。

各级人民政府和有关部门应当采取多种形式，培养和训练幼儿园、托儿所的保教人员，提高其职业道德素质和业务能力。

第四十六条 国家依法保护未成年人的智力成果和荣誉权不受侵犯。

第四十七条 未成年人已经完成规定年限的义务教育不再升学的，政府有关部门和社会团体、企业事业组织应当根据实际情况，对他们进行职业教育，为他们创造劳动就业条件。

第四十八条 居民委员会、村民委员会应当协助有关部门教育和挽救违法犯罪的未成年人，预防和制止侵害未成年人合法权益的违法犯罪行为。

第四十九条 未成年人的合法权益受到侵害的，被侵害人及其监护人或者其他组织和个人有权向有关部门投诉，有关部门应当依法及时处理。

第五章　司法保护

第五十条 公安机关、人民检察院、人民法院以及司法行政部门，应当依法履行职责，在司法活动中保护未成年人的合法权益。

第五十一条 未成年人的合法权益受到侵害，依法向人民法院提起诉讼的，人民法院应当依法及时审理，并适应未成年人生理、心理特点和健康成长的需要，保障未成年人的合法权益。

在司法活动中对需要法律援助或者司法救助的未成年人，法律援助机构或者人民法院应当给予帮助，依法为其提供法律援助或者司法救助。

第五十二条 人民法院审理继承案件，应当依法保护未成年人的继承权和受遗赠权。

人民法院审理离婚案件，涉及未成年子女抚养问题的，应当听取有表达意愿能力的未成年子女的意见，根据保障子女权益的原则和双方具体情况依法处理。

第五十三条　父母或者其他监护人不履行监护职责或者侵害被监护的未成年人的合法权益，经教育不改的，人民法院可以根据有关人员或者有关单位的申请，撤销其监护人的资格，依法另行指定监护人。被撤销监护资格的父母应当依法继续负担抚养费用。

第五十四条　对违法犯罪的未成年人，实行教育、感化、挽救的方针，坚持教育为主、惩罚为辅的原则。

对违法犯罪的未成年人，应当依法从轻、减轻或者免除处罚。

第五十五条　公安机关、人民检察院、人民法院办理未成年人犯罪案件和涉及未成年人权益保护案件，应当照顾未成年人身心发展特点，尊重他们的人格尊严，保障他们的合法权益，并根据需要设立专门机构或者指定专人办理。

第五十六条　讯问、审判未成年犯罪嫌疑人、被告人，询问未成年证人、被害人，应当依照刑事诉讼法的规定通知其法定代理人或者其他人员到场。

公安机关、人民检察院、人民法院办理未成年人遭受性侵害的刑事案件，应当保护被害人的名誉。

第五十七条　对羁押、服刑的未成年人，应当与成年人分别关押。

羁押、服刑的未成年人没有完成义务教育的，应当对其进行义务教育。

解除羁押、服刑期满的未成年人的复学、升学、就业不受歧视。

第五十八条　对未成年人犯罪案件，新闻报道、影视节目、公开出版物、网络等不得披露该未成年人的姓名、住所、照片、图像以及可能推断出该未成年人的资料。

第五十九条　对未成年人严重不良行为的矫治与犯罪行为的预防，依照预防未成年人犯罪法的规定执行。

第六章 法律责任

第六十条 违反本法规定，侵害未成年人的合法权益，其他法律、法规已规定行政处罚的，从其规定；造成人身财产损失或者其他损害的，依法承担民事责任；构成犯罪的，依法追究刑事责任。

第六十一条 国家机关及其工作人员不依法履行保护未成年人合法权益的责任，或者侵害未成年人合法权益，或者对提出申诉、控告、检举的人进行打击报复的，由其所在单位或者上级机关责令改正，对直接负责的主管人员和其他直接责任人员依法给予行政处分。

第六十二条 父母或者其他监护人不依法履行监护职责，或者侵害未成年人合法权益的，由其所在单位或者居民委员会、村民委员会予以劝诫、制止；构成违反治安管理行为的，由公安机关依法给予行政处罚。

第六十三条 学校、幼儿园、托儿所侵害未成年人合法权益的，由教育行政部门或者其他有关部门责令改正；情节严重的，对直接负责的主管人员和其他直接责任人员依法给予处分。

学校、幼儿园、托儿所教职员工对未成年人实施体罚、变相体罚或者其他侮辱人格行为的，由其所在单位或者上级机关责令改正；情节严重的，依法给予处分。

第六十四条 制作或者向未成年人出售、出租或者以其他方式传播淫秽、暴力、凶杀、恐怖、赌博等图书、报刊、音像制品、电子出版物以及网络信息等的，由主管部门责令改正，依法给予行政处罚。

第六十五条 生产、销售用于未成年人的食品、药品、玩具、用具和游乐设施不符合国家标准或者行业标准，或者没有在显著位置标明注意事项的，由主管部门责令改正，依法给予行政处罚。

第六十六条　在中小学校园周边设置营业性歌舞娱乐场所、互联网上网服务营业场所等不适宜未成年人活动的场所的，由主管部门予以关闭，依法给予行政处罚。

营业性歌舞娱乐场所、互联网上网服务营业场所等不适宜未成年人活动的场所允许未成年人进入，或者没有在显著位置设置未成年人禁入标志的，由主管部门责令改正，依法给予行政处罚。

第六十七条　向未成年人出售烟酒，或者没有在显著位置设置不向未成年人出售烟酒标志的，由主管部门责令改正，依法给予行政处罚。

第六十八条　非法招用未满十六周岁的未成年人，或者招用已满十六周岁的未成年人从事过重、有毒、有害等危害未成年人身心健康的劳动或者危险作业的，由劳动保障部门责令改正，处以罚款；情节严重的，由工商行政管理部门吊销营业执照。

第六十九条　侵犯未成年人隐私，构成违反治安管理行为的，由公安机关依法给予行政处罚。

第七十条　未成年人救助机构、儿童福利机构及其工作人员不依法履行对未成年人的救助保护职责，或者虐待、歧视未成年人，或者在办理收留抚养工作中牟取利益的，由主管部门责令改正，依法给予行政处分。

第七十一条　胁迫、诱骗、利用未成年人乞讨或者组织未成年人进行有害其身心健康的表演等活动的，由公安机关依法给予行政处罚。

第七章　附　则

第七十二条　本法自 2007 年 6 月 1 日起施行。

中华人民共和国义务教育法（节选）

（1986 年 4 月 12 日第六届全国人民代表大会第四次会议通过 2006 年 6 月 29 日第十届全国人民代表大会常务委员会第二十二次会议修订 根据 2015 年 4 月 24 日第十二届全国人民代表大会常务委员会第十四次会议《关于修改〈中华人民共和国义务教育法〉等五部法律的决定》第一次修正 根据 2018 年 12 月 29 日第十三届全国人民代表大会常务委员会第七次会议《关于修改〈中华人民共和国产品质量法〉等五部法律的决定》第二次修正）

第十一条 凡年满六周岁的儿童，其父母或者其他法定监护人应当送其入学接受并完成义务教育；条件不具备的地区的儿童，可以推迟到七周岁。

适龄儿童、少年因身体状况需要延缓入学或者休学的，其父母或者其他法定监护人应当提出申请，由当地乡镇人民政府或者县级人民政府教育行政部门批准。

第十二条 适龄儿童、少年免试入学。地方各级人民政府应当保障适龄儿童、少年在户籍所在地学校就近入学。

父母或者其他法定监护人在非户籍所在地工作或者居住的适龄儿童、少年，在其父母或者其他法定监护人工作或者居住地接受义务教育的，当地人民政府应当为其提供平等接受义务教育的条件。具体办法由省、自治区、直辖市规定。

县级人民政府教育行政部门对本行政区域内的军人子女接受义务教育予以保障。

第十三条　县级人民政府教育行政部门和乡镇人民政府组织和督促适龄儿童、少年入学，帮助解决适龄儿童、少年接受义务教育的困难，采取措施防止适龄儿童、少年辍学。

居民委员会和村民委员会协助政府做好工作，督促适龄儿童、少年入学。

第十六条　学校建设，应当符合国家规定的办学标准，适应教育教学需要；应当符合国家规定的选址要求和建设标准，确保学生和教职工安全。

第十九条　县级以上地方人民政府根据需要设置相应的实施特殊教育的学校（班），对视力残疾、听力语言残疾和智力残疾的适龄儿童、少年实施义务教育。特殊教育学校（班）应当具备适应残疾儿童、少年学习、康复、生活特点的场所和设施。

普通学校应当接收具有接受普通教育能力的残疾适龄儿童、少年随班就读，并为其学习、康复提供帮助。

第二十三条　各级人民政府及其有关部门依法维护学校周边秩序，保护学生、教师、学校的合法权益，为学校提供安全保障。

第二十四条　学校应当建立、健全安全制度和应急机制，对学生进行安全教育，加强管理，及时消除隐患，预防发生事故。

县级以上地方人民政府定期对学校校舍安全进行检查；对需要维修、改造的，及时予以维修、改造。

学校不得聘用曾经因故意犯罪被依法剥夺政治权利或者其他不适合从事义务教育工作的人担任工作人员。

第二十七条　对违反学校管理制度的学生，学校应当予以批评教育，不得开除。

第二十九条　教师在教育教学中应当平等对待学生，关注学生的

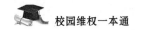

个体差异，因材施教，促进学生的充分发展。

教师应当尊重学生的人格，不得歧视学生，不得对学生实施体罚、变相体罚或者其他侮辱人格尊严的行为，不得侵犯学生合法权益。

第五十五条　学校或者教师在义务教育工作中违反教育法、教师法规定的，依照教育法、教师法的有关规定处罚。

中华人民共和国民办教育促进法（节选）

（2002 年 12 月 28 日第九届全国人民代表大会常务委员会第三十一次会议通过　根据 2013 年 6 月 29 日第十二届全国人民代表大会常务委员会第三次会议《关于修改〈中华人民共和国文物保护法〉等十二部法律的决定》第一次修正　根据 2016 年 11 月 7 日第十二届全国人民代表大会常务委员会第二十四次会议《关于修改〈中华人民共和国民办教育促进法〉的决定》第二次修正　根据 2018 年 12 月 29 日第十三届全国人民代表大会常务委员会第七次会议《关于修改〈中华人民共和国劳动法〉等七部法律的决定》第三次修正）

第三条　民办教育事业属于公益性事业，是社会主义教育事业的组成部分。

国家对民办教育实行积极鼓励、大力支持、正确引导、依法管理的方针。

各级人民政府应当将民办教育事业纳入国民经济和社会发展规划。

第五条　民办学校与公办学校具有同等的法律地位，国家保障民办学校的办学自主权。

　　国家保障民办学校举办者、校长、教职工和受教育者的合法权益。

　　第十二条　举办实施学历教育、学前教育、自学考试助学及其他文化教育的民办学校，由县级以上人民政府教育行政部门按照国家规定的权限审批；举办实施以职业技能为主的职业资格培训、职业技能培训的民办学校，由县级以上人民政府人力资源社会保障行政部门按照国家规定的权限审批，并抄送同级教育行政部门备案。

　　第十八条　审批机关对批准正式设立的民办学校发给办学许可证。

　　审批机关对不批准正式设立的，应当说明理由。

　　第十九条　民办学校的举办者可以自主选择设立非营利性或者营利性民办学校。但是，不得设立实施义务教育的营利性民办学校。

　　非营利性民办学校的举办者不得取得办学收益，学校的办学结余全部用于办学。

　　营利性民办学校的举办者可以取得办学收益，学校的办学结余依照公司法等有关法律、行政法规的规定处理。

　　民办学校取得办学许可证后，进行法人登记，登记机关应当依法予以办理。

　　第二十一条　学校理事会或者董事会由举办者或者其代表、校长、教职工代表等人员组成。其中三分之一以上的理事或者董事应当具有五年以上教育教学经验。

　　学校理事会或者董事会由五人以上组成，设理事长或者董事长一人。理事长、理事或者董事长、董事名单报审批机关备案。

　　第三十六条　民办学校对举办者投入民办学校的资产、国有资产、受赠的财产以及办学积累，享有法人财产权。

第三十七条 民办学校存续期间，所有资产由民办学校依法管理和使用，任何组织和个人不得侵占。

任何组织和个人都不得违反法律、法规向民办教育机构收取任何费用。

第三十八条 民办学校收取费用的项目和标准根据办学成本、市场需求等因素确定，向社会公示，并接受有关主管部门的监督。

非营利性民办学校收费的具体办法，由省、自治区、直辖市人民政府制定；营利性民办学校的收费标准，实行市场调节，由学校自主决定。

民办学校收取的费用应当主要用于教育教学活动、改善办学条件和保障教职工待遇。

第五十八条 民办学校终止时，应当依法进行财务清算。

民办学校自己要求终止的，由民办学校组织清算；被审批机关依法撤销的，由审批机关组织清算；因资不抵债无法继续办学而被终止的，由人民法院组织清算。

第五十九条 对民办学校的财产按照下列顺序清偿：

（一）应退受教育者学费、杂费和其他费用；

（二）应发教职工的工资及应缴纳的社会保险费用；

（三）偿还其他债务。

非营利性民办学校清偿上述债务后的剩余财产继续用于其他非营利性学校办学；营利性民办学校清偿上述债务后的剩余财产，依照公司法的有关规定处理。

第六十二条 民办学校有下列行为之一的，由县级以上人民政府教育行政部门、人力资源社会保障行政部门或者其他有关部门责令限期改正，并予以警告；有违法所得的，退还所收费用后没收违法所得；情节严重的，责令停止招生、吊销办学许可证；构成犯罪的，依法追究刑事责任：

（一）擅自分立、合并民办学校的；

（二）擅自改变民办学校名称、层次、类别和举办者的；

（三）发布虚假招生简章或者广告，骗取钱财的；

（四）非法颁发或者伪造学历证书、结业证书、培训证书、职业资格证书的；

（五）管理混乱严重影响教育教学，产生恶劣社会影响的；

（六）提交虚假证明文件或者采取其他欺诈手段隐瞒重要事实骗取办学许可证的；

（七）伪造、变造、买卖、出租、出借办学许可证的；

（八）恶意终止办学、抽逃资金或者挪用办学经费的。

中华人民共和国侵权责任法（节选）

（《中华人民共和国侵权责任法》已由中华人民共和国第十一届全国人民代表大会常务委员会第十二次会议于 2009 年 12 月 26 日通过，现予公布，自 2010 年 7 月 1 日起施行）

第六条第 1 款 行为人因过错侵害他人民事权益，应当承担侵权责任。

第八条 二人以上共同实施侵权行为，造成他人损害的，应当承担连带责任。

第十条 二人以上实施危及他人人身、财产安全的行为，其中一人或者数人的行为造成他人损害，能够确定具体侵权人的，由侵权人承担责任；不能确定具体侵权人的，行为人承担连带责任。

第十一条 二人以上分别实施侵权行为造成同一损害，每个人的侵权行为都足以造成全部损害的，行为人承担连带责任。

第十二条 二人以上分别实施侵权行为造成同一损害，能够确定责任大小的，各自承担相应的责任；难以确定责任大小的，平均承担赔偿责任。

第十三条 法律规定承担连带责任的，被侵权人有权请求部分或者全部连带责任人承担责任。

第十四条 连带责任人根据各自责任大小确定相应的赔偿数额；难以确定责任大小的，平均承担赔偿责任。

支付超出自己赔偿数额的连带责任人，有权向其他连带责任人追偿。

第十五条 承担侵权责任的方式主要有：

（一）停止侵害；

（二）排除妨碍；

（三）消除危险；

（四）返还财产；

（五）恢复原状；

（六）赔偿损失；

（七）赔礼道歉；

（八）消除影响、恢复名誉。

以上承担侵权责任的方式，可以单独适用，也可以合并适用。

第十六条 侵害他人造成人身损害的，应当赔偿医疗费、护理费、交通费等为治疗和康复支出的合理费用，以及因误工减少的收入。造成残疾的，还应当赔偿残疾生活辅助具费和残疾赔偿金。造成死亡的，还应当赔偿丧葬费和死亡赔偿金。

　　第二十条　侵害他人人身权益造成财产损失的，按照被侵权人因此受到的损失赔偿；被侵权人的损失难以确定，侵权人因此获得利益的，按照其获得的利益赔偿；侵权人因此获得的利益难以确定，被侵权人和侵权人就赔偿数额协商不一致，向人民法院提起诉讼的，由人民法院根据实际情况确定赔偿数额。

　　第二十六条　被侵权人对损害的发生也有过错的，可以减轻侵权人的责任。

　　第三十一条　因紧急避险造成损害的，由引起险情发生的人承担责任。如果危险是由自然原因引起的，紧急避险人不承担责任或者给予适当补偿。紧急避险采取措施不当或者超过必要的限度，造成不应有的损害的，紧急避险人应当承担适当的责任。

　　第三十二条　无民事行为能力人、限制民事行为能力人造成他人损害的，由监护人承担侵权责任。监护人尽到监护责任的，可以减轻其侵权责任。

　　有财产的无民事行为能力人、限制民事行为能力人造成他人损害的，从本人财产中支付赔偿费用。不足部分，由监护人赔偿。

　　第三十七条　宾馆、商场、银行、车站、娱乐场所等公共场所的管理人或者群众性活动的组织者，未尽到安全保障义务，造成他人损害的，应当承担侵权责任。

　　因第三人的行为造成他人损害的，由第三人承担侵权责任；管理人或者组织者未尽到安全保障义务的，承担相应的补充责任。

　　第三十八条　无民事行为能力人在幼儿园、学校或者其他教育机构学习、生活期间受到人身损害的，幼儿园、学校或者其他教育机构应当承担责任，但能够证明尽到教育、管理职责的，不承担责任。

第三十九条 限制民事行为能力人在学校或者其他教育机构学习、生活期间受到人身损害，学校或者其他教育机构未尽到教育、管理职责的，应当承担责任。

第四十条 无民事行为能力人或者限制民事行为能力人在幼儿园、学校或者其他教育机构学习、生活期间，受到幼儿园、学校或者其他教育机构以外的人员人身损害的，由侵权人承担侵权责任；幼儿园、学校或者其他教育机构未尽到管理职责的，承担相应的补充责任。

中华人民共和国合同法（节选）

（《中华人民共和国合同法》已由中华人民共和国第九届全国人民代表大会第二次会议于 1999 年 3 月 15 日通过，现予公布，自 1999 年 10 月 1 日起施行）

第十条 当事人订立合同，有书面形式、口头形式和其他形式。法律、

行政法规规定采用书面形式的，应当采用书面形式。当事人约定采用书面形式的，应当采用书面形式。

第三十二条 当事人采用合同书形式订立合同的，自双方当事人签字或者盖章时合同成立。

第四十四条 依法成立的合同，自成立时生效。

法律、行政法规规定应当办理批准、登记等手续生效的，依照其规定。

第五十二条 有下列情形之一的，合同无效：

（一）一方以欺诈、胁迫的手段订立合同，损害国家利益；

（二）恶意串通，损害国家、集体或者第三人利益；

（三）以合法形式掩盖非法目的；

（四）损害社会公共利益；

（五）违反法律、行政法规的强制性规定。

第五十四条　下列合同，当事人一方有权请求人民法院或者仲裁机构变更或者撤销：

（一）因重大误解订立的；

（二）在订立合同时显失公平的。

一方以欺诈、胁迫的手段或者乘人之危，使对方在违背真实意思的情况下订立的合同，受损害方有权请求人民法院或者仲裁机构变更或者撤销。

当事人请求变更的，人民法院或者仲裁机构不得撤销。

第五十六条　无效的合同或者被撤销的合同自始没有法律约束力。合同部分无效，不影响其他部分效力的，其他部分仍然有效。

第五十八条　合同无效或者被撤销后，因该合同取得的财产，应当予以返还；不能返还或者没有必要返还的，应当折价补偿。有过错的一方应当赔偿对方因此所受到的损失，双方都有过错的，应当各自承担相应的责任。

第六十条　当事人应当按照约定全面履行自己的义务。

当事人应当遵循诚实信用原则，根据合同的性质、目的和交易习惯履行通知、协助、保密等义务。

第九十一条　有下列情形之一的，合同的权利义务终止：

（一）债务已经按照约定履行；

（二）合同解除；

（三）债务相互抵销；

（四）债务人依法将标的物提存；

（五）债权人免除债务；

（六）债权债务同归于一人；

（七）法律规定或者当事人约定终止的其他情形。

第九十三条 当事人协商一致，可以解除合同。

当事人可以约定一方解除合同的条件。解除合同的条件成就时，解除权人可以解除合同。

第九十四条 有下列情形之一的，当事人可以解除合同：

（一）因不可抗力致使不能实现合同目的；

（二）在履行期限届满之前，当事人一方明确表示或者以自己的行为表明不履行主要债务；

（三）当事人一方迟延履行主要债务，经催告后在合理期限内仍未履行；

（四）当事人一方迟延履行债务或者有其他违约行为致使不能实现合同目的；

（五）法律规定的其他情形。

第九十六条 当事人一方依照本法第九十三条第二款、第九十四条的规定主张解除合同的，应当通知对方。合同自通知到达对方时解除。对方有异议的，可以请求人民法院或者仲裁机构确认解除合同的效力。

法律、行政法规规定解除合同应当办理批准、登记等手续的，依照其规定。

第九十七条 合同解除后，尚未履行的，终止履行；已经履行的，根据履行情况和合同性质，当事人可以要求恢复原状、采取其他补救措施，并有权要求赔偿损失。

第一百零七条　当事人一方不履行合同义务或者履行合同义务不符合约定的，应当承担继续履行、采取补救措施或者赔偿损失等违约责任。

第一百二十五条　当事人对合同条款的理解有争议的，应当按照合同所使用的词句、合同的有关条款、合同的目的、交易习惯以及诚实信用原则，确定该条款的真实意思。

合同文本采用两种以上文字订立并约定具有同等效力的，对各文本使用的词句推定具有相同含义。各文本使用的词句不一致的，应当根据合同的目的予以解释。

中华人民共和国保险法（节选）

（1995 年 6 月 30 日第八届全国人民代表大会常务委员会第十四次会议通过　根据 2002 年 10 月 28 日第九届全国人民代表大会常务委员会第三十次会议《关于修改〈中华人民共和国保险法〉的决定》第一次修正　2009 年 2 月 28 日第十一届全国人民代表大会常务委员会第七次会议修订　根据 2014 年 8 月 31 日第十二届全国人民代表大会常务委员会第十次会议《关于修改〈中华人民共和国保险法〉等五部法律的决定》第二次修正　根据 2015 年 4 月 24 日第十二届全国人民代表大会常务委员会第十四次会议《关于修改〈中华人民共和国计量法〉等五部法律的决定》第三次修正）

第十四条　保险合同成立后，投保人按照约定交付保险费，保险人按照约定的时间开始承担保险责任。

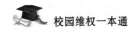

第十七条 订立保险合同，采用保险人提供的格式条款的，保险人向投保人提供的投保单应当附格式条款，保险人应当向投保人说明合同的内容。

对保险合同中免除保险人责任的条款，保险人在订立合同时应当在投保单、保险单或者其他保险凭证上作出足以引起投保人注意的提示，并对该条款的内容以书面或者口头形式向投保人作出明确说明；未作提示或者明确说明的，该条款不产生效力。

第六十五条 保险人对责任保险的被保险人给第三者造成的损害，可以依照法律的规定或者合同的约定，直接向该第三者赔偿保险金。

责任保险的被保险人给第三者造成损害，被保险人对第三者应负的赔偿责任确定的，根据被保险人的请求，保险人应当直接向该第三者赔偿保险金。被保险人怠于请求的，第三者有权就其应获赔偿部分直接向保险人请求赔偿保险金。

责任保险的被保险人给第三者造成损害，被保险人未向该第三者赔偿的，保险人不得向被保险人赔偿保险金。

责任保险是指以被保险人对第三者依法应负的赔偿责任为保险标的的保险。

学生伤害事故处理办法

（《学生伤害事故处理办法》已于2002年3月26日经部务会议讨论通过，现予发布，自2002年9月1日起施行）

第一章 总 则

第一条 为积极预防、妥善处理在校学生伤害事故，保护学生、学校的合法权益，根据《中华人民共和国教育法》、《中华人民共和国未成年人保护法》和其他相关法律、行政法规及有关规定，制定本办法。

第二条　在学校实施的教育教学活动或者学校组织的校外活动中，以及在学校负有管理责任的校舍、场地、其他教育教学设施、生活设施内发生的，造成在校学生人身损害后果的事故的处理，适用本办法。

第三条　学生伤害事故应当遵循依法、客观公正、合理适当的原则，及时、妥善地处理。

第四条　学校的举办者应当提供符合安全标准的校舍、场地、其他教育教学设施和生活设施。

教育行政部门应当加强学校安全工作，指导学校落实预防学生伤害事故的措施，指导、协助学校妥善处理学生伤害事故，维护学校正常的教育教学秩序。

第五条　学校应当对在校学生进行必要的安全教育和自护自救教育；应当按照规定，建立健全安全制度，采取相应的管理措施，预防和消除教育教学环境中存在的安全隐患；当发生伤害事故时，应当及时采取措施救助受伤害学生。

学校对学生进行安全教育、管理和保护，应当针对学生年龄、认知能力和法律行为能力的不同，采用相应的内容和预防措施。

第六条　学生应当遵守学校的规章制度和纪律；在不同的受教育阶段，应当根据自身的年龄、认知能力和法律行为能力，避免和消除相应的危险。

第七条　未成年学生的父母或者其他监护人（以下称为监护人）应当依法履行监护职责，配合学校对学生进行安全教育、管理和保护

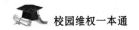

工作。

学校对未成年学生不承担监护职责，但法律有规定的或者学校依法接受委托承担相应监护职责的情形除外。

第二章　事故与责任

第八条　学生伤害事故的责任，应当根据相关当事人的行为与损害后果之间的因果关系依法确定。

因学校、学生或者其他相关当事人的过错造成的学生伤害事故，相关当事人应当根据其行为过错程度的比例及其与损害后果之间的因果关系承担相应的责任。当事人的行为是损害后果发生的主要原因，应当承担主要责任；当事人的行为是损害后果发生的非主要原因，承担相应的责任。

第九条　因下列情形之一造成的学生伤害事故，学校应当依法承担相应的责任：

（一）学校的校舍、场地、其他公共设施，以及学校提供给学生使用的学具、教育教学和生活设施、设备不符合国家规定的标准，或者有明显不安全因素的；

（二）学校的安全保卫、消防、设施设备管理等安全管理制度有明显疏漏，或者管理混乱，存在重大安全隐患，而未及时采取措施的；

（三）学校向学生提供的药品、食品、饮用水等不符合国家或者行业的有关标准、要求的；

（四）学校组织学生参加教育教学活动或者校外活动，未对学生进行相应的安全教育，并未在可预见的范围内采取必要的安全措施的；

（五）学校知道教师或者其他工作人员患有不适宜担任教育教学工作的疾病，但未采取必要措施的；

（六）学校违反有关规定，组织或者安排未成年学生从事不宜未成年人参加的劳动、体育运动或者其他活动的；

（七）学生有特异体质或者特定疾病，不宜参加某种教育教学活动，学校知道或者应当知道，但未予以必要的注意的；

（八）学生在校期间突发疾病或者受到伤害，学校发现，但未根据实际情况及时采取相应措施，导致不良后果加重的；

（九）学校教师或者其他工作人员体罚或者变相体罚学生，或者在履行职责过程中违反工作要求、操作规程、职业道德或者其他有关规定的；

（十）学校教师或者其他工作人员在负有组织、管理未成年学生的职责期间，发现学生行为具有危险性，但未进行必要的管理、告诫或者制止的；

（十一）对未成年学生擅自离校等与学生人身安全直接相关的信息，学校发现或者知道，但未及时告知未成年学生的监护人，导致未成年学生因脱离监护人的保护而发生伤害的；

（十二）学校有未依法履行职责的其他情形的。

第十条　学生或者未成年学生监护人由于过错，有下列情形之一，造成学生伤害事故，应当依法承担相应的责任：

（一）学生违反法律法规的规定，违反社会公共行为准则、学校的规章制度或者纪律，实施按其年龄和认知能力应当知道具有危险或者可能危及他人的行为的；

（二）学生行为具有危险性，学校、教师已经告诫、纠正，但学生不听劝阻、拒不改正的；

（三）学生或者其监护人知道学生有特异体质，或者患有特定疾病，但未告知学校的；

（四）未成年学生的身体状况、行为、情绪等有异常情况，监护人知道或者已被学校告知，但未履行相应监护职责的；

（五）学生或者未成年学生监护人有其他过错的。

第十一条 学校安排学生参加活动，因提供场地、设备、交通工具、食品及其他消费与服务的经营者，或者学校以外的活动组织者的过错造成的学生伤害事故，有过错的当事人应当依法承担相应的责任。

第十二条 因下列情形之一造成的学生伤害事故，学校已履行了相应职责，行为并无不当的，无法律责任：

（一）地震、雷击、台风、洪水等不可抗的自然因素造成的；

（二）来自学校外部的突发性、偶发性侵害造成的；

（三）学生有特异体质、特定疾病或者异常心理状态，学校不知道或者难于知道的；

（四）学生自杀、自伤的；

（五）在对抗性或者具有风险性的体育竞赛活动中发生意外伤害的；

（六）其他意外因素造成的。

第十三条 下列情形下发生的造成学生人身损害后果的事故，学校行为并无不当的，不承担事故责任；事故责任应当按有关法律法规或者其他有关规定认定：

（一）在学生自行上学、放学、返校、离校途中发生的；

（二）在学生自行外出或者擅自离校期间发生的；

（三）在放学后、节假日或者假期等学校工作时间以外，学生自行滞留学校或者自行到校发生的；

（四）其他在学校管理职责范围外发生的。

第十四条　因学校教师或者其他工作人员与其职务无关的个人行为，或者因学生、教师及其他个人故意实施的违法犯罪行为，造成学生人身损害的，由致害人依法承担相应的责任。

第三章　事故处理程序

第十五条　发生学生伤害事故，学校应当及时救助受伤害学生，并应当及时告知未成年学生的监护人；有条件的，应当采取紧急救援等方式救助。

第十六条　发生学生伤害事故，情形严重的，学校应当及时向主管教育行政部门及有关部门报告；属于重大伤亡事故的，教育行政部门应当按照有关规定及时向同级人民政府和上一级教育行政部门报告。

第十七条　学校的主管教育行政部门应学校要求或者认为必要，可以指导、协助学校进行事故的处理工作，尽快恢复学校正常的教育教学秩序。

第十八条　发生学生伤害事故，学校与受伤害学生或者学生家长可以通过协商方式解决；双方自愿，可以书面请求主管教育行政部门进行调解。

成年学生或者未成年学生的监护人也可以依法直接提起诉讼。

第十九条　教育行政部门收到调解申请，认为必要的，可以指定专门人员进行调解，并应当在受理申请之日起60日内完成调解。

第二十条　经教育行政部门调解，双方就事故处理达成一致意见的，应当在调解人员的见证下签订调解协议，结束调解；在调解期限内，双方不能达成一致意见，或者调解过程中一方提起诉讼，人民法院已经受理的，应当终止调解。

调解结束或者终止，教育行政部门应当书面通知当事人。

第二十一条　对经调解达成的协议，一方当事人不履行或者反悔的，双方可以依法提起诉讼。

第二十二条　事故处理结束，学校应当将事故处理结果书面报告主管的教育行政部门；重大伤亡事故的处理结果，学校主管的教育行政部门应当向同级人民政府和上一级教育行政部门报告。

第四章　事故损害的赔偿

第二十三条　对发生学生伤害事故负有责任的组织或者个人，应当按照法律法规的有关规定，承担相应的损害赔偿责任。

第二十四条　学生伤害事故赔偿的范围与标准，按照有关行政法规、地方性法规或者最高人民法院司法解释中的有关规定确定。

教育行政部门进行调解时，认为学校有责任的，可以依照有关法律法规及国家有关规定，提出相应的调解方案。

第二十五条　对受伤害学生的伤残程度存在争议的，可以委托当地具有相应鉴定资格的医院或者有关机构，依据国家规定的人体伤残标准进行鉴定。

第二十六条　学校对学生伤害事故负有责任的，根据责任大小，适当予以经济赔偿，但不承担解决户口、住房、就业等与救助受伤害学生、赔偿相应经济损失无直接关系的其他事项。学校无责任的，如果有条件，可以根据实际情况，本着自愿和可能的原则，对受伤害学生给予适当的帮助。

第二十七条　因学校教师或者其他工作人员在履行职务中的故意或者重大过失造成的学生伤害事故，学校予以赔偿后，可以向有关责任人员追偿。

第二十八条　未成年学生对学生伤害事故负有责任的，由其监护人依法承担相应的赔偿责任。

学生的行为侵害学校教师及其他工作人员以及其他组织、个人的合法权益，造成损失的，成年学生或者未成年学生的监护人应当依法予以赔偿。

第二十九条　根据双方达成的协议、经调解形成的协议或者人民法院的生效判决，应当由学校负担的赔偿金，学校应当负责筹措；学校无力完全筹措的，由学校的主管部门或者举办者协助筹措。

第三十条　县级以上人民政府教育行政部门或者学校举办者有条件的，可以通过设立学生伤害赔偿准备金等多种形式，依法筹措伤害赔偿金。

第三十一条　学校有条件的，应当依据保险法的有关规定，参加学校责任保险。

教育行政部门可以根据实际情况，鼓励中小学参加学校责任保险。

提倡学生自愿参加意外伤害保险。在尊重学生意愿的前提下，学校可以为学生参加意外伤害保险创造便利条件，但不得从中收取任何费用。

第五章　事故责任者的处理

第三十二条　发生学生伤害事故，学校负有责任且情节严重的，教育行政部门应当根据有关规定，对学校的直接负责的主管人员和其他直接责任人员，分别给予相应的行政处分；有关责任人的行为触犯刑律的，应当移送司法机关依法追究刑事责任。

第三十三条　学校管理混乱，存在重大安全隐患的，主管的教育行政部门或者其他有关部门应当责令其限期整顿；对情节严重或者拒不改正的，应当依据法律法规的有关规定，给予相应的行政处罚。

第三十四条　教育行政部门未履行相应职责，对学生伤害事故的发生负有责任的，由有关部门对直接负责的主管人员和其他直接责任人员分别给予相应的行政处分；有关责任人的行为触犯刑律的，应当移送司法机关依法追究刑事责任。

第三十五条　违反学校纪律，对造成学生伤害事故负有责任的学生，学校可以给予相应的处分；触犯刑律的，由司法机关依法追究刑事责任。

第三十六条　受伤害学生的监护人、亲属或者其他有关人员，在事故处理过程中无理取闹，扰乱学校正常教育教学秩序，或者侵犯学校、学校教师或者其他工作人员的合法权益的，学校应当报告公安机关依法处理；造成损失的，可以依法要求赔偿。

第六章　附　　则

第三十七条　本办法所称学校，是指国家或者社会力量举办的全日制的中小学（含特殊教育学校）、各类中等职业学校、高等学校。

本办法所称学生是指在上述学校中全日制就读的受教育者。

第三十八条　幼儿园发生的幼儿伤害事故，应当根据幼儿为完全无行为能力人的特点，参照本办法处理。

第三十九条　其他教育机构发生的学生伤害事故，参照本办法处理。

在学校注册的其他受教育者在学校管理范围内发生的伤害事故，参照本办法处理。

第四十条　本办法自 2002 年 9 月 1 日起实施，原国家教委、教育部颁布的与学生人身安全事故处理有关的规定，与本办法不符的，以本办法为准。

在本办法实施之前已处理完毕的学生伤害事故不再重新处理。

学校卫生工作条例

（1990 年 4 月 25 日国务院批准，1990 年 6 月 4 日国家教育委员会令第 10 号、卫生部令第 1 号发布）

第一章　总　　则

第一条　为加强学校卫生工作，提高学生的健康水平，制定本条例。

第二条　学校卫生工作的主要任务是：监测学生健康状况；对学生进行健康教育，培养学生良好的卫生习惯；改善学校卫生环境和教学卫生条件；加强对传染病、学生常见病的预防和治疗。

第三条　本条例所称的学校，是指普通中小学、农业中学、职业中学、中等专业学校、技工学校、普通高等学校。

第四条　教育行政部门负责学校卫生工作的行政管理。卫生行政部门负责对学校卫生工作的监督指导。

第二章　学校卫生工作要求

第五条　学校应当合理安排学生的学习时间。学生每日学习时间（包括自习），小学不超过六小时，中学不超过八小时，大学不超过十小时。

学校或者教师不得以任何理由和方式，增加授课时间和作业量，加重学生学习负担。

第六条　学校教学建筑、环境噪声、室内微小气候、采光、照明等环境质量以及黑板、课桌椅的设置应当符合国家有关标准。

新建、改建、扩建校舍，其选址、设计应当符合国家的卫生标准，并取得当地卫生行政部门的许可。竣工验收应当有当地卫生行政部门参加。

第七条　学校应当按照有关规定为学生设置厕所和洗手设施。寄宿制学校应当为学生提供相应的洗漱、洗澡等卫生设施。

学校应当为学生提供充足的符合卫生标准的饮用水。

第八条　学校应当建立卫生制度，加强对学生个人卫生、环境卫生以及教室、宿舍卫生的管理。

第九条　学校应当认真贯彻执行食品卫生法律、法规，加强饮食卫生管理，办好学生膳食，加强营养指导。

第十条　学校体育场地和器材应当符合卫生和安全要求。运动项目和运动强度应当适合学生的生理承受能力和体质健康状况，防止发生伤害事故。

第十一条　学校应当根据学生的年龄，组织学生参加适当的劳动，并对参加劳动的学生，进行安全教育，提供必要的安全和卫生防护措施。

普通中小学校组织学生参加劳动，不得让学生接触有毒有害物质或者从事不安全工种的作业，不得让学生参加夜班劳动。

普通高等学校、中等专业学校、技工学校、农业中学、职业中学组织学生参加生产劳动，接触有毒有害物质的，按照国家有关规定，提供保健待遇。学校应当定期对他们进行体格检查，加强卫生防护。

第十二条　学校在安排体育课以及劳动等体力活动时，应当注意女学生的生理特点，给予必要的照顾。

第十三条　学校应当把健康教育纳入教学计划。普通中小学必须开设健康教育课，普通高等学校、中等专业学校、技工学校、农业中学、职业中学应当开设健康教育选修课或者讲座。

学校应当开展学生健康咨询活动。

第十四条　学校应当建立学生健康管理制度。根据条件定期对学生进行体格检查，建立学生体质健康卡片，纳入学生档案。

学校对体格检查中发现学生有器质性疾病的，应当配合学生家长做好转诊治疗。

学校对残疾、体弱学生，应当加强医学照顾和心理卫生工作。

第十五条　学校应当配备可以处理一般伤病事故的医疗用品。

第十六条　学校应当积极做好近视眼、弱视、沙眼、龋齿、寄生虫、营养不良、贫血、脊柱弯曲、神经衰弱等学生常见疾病的群体预防和矫治工作。

第十七条　学校应当认真贯彻执行传染病防治法律、法规，做好急、慢性传染病的预防和控制管理工作，同时做好地方病的预防和控制管理工作。

第三章　学校卫生工作管理

第十八条　各级教育行政部门应当把学校卫生工作纳入学校工作计划，作为考评学校工作的一项内容。

第十九条　普通高等学校、中等专业学校、技工学校和规模较大的农业中学、职业中学、普通中小学，可以设立卫生管理机构，管理学校的卫生工作。

第二十条　普通高等学校设校医院或者卫生科。校医院应当设保健科（室），负责师生的卫生保健工作。

城市普通中小学、农村中心小学和普通中学设卫生室，按学生人数六百比一的比例配备专职卫生技术人员。

中等专业学校、技工学校、农业中学、职业中学，可以根据需要，配备专职卫生技术人员。

学生人数不足六百人的学校，可以配备专职或者兼职保健教师，开展学校卫生工作。

第二十一条　经本地区卫生行政部门批准，可以成立区域性中小学卫生保健机构。

区域性的中小学生卫生保健机构的主要任务是：

（一）调查研究本地区中小学生体质健康状况；

（二）开展中小学生常见疾病的预防与矫治；

（三）开展中小学卫生技术人员的技术培训和业务指导。

第二十二条　学校卫生技术人员的专业技术职称考核、评定，按照卫生、教育行政部门制定的考核标准和办法，由教育行政部门组织实施。

学校卫生技术人员按照国家有关规定，享受卫生保健津贴。

第二十三条　教育行政部门应当将培养学校卫生技术人员的工作列入招生计划，并通过各种教育形式为学校卫生技术人员和保健教师提供进修机会。

第二十四条　各级教育行政部门和学校应当将学校卫生经费纳入核定的年度教育经费预算。

第二十五条　各级卫生行政部门应当组织医疗单位和专业防治机构对学生进行健康检查、传染病防治和常见病矫治，接受转诊治疗。

第二十六条　各级卫生防疫站，对学校卫生工作承担下列任务：

（一）实施学校卫生监测，掌握本地区学生生长发育和健康状况，掌握学生常见病、传染病、地方病动态；

（二）制定学生常见病、传染病、地方病的防治计划；

（三）对本地区学校卫生工作进行技术指导；

（四）开展学校卫生服务。

第二十七条　供学生使用的文具、娱乐器具、保健用品，必须符合国家有关卫生标准。

第四章　学校卫生工作监督

第二十八条　县以上卫生行政部门对学校卫生工作行使监督职权。其职责是：

（一）对新建、改建、扩建校舍的选址、设计实行卫生监督；

（二）对学校内影响学生健康的学习、生活、劳动、环境、食品等方面的卫生和传染病防治工作实行卫生监督；

（三）对学生使用的文具、娱乐器具、保健用品实行卫生监督。

国务院卫生行政部门可以委托国务院其他有关部门的卫生主管机构，在本系统内对前款所列第（一）、（二）项职责行使学校卫生监督职权。

第二十九条　行使学校卫生监督职权的机构设立学校卫生监督员，由省级以上卫生行政部门聘任并发给学校卫生监督员证书。

学校卫生监督员执行卫生行政部门或者其他有关部门卫生主管机构交付的学校卫生监督任务。

第三十条　学校卫生监督员在执行任务时应出示证件。

学校卫生监督员在进行卫生监督时，有权查阅与卫生监督有关的资料，搜集与卫生监督有关的情况，被监督的单位或者个人应当给予配合。学校卫生监督员对所掌握的资料、情况负有保密责任。

第五章　奖励与处罚

第三十一条　对在学校卫生工作中成绩显著的单位或者个人，各级教育、卫生行政部门和学校应当给予表彰、奖励。

第三十二条　违反本条例第六条第二款规定，未经卫生行政部门许可新建、改建、扩建校舍的，由卫生行政部门对直接责任单位或者个人给予警告、责令停止施工或者限期改建。

第三十三条　违反本条例第六条第一款、第七条和第十条规定的，由卫生行政部门对直接责任单位或者个人给予警告并责令限期改进。情节严重的，可以同时建议教育行政部门给予行政处分。

第三十四条　违反本条例第十一条规定，致使学生健康受到损害的，由卫生行政部门对直接责任单位或者个人给予警告，责令限期改进。

第三十五条　违反本条例第二十七条规定的，由卫生行政部门对直接责任单位或者个人给予警告。情节严重的，可以会同工商行政部门没收其不符合国家有关卫生标准的物品，并处以非法所得两倍以下的罚款。

第三十六条　拒绝或者妨碍学校卫生监督员依照本条例实施卫生监督的，由卫生行政部门对直接责任单位或者个人给予警告。情节严重的，可以建议教育行政部门给予行政处分或者处以二百元以下的罚款。

第三十七条　当事人对没收、罚款的行政处罚不服的，可以在接到处罚决定书之日起十五日内，向作出处罚决定机关的上一级机关申请复议，也可以直接向人民法院起诉。对复议决定不服的，可以在接到复议决定之日起十五日内，向人民法院起诉。对罚款决定不履行又逾期不起诉的，由作出处罚决定的机关申请人民法院强制执行。

第六章　附　　则

第三十八条　学校卫生监督办法、学校卫生标准由卫生部会同国家教育委员会制定。

第三十九条　贫困县不能全部适用本条例第六条第一款和第七条规定的，可以由所在省、自治区的教育、卫生行政部门制定变通的规定。变通的规定，应当报送国家教育委员会、卫生部备案。

第四十条　本条例由国家教育委员会、卫生部负责解释。

第四十一条　本条例自发布之日起施行。原教育部、卫生部一九七九年十二月六日颁布的《中、小学卫生工作暂行规定（草案）》和一九八零年八月二十六日颁布的《高等学校卫生工作暂行规定（草案）》同时废止。

中华人民共和国行政诉讼法（节选）

（1989 年 4 月 4 日第七届全国人民代表大会第二次会议通过　根据 2014 年 11 月 1 日第十二届全国人民代表大会常务委员会第十一次会议《关于修改〈中华人民共和国行政诉讼法〉的决定》第一次修正　根据 2017 年 6 月 27 日第十二届全国人民代表大会常务委员会第二十八次会议《关于修改〈中华人民共和国民事诉讼法〉和〈中华人民共和国行政诉讼法〉的决定》第二次修正）

第十二条　人民法院受理公民、法人或者其他组织提起的下列诉讼：

（一）对行政拘留、暂扣或者吊销许可证和执照、责令停产停业、没收违法所得、没收非法财物、罚款、警告等行政处罚不服的；

（二）对限制人身自由或者对财产的查封、扣押、冻结等行政强制措施和行政强制执行不服的；

（三）申请行政许可，行政机关拒绝或者在法定期限内不予答复，或者对行政机关作出的有关行政许可的其他决定不服的；

（四）对行政机关作出的关于确认土地、矿藏、水流、森林、山岭、草原、荒地、滩涂、海域等自然资源的所有权或者使用权的决定不服的；

（五）对征收、征用决定及其补偿决定不服的；

（六）申请行政机关履行保护人身权、财产权等合法权益的法定职责，行政机关拒绝履行或者不予答复的；

（七）认为行政机关侵犯其经营自主权或者农村土地承包经营权、农村土地经营权的；

（八）认为行政机关滥用行政权力排除或者限制竞争的；

（九）认为行政机关违法集资、摊派费用或者违法要求履行其他义务的；

（十）认为行政机关没有依法支付抚恤金、最低生活保障待遇或者社会保险待遇的；

（十一）认为行政机关不依法履行、未按照约定履行或者违法变更、解除政府特许经营协议、土地房屋征收补偿协议等协议的；

（十二）认为行政机关侵犯其他人身权、财产权等合法权益的。

除前款规定外，人民法院受理法律、法规规定可以提起诉讼的其他行政案件。

第六十九条 行政行为证据确凿，适用法律、法规正确，符合法定程序的，或者原告申请被告履行法定职责或者给付义务理由不成立的，人民法院判决驳回原告的诉讼请求。

第七十条 行政行为有下列情形之一的，人民法院判决撤销或者部分撤销，并可以判决被告重新作出行政行为：

（一）主要证据不足的；

（二）适用法律、法规错误的；

（三）违反法定程序的；

（四）超越职权的；

（五）滥用职权的；

（六）明显不当的。

第七十一条 人民法院判决被告重新作出行政行为的，被告不得以同一的事实和理由作出与原行政行为基本相同的行政行为。

第七十二条 人民法院经过审理，查明被告不履行法定职责的，判决被告在一定期限内履行。

第七十三条 人民法院经过审理，查明被告依法负有给付义务的，判决被告履行给付义务。

第七十四条 行政行为有下列情形之一的，人民法院判决确认违法，但不撤销行政行为：

（一）行政行为依法应当撤销，但撤销会给国家利益、社会公共利益造成重大损害的；

（二）行政行为程序轻微违法，但对原告权利不产生实际影响的。

行政行为有下列情形之一，不需要撤销或者判决履行的，人民法院判决确认违法：

（一）行政行为违法，但不具有可撤销内容的；

（二）被告改变原违法行政行为，原告仍要求确认原行政行为违法的；

（三）被告不履行或者拖延履行法定职责，判决履行没有意义的。

第七十五条 行政行为有实施主体不具有行政主体资格或者没有依据等重大且明显违法情形，原告申请确认行政行为无效的，人民法院判决确认无效。

中华人民共和国学位条例

(1980 年 2 月 12 日第五届全国人民代表大会常务委员会第十三次会议通过　根据 2004 年 8 月 28 日第十届全国人民代表大会常务委员会第十一次会议《关于修改〈中华人民共和国学位条例〉的决定》修正)

第一条　为了促进我国科学专门人才的成长，促进各门学科学术水平的提高和教育、科学事业的发展，以适应社会主义现代化建设的需要，特制定本条例。

第二条　凡是拥护中国共产党的领导、拥护社会主义制度，具有一定学术水平的公民，都可以按照本条例的规定申请相应的学位。

第三条　学位分学士、硕士、博士三级。

第四条　高等学校本科毕业生，成绩优良，达到下述学术水平者，授予学士学位：

（一）较好地掌握本门学科的基础理论、专门知识和基本技能；

（二）具有从事科学研究工作或担负专门技术工作的初步能力。

第五条　高等学校和科学研究机构的研究生，或具有研究生毕业同等学力的人员，通过硕士学位的课程考试和论文答辩，成绩合格，达到下述学术水平者，授予硕士学位：

（一）在本门学科上掌握坚实的基础理论和系统的专门知识；

（二）具有从事科学研究工作或独立担负专门技术工作的能力。

第六条　高等学校和科学研究机构的研究生，或具有研究生毕业同等学力的人员，通过博士学位的课程考试和论文答辩，成绩合格，达到下述学术水平者，授予博士学位：

（一）在本门学科上掌握坚实宽广的基础理论和系统深入的专门知识；

（二）具有独立从事科学研究工作的能力；

（三）在科学或专门技术上作出创造性的成果。

第七条　国务院设立学位委员会，负责领导全国学位授予工作。学位委员会设主任委员一人，副主任委员和委员若干人。主任委员、副主任委员和委员由国务院任免。

第八条　学士学位，由国务院授权的高等学校授予；硕士学位、博士学位，由国务院授权的高等学校和科学研究机构授予。

授予学位的高等学校和科学研究机构（以下简称学位授予单位）及其可以授予学位的学科名单，由国务院学位委员会提出，经国务院批准公布。

第九条　学位授予单位，应当设立学位评定委员会，并组织有关学科的学位论文答辩委员会。

学位论文答辩委员会必须有外单位的有关专家参加，其组成人员由学位授予单位遴选决定。学位评定委员会组成人员名单由学位授予单位确定，报国务院有关部门和国务院学位委员会备案。

第十条　学位论文答辩委员会负责审查硕士和博士学位论文、组织答辩，就是否授予硕士学位或博士学位作出决议。决议以不记名投票方式，经全体成员三分之二以上通过，报学位评定委员会。

学位评定委员会负责审查通过学士学位获得者的名单；负责对学位论文答辩委员会报请授予硕士学位或博士学位的决议，作出是否批准的决定。决定以不记名投票方式，经全体成员过半数通过。决定授予硕士学位或博士学位的名单，报国务院学位委员会备案。

第十一条　学位授予单位，在学位评定委员会作出授予学位的决议后，发给学位获得者相应的学位证书。

第十二条　非学位授予单位应届毕业的研究生，由原单位推荐，可以就近向学位授予单位申请学位。经学位授予单位审查同意，通过论文答辩，达到本条例规定的学术水平者，授予相应的学位。

第十三条　对于在科学或专门技术上有重要的著作、发明、发现或发展者，经有关专家推荐，学位授予单位同意，可以免除考试，直接参加博士学位论文答辩。对于通过论文答辩者，授予博士学位。

第十四条　对于国内外卓越的学者或著名的社会活动家，经学位授予单位提名，国务院学位委员会批准，可以授予名誉博士学位。

第十五条　在我国学习的外国留学生和从事研究工作的外国学者，可以向学位授予单位申请学位。对于具有本条例规定的学术水平者，授予相应的学位。

第十六条　非学位授予单位和学术团体对于授予学位的决议和决定持有不同意见时，可以向学位授予单位或国务院学位委员会提出异议。学位授予单位和国务院学位委员会应当对提出的异议进行研究和处理。

第十七条　学位授予单位对于已经授予的学位，如发现有舞弊作伪等严重违反本条例规定的情况，经学位评定委员会复议，可以撤销。

第十八条　国务院对于已经批准授予学位的单位，在确认其不能保证所授学位的学术水平时，可以停止或撤销其授予学位的资格。

第十九条　本条例的实施办法，由国务院学位委员会制定，报国务院批准。

第二十条　本条例自 1981 年 1 月 1 日起施行。

中华人民共和国学位条例暂行实施办法

（1981 年 5 月 20 日国务院批准实施）

第一条　根据中华人民共和国学位条例，制定本暂行实施办法。

第二条　学位按下列学科的门类授予：哲学、经济学、法学、教育学、文学、历史学、理学、工学、农学、医学。

学士学位

第三条　学士学位由国务院授权的高等学校授予。

高等学校本科学生完成教学计划的各项要求，经审核准予毕业，其课程学习和毕业论文（毕业设计或其他毕业实践环节）的成绩，表明确已较好地掌握本门学科的基础理论、专门知识和基本技能，并且有从事科学研究工作或担负专门技术工作的初步能力的，授予学士学位。

第四条　授予学士学位的高等学校，应当由系逐个审核本科毕业生的成绩和毕业鉴定等材料，对符合本暂行办法第三条及有关规定的，可向学校学位评定委员会提名，列入学士学位获得者的名单。

非授予学士学位的高等学校，对达到学士学术水平的本科毕业生，应当由系向学校提出名单，经学校同意后，由学校就近向本系统、本地区的授予学士学位的高等学校推荐。授予学士学位的高等学校有关的系，对非授予学士学位的高等学校推荐的本科毕业生进行审查考核，认为符合本暂行办法第三条及有关规定的，可向学校学位评定委员会提名，列入学士学位获得者的名单。

第五条　学士学位获得者的名单，经授予学士学位的高等学校学位评定委员会审查通过，由授予学士学位的高等学校授予学士学位。

硕士学位

第六条　硕士学位由国务院授权的高等学校和科学研究机构授予。

申请硕士学位人员应当在学位授予单位规定的期限内，向学位授予单位提交申请书和申请硕士学位的学术论文等材料。学位授予单位应当在申请日期截止后两个月内进行审查，决定是否同意申请，并将结果通知申请人及其所在单位。

非学位授予单位应届毕业的研究生申请时，应当送交本单位关于申请硕士学位的推荐书。

同等学力人员申请时，应当送交两位副教授、教授或相当职称的专家的推荐书。学位授予单位对未具有大学毕业学历的申请人员，可以在接受申请前，采取适当方式，考核其某些大学课程。

申请人员不得同时向两个学位授予单位提出申请。

第七条　硕士学位的考试课程和要求：

1. 马克思主义理论课。要求掌握马克思主义的基本理论。

2. 基础理论课和专业课，一般为三至四门。要求掌握坚实的基础理论和系统的专门知识。

3. 一门外国语。要求比较熟练地阅读本专业的外文资料。

学位授予单位研究生的硕士学位课程考试，可按上述的课程要求，结合培养计划安排进行。

非学位授予单位研究生的硕士学位课程考试，由学位授予单位组织进行。凡经学位授予单位审核，认为其在原单位的课程考试内容和成绩合格的，可以免除部分或全部课程考试。

同等学力人员的硕士学位课程考试，由学位授予单位组织进行。

申请硕士学位人员必须通过规定的课程考试，成绩合格，方可参加论文答辩。规定考试的课程中，如有一门不及格，可在半年内申请补考一次，补考不及格的，不能参加论文答辩。

试行学分制的学位授予单位，应当按上述的课程要求，规定授予硕士学位所应取得的课程学分。申请硕士学位人员必须取得规定的学分后，方可参加论文答辩。

第八条 硕士学位论文对所研究地课题应当有新的见解，表明作者具有从事科学研究工作或独立担负专门技术工作的能力。

学位授予单位应当聘请一至二位与论文有关学科的专家评阅论文。评阅人应当对论文写出详细的学术评语，供论文答辩委员会参考。

硕士学位论文答辩委员会由三至五人组成。成员中一般应当有外单位的专家。论文答辩委员会主席由副教授、教授或相当职称的专家担任。

论文答辩委员会根据答辩的情况，就是否授予硕士学位作出决议。决议采取不记名投票方式，经全体成员三分之二以上同意，方得通过。决议经论文答辩委员会主席签字后，报送学位评定委员会。会议应当有记录。

硕士学位论文答辩不合格的，经论文答辩委员会同意，可在一年内修改论文，重新答辩一次。

第九条 硕士学位论文答辩委员会多数成员如认为申请人的论文已相当于博士学位的学术水平，除作出授予硕士学位的决议外，可向授予博士学位的单位提出建议，由授予博士学位的单位按本暂行办法博士学位部分中有关规定办理。

博士学位

第十条　博士学位由国务院授权的高等学校和科学研究机构授予。

申请博士学位人员应当在学位授予单位规定的期限内，向学位授予单位提交申请书和申请博士学位的学术论文等材料。

学位授予单位应当在申请日期截止后两个月内进行审查，决定是否同意申请，并将结果通知申请人及其所在单位。

同等学力人员申请时，应当送交两位教授或相当职称的专家的推荐书。学位授予单位对未获得硕士学位的申请人员，可以在接受申请前，采取适当方式，考核其某些硕士学位的基础理论课和专业课。

申请人员不得同时向两个学位授予单位提出申请。

第十一条　博士学位的考试课程和要求：

1. 马克思主义理论课。要求较好地掌握马克思主义的基本理论。

2. 基础理论课和专业课。要求掌握坚实宽广的基础理论和系统深入的专门知识。考试范围由学位授予单位的学位评定委员会审定。基础理论课和专业课的考试，由学位授予单位学位评定委员会指定三位专家组成的考试委员会主持，考试委员会主席必须由教授、副教授或相当职称的专家担任。

3. 两门外国语。第一外语要求熟练地阅读本专业的外文资料，并具有一定的写作能力，第二外国语要求有阅读本专业外文资料的初步能力。个别学科、专业，经学位授予单位的学位评定委员会审定，可只考第一外国语。

攻读博士学位研究生的课程考试．可按上述的课程要求，结合培养计划安排进行。

第十二条　申请博士学位人员必须通过博士学位的课程考试，成绩合格，方可参加博士学位论文答辩。

申请博士学位人员在科学或专门技术上有重要著作、发明、发现或发展的，应当向学位授予单位提交有关的出版著作、发明的鉴定或证明书等材料，经两位教授或相当职称的专家推荐，学位授予单位按本暂行办法第十一条审查同意，可以免除部分或全部课程考试。

第十三条　博士学位论文应当表明作者具有独立从事科学研究工作的能力，并在科学或专门技术上作出创造性的成果。博士学位论文或摘要，应当在答辩前三个月印送有关单位，并经同行评议。

学位授予单位应当聘请两位与论文有关学科的专家评阅论文，其中一位应当是外单位的专家。评阅人应当对论文写出详细的学术评语，供论文答辩委员会参考。

第十四条　博士学位论文答辩委员会由五至七人组成。成员的半数以上应当是教授或相当职称的专家。成员中必须包括二至三位外单位的专家。论文答辩委员会主席一般应当由教授或相当职称的专家担任。

论文答辩委员会根据答辩的情况，就是否授予博士学位作出决议。决议采取不记名投票方式，经全体成员三分之二以上同意，方得通过。决议经论文答辩委员会主席签字后，报送学位评定委员会。会议应当有记录。

博士学位的论文答辩一般应当公开举行；已经通过的博士学位论文或摘要应当公开发表（保密专业除外）。

博士学位论文答辩不合格的，经论文答辩委员会同意，可在两年内修改论文，重新答辩一次。

第十五条　博士学位论文答辩委员会认为申请人的论文虽未达到博士学位的学术水平，但已达到硕士学位的学术水平，而且申请人尚未获得过该学科硕士学位的，可作出授予硕士学位的决议，报送学位评定委员会。

名誉博士学位

第十六条　名誉博士学位由国务院授权授予博士学位的单位授予。

第十七条　授予名誉博士学位须经学位授予单位的学位评定委员会讨论通过，由学位授予单位报国务院学位委员会批准后授予。

学位评定委员会

第十八条　学位授予单位的学位评定委员会根据国务院批准的授予学位的权限，分别履行以下职责：

（一）审查通过接受申请硕士学位和博士学位的人员名单；

（二）确定硕士学位的考试科目、门数和博士学位基础理论课和专业课的考试范围；审批主考人和论文答辩委员会成员名单；

（三）通过学士学位获得者的名单；

（四）作出授予硕士学位的决定；

（五）审批申请博士学位人员免除部分或全部课程考试的名单；

（六）作出授予博士学位的决定；

（七）通过授予名誉博士学位的人员名单，

（八）作出撤销违反规定而授予学位的决定；

（九）研究和处理授予学位的争议和其他事项。

第十九条　学位授予单位的学位评定委员会由九至二十五人组

成，任期二至三年。成员应当包括学位授予单位主要负责人和教学、研究人员。

授予学士学位的高等学校，参加学位评定委员会的教学人员应当从本校讲师以上教师中遴选。授予学士学位、硕士学位和博士学位的单位，参加学位评定委员会的教学、研究人员主要应当从本单位副教授、教授或相当职称的专家中遴选。授予博士学位的单位，学位评定委员会中至少应当有半数以上的教授或相当职称的专家。

学位评定委员会主席由学位授予单位具有教授、副教授或相当职称的主要负责人（高等学校校长，主管教学、科学研究和研究生工作的副校长，或科学研究机构相当职称的人员）担任。

学位评定委员会可以按学位的学科门类，设置若干分委员会。各由七至十五人组成，任期二至三年。分委员会主席必须由学位评定委员会委员担任。分委员会协助学位评定委员会工作。学位评定委员会成员名单，应当由各学位授予单位报主管部门批准，主管部门转报国务院学位委员会备案。

学位评定委员会可根据需要，配备必要的专职或兼职的工作人员，处理日常工作。

第二十条　学位授予单位每年应当将授予学士学位的人数、授予硕士学位和博士学位的名单及有关材料，分别报主管部门和国务院学位委员会备案。

其他规定

第二十一条　在我国学习的外国留学生申请学士学位，参照本暂行办法第三条及有关规定办理。

在我国学习的外国留学生和从事研究或教学工作的外国学者申请硕士学位或博上学位，参照本暂行办法的有关规定办理。

第二十二条 学士学位的证书格式．由教育部制定。硕士学位和博士学位的证书格式，由国务院学位委员会制定。学位获得者的学位证书，由学位授予单位发给。

第二十三条 已经通过的硕士学位和博士学位的论文，应当交存学位授予单位图书馆一份，已经通过的博士学位论文，还应当交存北京图书馆和有关的专业图书馆各一份。

第二十四条 在职人员申请硕士学位或博士学位，经学位授予单位审核同意参加课程考试和论文答辩后，准备参加考试或答辩，可享有不超过两个月的假期。

第二十五条 学位授予单位可根据本暂行实施办法，制定本单位授予学位的工作细则。

学位论文作假行为处理办法

（《学位论文作假行为处理办法》已经 2012 年 6 月 12 日第 22 次部长办公会议审议通过，并经国务院学位委员会同意，现予发布，自 2013 年 1 月 1 日起施行）

第一条 为规范学位论文管理，推进建立良好学风，提高人才培养质量，严肃处理学位论文作假行为，根据《中华人民共和国学位条例》、《中华人民共和国高等教育法》，制定本办法。

第二条 向学位授予单位申请博士、硕士、学士学位所提交的博士学位论文、硕士学位论文和本科学生毕业论文（毕业设计或其他毕业实践环节）（统称为学位论文），出现本办法所列作假情形的，依照本办法的规定处理。

第三条　本办法所称学位论文作假行为包括下列情形：

（一）购买、出售学位论文或者组织学位论文买卖的；

（二）由他人代写、为他人代写学位论文或者组织学位论文代写的；

（三）剽窃他人作品和学术成果的；

（四）伪造数据的；

（五）有其他严重学位论文作假行为的。

第四条　学位申请人员应当恪守学术道德和学术规范，在指导教师指导下独立完成学位论文。

第五条　指导教师应当对学位申请人员进行学术道德、学术规范教育，对其学位论文研究和撰写过程予以指导，对学位论文是否由其独立完成进行审查。

第六条　学位授予单位应当加强学术诚信建设，健全学位论文审查制度，明确责任、规范程序，审核学位论文的真实性、原创性。

第七条　学位申请人员的学位论文出现购买、由他人代写、剽窃或者伪造数据等作假情形的，学位授予单位可以取消其学位申请资格；已经获得学位的，学位授予单位可以依法撤销其学位，并注销学位证书。取消学位申请资格或者撤销学位的处理决定应当向社会公布。从作出处理决定之日起至少3年内，各学位授予单位不得再接受其学位申请。

前款规定的学位申请人员为在读学生的，其所在学校或者学位授予单位可以给予开除学籍处分；为在职人员的，学位授予单位除给予纪律处分外，还应当通报其所在单位。

　　第八条　为他人代写学位论文、出售学位论文或者组织学位论文买卖、代写的人员，属于在读学生的，其所在学校或者学位授予单位可以给予开除学籍处分；属于学校或者学位授予单位的教师和其他工作人员的，其所在学校或者学位授予单位可以给予开除处分或者解除聘任合同。

　　第九条　指导教师未履行学术道德和学术规范教育、论文指导和审查把关等职责，其指导的学位论文存在作假情形的，学位授予单位可以给予警告、记过处分；情节严重的，可以降低岗位等级直至给予开除处分或者解除聘任合同。

　　第十条　学位授予单位应当将学位论文审查情况纳入对学院（系）等学生培养部门的年度考核内容。多次出现学位论文作假或者学位论文作假行为影响恶劣的，学位授予单位应当对该学院（系）等学生培养部门予以通报批评，并可以给予该学院（系）负责人相应的处分。

　　第十一条　学位授予单位制度不健全、管理混乱，多次出现学位论文作假或者学位论文作假行为影响恶劣的，国务院学位委员会或者省、自治区、直辖市人民政府学位委员会可以暂停或者撤销其相应学科、专业授予学位的资格；国务院教育行政部门或者省、自治区、直辖市人民政府教育行政部门可以核减其招生计划；并由有关主管部门按照国家有关规定对负有直接管理责任的学位授予单位负责人进行问责。

　　第十二条　发现学位论文有作假嫌疑的，学位授予单位应当确定学术委员会或者其他负有相应职责的机构，必要时可以委托专家组成的专门机构，对其进行调查认定。

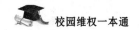

第十三条 对学位申请人员、指导教师及其他有关人员作出处理决定前，应当告知并听取当事人的陈述和申辩。

当事人对处理决定不服的，可以依法提出申诉、申请行政复议或者提起行政诉讼。

第十四条 社会中介组织、互联网站和个人，组织或者参与学位论文买卖、代写的，由有关主管机关依法查处。

学位论文作假行为违反有关法律法规规定的，依照有关法律法规的规定追究法律责任。

第十五条 学位授予单位应当依据本办法，制定、完善本单位的相关管理规定。

第十六条 本办法自 2013 年 1 月 1 日起施行。

普通高等学校学生管理规定

（《普通高等学校学生管理规定》已于 2016 年 12 月 16 日经教育部 2016 年第 49 次部长办公会议修订通过，现将修订后的《普通高等学校学生管理规定》公布，自 2017 年 9 月 1 日起施行）

第一章 总 则

第一条 为规范普通高等学校学生管理行为，维护普通高等学校正常的教育教学秩序和生活秩序，保障学生合法权益，培养德、智、体、美等方面全面发展的社会主义建设者和接班人，依据教育法、高等教育法以及有关法律、法规，制定本规定。

第二条　本规定适用于普通高等学校、承担研究生教育任务的科学研究机构（以下称学校）对接受普通高等学历教育的研究生和本科、专科（高职）学生（以下称学生）的管理。

第三条　学校要坚持社会主义办学方向，坚持马克思主义的指导地位，全面贯彻国家教育方针；要坚持以立德树人为根本，以理想信念教育为核心，培育和践行社会主义核心价值观，弘扬中华优秀传统文化和革命文化、社会主义先进文化，培养学生的社会责任感、创新精神和实践能力；要坚持依法治校，科学管理，健全和完善管理制度，规范管理行为，将管理与育人相结合，不断提高管理和服务水平。

第四条　学生应当拥护中国共产党领导，努力学习马克思列宁主义、毛泽东思想、中国特色社会主义理论体系，深入学习习近平总书记系列重要讲话精神和治国理政新理念新思想新战略，坚定中国特色社会主义道路自信、理论自信、制度自信、文化自信，树立中国特色社会主义共同理想；应当树立爱国主义思想，具有团结统一、爱好和平、勤劳勇敢、自强不息的精神；应当增强法治观念，遵守宪法、法律、法规，遵守公民道德规范，遵守学校管理制度，具有良好的道德品质和行为习惯；应当刻苦学习，勇于探索，积极实践，努力掌握现代科学文化知识和专业技能；应当积极锻炼身体，增进身心健康，提高个人修养，培养审美情趣。

第五条　实施学生管理，应当尊重和保护学生的合法权利，教育和引导学生承担应尽的义务与责任，鼓励和支持学生实行自我管理、自我服务、自我教育、自我监督。

第二章　学生的权利与义务

第六条　学生在校期间依法享有下列权利：

（一）参加学校教育教学计划安排的各项活动，使用学校提供的教育教学资源；

（二）参加社会实践、志愿服务、勤工助学、文娱体育及科技文化创新等活动，获得就业创业指导和服务；

（三）申请奖学金、助学金及助学贷款；

（四）在思想品德、学业成绩等方面获得科学、公正评价，完成学校规定学业后获得相应的学历证书、学位证书；

（五）在校内组织、参加学生团体，以适当方式参与学校管理，对学校与学生权益相关事务享有知情权、参与权、表达权和监督权；

（六）对学校给予的处理或者处分有异议，向学校、教育行政部门提出申诉，对学校、教职员工侵犯其人身权、财产权等合法权益的行为，提出申诉或者依法提起诉讼；

（七）法律、法规及学校章程规定的其他权利。

第七条 学生在校期间依法履行下列义务：

（一）遵守宪法和法律、法规；

（二）遵守学校章程和规章制度；

（三）恪守学术道德，完成规定学业；

（四）按规定缴纳学费及有关费用，履行获得贷学金及助学金的相应义务；

（五）遵守学生行为规范，尊敬师长，养成良好的思想品德和行为习惯；

（六）法律、法规及学校章程规定的其他义务。

第三章　学籍管理

第一节　入学与注册

第八条　按国家招生规定录取的新生，持录取通知书，按学校有关要求和规定的期限到校办理入学手续。因故不能按期入学的，应当向学校请假。未请假或者请假逾期的，除因不可抗力等正当事由以外，视为放弃入学资格。

第九条　学校应当在报到时对新生入学资格进行初步审查，审查合格的办理入学手续，予以注册学籍；审查发现新生的录取通知、考生信息等证明材料，与本人实际情况不符，或者有其他违反国家招生考试规定情形的，取消入学资格。

第十条　新生可以申请保留入学资格。保留入学资格期间不具有学籍。保留入学资格的条件、期限等由学校规定。

新生保留入学资格期满前应向学校申请入学，经学校审查合格后，办理入学手续。审查不合格的，取消入学资格；逾期不办理入学手续且未有因不可抗力延迟等正当理由的，视为放弃入学资格。

第十一条　学生入学后，学校应当在3个月内按照国家招生规定进行复查。复查内容主要包括以下方面：

（一）录取手续及程序等是否合乎国家招生规定；

（二）所获得的录取资格是否真实、合乎相关规定；

（三）本人及身份证明与录取通知、考生档案等是否一致；

（四）身心健康状况是否符合报考专业或者专业类别体检要求，能否保证在校正常学习、生活；

（五）艺术、体育等特殊类型录取学生的专业水平是否符合录取

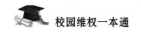

要求。

复查中发现学生存在弄虚作假、徇私舞弊等情形的，确定为复查不合格，应当取消学籍；情节严重的，学校应当移交有关部门调查处理。

复查中发现学生身心状况不适宜在校学习，经学校指定的二级甲等以上医院诊断，需要在家休养的，可以按照第十条的规定保留入学资格。

复查的程序和办法，由学校规定。

第十二条　每学期开学时，学生应当按学校规定办理注册手续。不能如期注册的，应当履行暂缓注册手续。未按学校规定缴纳学费或者有其他不符合注册条件的，不予注册。

家庭经济困难的学生可以申请助学贷款或者其他形式资助，办理有关手续后注册。

学校应当按照国家有关规定为家庭经济困难学生提供教育救助，完善学生资助体系，保证学生不因家庭经济困难而放弃学业。

第二节　考核与成绩记载

第十三条　学生应当参加学校教育教学计划规定的课程和各种教育教学环节（以下统称课程）的考核，考核成绩记入成绩册，并归入学籍档案。

考核分为考试和考查两种。考核和成绩评定方式，以及考核不合格的课程是否重修或者补考，由学校规定。

第十四条　学生思想品德的考核、鉴定，以本规定第四条为主要依据，采取个人小结、师生民主评议等形式进行。

学生体育成绩评定要突出过程管理，可以根据考勤、课内教学、课外锻炼活动和体质健康等情况综合评定。

第十五条 学生每学期或者每学年所修课程或者应修学分数以及升级、跳级、留级、降级等要求，由学校规定。

第十六条 学生根据学校有关规定，可以申请辅修校内其他专业或者选修其他专业课程；可以申请跨校辅修专业或者修读课程，参加学校认可的开放式网络课程学习。学生修读的课程成绩（学分），学校审核同意后，予以承认。

第十七条 学生参加创新创业、社会实践等活动以及发表论文、获得专利授权等与专业学习、学业要求相关的经历、成果，可以折算为学分，计入学业成绩。具体办法由学校规定。

学校应当鼓励、支持和指导学生参加社会实践、创新创业活动，可以建立创新创业档案、设置创新创业学分。

第十八条 学校应当健全学生学业成绩和学籍档案管理制度，真实、完整地记载、出具学生学业成绩，对通过补考、重修获得的成绩，应当予以标注。

学生严重违反考核纪律或者作弊的，该课程考核成绩记为无效，并应视其违纪或者作弊情节，给予相应的纪律处分。给予警告、严重警告、记过及留校察看处分的，经教育表现较好，可以对该课程给予补考或者重修机会。

学生因退学等情况中止学业，其在校学习期间所修课程及已获得学分，应当予以记录。学生重新参加入学考试、符合录取条件，再次入学的，其已获得学分，经录取学校认定，可以予以承认。具体办法由学校规定。

第十九条 学生应当按时参加教育教学计划规定的活动。不能按时参加的，应当事先请假并获得批准。无故缺席的，根据学校有关规定给予批评教育，情节严重的，给予相应的纪律处分。

第二十条 学校应当开展学生诚信教育，以适当方式记录学生学业、学术、品行等方面的诚信信息，建立对失信行为的约束和惩戒机制；对有严重失信行为的，可以规定给予相应的纪律处分，对违背学术诚信的，可以对其获得学位及学术称号、荣誉等作出限制。

第三节 转专业与转学

第二十一条 学生在学习期间对其他专业有兴趣和专长的，可以申请转专业；以特殊招生形式录取的学生，国家有相关规定或者录取前与学校有明确约定的，不得转专业。

学校应当制定学生转专业的具体办法，建立公平、公正的标准和程序，健全公示制度。学校根据社会对人才需求情况的发展变化，需要适当调整专业的，应当允许在读学生转到其他相关专业就读。

休学创业或退役后复学的学生，因自身情况需要转专业的，学校应当优先考虑。

第二十二条 学生一般应当在被录取学校完成学业。因患病或者有特殊困难、特别需要，无法继续在本校学习或者不适应本校学习要求的，可以申请转学。有下列情形之一，不得转学：

（一）入学未满一学期或者毕业前一年的；

（二）高考成绩低于拟转入学校相关专业同一生源地相应年份录取成绩的；

（三）由低学历层次转为高学历层次的；

（四）以定向就业招生录取的；

（五）研究生拟转入学校、专业的录取控制标准高于其所在学校、专业的；

（六）无正当转学理由的。

学生因学校培养条件改变等非本人原因需要转学的，学校应当出具证明，由所在地省级教育行政部门协调转学到同层次学校。

第二十三条 学生转学由学生本人提出申请，说明理由，经所在学校和拟转入学校同意，由转入学校负责审核转学条件及相关证明，认为符合本校培养要求且学校有培养能力的，经学校校长办公会或者专题会议研究决定，可以转入。研究生转学还应当经拟转入专业导师同意。

跨省转学的，由转出地省级教育行政部门商转入地省级教育行政部门，按转学条件确认后办理转学手续。须转户口的由转入地省级教育行政部门将有关文件抄送转入学校所在地的公安机关。

第二十四条 学校应当按照国家有关规定，建立健全学生转学的具体办法；对转学情况应当及时进行公示，并在转学完成后 3 个月内，由转入学校报所在地省级教育行政部门备案。

省级教育行政部门应当加强对区域内学校转学行为的监督和管理，及时纠正违规转学行为。

第四节 休学与复学

第二十五条 学生可以分阶段完成学业，除另有规定外，应当在学校规定的最长学习年限（含休学和保留学籍）内完成学业。

学生申请休学或者学校认为应当休学的，经学校批准，可以休学。休学次数和期限由学校规定。

第二十六条 学校可以根据情况建立并实行灵活的学习制度。对休学创业的学生，可以单独规定最长学习年限，并简化休学批准程序。

第二十七条　新生和在校学生应征参加中国人民解放军（含中国人民武装警察部队），学校应当保留其入学资格或者学籍至退役后2年。

学生参加学校组织的跨校联合培养项目，在联合培养学校学习期间，学校同时为其保留学籍。

学生保留学籍期间，与其实际所在的部队、学校等组织建立管理关系。

第二十八条　休学学生应当办理手续离校。学生休学期间，学校应为其保留学籍，但不享受在校学习学生待遇。因病休学学生的医疗费按国家及当地的有关规定处理。

第二十九条　学生休学期满前应当在学校规定的期限内提出复学申请，经学校复查合格，方可复学。

第五节　退学

第三十条　学生有下列情形之一，学校可予退学处理：

（一）学业成绩未达到学校要求或者在学校规定的学习年限内未完成学业的；

（二）休学、保留学籍期满，在学校规定期限内未提出复学申请或者申请复学经复查不合格的；

（三）根据学校指定医院诊断，患有疾病或者意外伤残不能继续在校学习的；

（四）未经批准连续两周未参加学校规定的教学活动的；

（五）超过学校规定期限未注册而又未履行暂缓注册手续的；

（六）学校规定的不能完成学业、应予退学的其他情形。

学生本人申请退学的，经学校审核同意后，办理退学手续。

第三十一条 退学学生，应当按学校规定期限办理退学手续离校。退学的研究生，按已有毕业学历和就业政策可以就业的，由学校报所在地省级毕业生就业部门办理相关手续；在学校规定期限内没有聘用单位的，应当办理退学手续离校。

退学学生的档案由学校退回其家庭所在地，户口应当按照国家相关规定迁回原户籍地或者家庭户籍所在地。

第六节 毕业与结业

第三十二条 学生在学校规定学习年限内，修完教育教学计划规定内容，成绩合格，达到学校毕业要求的，学校应当准予毕业，并在学生离校前发给毕业证书。

符合学位授予条件的，学位授予单位应当颁发学位证书。

学生提前完成教育教学计划规定内容，获得毕业所要求的学分，可以申请提前毕业。学生提前毕业的条件，由学校规定。

第三十三条 学生在学校规定学习年限内，修完教育教学计划规定内容，但未达到学校毕业要求的，学校可以准予结业，发给结业证书。

结业后是否可以补考、重修或者补作毕业设计、论文、答辩，以及是否颁发毕业证书、学位证书，由学校规定。合格后颁发的毕业证书、学位证书，毕业时间、获得学位时间按发证日期填写。

对退学学生，学校应当发给肄业证书或者写实性学习证明。

第七节 学业证书管理

第三十四条 学校应当严格按照招生时确定的办学类型和学习形式，以及学生招生录取时填报的个人信息，填写、颁发学历证书、学位证书及其他学业证书。

学生在校期间变更姓名、出生日期等证书需填写的个人信息的，应当有合理、充分的理由，并提供有法定效力的相应证明文件。学校进行审查，需要学生生源地省级教育行政部门及有关部门协助核查的，有关部门应当予以配合。

第三十五条 学校应当执行高等教育学籍学历电子注册管理制度，完善学籍学历信息管理办法，按相关规定及时完成学生学籍学历电子注册。

第三十六条 对完成本专业学业同时辅修其他专业并达到该专业辅修要求的学生，由学校发给辅修专业证书。

第三十七条 对违反国家招生规定取得入学资格或者学籍的，学校应当取消其学籍，不得发给学历证书、学位证书；已发的学历证书、学位证书，学校应当依法予以撤销。对以作弊、剽窃、抄袭等学术不端行为或者其他不正当手段获得学历证书、学位证书的，学校应当依法予以撤销。

被撤销的学历证书、学位证书已注册的，学校应当予以注销并报教育行政部门宣布无效。

第三十八条 学历证书和学位证书遗失或者损坏，经本人申请，学校核实后应当出具相应的证明书。证明书与原证书具有同等效力。

第四章　校园秩序与课外活动

第三十九条 学校、学生应当共同维护校园正常秩序，保障学校环境安全、稳定，保障学生的正常学习和生活。

第四十条 学校应当建立和完善学生参与管理的组织形式，支持和保障学生依法、依章程参与学校管理。

第四十一条　学生应当自觉遵守公民道德规范，自觉遵守学校管理制度，创造和维护文明、整洁、优美、安全的学习和生活环境，树立安全风险防范和自我保护意识，保障自身合法权益。

第四十二条　学生不得有酗酒、打架斗殴、赌博、吸毒，传播、复制、贩卖非法书刊和音像制品等违法行为；不得参与非法传销和进行邪教、封建迷信活动；不得从事或者参与有损大学生形象、有悖社会公序良俗的活动。

学校发现学生在校内有违法行为或者严重精神疾病可能对他人造成伤害的，可以依法采取或者协助有关部门采取必要措施。

第四十三条　学校应当坚持教育与宗教相分离原则。任何组织和个人不得在学校进行宗教活动。

第四十四条　学校应当建立健全学生代表大会制度，为学生会、研究生会等开展活动提供必要条件，支持其在学生管理中发挥作用。

学生可以在校内成立、参加学生团体。学生成立团体，应当按学校有关规定提出书面申请，报学校批准并施行登记和年检制度。

学生团体应当在宪法、法律、法规和学校管理制度范围内活动，接受学校的领导和管理。学生团体邀请校外组织、人员到校举办讲座等活动，需经学校批准。

第四十五条　学校提倡并支持学生及学生团体开展有益于身心健康、成长成才的学术、科技、艺术、文娱、体育等活动。

学生进行课外活动不得影响学校正常的教育教学秩序和生活秩序。

学生参加勤工助学活动应当遵守法律、法规以及学校、用工单位的管理制度，履行勤工助学活动的有关协议。

第四十六条　学生举行大型集会、游行、示威等活动，应当按法

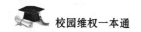

律程序和有关规定获得批准。对未获批准的，学校应当依法劝阻或者制止。

第四十七条 学生应当遵守国家和学校关于网络使用的有关规定，不得登录非法网站和传播非法文字、音频、视频资料等，不得编造或者传播虚假、有害信息；不得攻击、侵入他人计算机和移动通讯网络系统。

第四十八条 学校应当建立健全学生住宿管理制度。学生应当遵守学校关于学生住宿管理的规定。鼓励和支持学生通过制定公约，实施自我管理。

第五章 奖励与处分

第四十九条 学校、省（区、市）和国家有关部门应当对在德、智、体、美等方面全面发展或者在思想品德、学业成绩、科技创造、体育竞赛、文艺活动、志愿服务及社会实践等方面表现突出的学生，给予表彰和奖励。

第五十条 对学生的表彰和奖励可以采取授予"三好学生"称号或者其他荣誉称号、颁发奖学金等多种形式，给予相应的精神鼓励或者物质奖励。

学校对学生予以表彰和奖励，以及确定推荐免试研究生、国家奖学金、公派出国留学人选等赋予学生利益的行为，应当建立公开、公平、公正的程序和规定，建立和完善相应的选拔、公示等制度。

第五十一条 对有违反法律法规、本规定以及学校纪律行为的学生，学校应当给予批评教育，并可视情节轻重，给予如下纪律处分：

（一）警告；

（二）严重警告；

（三）记过；

（四）留校察看；

（五）开除学籍。

第五十二条　学生有下列情形之一，学校可以给予开除学籍处分：

（一）违反宪法，反对四项基本原则、破坏安定团结、扰乱社会秩序的；

（二）触犯国家法律，构成刑事犯罪的；

（三）受到治安管理处罚，情节严重、性质恶劣的；

（四）代替他人或者让他人代替自己参加考试、组织作弊、使用通讯设备或其他器材作弊、向他人出售考试试题或答案牟取利益，以及其他严重作弊或扰乱考试秩序行为的；

（五）学位论文、公开发表的研究成果存在抄袭、篡改、伪造等学术不端行为，情节严重的，或者代写论文、买卖论文的；

（六）违反本规定和学校规定，严重影响学校教育教学秩序、生活秩序以及公共场所管理秩序的；

（七）侵害其他个人、组织合法权益，造成严重后果的；

（八）屡次违反学校规定受到纪律处分，经教育不改的。

第五十三条　学校对学生作出处分，应当出具处分决定书。处分决定书应当包括下列内容：

（一）学生的基本信息；

（二）作出处分的事实和证据；

（三）处分的种类、依据、期限；

（四）申诉的途径和期限；

（五）其他必要内容。

第五十四条 学校给予学生处分，应当坚持教育与惩戒相结合，与学生违法、违纪行为的性质和过错的严重程度相适应。学校对学生的处分，应当做到证据充分、依据明确、定性准确、程序正当、处分适当。

第五十五条 在对学生作出处分或者其他不利决定之前，学校应当告知学生作出决定的事实、理由及依据，并告知学生享有陈述和申辩的权利，听取学生的陈述和申辩。

处理、处分决定以及处分告知书等，应当直接送达学生本人，学生拒绝签收的，可以以留置方式送达；已离校的，可以采取邮寄方式送达；难于联系的，可以利用学校网站、新闻媒体等以公告方式送达。

第五十六条 对学生作出取消入学资格、取消学籍、退学、开除学籍或者其他涉及学生重大利益的处理或者处分决定的，应当提交校长办公会或者校长授权的专门会议研究决定，并应当事先进行合法性审查。

第五十七条 除开除学籍处分以外，给予学生处分一般应当设置6到12个月期限，到期按学校规定程序予以解除。解除处分后，学生获得表彰、奖励及其他权益，不再受原处分的影响。

第五十八条 对学生的奖励、处理、处分及解除处分材料，学校应当真实完整地归入学校文书档案和本人档案。

被开除学籍的学生，由学校发给学习证明。学生按学校规定期限离校，档案由学校退回其家庭所在地，户口应当按照国家相关规定迁回原户籍地或者家庭户籍所在地。

第六章　学生申诉

第五十九条　学校应当成立学生申诉处理委员会，负责受理学生对处理或者处分决定不服提起的申诉。

学生申诉处理委员会应当由学校相关负责人、职能部门负责人、教师代表、学生代表、负责法律事务的相关机构负责人等组成，可以聘请校外法律、教育等方面专家参加。

学校应当制定学生申诉的具体办法，健全学生申诉处理委员会的组成与工作规则，提供必要条件，保证其能够客观、公正地履行职责。

第六十条　学生对学校的处理或者处分决定有异议的，可以在接到学校处理或者处分决定书之日起 10 日内，向学校学生申诉处理委员会提出书面申诉。

第六十一条　学生申诉处理委员会对学生提出的申诉进行复查，并在接到书面申诉之日起 15 日内作出复查结论并告知申诉人。情况复杂不能在规定限期内作出结论的，经学校负责人批准，可延长 15 日。学生申诉处理委员会认为必要的，可以建议学校暂缓执行有关决定。

学生申诉处理委员会经复查，认为作出处理或者处分的事实、依据、程序等存在不当，可以作出建议撤销或变更的复查意见，要求相关职能部门予以研究，重新提交校长办公会或者专门会议作出决定。

第六十二条　学生对复查决定有异议的，在接到学校复查决定书之日起 15 日内，可以向学校所在地省级教育行政部门提出书面申诉。

省级教育行政部门应当在接到学生书面申诉之日起 30 个工作日

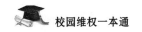

内，对申诉人的问题给予处理并作出决定。

第六十三条 省级教育行政部门在处理因对学校处理或者处分决定不服提起的学生申诉时，应当听取学生和学校的意见，并可根据需要进行必要的调查。根据审查结论，区别不同情况，分别作出下列处理：

（一）事实清楚、依据明确、定性准确、程序正当、处分适当的，予以维持；

（二）认定事实不存在，或者学校超越职权、违反上位法规定作出决定的，责令学校予以撤销；

（三）认定事实清楚，但认定情节有误、定性不准确，或者适用依据有错误的，责令学校变更或者重新作出决定；

（四）认定事实不清、证据不足，或者违反本规定以及学校规定的程序和权限的，责令学校重新作出决定。

第六十四条 自处理、处分或者复查决定书送达之日起，学生在申诉期内未提出申诉的视为放弃申诉，学校或者省级教育行政部门不再受理其提出的申诉。

处理、处分或者复查决定书未告知学生申诉期限的，申诉期限自学生知道或者应当知道处理或者处分决定之日起计算，但最长不得超过6个月。

第六十五条 学生认为学校及其工作人员违反本规定，侵害其合法权益的；或者学校制定的规章制度与法律法规和本规定抵触的，可以向学校所在地省级教育行政部门投诉。

教育主管部门在实施监督或者处理申诉、投诉过程中，发现学校及其工作人员有违反法律、法规及本规定的行为或者未按照本规定履行相应义务的，或者学校自行制定的相关管理制度、规定，侵害学生合法权益的，应当责令改正；发现存在违法违纪的，应当及时进行调查处理或者移送有关部门，依据有关法律和相关规定，追究有关责任人的责任。

第七章　附　　则

第六十六条　学校对接受高等学历继续教育的学生、港澳台侨学生、留学生的管理，参照本规定执行。

第六十七条　学校应当根据本规定制定或修改学校的学生管理规定或者纪律处分规定，报主管教育行政部门备案（中央部委属校同时抄报所在地省级教育行政部门），并及时向学生公布。

省级教育行政部门根据本规定，指导、检查和监督本地区高等学校的学生管理工作。

第六十八条　本规定自 2017 年 9 月 1 日起施行。原《普通高等学校学生管理规定》（教育部令第 21 号）同时废止。其他有关文件规定与本规定不一致的，以本规定为准。

教育行政处罚暂行实施办法

（1998 年 3 月 6 日国家教育委员会令第 27 号发布）

第一章　总　　则

第一条　为了规范教育行政处罚行为，保障和监督教育行政部门有效实施教育行政管理，保护公民、法人和其他组织的合法权益，根据有关法律、行政法规制定本法。

第二条 对违反教育行政管理秩序，按照《中华人民共和国教育法》和其他教育法律、法规、规章的规定，应当给予行政处罚的违法行为，依据《中华人民共和国行政处罚法》和本办法的规定实施处罚。

第三条 实施教育行政处罚必须以事实为依据，以法律为准绳，遵循公正、公开、及时的原则。

实施教育行政处罚，应当坚持教育与处罚相结合，纠正违法行为，教育公民、法人和其他组织自觉守法。

第二章 实施机关与管辖

第四条 实施教育行政处罚的机关，除法律、法规另有规定的外，必须是县级以上人民政府的教育行政部门。

教育行政部门可以委托符合《中华人民共和国行政处罚法》第十九条规定的组织实施处罚。

受委托组织应以委托教育行政部门的名义作出处罚决定；委托教育行政部门应对受委托组织实施处罚的行为进行监督，并对其处罚行为的后果承担法律责任。

教育行政部门委托实施处罚，应当与受委托组织签订《教育行政处罚委托书》，在《教育行政处罚委托书》中依法规定双方实施处罚的权利和义务。

第五条 教育行政处罚由违法行为发生地的教育行政部门管辖。

对给予撤销学校或者其他教育机构处罚的案件，由批准该学校或者其他教育机构设立的教育行政部门管辖。

国务院教育行政部门管辖以下处罚案件：应当由其撤销高等学校

或者其他教育机构的案件；应当由其撤销教师资格的案件；全国重大、复杂的案件以及教育法律、法规规定由其管辖的处罚案件。

除国务院教育行政部门管辖的处罚案件外，对其他各级各类学校或者其他教育机构及其内部人员处罚案件的管辖为：

（一）对高等学校或者其他高等教育机构及其内部人员的处罚，为省级人民政府教育行政部门；

（二）对中等学校或者其他中等教育机构及其内部人员的处罚，为省级或地、设区的市级人民政府教育行政部门；

（三）对实施初级中等以下义务教育的学校或者其他教育机构、幼儿园及其内部人员的处罚，为县、区级人民政府教育行政部门。

第六条　上一级教育行政部门认为必要时，可以将下一级教育行政部门管辖的处罚案件提到本部门处理；下一级教育行政部门认为所管辖的处罚案件重大、复杂或超出本部门职权范围，应当报请上一级教育行政部门处理。

第七条　两个以上教育行政部门对同一个违法行为都具有管辖权的，由最先立案的教育行政部门管辖；主要违法行为发生地的教育行政部门处理更为合适的，可以移送主要违法行为发生地的教育行政部门处理。

第八条　教育行政部门发现正在处理的行政处罚案件，还应由其他行政主管机关处罚的，应向有关行政机关通报情况、移送材料并协商意见；对构成犯罪的，应先移送司法机关依法追究刑事责任。

第三章　处罚种类与主要违法情形

第九条　教育行政处罚的种类包括：

（一）警告；

（二）罚款；

（三）没收违法所得，没收违法颁发、印制的学历证书、学位证书及其他学业证书；

（四）撤销违法举办的学校和其他教育机构；

（五）取消颁发学历、学位和其他学业证书的资格；

（六）撤销教师资格；

（七）停考，停止申请认定资格；

（八）责令停止招生；

（九）吊销办学许可证；

（十）法律、法规规定的其他教育行政处罚。

教育行政部门实施上述处罚时，应当责令当事人改正、限期改正违法行为。

第十条 幼儿园在实施保育教学活动中具有下列情形之一的，由教育行政部门责令限期整顿，并视情节轻重给予停止招生、停止办园的处罚：

（一）未经注册登记，擅自招收幼儿的；

（二）园舍、设施不符国家卫生标准、安全标准，妨害幼儿身体健康或威胁幼儿生命安全的；

（三）教育内容和方法违背幼儿教育规律，损害幼儿身心健康的。

具有下列情形之一的单位或个人，由教育行政部门对直接责任人员给警告、一千元以下的罚款，或者由教育行政部门建议有关部门对责任人员给予行政处分：

（一）体罚或变相体罚幼儿的；

（二）使用有毒、有害物质制作教具、玩具的；

（三）克扣、挪用幼儿园经费的；

（四）侵占、破坏幼儿园舍、设备的；

（五）干扰幼儿园正常工作秩序的；

（六）在幼儿园周围设置有危险、有污染或者影响幼儿园采光的建筑和设施的。

前款所列情形，情节严重，构成犯罪的，由司法机关依法追究刑事责任。

第十一条　适龄儿童、少年的父母或监护人，未按法律规定送子女或被监护人就学接受义务教育的，城市由市、市辖区人民政府或者其指定机构，农村乡级人民政府，对经教育仍拒绝送子女或被监护人就学的，根据情节轻重，给予罚款的处罚。

第十二条　违反法律、法规和国家有关规定举办学校或其他教育机构的，由教育行政部门予以撤销；有违法所得的，没收违法所得。社会力量举办的教育机构，举办者虚假出资或者在教育机构成立后抽逃出资的，由审批的教育行政部门责令改正；拒不改正的，处以应出资金额或者抽逃资金额两倍以下、最高不超过十万元的罚款；情节严重的，由审批的教育行政部门给予责令停止招生、吊销办学许可证的处罚。

第十三条　非法举办国家教育考试的，由主管教育行政部门宣布考试无效；有违法所得，没收违法所得。

第十四条　参加国家教育考试的考生，有下列情形之一的，由主管教育行政部门宣布考试无效；已经被录取或取得学籍的，由教育行政部门责令学校退回招收的学员；参加高等教育自学考试的应试者，有下列情形之一，情节严重的，由各省、自治区、直辖市高等教育自学考试委员会同时给予警告或停考一至三年的处罚：

（一）以虚报或伪造、涂改有关材料及其他欺诈手段取得考试资格的；

（二）在考试中有夹带、传递、抄袭、换卷、代考等考场舞弊行为的；

（三）破坏报名点、考场、评卷地点秩序，使考试工作不能正常进行或以其他方法影响、妨碍考试工作人员使其不能正常履行责任以及其他严重违反考场规则的行为。

第十五条 社会力量举办的学校或者其他教育机构不确定各类人员的工资福利开支占经常办学费用的比例或者不按照确定的比例执行的，或者将积累用于分配或者校外投资的，由审批的教育行政部门责令改正，并可给予警告；情节严重或者拒不改正的，由审批的教育行政部门给予责令停止招生、吊销办学许可证的处罚。

第十六条 社会力量举办的学校或者其他教育机构管理混乱，教学质量低下，造成恶劣影响的，由审批的教育行政部门限期整顿，并可以给予警告；情节严重或经整顿后仍达不到要求的，由审批的教育行政部门给予责令停止招生、吊销办学许可证的处罚。

第十七条 学校或其他教育机构违反法律、行政法规的规定，颁发学位、学历或者其他学业证书的，由教育行政部门宣布该证书无效，责令收回或者予以没收；有违法所得的，没收违法所得；情节严重的，取消其颁发证书的资格。

第十八条 教师有下列情形之一的，由教育行政部门给予撤销教师资格、自撤销之日起五年内不得重新申请认定教师资格的处罚：

（一）弄虚作假或以其他欺骗手段获得教师资格的；

（二）品行不良、侮辱学生，影响恶劣的。

受到剥夺政治权利或因故意犯罪受到有期徒刑以上刑事处罚的教师，永远丧失教师资格。

上述被剥夺教师资格的教师资格证书应由教育行政部门收缴。

第十九条　参加教师资格考试的人员有作弊行为的，其考试成绩作废，并由教育行政部门给予三年内不得参加教师资格考试的处罚。

第四章　处罚程序与执行

第二十条　实施教育行政处罚，应当根据法定的条件和案件的具体情况分别适用《中华人民共和国行政处罚法》和本办法规定的简易程序、一般程序和听证程序。

第二十一条　教育行政处罚执法人员持有能够证明违法事实的确凿证据和法定的依据，对公民处以五十元以下、对法人或者其他组织处以一千元以下罚款或给予警告处罚的，可以适用简单程序，当场作出处罚决定，但应报所属教育行政部门备案

第二十二条　执法人员当场作出教育行政处罚决定的，应向当事人出示执法身份证件，制作《教育行政处罚当场处罚笔录》，填写《教育行政处罚当场处罚决定书》，按规定格式载明当事人的违法行为、处罚依据、给予的处罚、时间、地点以及教育行政部门的名称，由教育行政执法人员签名或者盖章后，当场付当事人。

第二十三条　除依法适用简易程序和听证程序以外，对其他教育违法行为的处罚应当适用一般程序。教育行政部门发现公民、法人或者其他组织有应当给予教育行政处罚的违法行为的，应当作出立案决定，进行调查。教育行政部门在调查时，执法人员不得少于两人。

执法人员与当事人有直接利害关系的，应当主动回避，当事人有

权以口头或者书面方式申请他们回避。执法人员的回避，由其所在教育行政部门的负责人决定。

第二十四条　教育行政部门必须按照法定程序和方法，全面、客观、公正地调查、收集有关证据；必要时，依照法律、行政法规的规定，可以进行检查。教育行政部门在进行检查时，执法人员不得少于两人。教育行政部门在收集证据时，对可能灭失或者以后难以取得的证据，经教育行政部门负责人批准，可以将证据先行登记，就地封存。

第二十五条　在作出处罚决定前，教育行政部门应当发出《教育行政处罚告知书》，告知当事人作出处罚决定的事实、理由和依据，并告知当事人依法享有的陈述权、申辩权和其他权利。

当事人在收到《教育行政处罚告知书》后七日内，有权向教育行政部门以书面方式提出陈述、申辩意见以及相应的事实、理由和证据。

教育行政部门必须充分听取当事人的意见，对当事人提出的事实、理由和证据进行复核，当事人提出的事实、理由或者证据成立的，教育行政部门应当采纳。教育行政部门不得因当事人的申辩而加重处罚。

第二十六条　调查终结，案件承办人员应当向所在教育行政部门负责人提交《教育行政处罚调查处理意见书》，详细陈述所查明的事实、应当作出的处理意见及其理由和依据并应附上全部证据材料。教育行政部门负责人应当认真审查调查结果，按照《中华人民共和国行政处罚法》第三十八条的规定，根据不同情况作出决定。

教育行政部门决定给予行政处罚的，应当按照《中华人民共和国行政处罚法》第三十九条的规定，制作《教育行政处罚决定书》。

《教育行政处罚决定书》的送达，应当按照《中华人民共和国行政处罚法》第四十条和《中华人民共和国民事诉讼法》第七章第二节的规定执行。

第二十七条　教育行政部门在作出本办法第九条第（三）、（四）、（五）、（六）、（七）、（八）、（九）项之一以及较大数额罚款的处罚决定前，除应当告知作出处罚决定的事实、理由和依据外，还应当书面告知当事人有要求举行听证的权利。

前款所指的较大数额的罚款，标准为：由国务院教育行政部门作出罚款决定的，为五千元以上；由地方人民政府教育行政部门作出罚款决定的，具体标准由省一级人民政府决定。

当事人在教育行政部门告知后三日内提出举行听证要求的，教育行政部门应当按照《中华人民共和国行政处罚法》第四十二条规定，组织听证。

第二十八条　听证结束后，听证主持人应当提出《教育行政处罚听证报告》，连同听证笔录和有关证据呈报教育行政部门负责人。

教育行政部门负责人应当对《教育行政处罚听证报告》进行认真审查，并按照《中华人民共和国行政处罚法》第三十八条规定作出处罚决定。

第二十九条　除依照《中华人民共和国行政处罚法》的规定可以当场收缴罚款外，作出罚款决定的教育行政部门应当与收缴罚款的机构分离，有关罚款的收取、缴纳及相关活动，适用国务院《罚款决定与罚款收缴分离实施办法》的规定。

第三十条　教育行政处罚决定作出后，当事人应当在行政处罚决定的期限内，予以履行。当事人逾期不履行的，教育行政部门可以申请人民法院强制执行。

第三十一条 当事人对行政处罚决定不服的,有权依据法律、法规的规定,申请行政复议或者提起行政诉讼。

行政复议、行政诉讼期间,行政处罚不停止执行。

第三十二条 教育行政部门的职能机构查处教育行政违法案件需要给予处罚的,应当以其所属的教育行政部门的名义作出处罚决定。

教育行政部门的法制工作机构,依法对教育行政执法工作监督检查,对教育行政部门的其他职能机构作出的行政处罚调查处理意见进行复核,并在其职责范围内具体负责组织听证及其他行政处罚工作。

第三十三条 教育行政部门及其工作人员在实施教育行政处罚中,有违反《中华人民共和国行政处罚法》和本办法行为的,应当按照《中华人民共和国行政处罚法》第七章的规定追究法律责任。

教育行政部门应当加强对行政处罚的监督检查,认真审查处理有关申诉和检举;发现教育行政处罚有错误的,应主动改正;对当事人造成损害的,应当依法赔偿。

第三十四条 教育行政部门应当建立行政处罚统计制度,每年向上一级教育行政部门和本级人民政府提交一次行政处罚处理报告。

第五章 附 则

第三十五条 本办法规定使用的各类教育行政处罚文本的格式,由国务院教育行政部门和各省、自治区、直辖市人民政府教育行政部门统一制定。

第三十六条 本办法自发布之日起施行。

中华人民共和国商标法（节选）

（1982 年 8 月 23 日第五届全国人民代表大会常务委员会第二十四次会议通过　根据 1993 年 2 月 22 日第七届全国人民代表大会常务委员会第三十次会议《关于修改〈中华人民共和国商标法〉的决定》第一次修正　根据 2001 年 10 月 27 日第九届全国人民代表大会常务委员会第二十四次会议《关于修改〈中华人民共和国商标法〉的决定》第二次修正　根据 2013 年 8 月 30 日第十二届全国人民代表大会常务委员会第四次会议《关于修改〈中华人民共和国商标法〉的决定》第三次修正　根据 2019 年 4 月 23 日第十三届全国人民代表大会常务委员会第十次会议《关于修改〈中华人民共和国建筑法〉等八部法律的决定》第四次修正）

第四十二条　转让注册商标的，转让人和受让人应当签订转让协议，并共同向商标局提出申请。受让人应当保证使用该注册商标的商品质量。

转让注册商标的，商标注册人对其在同一种商品上注册的近似的商标，或者在类似商品上注册的相同或者近似的商标，应当一并转让。

对容易导致混淆或者有其他不良影响的转让，商标局不予核准，书面通知申请人并说明理由。

转让注册商标经核准后，予以公告。受让人自公告之日起享有商标专用权。

第四十八条　本法所称商标的使用，是指将商标用于商品、商品包装或者容器以及商品交易文书上，或者将商标用于广告宣传、展览以及其他商业活动中，用于识别商品来源的行为。

第五十七条 有下列行为之一的，均属侵犯注册商标专用权：

（一）未经商标注册人的许可，在同一种商品上使用与其注册商标相同的商标的；

（二）未经商标注册人的许可，在同一种商品上使用与其注册商标近似的商标，或者在类似商品上使用与其注册商标相同或者近似的商标，容易导致混淆的；

（三）销售侵犯注册商标专用权的商品的；

（四）伪造、擅自制造他人注册商标标识或者销售伪造、擅自制造的注册商标标识的；

（五）未经商标注册人同意，更换其注册商标并将该更换商标的商品又投入市场的；

（六）故意为侵犯他人商标专用权行为提供便利条件，帮助他人实施侵犯商标专用权行为的；

（七）给他人的注册商标专用权造成其他损害的。

第五十八条 将他人注册商标、未注册的驰名商标作为企业名称中的字号使用，误导公众，构成不正当竞争行为的，依照《中华人民共和国反不正当竞争法》处理。

第六十三条 侵犯商标专用权的赔偿数额，按照权利人因被侵权所受到的实际损失确定；实际损失难以确定的，可以按照侵权人因侵权所获得的利益确定；权利人的损失或者侵权人获得的利益难以确定的，参照该商标许可使用费的倍数合理确定。对恶意侵犯商标专用权，情节严重的，可以在按照上述方法确定数额的一倍以上五倍以下确定赔偿数额。赔偿数额应当包括权利人为制止侵权行为所支付的合理开支。

人民法院为确定赔偿数额，在权利人已经尽力举证，而与侵权行为相关的账簿、资料主要由侵权人掌握的情况下，可以责令侵权人提供与侵权行为相关的账簿、资料；侵权人不提供或者提供虚假的账簿、资料的，人民法院可以参考权利人的主张和提供的证据判定赔偿数额。

权利人因被侵权所受到的实际损失、侵权人因侵权所获得的利益、注册商标许可使用费难以确定的，由人民法院根据侵权行为的情节判决给予五百万元以下的赔偿。

人民法院审理商标纠纷案件，应权利人请求，对属于假冒注册商标的商品，除特殊情况外，责令销毁；对主要用于制造假冒注册商标的商品的材料、工具，责令销毁，且不予补偿；或者在特殊情况下，责令禁止前述材料、工具进入商业渠道，且不予补偿。

假冒注册商标的商品不得在仅去除假冒注册商标后进入商业渠道。

中华人民共和国反不正当竞争法（节选）

（1993 年 9 月 2 日第八届全国人民代表大会常务委员会第三次会议通过　2017 年 11 月 4 日第十二届全国人民代表大会常务委员会第三十次会议修订　根据 2019 年 4 月 23 日第十三届全国人民代表大会常务委员会第十次会议《关于修改〈中华人民共和国建筑法〉等八部法律的决定》修正）

第二条　经营者在生产经营活动中，应当遵循自愿、平等、公平、诚信的原则，遵守法律和商业道德。

本法所称的不正当竞争行为，是指经营者在生产经营活动中，违反本法规定，扰乱市场竞争秩序，损害其他经营者或者消费者的合法权益的行为。

本法所称的经营者，是指从事商品生产、经营或者提供服务（以下所称商品包括服务）的自然人、法人和非法人组织。

第八条　经营者不得对其商品的性能、功能、质量、销售状况、用户评价、曾获荣誉等作虚假或者引人误解的商业宣传，欺骗、误导

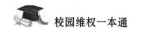

消费者。

经营者不得通过组织虚假交易等方式，帮助其他经营者进行虚假或者引人误解的商业宣传。

第九条 经营者不得实施下列侵犯商业秘密的行为：

（一）以盗窃、贿赂、欺诈、胁迫、电子侵入或者其他不正当手段获取权利人的商业秘密；

（二）披露、使用或者允许他人使用以前项手段获取的权利人的商业秘密；

（三）违反保密义务或者违反权利人有关保守商业秘密的要求，披露、使用或者允许他人使用其所掌握的商业秘密；

（四）教唆、引诱、帮助他人违反保密义务或者违反权利人有关保守商业秘密的要求，获取、披露、使用或者允许他人使用权利人的商业秘密。

经营者以外的其他自然人、法人和非法人组织实施前款所列违法行为的，视为侵犯商业秘密。

第三人明知或者应知商业秘密权利人的员工、前员工或者其他单位、个人实施本条第一款所列违法行为，仍获取、披露、使用或者允许他人使用该商业秘密的，视为侵犯商业秘密。

本法所称的商业秘密，是指不为公众所知悉、具有商业价值并经权利人采取相应保密措施的技术信息、经营信息等商业信息。

第二十条 经营者违反本法第八条规定对其商品作虚假或者引人误解的商业宣传，或者通过组织虚假交易等方式帮助其他经营者进行虚假或者引人误解的商业宣传的，由监督检查部门责令停止违法行为，处二十万元以上一百万元以下的罚款；情节严重的，处一百万元以上二百万元以下的罚款，可以吊销营业执照。

经营者违反本法第八条规定，属于发布虚假广告的，依照《中华人民共和国广告法》的规定处罚。

中华人民共和国著作权法（节选）

（1990 年 9 月 7 日第七届全国人民代表大会常务委员会第十五次会议通过　根据 2001 年 10 月 27 日第九届全国人民代表大会常务委员会第二十四次会议《关于修改〈中华人民共和国著作权法〉的决定》第一次修正　根据 2010 年 2 月 26 日第十一届全国人民代表大会常务委员会第十三次会议《关于修改〈中华人民共和国著作权法〉的决定》第二次修正）

第二条　中国公民、法人或者其他组织的作品，不论是否发表，依照本法享有著作权。

外国人、无国籍人的作品根据其作者所属国或者经常居住地国同中国签订的协议或者共同参加的国际条约享有的著作权，受本法保护。

外国人、无国籍人的作品首先在中国境内出版的，依照本法享有著作权。

未与中国签订协议或者共同参加国际条约的国家的作者以及无国籍人的作品首次在中国参加的国际条约的成员国出版的，或者在成员国和非成员国同时出版的，受本法保护。

第十条　著作权包括下列人身权和财产权：

（一）发表权，即决定作品是否公之于众的权利；

（二）署名权，即表明作者身份，在作品上署名的权利；

（三）修改权，即修改或者授权他人修改作品的权利；

（四）保护作品完整权，即保护作品不受歪曲、篡改的权利；

（五）复制权，即以印刷、复印、拓印、录音、录像、翻录、翻拍等方式将作品制作一份或者多份的权利；

（六）发行权，即以出售或者赠与方式向公众提供作品的原件或者复制件的权利；

（七）出租权，即有偿许可他人临时使用电影作品和以类似摄制电影的方法创作的作品、计算机软件的权利，计算机软件不是出租的主要标的的除外；

（八）展览权，即公开陈列美术作品、摄影作品的原件或者复制件的权利；

（九）表演权，即公开表演作品，以及用各种手段公开播送作品的表演的权利；

（十）放映权，即通过放映机、幻灯机等技术设备公开再现美术、摄影、电影和以类似摄制电影的方法创作的作品等的权利；

（十一）广播权，即以无线方式公开广播或者传播作品，以有线传播或者转播的方式向公众传播广播的作品，以及通过扩音器或者其他传送符号、声音、图像的类似工具向公众传播广播的作品的权利；

（十二）信息网络传播权，即以有线或者无线方式向公众提供作品，使公众可以在其个人选定的时间和地点获得作品的权利；

（十三）摄制权，即以摄制电影或者以类似摄制电影的方法将作品固定在载体上的权利；

（十四）改编权，即改变作品，创作出具有独创性的新作品的权利；

（十五）翻译权，即将作品从一种语言文字转换成另一种语言文字的权利；

（十六）汇编权，即将作品或者作品的片段通过选择或者编排，汇集成新作品的权利；

（十七）应当由著作权人享有的其他权利。

著作权人可以许可他人行使前款第（五）项至第（十七）项规定的权利，并依照约定或者本法有关规定获得报酬。

著作权人可以全部或者部分转让本条第一款第（五）项至第（十七）项规定的权利，并依照约定或者本法有关规定获得报酬。

第十一条　著作权属于作者，本法另有规定的除外。

创作作品的公民是作者。

由法人或者其他组织主持，代表法人或者其他组织意志创作，并由法人或者其他组织承担责任的作品，法人或者其他组织视为作者。

如无相反证明，在作品上署名的公民、法人或者其他组织为作者。

第十二条　改编、翻译、注释、整理已有作品而产生的作品，其著作权由改编、翻译、注释、整理人享有，但行使著作权时不得侵犯原作品的著作权。

第十六条　公民为完成法人或者其他组织工作任务所创作的作品是职务作品，除本条第二款的规定以外，著作权由作者享有，但法人或者其他组织有权在其业务范围内优先使用。作品完成两年内，未经单位同意，作者不得许可第三人以与单位使用的相同方式使用该作品。

有下列情形之一的职务作品，作者享有署名权，著作权的其他权利由法人或者其他组织享有，法人或者其他组织可以给予作者奖励：

（一）主要是利用法人或者其他组织的物质技术条件创作，并由法人或者其他组织承担责任的工程设计图、产品设计图、地图、计算机软件等职务作品；

（二）法律、行政法规规定或者合同约定著作权由法人或者其他组织享有的职务作品。

第十七条 受委托创作的作品，著作权的归属由委托人和受托人通过合同约定。合同未作明确约定或者没有订立合同的，著作权属于受托人。

第十九条 著作权属于公民的，公民死亡后，其本法第十条第一款第（五）项至第（十七）项规定的权利在本法规定的保护期内，依照继承法的规定转移。

著作权属于法人或者其他组织的，法人或者其他组织变更、终止后，其本法第十条第一款第（五）项至第（十七）项规定的权利在本法规定的保护期内，由承受其权利义务的法人或者其他组织享有；没有承受其权利义务的法人或者其他组织的，由国家享有。

第二十二条 在下列情况下使用作品，可以不经著作权人许可，不向其支付报酬，但应当指明作者姓名、作品名称，并且不得侵犯著作权人依照本法享有的其他权利：

（一）为个人学习、研究或者欣赏，使用他人已经发表的作品；

（二）为介绍、评论某一作品或者说明某一问题，在作品中适当引用他人已经发表的作品；

（三）为报道时事新闻，在报纸、期刊、广播电台、电视台等媒体中不可避免地再现或者引用已经发表的作品；

（四）报纸、期刊、广播电台、电视台等媒体刊登或者播放其他报纸、期刊、广播电台、电视台等媒体已经发表的关于政治、经济、宗教问题的时事性文章，但作者声明不许刊登、播放的除外；

（五）报纸、期刊、广播电台、电视台等媒体刊登或者播放在公众集会上发表的讲话，但作者声明不许刊登、播放的除外；

（六）为学校课堂教学或者科学研究，翻译或者少量复制已经发表的作品，供教学或者科研人员使用，但不得出版发行；

（七）国家机关为执行公务在合理范围内使用已经发表的作品；

（八）图书馆、档案馆、纪念馆、博物馆、美术馆等为陈列或者保存版本的需要，复制本馆收藏的作品；

（九）免费表演已经发表的作品，该表演未向公众收取费用，也未向表演者支付报酬；

（十）对设置或者陈列在室外公共场所的艺术作品进行临摹、绘画、摄影、录像；

（十一）将中国公民、法人或者其他组织已经发表的以汉语言文字创作的作品翻译成少数民族语言文字作品在国内出版发行；

（十二）将已经发表的作品改成盲文出版。

前款规定适用于对出版者、表演者、录音录像制作者、广播电台、电视台的权利的限制。

第四十七条 有下列侵权行为的，应当根据情况，承担停止侵害、消除影响、赔礼道歉、赔偿损失等民事责任：

（一）未经著作权人许可，发表其作品的；

（二）未经合作作者许可，将与他人合作创作的作品当作自己单独创作的作品发表的；

（三）没有参加创作，为谋取个人名利，在他人作品上署名的；

（四）歪曲、篡改他人作品的；

（五）剽窃他人作品的；

（六）未经著作权人许可，以展览、摄制电影和以类似摄制电影的方法使用作品，或者以改编、翻译、注释等方式使用作品的，本法另有规定的除外；

（七）使用他人作品，应当支付报酬而未支付的；

（八）未经电影作品和以类似摄制电影的方法创作的作品、计算机软件、录音录像制品的著作权人或者与著作权有关的权利人许可，出租其作品或者录音录像制品的，本法另有规定的除外；

（九）未经出版者许可，使用其出版的图书、期刊的版式设计的；

（十）未经表演者许可，从现场直播或者公开传送其现场表演，或者录制其表演的；

（十一）其他侵犯著作权以及与著作权有关的权益的行为。

第四十八条 有下列侵权行为的，应当根据情况，承担停止侵害、消除影响、赔礼道歉、赔偿损失等民事责任；同时损害公共利益的，可以由著作权行政管理部门责令停止侵权行为，没收违法所得，没收、销毁侵权复制品，并可处以罚款；情节严重的，著作权行政管理部门还可以没收主要用于制作侵权复制品的材料、工具、设备等；构成犯罪的，依法追究刑事责任：

（一）未经著作权人许可，复制、发行、表演、放映、广播、汇编、通过信息网络向公众传播其作品的，本法另有规定的除外；

（二）出版他人享有专有出版权的图书的；

（三）未经表演者许可，复制、发行录有其表演的录音录像制品，或者通过信息网络向公众传播其表演的，本法另有规定的除外；

（四）未经录音录像制作者许可，复制、发行、通过信息网络向公众传播其制作的录音录像制品的，本法另有规定的除外；

（五）未经许可，播放或者复制广播、电视的，本法另有规定的除外；

（六）未经著作权人或者与著作权有关的权利人许可，故意避开或者破坏权利人为其作品、录音录像制品等采取的保护著作权或者与著作权有关的权利的技术措施的，法律、行政法规另有规定的除外；

（七）未经著作权人或者与著作权有关的权利人许可，故意删除或者改变作品、录音录像制品等的权利管理电子信息的，法律、行政法规另有规定的除外；

（八）制作、出售假冒他人署名的作品的。

第四十九条　侵犯著作权或者与著作权有关的权利的，侵权人应当按照权利人的实际损失给予赔偿；实际损失难以计算的，可以按照侵权人的违法所得给予赔偿。赔偿数额还应当包括权利人为制止侵权行为所支付的合理开支。

权利人的实际损失或者侵权人的违法所得不能确定的，由人民法院根据侵权行为的情节，判决给予五十万元以下的赔偿。

中华人民共和国专利法（节选）

（1984 年 3 月 12 日第六届全国人民代表大会常务委员会第四次会议通过　根据 1992 年 9 月 4 日第七届全国人民代表大会常务委员会第二十七次会议《关于修改〈中华人民共和国专利法〉的决定》第一次修正　根据 2000 年 8 月 25 日第九届全国人民代表大会常务委员会第十七次会议《关于修改〈中华人民共和国专利法〉的决定》第二次修正　根据 2008 年 12 月 27 日第十一届全国人民代表大会常务委员会第六次会议《关于修改〈中华人民共和国专利法〉的决定》第三次修正）

第六条　执行本单位的任务或者主要是利用本单位的物质技术条件所完成的发明创造为职务发明创造。职务发明创造申请专利的权利属于该单位；申请被批准后，该单位为专利权人。

非职务发明创造，申请专利的权利属于发明人或者设计人；申请被批准后，该发明人或者设计人为专利权人。

利用本单位的物质技术条件所完成的发明创造，单位与发明人或者设计人订有合同，对申请专利的权利和专利权的归属作出约定的，从其约定。

第八条 两个以上单位或者个人合作完成的发明创造、一个单位或者个人接受其他单位或者个人委托所完成的发明创造，除另有协议的以外，申请专利的权利属于完成或者共同完成的单位或者个人；申请被批准后，申请的单位或者个人为专利权人。

第十一条 发明和实用新型专利权被授予后，除本法另有规定的以外，任何单位或者个人未经专利权人许可，都不得实施其专利，即不得为生产经营目的制造、使用、许诺销售、销售、进口其专利产品，或者使用其专利方法以及使用、许诺销售、销售、进口依照该专利方法直接获得的产品。

外观设计专利权被授予后，任何单位或者个人未经专利权人许可，都不得实施其专利，即不得为生产经营目的制造、许诺销售、销售、进口其外观设计专利产品。

第五十九条 发明或者实用新型专利权的保护范围以其权利要求的内容为准，说明书及附图可以用于解释权利要求的内容。

外观设计专利权的保护范围以表示在图片或者照片中的该产品的外观设计为准，简要说明可以用于解释图片或者照片所表示的该产品的外观设计。

第六十五条 侵犯专利权的赔偿数额按照权利人因被侵权所受到的实际损失确定；实际损失难以确定的，可以按照侵权人因侵权所获得的利益确定。权利人的损失或者侵权人获得的利益难以确定的，参照该专利许可使用费的倍数合理确定。赔偿数额还应当包括权利人为制止侵权行为所支付的合理开支。

权利人的损失、侵权人获得的利益和专利许可使用费均难以确定的，人民法院可以根据专利权的类型、侵权行为的性质和情节等因素，确定给予一万元以上一百万元以下的赔偿。

第六十九条　有下列情形之一的，不视为侵犯专利权：

（一）专利产品或者依照专利方法直接获得的产品，由专利权人或者经其许可的单位、个人售出后，使用、许诺销售、销售、进口该产品的；

（二）在专利申请日前已经制造相同产品、使用相同方法或者已经作好制造、使用的必要准备，并且仅在原有范围内继续制造、使用的；

（三）临时通过中国领陆、领水、领空的外国运输工具，依照其所属国同中国签订的协议或者共同参加的国际条约，或者依照互惠原则，为运输工具自身需要而在其装置和设备中使用有关专利的；

（四）专为科学研究和实验而使用有关专利的；

（五）为提供行政审批所需要的信息，制造、使用、进口专利药品或者专利医疗器械的，以及专门为其制造、进口专利药品或者专利医疗器械的。

中华人民共和国刑法（节选）

(1979 年 7 月 1 日第五届全国人民代表大会第二次会议通过 1997 年 3 月 14 日第八届全国人民代表大会第五次会议修订 根据 1999 年 12 月 25 日《中华人民共和国刑法修正案》、2001 年 8 月 31 日《中华人民共和国刑法修正案（二）》、2001 年 12 月 29 日《中华人民共和国刑法修正案（三）》、2002 年 12 月 28 日《中华人民共和国刑法修正案（四）》、2005 年 2 月 28 日《中华人民共和国刑法修正案（五）》、2006 年 6 月 29 日《中华人民共和国刑法修正案（六）》、2009 年 2 月 28 日《中华人民共和国刑法修正案（七）》、2011 年 2 月 25 日《中华人民共和国刑法修正案（八）》、2015 年 8 月 29 日《中华人民共和国刑法修正案（九）》、2017 年 11 月 4 日《中华人民共和国刑法修正案（十）》修正)

第十四条 明知自己的行为会发生危害社会的结果，并且希望或者放任这种结果发生，因而构成犯罪的，是故意犯罪。

故意犯罪，应当负刑事责任。

第十五条 应当预见自己的行为可能发生危害社会的结果，因为疏忽大意而没有预见，或者已经预见而轻信能够避免，以致发生这种结果的，是过失犯罪。

过失犯罪，法律有规定的才负刑事责任。

第十七条 已满十六周岁的人犯罪，应当负刑事责任。

已满十四周岁不满十六周岁的人，犯故意杀人、故意伤害致人重伤或者死亡、强奸、抢劫、贩卖毒品、放火、爆炸、投毒罪的，应当负刑事责任。

已满十四周岁不满十八周岁的人犯罪，应当从轻或者减轻处罚。

因不满十六周岁不予刑事处罚的，责令他的家长或者监护人加以管教；在必要的时候，也可以由政府收容教养。

第十七条之一　已满七十五周岁的人故意犯罪的，可以从轻或者减轻处罚；过失犯罪的，应当从轻或者减轻处罚。

第十八条　精神病人在不能辨认或者不能控制自己行为的时候造成危害结果，经法定程序鉴定确认的，不负刑事责任，但是应当责令他的家属或者监护人严加看管和医疗；在必要的时候，由政府强制医疗。

间歇性的精神病人在精神正常的时候犯罪，应当负刑事责任。

尚未完全丧失辨认或者控制自己行为能力的精神病人犯罪的，应当负刑事责任，但是可以从轻或者减轻处罚。

醉酒的人犯罪，应当负刑事责任。

第二十条　为了使国家、公共利益、本人或者他人的人身、财产和其他权利免受正在进行的不法侵害，而采取的制止不法侵害的行为，对不法侵害人造成损害的，属于正当防卫，不负刑事责任。

正当防卫明显超过必要限度造成重大损害的，应当负刑事责任，但是应当减轻或者免除处罚。

对正在进行行凶、杀人、抢劫、强奸、绑架以及其他严重危及人身安全的暴力犯罪，采取防卫行为，造成不法侵害人伤亡的，不属于防卫过当，不负刑事责任。

第二十五条　共同犯罪是指二人以上共同故意犯罪。

二人以上共同过失犯罪，不以共同犯罪论处；应当负刑事责任的，按照他们所犯的罪分别处罚。

第二十六条 组织、领导犯罪集团进行犯罪活动的或者在共同犯罪中起主要作用的，是主犯。

三人以上为共同实施犯罪而组成的较为固定的犯罪组织，是犯罪集团。

对组织、领导犯罪集团的首要分子，按照集团所犯的全部罪行处罚。

对于第三款规定以外的主犯，应当按照其所参与的或者组织、指挥的全部犯罪处罚。

第二十七条 在共同犯罪中起次要或者辅助作用的，是从犯。

对于从犯，应当从轻、减轻处罚或者免除处罚。

第六十七条 犯罪以后自动投案，如实供述自己的罪行的，是自首。对于自首的犯罪分子，可以从轻或者减轻处罚。其中，犯罪较轻的，可以免除处罚。

被采取强制措施的犯罪嫌疑人、被告人和正在服刑的罪犯，如实供述司法机关还未掌握的本人其他罪行的，以自首论。

犯罪嫌疑人虽不具有前两款规定的自首情节，但是如实供述自己罪行的，可以从轻处罚；因其如实供述自己罪行，避免特别严重后果发生的，可以减轻处罚。

第六十八条 犯罪分子有揭发他人犯罪行为，查证属实的，或者提供重要线索，从而得以侦破其他案件等立功表现的，可以从轻或者减轻处罚；有重大立功表现的，可以减轻或者免除处罚。

第六十九条 判决宣告以前一人犯数罪的，除判处死刑和无期徒刑的以外，应当在总和刑期以下、数刑中最高刑期以上，酌情决定执行的刑期，但是管制最高不能超过三年，拘役最高不能超过一年，有期徒刑总和刑期不满三十五年的，最高不能超过二十年，总和刑期在三十五年以上的，最高不能超过二十五年。

数罪中有判处有期徒刑和拘役的，执行有期徒刑。数罪中有判处有期徒刑和管制，或者拘役和管制的，有期徒刑、拘役执行完毕后，管制仍须执行。

数罪中有判处附加刑的，附加刑仍须执行，其中附加刑种类相同的，合并执行，种类不同的，分别执行。

第二百三十二条　故意杀人的，处死刑、无期徒刑或者十年以上有期徒刑；情节较轻的，处三年以上十年以下有期徒刑。

第二百三十三条　过失致人死亡的，处三年以上七年以下有期徒刑；情节较轻的，处三年以下有期徒刑。本法另有规定的，依照规定。

第二百三十四条　故意伤害他人身体的，处三年以下有期徒刑、拘役或者管制。

犯前款罪，致人重伤的，处三年以上十年以下有期徒刑；致人死亡或者以特别残忍手段致人重伤造成严重残疾的，处十年以上有期徒刑、无期徒刑或者死刑。本法另有规定的，依照规定。

第二百三十五条　过失伤害他人致人重伤的，处三年以下有期徒刑或者拘役。本法另有规定的，依照规定。

第二百三十六条　以暴力、胁迫或者其他手段强奸妇女的，处三年以上十年以下有期徒刑。

奸淫不满十四周岁的幼女的，以强奸论，从重处罚。

强奸妇女、奸淫幼女，有下列情形之一的，处十年以上有期徒刑、无期徒刑或者死刑：

（一）强奸妇女、奸淫幼女情节恶劣的；

（二）强奸妇女、奸淫幼女多人的；

（三）在公共场所当众强奸妇女的；

（四）二人以上轮奸的；

（五）致使被害人重伤、死亡或者造成其他严重后果的。

第二百三十七条 以暴力、胁迫或者其他方法强制猥亵他人或者侮辱妇女的，处五年以下有期徒刑或者拘役。

聚众或者在公共场所当众犯前款罪的，或者有其他恶劣情节的，处五年以上有期徒刑。

猥亵儿童的，依照前两款的规定从重处罚。

第三百八十二条 国家工作人员利用职务上的便利，侵吞、窃取、骗取或者以其他手段非法占有公共财物的，是贪污罪。

受国家机关、国有公司、企业、事业单位、人民团体委托管理、经营国有财产的人员，利用职务上的便利，侵吞、窃取、骗取或者以其他手段非法占有国有财物的，以贪污论。

与前两款所列人员勾结，伙同贪污的，以共犯论处。

第三百八十三条 对犯贪污罪的，根据情节轻重，分别依照下列规定处罚：

（一）贪污数额较大或者有其他较重情节的，处三年以下有期徒刑或者拘役，并处罚金。

（二）贪污数额巨大或者有其他严重情节的，处三年以上十年以下有期徒刑，并处罚金或者没收财产。

（三）贪污数额特别巨大或者有其他特别严重情节的，处十年以上有期徒刑或者无期徒刑，并处罚金或者没收财产；数额特别巨大，并使国家和人民利益遭受特别重大损失的，处无期徒刑或者死刑，并处没收财产。

对多次贪污未经处理的，按照累计贪污数额处罚。

犯第一款罪，在提起公诉前如实供述自己罪行、真诚悔罪、积极退赃，避免、减少损害结果的发生，有第一项规定情形的，可以从轻、减轻或者免除处罚；有第二项、第三项规定情形的，可以从轻处罚。

犯第一款罪，有第三项规定情形被判处死刑缓期执行的，人民法院根据犯罪情节等情况可以同时决定在其死刑缓期执行二年期满依法减为无期徒刑后，终身监禁，不得减刑、假释。

第三百八十五条　国家工作人员利用职务上的便利，索取他人财物的，或者非法收受他人财物，为他人谋取利益的，是受贿罪。

国家工作人员在经济往来中，违反国家规定，收受各种名义的回扣、手续费，归个人所有的，以受贿论处。

第三百八十六条　对犯受贿罪的，根据受贿所得数额及情节，依照本法第三百八十三条的规定处罚。索贿的从重处罚。

二、相关裁判文书

1. 河南省三门峡市湖滨区人民法院〔2015〕湖少民初字第 00019 号判决书

2. 重庆市綦江区人民法院〔2014〕綦法民初字第 02570 号判决书

3. 重庆市巴南区人民法院〔2014〕巴法少民初字第 00286 号判决书

4. 河南省唐河县人民法院〔2014〕唐民一初字第 1086 号判决书

5. 河北省黄骅市人民法院〔2013〕黄民初字第 905 号判决书

6. 云南省昆明市东川区人民法院〔2015〕东民初字第 1126 号判决书

7. 北京市房山区人民法院〔2015〕房民初字第 13312 号判决书

8. 湖南省岳阳县人民法院〔2017〕湘 0621 民初 660 号判决书

9. 河南省鹤壁市淇滨区人民法院〔2013〕淇滨民初字第 1603 号判决书

10. 河南省信阳市平桥区人民法院〔2014〕平民初字第 908 号判决书

11. 北京市朝阳区人民法院〔2013〕朝民初字第 35533 号判决书

12. 安徽省合肥市蜀山区人民法院〔2016〕皖 0104 民初 3271 号判决书

13. 河南省信阳市浉河区人民法院〔2011〕浉河民初字第 1201 号判决书

14. 河南省信阳市平桥区人民法院〔2014〕平民初字第 908 号判决书

15. 四川省成都市新都区人民法院〔2015〕新都民初字第 2371 号判决书

16. 江苏省苏州市吴江区人民法院〔2013〕吴江少民初字第 0311 号判决书

17. 河南省柘城县人民法院〔2014〕柘民初字第 60 号判决书

18. 河南省商丘市睢阳区人民法院〔2014〕商睢民初字第 00443 号判决书

19. 山西省吕梁市中级人民法院〔2014〕吕民一终字第 31 号判决书

20. 上海市第二中级人民法院〔2015〕沪二中民一（民）终字第 1807 号判决书

21. 湖北省襄阳市樊城区人民法院〔2014〕鄂樊城民二初字第 00106 号判决书

22. 湖北省天门市人民法院〔2016〕鄂 9006 民初 1462 号判决书

23. 河南省登封市人民法院〔2016〕豫 0185 民初 38 号判决书

24. 广东省佛山市顺德区人民法院〔2014〕佛顺法勒民初字第 186 号判决书

25. 河南省商丘市睢阳区人民法院〔2014〕商睢民初字第 01095 号判决书

26. 上海市第二中级人民法院〔2015〕沪二中民一（民）终字第 1807 号判决书

27. 湖北省襄阳市樊城区人民法院〔2016〕鄂 0606 民初 1528 号判决书

28. 广西壮族自治区东兰县人民法院〔2015〕东民初字第 585 号判决书

29. 河南省镇平县人民法院〔2016〕豫 1324 民初 1366 号判决书

30. 云南省昆明市西山区人民法院〔2014〕西法少民初字第 60 号判决书

31. 河南省洛阳高新技术产业开发区人民法院〔2014〕洛开民初字第 204 号判决书

32. 湖南省茶陵县人民法院〔2015〕茶法民一初字第 837 号判决书

33. 四川省安岳县人民法院〔2016〕川 2021 民初 2041 号判决书

34. 吉林省高级人民法院〔2014〕吉民一终字第 10 号判决书

35. 安徽省合肥市庐阳区人民法院〔2015〕庐民一初字第 00458 号判决书

36. 广东省深圳市宝安区人民法院〔2016〕粤 0306 民初 18881 号判决书

37. 浙江省金华市婺城区人民法院〔2015〕金婺北商初字第 654 号判决书

38. 浙江省温州市苍南县人民法院〔2015〕温苍商初字第 789 号判决书

39. 江苏省高级人民法院〔2012〕苏商外初字第 0003 号判决书

40. 福建省莆田市中级人民法院〔2015〕莆民初字第 597 号判决书

41. 江苏省宿迁市中级人民法院〔2013〕宿中商初字第 0237 号判决书

42. 河南省漯河市中级人民法院〔2015〕漯民初字第 69 号判决书

43. 湖南省益阳市中级人民法院〔2015〕益法民一终字第 228 号判决书

44. 吉林省长春高新技术产业开发区人民法院〔2016〕吉 0193 民初 1529 号
判决书

45. 黑龙江省海林市人民法院〔2015〕海民初字第 303 号判决书

46. 福建省厦门市思明区人民法院〔2016〕闽 0203 民初 4564 号判决书

47. 湖北省高级人民法院〔2015〕鄂民二终字第 00075 号判决书

48. 湖北省高级人民法院〔2014〕鄂民监三再终字第 00017 号判决书

49. 辽宁省沈阳市中级人民法院〔2016〕辽 01 民终 2750 号判决书

50. 陕西省安康市中级人民法院〔2016〕陕 09 民终 427 号判决书

51. 江苏省扬州市广陵区人民法院〔2015〕扬广商初字第 00304 号判决书

52. 陕西省西安市雁塔区人民法院〔2016〕陕 0113 民初 4215 号判决书

53. 重庆市第一中级人民法院〔2016〕渝 01 民终 3287 号判决书

54. 上海市第一中级人民法院〔2017〕沪 01 民终 13191 号判决书

55. 北京市大兴区人民法院〔2013〕大民初字第 9780 号判决书

56. 陕西省西安市雁塔区人民法院〔2017〕陕 0113 民初 2624 号判决书

57. 上海市第一中级人民法院〔2017〕沪 01 民终 6962 号判决书

58. 北京市第一中级人民法院〔2017〕京 01 行终 277 号判决书

59. 陕西省西安铁路运输法院〔2017〕陕 7102 行初 896 号判决书

60. 江苏省苏州市中级人民法院〔2014〕苏中行终字第 00132 号判决书

61. 山东省济南市中级人民法院〔2016〕鲁 01 行终 6 号判决书

62. 湖北省武汉市中级人民法院〔2010〕武行终字第 184 号判决书

63. 北京市第一中级人民法院〔1999〕一中行终字第 73 号判决书

64. 北京市海淀区人民法院〔2016〕京 0108 行初 115 号判决书

65. 安徽省合肥市中级人民法院〔2016〕皖 01 行再 1 号判决书

66. 浙江省台州市中级人民法院〔2017〕浙 10 行终 15 号判决书

67. 吉林省四平市中级人民法院〔2015〕四行终字第 12 号判决书

68. 江西省南昌市中级人民法院〔2015〕洪行终字第 30 号判决书

69. 天津市河西区人民法院〔2016〕津 0103 行初 126 号判决书

70. 江西省高级人民法院〔2015〕赣行终字第 16 号判决书

71. 河南省郑州市二七区人民法院〔2003〕二七行初字第 67 号判决书

72. 武汉市中级人民法院〔2017〕鄂 01 行终 27 号判决书

73. 河南省郑州市中级人民法院〔2015〕郑行终字第 42 号判决书

74. 武汉市中级人民法院〔2009〕武行终字第 61 号判决书

75. 山东省济南市中级人民法院〔2011〕济行终字第 29 号判决书

76. 江苏省苏州市中级人民法院〔2016〕苏 05 行终 304 号判决书

77. 浙江省温州市中级人民法院〔2015〕浙温行终字第 159 号判决书

78. 广东省深圳市中级人民法院〔2015〕深中法行终字第 334 号判决书

79. 辽宁省沈阳高新技术产业开发区人民法院〔2015〕沈高开行初字第 816 号判决书

80. 安徽省芜湖市弋江区人民法院〔2016〕皖 0203 行初 8 号判决书

81. 浙江省温州市瓯海区人民法院〔2016〕浙 0304 行初 40 号判决书

82. 湖北省高级人民法院〔2015〕鄂民三终字第 00334 号判决书

83. 陕西省汉中市中级人民法院〔2017〕陕 07 民初 42 号判决书

84. 浙江省台州市中级人民法院〔2017〕浙 10 民初 356 号判决书

85. 辽宁省沈阳市中级人民法院〔2015〕沈中民四初字第 00304 号判决书

86. 福建省高级人民法院〔2014〕闽民终字第 1070 号判决书

87. 浙江省高级人民法院〔2015〕浙知终字第 6 号判决书

88. 山东省高级人民法院〔2017〕鲁民终 27 号判决书

89. 广东省深圳市南山区人民法院〔2015〕深南法知民初字第 52 号判决书

90. 广东省广州市荔湾区人民法院〔2014〕穗荔法知民初字第 276 号判决书

91. 上海市黄浦区人民法院〔2012〕黄浦民三〔知〕初字第 253 号判决书

92. 上海市黄浦区人民法院〔2013〕黄浦民三〔知〕初字第 39 号判决书

93. 安徽省亳州市中级人民法院〔2017〕沪皖 16 民初 198 号判决书

94. 浙江省台州市椒江区人民法院〔2015〕台椒知初字第 11 号判决书

95. 北京市海淀区人民法院〔2006〕海民初字第 7257 号判决书

96. 广东省广州市南沙区人民法院〔2013〕穗南法知民初字第 723 号判决书

97. 江苏省常州市中级人民法院〔2016〕苏 04 民初 257 号判决书

98. 辽宁省丹东市中级人民法院〔2016〕辽 06 民初 77 号判决书

99. 福建省泉州市中级人民法院〔2006〕泉民初字第 465 号判决书

100. 江苏省淮安市中级人民法院〔2005〕淮知初字第 1 号判决书

101. 天津市南开区人民法院〔2016〕新 01 民初 345 号判决书

102. 北京市海淀区人民法院〔2011〕海民初字第 24619 号判决书

103. 浙江省杭州铁路运输法院〔2017〕浙 8601 民初 1143 号判决书

104. 北京知识产权法院〔2017〕京 73 民终 169 号判决书

105. 吉林省高级人民法院〔2017〕吉民终 625 号判决书

106. 新疆维吾尔自治区乌鲁木齐市中级人民法院〔2015〕乌中民三初字第 217 号判决书

107. 上海市高级人民法院〔2007〕沪高民三〔知〕终字第 67 号判决书

108. 广东省高级人民法院〔2006〕粤高法民三终字第 18 号判决书

109. 上海市第一中级人民法院〔2009〕沪一中民五〔知〕初字第 3 号判决书

110. 北京市第二中级人民法院〔2006〕二中民初字第 12422 号判决书

111. 云南省昆明市中级人民法院〔2014〕昆知民初字第 85 号判决书

112. 山西省运城市盐湖区人民法院〔2014〕运盐刑初字第 436 号判决书

113. 安徽省天长市人民法院〔2014〕滁刑终字第 00180 号判决书

114. 广西壮族自治区上林县人民法院〔2012〕上刑初字第 99 号判决书

115. 四川省宣汉县人民法院〔2017〕刑初 7 号判决书

116. 河北省唐山市中级人民法院〔2012〕刑终字第 440 号判决书

117. 河北省固安县人民法院〔2005〕固刑初字第 68 号判决书

118. 四川省江安县人民法院〔2015〕江安刑初字第 154 号判决书

119. 浙江省湖州市中级人民法院〔2017〕浙刑初 11 号判决书

120. 河北省承德市双桥区人民法院〔2017〕冀 0802 刑初 219 号判决书

121. 福建省高级人民法院〔2015〕闽刑终字第 149 号判决书

122. 安徽省芜湖市中级人民法院〔2013〕芜中刑终字第 00144 号判决书

123. 重庆市高级人民法院〔2017〕渝刑终 4 号判决书

124. 青海省西宁市湟中县人民法院〔2016〕青 0122 刑初 261 号判决书

125. 内蒙古自治区赤峰市中级人民法院〔2016〕内 04 刑终 212 号判决书

126. 江西省宜春市中级人民法院〔2014〕宜中刑二终字第 9 号判决书

127. 山东省郓城县人民法院〔2017〕鲁 1725 刑初 69 号判决书

128. 广东省广州市荔湾区人民法院〔2017〕粤 0103 刑初 843 号判决书

129. 广东省潮州市潮安区人民法院〔2016〕粤 5103 刑初 408 号判决书

130. 四川省成都高新技术产业开发区人民法院〔2017〕川 0191 刑初 627 号判决书

131. 河南省郑州市中级人民法院〔2016〕豫 01 刑终 22 号判决书

132. 云南省富宁县人民法院〔2016〕云 2628 刑初 190 号判决书

133. 甘肃省临潭县人民法院〔2013〕潭刑初字第 27 号判决书

134. 河北省涿州市人民法院〔2017〕冀 0681 刑初 176 号判决书

135. 湖北省襄阳市襄州区人民法院〔2017〕鄂 0607 刑初 240 号判决书

后 记

百年大计，教育为本。法治国家，依法教育。

常言道，教育是良心活。教育需要教师高尚的道德情操和职业精神，但教育也离不开法律。一方面，教育所涉及的主体日益广泛，不再是单纯的教师和学生，往往还有家长、学校、教育投资者、教育主管机构。这些主体之间有的地位平等，如教育投资者和被投资者之间，有的地位并不平等，如教育主管部门与教育机构之间。这些主体有不同的价值取向和利益诉求，产生的纠纷必须通过法律予以调整。另一方面，在内容上，教育关系趋于复杂，除了传统的知识传授等教学内容，还扩展到校园安全、教师权益保障以及教育投资、教育技术的保护等。简言之，当前的教育法律关系已经十分庞杂，教育法内容已经十分丰富。

在此背景下，我经常接到许多教育工作者的咨询，直观感受到了他们在实际工作中处理事件时的迷茫和手足无措。他们都希望能够得到法律上可行的建议，避免法律知识的缺乏导致处理事件过程中造成"二次伤害"，或者导致己方"有理变无理"。由此，我萌发了编写一部适合学生及其家长、广大教育工作者及教育投资者的普法读物的想法。该资料应该具有如下几个方面的特点：其一，简单直观，避免枯燥的理论说教，因此我们采用案例分析方式。这些案例均是根据公开的裁判文书进行适当调整归纳，以求简单真实。其二，涵盖面广，这些案例涵盖了民事侵权、教育合同、刑事犯罪、知识产权保护等多个领域，应该说涉及教育领域中的所有常见事项。可以说，在教育领域发生的绝大多数情形，读者都可以在本书中找到"似曾相识"的感觉，从类似案例得到启发和处理建议。其三，法条指引明确，针对性强。找出相关法律依据是处理教育相关问题的重要环节，也是最令非专业人士头疼的问题。本书将案例所涉及的法律条文挑选出来，放在案例之后，既可以以案说法，明白法律原理，还可以以案找法，从海量的法律中挑出具有针对性的几个法条，从而指导具体操作。

总之，我们希望通过大量的典型案例及其法律效果的介绍，让读者能够对教育法有一个直观而深刻的印象，以达到了解知识、警示风险、规范行为、指导操作的效果。虽然我们竭尽全力，但是由于水平有限，疏漏错误难以避免，恳请各位方家批评指正。

最后，我们诚挚感谢本书编辑雷春丽女士！雷老师为本书的付梓倾注了大量的心血和汗水，每一次校对稿的出现都让我们惊喜不已，但又为我们的初稿的幼稚而惭愧不安。

此外，我们还开通了"教育法理论与实务"微信公众号，分享我们在教育法方面的成果和知识，欢迎关注！